PÉLERINAGE

AUX

LIEUX-SAINTS

PÈLERINAGE
AUX LIEUX-SAINTS.

> « J'ai eu le très-petit mérite d'ouvrir
> la carrière, et le très-grand plaisir de
> voir qu'elle a été suivie après moi. »
> (CHATEAUBRIAND.

Celui que le Seigneur, dans sa miséricorde, a daigné distinguer parmi ses frères et appeler à l'honneur insigne de s'agenouiller au tombeau de son divin Fils, se sent heureux et fier tout à la fois de faire partager aux autres son bonheur. Oh ! non, il n'y a pas de danger qu'il se relève égoïste des pieds du Dieu-Charité, ni qu'il veuille taire et garder pour lui seul ce que ses yeux ont vu, ce que ses oreilles ont entendu, ce qu'ont palpé ses mains et ce qu'a éprouvé son cœur. Il le publiera, si vous voulez, sur les toits ; il le racontera, si vous voulez, tous les jours et autant de fois le jour qu'il vous plaira, et toujours il y trouvera un charme nouveau qui sera sa première récompense.

Pour traiter avec un peu d'ordre un sujet si vaste et qui peut s'étendre à l'infini, mais qui doit, sous ma plume, avoir des bornes même assez étroites, il me semble utile de faire, tout d'abord et en quelques mots, l'histoire des Pèlerinages en Terre-Sainte, et d'indiquer ensuite les conditions dans lesquelles se présentent, de nos jours, ces mêmes Pèlerinages.

Des siècles avant Jésus-Christ, le monde entier avait les yeux fixés sur l'Orient, d'où l'on savait que devait sortir le futur Libérateur du genre humain. Mais ce fut bien autre chose après la mort de ce divin Sauveur. Son tombeau, si merveilleusement glorifié d'abord par sa résurrection, le fut ensuite par les pieux hommages, sans cesse renouvelés, qu'y venaient déposer des milliers de fidèles de toute la catholicité.

©

Dans les premiers siècles de l'Eglise, l'ardeur qui portait ces bons fidèles à faire le Pèlerinage des Lieux-Saints était si grande qu'il fallait la comprimer. Saint Jérôme, quoique, sur ce point, ses discours fussent contredits par ses exemples, saint Augustin et d'autres Pères de l'Eglise avaient des paroles pour détourner la foule des chemins de Jérusalem. Mais ni leur autorité ni la sagesse de leurs conseils ne purent arrêter ce mouvement des âmes vers le berceau de notre foi, vers la terre qui portait l'empreinte encore visible des plus glorieux et des plus douloureux mystères, vers cette montagne sainte qui avait été baignée du sang de Jésus-Christ. Bien au contraire, ce mouvement alla grossissant de siècle en siècle, et le nombre des intrépides pèlerins s'accrut d'année en année, au milieu même des difficultés et des périls qu'offrit le voyage après la conquête musulmane. Au XIe siècle, les persécutions des Turcs ne permettant plus aux chrétiens d'aller à Jérusalem que par troupes nombreuses, on put compter des caravanes de sept mille hommes. Quand arrivèrent les croisades, et elles furent amenées par les pèlerinages eux-mêmes, les armées des pieux voyageurs se confondaient avec les armées des soldats de la croix.

Après cette grande époque des croisades, ou pèlerinages armés, dont notre siècle doit aujourd'hui mieux que jamais comprendre la signification et l'influence, — après les victoires et les grands résultats obtenus, — après aussi les fautes et les désastres de ces lointaines expéditions, le mouvement vers l'Orient se ralentit peu à peu et finit même par ne plus exister qu'à l'état de souvenir, comme il est facile de le prouver. En 1589, Villamont ne rencontra que six pèlerins francs ou latins à Jérusalem. Thévenot raconte qu'en 1656 il se trouva, lui vingt-deuxième, au Saint Sépulcre; mais que très-souvent le nombre des pèlerins ne s'élevait pas jusqu'à douze, puisqu'on était obligé de prendre des religieux pour compléter ce nombre à la cérémonie du lavement des pieds, le Jeudi-Saint. Dans tout le dix-huitième siècle, dit Châteaubriand, les Pères de Saint-Sauveur, à Jérusalem, n'ont peut être pas vu deux cents voyageurs catholiques, y compris les religieux de leur ordre et les missionnaires du Levant. Seetzen affirme qu'à Pâques de l'année 1806, il était le seul catholique à Jérusalem. Châteaubriand y arrivait sept mois après, et n'a pas craint d'écrire: « Mon arrivée au couvent de Saint-Sauveur fut un véritable événement. » Avec toutes ces données, il a pu écrire encore: « Des pèlerins latins, il n'y en a plus, l'on eu convient généralement. » Et il achève ce triste tableau par une parole prophétique plus triste encore, s'il est possible : « Jé » serai peut-être le dernier Français sorti de mon pays pour » voyager en Terre-Sainte, avec les idées, le but et les senti- » ments d'un ancien pèlerin. »

Par bonheur, la prophétie ne s'est point accomplie. C'est précisément tout le contraire qui est arrivé, comme il se mon- tre heureux de le constater lui-même plus tard en ces paroles que j'ai cru pouvoir prendre pour épigraphe : « J'ai eu le très- » petit mérite d'ouvrir la carrière, et le très-grand plaisir de » voir qu'elle a été suivie après-moi. »

Une grande et heureuse réaction s'est produite, en effet, dit un pieux prélat. Grâce à Dieu, les esprits, mais surtout les cœurs, se sont de nouveau tournés avec une ineffable ten- dresse vers les sources abondantes et depuis si longtemps dé- laissées qui jaillissent du calvaire, et où l'esprit chrétien alla s'abreuver et se retremper durant tant de siècles. Les rap- ports de la foi avec l'Orient se sont renoués. Jérusalem, la ci- té des mystères, assise sur ses ruines, au milieu des débris de sa grandeur antique, portant sur son front humilié les mar- ques encore visibles de ses gloires et de ses malheurs, Jéru- salem s'est montrée de nouveau telle qu'elle est, le centre du monde véritable, du monde de l'histoire du genre humain, la première patrie de toute âme chrétienne, le lieu où se garde le livre de nos destinées immortelles, la source de toutes les grandes inspirations, le champ clos où se livra, entre la vie et la mort, ce merveilleux duel que l'Eglise célèbre et après lequel, du fond d'un Sépulcre à jamais glorieux, c'est la vie, avec Jésus-Christ, qui est sortie triomphante.

Et tout cela, il est bon de le répéter, c'est Dieu qui l'a fait. Oui, évidemment, le doigt de Dieu est là. Mais Dieu se sert communément du ministère des hommes pour l'exécution de ses grands desseins ; et c'est la Conférence centrale de Saint- Vincent-de-Paul qui a eu, dans cette circonstance, l'honneur d'être choisie de Dieu pour travailler à son œuvre.

Il y a trois ans, un comité s'est formé dans son sein pour organiser et diriger l'œuvre si intéressante des Pèlerinages en Terre-Sainte. Ce comité se compose de vénérables pré- lats qui ont bien voulu prendre l'œuvre sous leur haut patro- nage ; de prêtres éminents qui daignent lui apporter le con- cours de leur piété et de leur zèle ; de laïques, à la foi vive et généreuse, qui ont fait autrefois le voyage des Lieux-Saints, dans des temps où c'était encore une entreprise difficile, longue et coûteuse ; enfin, de catholiques fervents qui, enchaînés par le devoir, n'ont que leur âme de libre et se contentent de visiter les Saints-Lieux par la pensée et la méditation.

Par les soins de ce comité, les pieux désirs, les saintes aspirations ont pris un corps et sont devenus des actes. Il a organisé les premières caravanes de nos pèlerins ; il a aplani sous leurs pas tous les obstacles ; il a mis à profit toutes les facilités, si grandes aujourd'hui, des communications, et qui ne font plus d'un voyage en Palestine qu'une promenade pieuse et pittoresque, sans fatigues, sans dangers, délivrée de toutes les avanies d'autrefois. La presse catholique lui a prêté ses mille voix, et le nom de Jérusalem a réveillé des échos dans le monde catholique tout entier. La sainte Sion s'est réjouie en revoyant le spectacle de la tendre piété des âmes catholiques, et, en échange, elle leur a donné avec abondance les douces et profondes émotions qu'elle tient en réserve dans son sein.

Tout récemment, l'œuvre précieuse des pèlerinages en Terre-Sainte a pris un développement aussi heureux que naturel, et le comité primitif est devenu une association fraternelle dont la composition, les bases principales et le but se trouvent clairement exposés dans ces quelques lignes du règlement qu'on nous saura gré de reproduire :

Article 1er. L'œuvre des Pèlerinages a pour but de faciliter à tous les catholiques le voyage en Palestine. Elle se propose de ranimer, par ce moyen, la piété et la charité envers les Lieux-Saints.

Art. 2. Pour accomplir cette œuvre, il est fait appel à tous les pèlerins de Terre-Sainte et aux personnes pieuses qui voudront se joindre à eux dans une association de prières, de charité et de correspondance.

Art. 3. L'union des prières sera réalisée ainsi qu'il suit :

Les asssociés sont invités à appliquer à cette intention la récitation de l'*Ave Maria* ou celle de l'*Angelus*, quand ils le pourront dire commodément.

Chaque année, le Jeudi-Saint, le lundi de Quasimodo et le jour de l'Invention de la Sainte-Croix, une messe sera célébrée pour les associés dans l'une des églises de Paris désignée par Mgr l'Archevêque, et de préférence, si l'on y est autorisé, à la Sainte-Chapelle.

L'aumônier de chaque caravane de pèlerins en Terre-Sainte ou, à son défaut, un prêtre désigné par Mgr le Patriarche, célèbrera dans l'église du Saint-Sépulcre, à Jérusalem, également pour tous les membres de l'œuvre, une messe à laquelle tous les pèlerins seront conviés d'assister.

Chacun des prêtres qui feront partie des caravanes sera prié de dire aussi, dans l'un des sanctuaires de la Palestine, une messe pour les associés vivants et une autre pour les associés défunts.

Art. 4. L'union de charité aura lieu par des souscriptions volontaires, dont le minimum est fixé à 10 francs par an.

Ces souscriptions sont destinées à subvenir aux besoins de l'œuvre et à son extension. Le surplus sera employé à des bonnes œuvres, qui auront la Terre-Sainte pour objet.

Art. 5. L'union de correspondance s'établira par l'envoi à chacun des associés de publications qui leur feront connaître le départ de chaque caravane, son itinéraire, le compte-rendu des principaux incidents de son voyage et le résumé des nouvelles les plus intéressantes relatives aux Lieux-Saints.

Tous les associés feront, de leur côté, ce qu'ils jugeront le plus convenable pour donner à ces bulletins la publicité nécessaire au développement de l'œuvre.

Il n'est pas donné à tous de pratiquer ce renoncement complet et absolu auquel l'Evangile promet le centuple dès cette vie même, et de voler aux plages lointaines pour gagner à Jésus-Christ de pauvres frères tristement assis dans les ténèbres mortelles de l'erreur. C'est l'ineffable bonheur, le précieux héritage de ceux qui ont choisi la meilleure part, suivant l'expression sacrée ; de ceux à qui le divin Maître a daigné faire entendre sa voix, et qui se sont empressés de lui répondre avec le Prophète : « Me voici, Seigneur, je suis à vos « ordres. » Et voilà que toute une moitié du genre humain, sans compter l'immense majorité de l'autre, est privée de ce bonheur, exclue de cet héritage, pourtant si enviable qu'il faisait dire naguère à une auteur aussi pieuse que spirituelle Quelle femme, au moins une fois dans sa vie, n'a désiré d'être d'un autre sexe, pour pouvoir monter au saint autel, et, nouveau Xavier, devenir l'apôtre de ses frères ! — Du moins c'est un bonheur qui n'est totalement refusé à personne, moyennant une légère aumône, quand elle est *possible*, et une courte prière, tous peuvent participer aux travaux et aux mérites du missionnaire. C'est l'œuvre excellente et admirable de la Propagation de la Foi.

Eh bien ! c'est un peu dans les mêmes conditions que s'offre à nous une autre œuvre, excellente aussi, celle des Pèleri-

nages en Terre-Sainte. Tous, assurément, ne sauraient songer
à prendre le bourdon du pèlerin pour s'acheminer vers Jérusalem , et il est bien des gens qui ont toutes les raisons du
monde de se dire qu'ils n'y sont nullement appelés. Mais il
faut reconnaître aussi que bien d'autres , de ceux-là même
qui n'ont nullement pas l'air de s'en douter n'ont qu'à le vouloir pour faire ce Pèlerinage dont on peut dire que trop heureux sont ceux qui l'ont fait. Et il faut reconnaître encore
qu'un bien plus grand nombre , sans en avoir la peine, peuvent, partiellement du moins, en avoir l'honneur et le mérite.

En effet , comme il a été dit précédemment , l'œuvre des
Pèlerinages en Terre-Sainte ne fait exclusion de personne.
C'est une association fraternelle entre tous les amis de la Terre-
Sainte, entre tous ceux qui sont émus au souvenir des grands
mystères qui s'y sont accomplis.

Comme lien de cette association , l'on vous demande , si
cela vous est *commode* , une toute petite prière , à laquelle
vous devez ajouter une *légère* aumône en forme de cotisation.
Je n'hésite pas à qualifier cette aumône de *légère*, quoiqu'elle
ne puisse pas descendre au-dessous de dix francs par année ;
et je n'hésite pas davantage à croire que plusieurs, peu favorables d'abord à mon assertion, l'accepteront volontiers, pour
peu qu'ils songent aux avantages qui leur reviennent de cette
aumône qu'on leur demande.

Disons 1° que ce n'est pas une gloire à dédaigner, que celle
de concourir efficacement à l'œuvre précieuse qui a pour but
d'exciter et d'entretenir le plus tendre intérêt pour les Lieux-
Saints, de faciliter le plus possible les voyages à Jérusalem ,
d'augmenter le nombre des pieux pèlerins, de disputer à l'in-
fidélité et au schisme ce précieux avantage , d'augmenter de
la sorte l'influence catholique en Palestine et dans tout l'O-
rient , et de travailler ainsi à l'accomplissement des grands
desseins de miséricorde que Dieu manifeste sur ces pays.

Et si l'on trouve ce premier avantage trop minime, en voici
d'autres.

2° Chaque année, les associés peuvent compter sur trois
messes, que le conseil de l'œuvre des Pèlerinages fait célébrer pour eux le Jeudi-Saint, le lundi de Quasimodo et le jour
de l'Invention de la Sainte-Croix.

3° A chaque caravane de pèlerins en Terre-Sainte , les associés peuvent compter sur une nouvelle messe , que l'aumônier de la caravane doit célébrer pour eux dans l'église du
Saint-Sépulcre , à Jérusalem.

4° A chaque caravane encore, les associés peuvent compter sur deux messes que chacun des prêtres faisant partie de la caravane doit célébrer pour eux dans l'un des sanctuaires de la Palestine. Il est vrai, ce n'est point là une obligation pour les prêtres des caravanes, et le règlement a soin de ne leur en faire qu'une *prière*; mais tous se font comme un devoir sacré de déférer à cette *prière*, et pas une des messes demandées n'est omise. Après quoi, il doit suffire de faire observer qu'il y a deux caravanes au moins chaque année, et parfois bon nombre de prêtres dans ces caravanes : ainsi, la dernière, celle du mois d'août de la présente année, comprenait onze prêtres.

5° Un bulletin, contenant les relations des pèlerins, leurs noms, tous les détails qui se rapportent au voyage d'outre-mer, est périodiquement publié et adressé à tous les membres de l'œuvre ; et ce recueil, où peut entrer tout ce qui se rapporte à l'Orient chrétien, est susceptible du plus grand intérêt.

Qu'on en juge par l'extrait suivant du rapport sur le pèlerinage du mois d'août 1855.

« En revenant du lac de Tibériade et au moment de rentrer à Nazareth ; nous fûmes insultés à Séphoris. C'est dans cette ville, qui devint la capitale de la Galilée sous Hérode-Antipas, que la tradition place la demeure de saint Joachim et de sainte Anne.

« Dès les premiers siècles du christianisme, une magnifique église fut construite, sous le vocable de sainte Anne, au lieu où se trouvait la maison des ancêtres de la sainte Vierge. Nous trouvâmes les ruines de ce sanctuaire, à la visite duquel les Souverains Pontifes ont attaché une indulgence spéciale, dans le plus déplorable état. La partie de l'édifice qui est demeurée couverte, servait d'écurie aux chevaux et aux chameaux de quelques Arabes. Dans la partie qui est à ciel ouvert, on avait élevé une douzaine de huttes en terre et en nattes. La plupart de ces misérables habitations ont été construites, je crois, depuis que les religieux Franciscains de Nazareth, chargés de la garde de ce Saint-Lieu, ont été contraints par l'intolérance des habitants de Séphoris de cesser de venir célébrer la sainte messe.

« A peine avions-nous commencé à visiter ces ruines, qu'un Arabe vint demander insolemment à notre guide pourquoi nous étions entrés sans permission sur le territoire de la tribu. Sehembri l'engagea à se taire et à se souvenir de ce qui s'était passé, il y a deux ans, avec la première caravane française. L'Arabe se retira, et nous ne tardâmes point à nous remettre en route.

« J'étais à la tête de la colonne, à six cents pas environ de la maison de sainte Anne, quand j'entendis quelques-uns de nos compagnons qui arrivaient au galop. Ils étaient restés après les autres dans ces ruines pour en examiner quelques détails, et nous apprirent que les enfants de la tribu, aussitôt après le départ du gros de la caravane, s'étaient mis à leur jeter des pierres et les avaient même poursuivis aussi loin qu'ils l'avaient pu. La connaissance que j'avais de ce qui s'était passé deux ans auparavant me fit penser qu'il serait imprudent de faire une démonstration avec une caravane aussi peu nombreuse ; j'engageai donc tous nos pèlerins à me suivre immédiatement, et nous partîmes au galop jusqu'au vieux camp des Croisés, près de la fontaine qui se trouve à mi-chemin de Séphoris à Nazareth ; là, nous étions à une distance suffisante pour n'avoir plus rien à craindre, et nous arrivâmes à Nazareth sans autre encombre. Ceci se passait le vendredi.

« Le lendemain, les Pères du couvent attendaient M. de Lesseps, Consul général de France à Beyrouth, M. le marquis de Forbin-Janson, chargé par le gouvernement français d'une mission en Palestine, et M. Catafago, Vice-Consul français à St-Jean-d'Acre. Vers midi, le R. P. Supérieur m'engagea à monter à cheval pour aller au-devant de ces messieurs au nom de la caravane, et lui-même m'accompagna avec quelques religieux jusqu'à une lieue de Nazareth. C'était un honneur que les bons Pères voulaient rendre aux dignes représentants de la France ; je m'y associai donc bien volontiers. A peine eus-je salué M. de Lesseps, qu'il me parla de l'insulte que nous avions reçue la veille à Séphoris. Comment en avait-il connaissance ? Je l'ignore ; tout ce que je sais, c'est que nous n'avions même pas songé à porter plainte devant l'aga de Nazareth. Je me contentai de répondre à M. le Consul général que nous n'avions pas attaché grande importance à cette affaire ; que cependant il était fâcheux qu'après le pardon accordé, il y a deux ans, aux scheicks de Séphoris, sur la demande des pèlerins, on eût eu une nouvelle attaque à subir dans cette tribu. Alors M. de Lesseps me dit qu'il n'était pas possible d'user toujours de la même indulgence envers des Arabes, et que l'impunité ne servirait qu'à les rendre plus insolents à l'avenir. Il ajouta qu'il était invité à aller le lendemain manger un mouton dans les jardins du grand scheick de Séphoris,

mais qu'il ne se rendrait à cette invitation qu'après avoir obtenu réparation de l'injure qui nous avait été faite. Il fit donc
appeler immédiatement le grand scheick et lui ordonna de
mettre en prison les pères de tous les enfants qui avaient lan-
cé des pierres aux pèlerins; puis il nous engagea à nous détourner de notre route, le lendemain dimanche, pour l'accompagner à Séphoris, célébrer la sainte messe dans les ruines
de l'église de sainte Anne et manger ensuite le mouton offert
par le grand scheick, ce que nous acceptâmes de grand cœur,
d'abord pour le bien qui pouvait en résulter par rapport à la
liberté des chrétiens, puis, pour voir comment se terminerait
cette petite affaire.

» Le lendemain donc nous nous joignîmes aux Consuls et à
leur escorte. Les habitants de Séphoris vinrent à cheval, selon l'usage, pour recevoir M. le Consul général. Dans la vue
de les humilier, ce dernier leur avait fait dire de se tenir à
pied, à l'entrée du village.

» Le grand scheick seul vint à cheval à notre rencontre, et
à une demi-lieue du village nous trouvâmes un des scheicks
principaux représentant la tribu, qui vint en chemise se placer et marcher à pied devant nos chevaux. Il fallait vraiment
la guerre d'Orient pour voir un pareil spectacle : un chef
Arabe marchant à pied et en chemise devant des chiens de
chrétiens, et surtout devant des prêtres à cheval ! c'est la remarque que me faisait M. de Lesseps, au moment où nous en-
trions dans Séphoris. Pour moi, je crois que la guerre d'Orient
n'aurait pas suffi pour cela ; mais il faut ajouter l'autorité qu'a
su prendre M. de Lesseps dans le pays où il est chargé des
intérêts de la France.

» Arrivés à Séphoris, nous rencontrâmes, à l'entrée du village, tous les chefs de famille qui nous attendaient debout et
en silence. Nous nous rendîmes directement à l'église de ste
Anne. Ce vénérable sanctuaire, qui, la veille encore, ressem-
blait à un véritable cloaque, n'était plus reconnaissable. Sur
les ordres du grand scheick, à qui M. le Consul général avait
annoncé que nous irions le lendemain y célébrer la sainte
messe, les Arabes avaient passé une partie de la nuit à nettoyer
avec le plus grand soin l'emplacement où devait s'élever l'autel et tous ses alentours. Si quelque chose nous étonna, ce fut
de trouver en ce lieu une propreté que les Arabes ne savent
pas donner même à leurs habitations. Toute la tribu était
rassemblée sur l'espèce de place qui fait face aux ruines de
l'église, et pendant toute la messe le silence le plus profond ne

cessa pas un seul instant de régner au milieu de cette foule si peu accoutumée à un pareil spectacle. N'y eût-il eu que ce recueillement de leur part, durant la célébration de nos divins mystères, que nous eussions regardé comme suffisamment expiée la légère insulte qui nous avait été faite.

» Nous ne pûmes nous empêcher d'admirer la conduite de la divine Providence, qui, pour rendre aux bons religieux de Nazareth et au monde catholique un sanctuaire aussi vénérable, se servit de l'insulte qui nous avait été faite.

» M. le Consul général de France sut profiter habilement de cette circonstance pour obtenir du grand scheick de Séphoris l'engagement solennel :

1° Que les religieux Franciscains de Nazareth auraient à l'avenir toute liberté de venir célébrer la sainte messe à Séphoris, comme ils en avaient le droit de temps immémorial.

2° Que l'on respecterait la partie de l'église qui est demeurée couverte, et qu'il serait défendu d'y abriter des animaux.

3° Que l'on détruirait toutes les huttes établies sur l'emplacement de la partie ruinée, et qu'il serait sévèrement interdit d'y venir demeurer désormais.

4° Qu'on renfermerait dans une enceinte palissadée toute l'étendue du sanctuaire, de manière à ne former qu'un seul tout de la partie ruinée et de la partie qui est demeurée couverte.

» Après la célébration de nos saints mystères, nous allâmes prendre le café chez le grand scheick ; puis nous remontâmes à cheval pour nous rendre dans les jardins où devait se faire le déjeûner solennel, suivant l'antique coutume. Les scheicks nous servirent eux-mêmes le mouton traditionnel, et ce fut seulement après que nous eûmes terminé notre repas, qu'ils vinrent prendre leur part de ce qui restait.

» C'est alors que le grand scheick nous fit amener les prisonniers ; M. de Lesseps leur adressa une sévère remontrance. Toutefois, sur notre demande et sur leurs protestations de fidélité pour l'avenir, on leur fit grâce encore une fois, à l'exception néanmoins de celui qui avait accosté si insolemment notre guide en présence de toute la caravane. Il servit d'exemple et fut envoyé en prison pour trois ans.

» Quand les pèlerins furent remontés à cheval, et au moment où ils se disposaient à partir pour suivre leur route et se rendre au Carmel, le grand scheick s'avança et nous fit, au nom de toute sa tribu, les plus belles promesses de respect pour les caravanes de France qui viendraient après nous;

puis on se sépara dans les meilleurs termes. M. le Consul général nous donna son premier janissaire pour nous accompagner jusqu'à Beyrouth, et la tribu de Séphoris mit à notre dieposition une escorte de trois bachi-bouzoucks que nous renvoyâmes quand nous fûmes arrivés au Carmel. »

Il est des œuvres qui se recommandent assez par elles mêmes, et qui, pour être aimées, n'ont besoin que d'être connues. Telle est, paraît-il, l'œuvre des Pèlerinages en Terre-Sainte. Le Comité de l'œuvre le soupçonnait apparemment, lorsqu'il a rédigé ce paragraphe de l'article 5 du règlement qui donne carte blanche pour piller ses bulletins : « Tous les associés fe- » ront, de leur côté, ce qu'ils jugeront le plus convenable pour » donner à ces bulletins la publicité nécessaire au développe- » ment de l'œuvre. » J'avoue que je le soupçonnais bien un peu moi-même avant ce jour, d'après ma propre expérience ; mais désormais c'est pour moi une heureuse certitude. La simple histoire, en deux mots, des Pèlerinages en Terre-Sainte et de l'œuvre tout récemment fondée en vue de réorganiser parmi nous ces mêmes pèlerinages, la reproduction du règlement de cette œuvre et un extrait du rapport sur le pèlerinage des vacances de l'an dernier : c'est peu de chose, il faut en convenir, si la cause ne plaidait point si haut par elle-même ; et pourtant, il n'en a pas fallu davantage pour obtenir dans le public des sympathies et des adhésions qui me sont aussi précieuses que l'œuvre m'est chère.

Au sujet de ces adhésions, dont j'ai bien quelque peu le droit d'être fier, on me pose une question à laquelle je m'empresse de répondre. A qui faut-il s'adresser pour se faire associer à l'œuvre des Pèlerinages ? — Je veux bien, à la prière que m'en a faite le Comité, et pour rendre service aux personnes du diocèse de Saint-Brieuc qui le trouveront plus commode, me charger de transmettre à Paris leurs demandes et leurs souscriptions. Mais comme je n'y tiens pas plus qu'il ne faut, et que j'entends laisser à chacun liberté pleine et entière de correspondre avec qui bon lui semble, je dois ajouter, d'après l'avis inséré dans les bulletins, que l'on peut aussi bien et plus directement « s'adresser, pour tous renseignements, au Secrétariat de l'œuvre, rue de Furstenberg, 6, à Paris. »

Pour faciliter même encore davantage la liberté de cette correspondance, et aussi pour faire plaisir à ceux qui peuvent y trouver des personnes de leur connaissance, je crois devoir donner ici les noms de tous les dignitaires qui composent le Conseil de l'œuvre :

Mgr Léon Sibour, évêque de Tripoli, *président.*

MM. l'abbé Dedoue, vicaire-général de Paris ; l'abbé Jammes, ancien vicaire-général de Paris, chanoine de la métropole, directeur de l'œuvre de la Sainte-Enfance ; le baron du Havelt ; H. Gaultier de Claubry ; Ad. Baudon, *vice-présidents.*

MM. l'abbé Bargès, professeur d'hébreu à la Sorbonne ; le général comte Rodolphe de Maistre ; Mandaroux-Vertamy, ancien avocat à la Cour de Cassation ; le baron de Cardon de Sandrans, maître des requêtes au Conseil d'Etat ; Hélouis-Jorelle, ancien consul de France à Jérusalem ; de Mas-Latrie, sous-directeur à l'Ecole des Chartres ; l'abbé de Valette, premier aumônier du Lycée Napoléon ; Digard, avocat à la Cour d'Appel ; Paul de Champagny ; Hyacinthe Lemarié, auditeur du Conseil d'Etat ; Pavet de Courteilles, professeur de langues orientales ; le comte de La Bouillerie ; le comte de Lambel.

M. Théodore Dauchez, *trésorier.*

M. Henry Bettencourt, docteur en droit, *secrétaire.*

MM. le baron J. d'Acher de Montgascon, et Charles Mercier de La Combe, *secrétaires-adjoints.*

Pour y procéder avec ordre, il fallait tout d'abord faire connaître l'œuvre des Pèlerinages et indiquer les moyens d'y participer. Cette œuvre précieuse et tout ce qui la concerne étant désormais suffisamment connus, c'est le moment d'aborder la question des Pèlerinages eux-mêmes et des détails multiples qui s'y rapportent.

Et pourtant, s'il faut tout dire, j'ai le chagrin de ne pouvoir pas encore de sitôt satisfaire les impatients qui, à peine au début, voudraient déjà se trouver au dénoûment, ou du moins me voir emboucher la trompette pour faire entendre avec solennité ces mots magiques : Je pars de Marseille !.....

Avant de partir de Marseille avec la caravane française assez heureuse pour faire le pèlerinage des Lieux-Saints, il faut se faire inscrire pour ce pèlerinage et entrer dans certains autres petits détails qu'il n'est pas du tout inutile de connaître. Je prie donc le lecteur bienveillant de patienter encore un peu et de me suivre maintenant sur ce nouveau terrain, où, du reste, il y aura nécessairement bien des anticipations et des particularités concernant mon propre pèlerinage, malgré tout mon désir de me borner encore, pour le moment, aux généralités d'un pèlerinage quelconque.

Reprenons les choses *ab ovo*, et disons tout d'abord que, pour faire le pèlerinage des Lieux-Saints, il est bon d'en avoir préalablement l'idée ; laquelle idée, si elle ne surgit pas en vous-même, doit naturellement vous venir d'ailleurs. Pour mon compte, je l'avoue en toute simplicité, je n'ai eu ni le mérite ni la gloire d'engendrer de mon propre fond cette idée qui me semble assez belle, de marcher sur les traces du divin Maître, de fouler la terre qu'il a arrosée de ses sueurs et baignée de son sang, et de déposer à son tombeau une fervente prière avec un pieux baiser. C'est du ciel indubitablement qu'elle m'est venue, mais du ciel par un intermédiaire ; car je ne me reconnais pas autant d'importance que ces fameux niais, décorés, je ne sais trop pourquoi, du nom de philosophes, qui prétendent que si Dieu veut leur parler, c'est à tout le moins qu'il daigne s'adresser directement à eux.

C'était fort peu de temps avant la première communion des enfants à la paroisse, et au beau milieu des préparatifs de cette touchante solennité. Ces préparatifs, en totalité ou peu s'en faut, étaient à mon compte : d'où l'on peut conclure très-légitimement que je n'avais guère de temps de reste, et qu'il m'en demeurait surtout assez peu pour la lecture des journaux. C'est à grand'peine si je pouvais par-ci par-là donner un simple coup-d'œil à mon pauvre petit *Univers*, tout en rompant le morceau de pain qui devait, jusqu'à midi, me donner du cœur pour ma rude besogne. Et pourtant, cher lecteur, s'il en faut croire mon expérience, c'est un plaisir assez licite et qui peut avoir son charme, que d'oublier une ou deux minutes ses fatigues et d'arrêter un instant les yeux sur son journal, même en déjeûnant. Toujours est-il que, dans la circonstance, le plaisir me fut à la fois bien doux et bien profitable.

Nous étions au 5 juillet, et j'avais sous les yeux l'*Univers* du 4. Comme je l'ai fait depuis sans scrupule, et dans les mêmes vues apparemment, l'*Univers* s'était permis ce jour, à la grande satisfaction du Comité, de piller le bulletin de l'œuvre des Pèlerinages et d'en donner un extrait que la reconnaissance me fait un devoir de reproduire à mon tour, par la raison toute simple que j'y ai puisé la première idée de mon délicieux pèlerinage aux Lieux-Saints :

« OEUVRE DES PÈLERINAGES EN TERRE-SAINTE.

» Nous avons annoncé qu'un nouveau voyage à Jérusalem s'organisait pour les vacances de 1856. Par suite des changements apportés au service maritime de la Compagnie des Messageries Impériales, le départ qui avait été indiqué pour le 28 août aura lieu, de Marseille, le jeudi 21 du même mois. Déjà plusieurs personnes se sont fait inscrire pour ce pèlerinage. Celles qui désireraient en faire partie et n'ont pas encore envoyé leur demande, sont priées de l'adresser au secrétariat du Comité, 6, rue de Furstenberg, *le plus tôt qu'il leur sera possible.*

» La durée du voyage est de deux mois (aller et retour), dont 36 jours en Palestine. Les prix restent fixés à 1,250 fr. 1re classe, à bord des paquebots, et 1,000 fr. 2e classe.

» BETTENCOURT,
» Secrétaire du Comité de l'OEuvre.»

N. B. La durée du voyage en Terre-Sainte peut être abrégée pour les *ecclésiastiques* qui n'ont à leur disposition que le temps toujours très-restreint des vacances. En partant le 21 août, on peut aller passer vingt jours en Palestine et être de retour à Marseille le 6 octobre. Ces vingt jours suffisent pour visiter Jérusalem et ses environs : Bethléem, Saint-Jean-du-Désert, Saint-Saba, le Jourdain et la Mer-Morte. Cette diminution de temps donne une économie de 200 fr. pour les passagers de 2e classe à bord des paquebots. Durant le pèlerinage, toutes les personnes qui en font partie sont traitées de la même manière.»

J'étais ébranlé, comme le sont déjà peut-être plusieurs de ceux qui me lisent. Pouvais-je ne pas me rendre, après avoir parcouru ce qui suit ?

« On nous communique la lettre suivante, adressée à Mgr l'Évêque de Tripoli, président de l'œuvre des Pèlerinages en Terre-Sainte :

Fongrave, par Monclar d'Agenais, (Lot-et-Garonne), 5 avril 1856.

« Monseigneur,

» Depuis six ans que je suis dans ma paroisse, jamais il n'y avait eu un tel élan religieux, même à l'époque du Jubilé ou de la Mission. En vérité, c'est un prodige. Des hommes qui jusqu'ici étaient restés sourds à la voix du pasteur, sont venus, fondant en larmes, au tribunal de la pénitence. On eût dit qu'une vertu céleste s'était attachée, sur le Calvaire, au curé-pèlerin.

» Les fruits de salut ont été si abondants qu'un grand nombre d'étrangers à ma paroisse sont venus, eux aussi, me demander leur part de miséricorde puisée au Saint-Sépulcre.

» Si je viens raconter à Votre Grandeur ces miracles de la grâce au retour de mon pèlerinage, c'est que j'en dois de la reconnaissance au Comité de Paris et à son vénérable président. Sans les facilités qu'il procure aux pèlerins, je n'aurais peut-être pas osé entreprendre le voyage de la Terre-Sainte. Et puis vous serez sans doute heureux d'apprendre, Monseigneur, que l'œuvre que vous dirigez avec tant de zèle *est un apostolat non-seulement pour les Saints-Lieux, mais encore pour la France.* Je voudrais que tous mes confrères dans le sacerdoce sussent bien qu'une absence momentanée de leur paroisse pour aller en Palestine, n'est pas un temps perdu pour les âmes.

• J'ai l'honneur. etc.   LAFFARGUE, curé de Fongrave.

A mon retour de Jérusalem, le comité de Paris a bien voulu me confier une double mission également importante et honorable à mes yeux : celle de faire connaître dans le bon diocèse de Saint-Brieuc l'œuvre si belle, mais encore si peu connue, des Pèlerinages en Terre-Sainte, et celle d'y organiser un sous-comité à l'instar du comité de Paris.

La première de ces missions, j'y travaille depuis deux mois avec un zèle que plusieurs seraient tentés de croire exagéré, ce qui a du moins l'avantage de prouver queje n'ai pas été au-dessous de ma tâche.

Quant à la seconde, qui fait suite et qui sert de complément à la première, elle n'a pas été mise en oubli, tant s'en faut, et dans un moment il me sera donné d'en fournir la preuve. Reproduisons auparavant quelques lignes du deuxième bulletin de l'œuvre, où le lecteur pourra saisir du premier coup l'importance, le but et l'organisation de ces sous-comités.

• Dieu a béni jusqu'à présent l'œuvre des Pèlerinages en Terre-Sainte ; mais cette œuvre est trop peu connue à notre gré, elle est surtout trop peu répandue ; car si c'est quelque chose d'avoir commencé, il faut reconnaître que ce qui a été fait ne peut servir réellement qu'à donner la mesure de ce qui serait à faire.

« Sans doute, la publication des rapports du Conseil de l'œuvre, sans doute la publication du bulletin sont des moyens très-utiles pour propager la connaissance de notre Association ; mais rien ne sera plus efficace dans ce but que les récits intimes des pèlerins eux-mêmes, et que les détails donnés par les témoins oculaires. Si donc dans les divers diocèses il se forme des sous-comités de l'œuvre, le plus grand bien peut en être obtenu. Ces sous-comités, en correspondance avec le Conseil de l'œuvre qui se réunit à Paris, pourront donner les renseignements sur place ; ils éclaireront les personnes qui auraient le désir de faire le voyage sur ses avantages et ses facilités ; ils répondront aux objections, aux inquiétudes heureusement démenties par l'expérience ; ils propageront le bulletin de l'œuvre et les écrits importants publiés sur la Terre-Sainte ; ils recueilleront les souscriptions nécessaires à la marche et aux développements de l'œuvre ; enfin , ils prépareront les admissions de pèlerins et transmettront leur avis au Conseil sur les personnes qui voudraient s'adjoindre aux caravanes.

« Pour ces sous-comités, un personnel nombreux ne serait pas nécessaire. Trois membres au besoin suffiraient : Président, Secrétaire, Trésorier. Si on pouvait en avoir un plus grand nombre, tout n'irait sans doute que mieux ; mais enfin, pour le début surtout, un chiffre plus considérable n'est pas strictement nécessaire. »

« Nous espérons donc que bientôt nous pourrons faire connaître dans le Bulletin la formation de semblables comités, parce que mieux que le Conseil de Paris, ces comités pourraient connaître les personnes qui se présentent, et continuer ainsi aux caravanes le caractère sérieusement chrétien et catholique qui les a distinguées jusqu'à ce jour. »

Si cet espoir est frustré de quelque côté, ce ne sera pas du moins en ce qui concerne le diocèse de Saint-Brieuc, où le sous-comité a déjà reçu son organisation essentielle et fonctonne depuis plusieurs jours. Ses membres ne sont encore, si vous voulez, qu'à leur tout petit complet, ou au nombre de trois, dont les noms suivent :

M. l'abbé Hyacinthe LE FICHANT, vicaire de la cathédrale, *Président.*

M. ▮▮▮▮▮▮▮▮▮▮▮▮, *Trésorier.*

M. le vicomte Louis DE BÉLIZAL, *Secrétaire.*

Mais ils espèrent du renfort des prochaines caravanes, et, en attendant, ils se multiplieront volontiers pour la sainte cause. M. Louis de Bélizal compte au nombre des premiers associés du diocèse, et s'est déjà fait inscrire pour la caravane qui doit partir de Marseille le 19 mars prochain. M. ▮▮▮▮ ▮▮▮▮▮▮▮, qui ne peut pas encore accomplir le pieux pèlerinage, a, dès l'origine, donné à la bonne œuvre ses sympathies et son concours, et l'on se rappelle que son nom figure sur la liste des membres du Conseil. A ces titres, ils avaient l'un et l'autre leur place marquée d'avance dans le sous-comité, et c'est une raison de plus pour que l'on applaudisse à cette combinaison, d'ailleurs si naturelle, qui embrasse heureusement tout ce vaste diocèse et qui promet ainsi à l'œuvre de nouveaux succès parmi nous.

En vue principalement d'aider à la formation de ces sous-comités dans les diocèses, mais en vue aussi d'établir un lien de confraternité entre les membres dispersés de l'œuvre des Pèlerinages, et de leur donner l'occasion de se connaître les uns les autres, le Conseil de Paris a publié, dans son deuxième bulletin, la liste générale des pèlerins qui, depuis le commencement de l'œuvre, ont pris part à nos diverses caravanes. Cette liste, où les noms se trouvent classés par départements et par pays, et sont suivis de la date de la caravane dont les pèlerins ont fait partie, je veux à mon tour la publier ici pour faire droit aux nombreuses demandes qui m'en ont été faites, et pour rassurer les personnes et les familles en leur montrant l'heureuse composition de toutes nos caravanes.

Liste des Pèlerins.

FRANCE.

Aisne. — M. l'abbé Crévaux, à Saint-Vincent-de-Laon, Pâques 1856.

Allier. — M. l'abbé van Troyen, vicaire-général, à Moulins, août 1853 (décédé depuis).

Aube. — M. Joseph Petit, avocat, à Troyes, août 1853.

Aveyron. — M. Lagrésie, capitaine en retraite, à Villefranche, Pâques 1854.

Côtes-du-Nord.— M. l'abbé Le Fichant, vicaire de la cathédrale, à Saint-Brieuc, août 1856.

Doubs. — M. l'abbé Bourgeois, à Dommartin, près Pontarlier, Pâques 1854 ; M. l'abbé Renaud, missionnaire à Besançon, Pâques 1854.

Gard. — M. l'abbé Azaïs, aumônier du Lycée, à Nîmes, août 1853 ; M. Ch. Domergue, à Beaucaire, août 1853.

Haute-Garonne. — M. Louis Bunel, avocat, à Toulouse, août 1853, M. Evesque, à Toulouse, août 1853.

Indre — M. l'abbé Trumeau, curé de Saint-Christophe, à Châteauroux, Pâques 1856.

Indre-et-Loire. — M. Léon de Cassin, à Tours, Pâques 1856.

Isère. — M. de Quincieux, près la Tour-du-Pin, Pâques 1854.

Loire. — M. Octave de La Bâtie, à Montbrison, août 1853; M. Jacquemont, à Montaud, près St-Etienne, Pâques 1854.

Loire-Inférieure. — M. Xavier de Régnon, à Nantes, Pâques 1855; M. l'abbé Nicou, missionnaire de St-François, à Nantes, Pâques 1855.

Loiret. — M. Arthur de la Touanne, à Orléans, Pâques 1856.

Lot-et-Garonne. — M. l'abbé Gillard, chanoine-honoraire à Pélissier, commune de Boë, Pâques 1855; M. l'abbé Laffargue, curé de Fongrave, près Ste-Livrade, Pâques 1855.

Manche. — M. l'abbé Dufour, curé d'Hébécrévon, près Saint-Lô, Pâques 1855.

Haute-Marne. — M. l'abbé Ariet, curé de Villiers-le-Sec, par Chaumont, août 1855.

Maine-et-Loire. — M. l'abbé Turpault, aumônier du Bon-Pasteur, à Saumur, Pâques 1854.

Mayenne. — M. Eugène Boullier, à Laval, août 1853; M. le marquis de Montecler, au château de Montecler, près Evron, août 1853; M. Chevallier-Malibert, à Mayenne, Pâques 1854.

Meuse. — M. l'abbé Becq, curé de Corniéville, près Commercy, Pâques 1855.

Morbihan. — M. l'abbé Mary, vicaire à Vannes, Pâques 1855; M. Charles de Léhélec, au château de Limoges, près Vannes, Pâques 1855; M. Ernest de Léhélec, au même château, près de Vannes, Pâques 1855; M. l'abbé Guillevain, à Lorient, août 1856; M. l'abbé Alléosse, aumônier du collége, à Lorient, août 1856.

Nièvre. — M. de La Chaize, à Luzy, août 1855.

Nord. — M. Emile Lernout, de Flêtre, arrondissement d'Hazebrouck, août 1855; M. le baron de Bouteville, à Hornaing, par Somain, août 1853; M. Dubois, à Valenciennes, août 1853; M. l'abbé H.-J. Crombé, missionnaire à Cambrai, août 1855; M. l'abbé Pierchon, curé d'Haveluy, par Denain, août 1855; M. l'abbé Dehaene, supérieur principal du collége, à Hazebrouck, août 1855; M. l'abbé Agache, au Cateau, Pâques 1856; M. l'abbé Delannoy, aumônier de la citadelle de Lille, août 1856; M. Pierre Dupont, étudiant à Valenciennes, août 1856; M. l'abbé Wattine, missionnaire, à Cambrai, août 1856.

Pas-de-Calais. — M. Ernest de Saint-Just, au château de Bois-en-Ardre, août 1856.

Rhône. — M. Bonjour, greffier en chef de la Cour impériale, à Lyon, août 1853.

Saône-et-Loire. — M. Victor Ducrest, à Bourbon-Lancy, août 1853 ; M. le baron de la Chapelle, au château de Loisy, par Cuisery, août 1853 ; M. l'abbé Bonnot, aumônier de l'Ecole normale à Mâcon, août 1855 ; M. l'abbé Henriot, curé de Saint-Loup-de-Varennes, août 1855 ; M. l'abbé Nobis, curé de Coublanc, par Chauffailles, août 1856.

Sarthe. — M. l'abbé Vallée, curé de Pezé-le-Robert, par Sillé-le-Guillaume, août 1856.

Seine. — M. Henri de Guinaumont, Paris, août 1853 ; M. Henri Bettencourt, août 1853 ; M. Agon, Paris, août 1853 ; M. Azambre, Paris, août 1853 ; M. l'abbé Bargès, Paris, août 1853 ; M. Léon de Biencourt, Paris, août 1853 ; M. l'abbé Dumur, Paris, août 1853 ; M. Louis Enault, Paris, août 1853 ; M. l'abbé De Geslin, Paris, août 1853 ; M. Huet, Paris, août 1853 ; M. Ch. de Guinaumont, Paris, août 1853 ; M. l'abbé Langénieux, vicaire à Saint-Roch, Paris, août 1853 ; M. l'abbé Lerebours, août 1853 ; M. le comte de Létourville, Paris, août 1853 ; M. de Soulaine, Paris, août 1853 ; M. François, Paris, Pâques 1854 ; M. l'abbé Ruelle, à Clichy, Pâques 1854 ; M. Victor Guérin, membre de l'Ecole française d'Athènes, docteur ès-lettres, Paris, Pâques 1854 ; M. Emmanuel de Vergès, Paris, Pâques 1855 ; M. le comte de Boisrenaud, Paris, Pâques 1855 ; M. le baron de Saint-Julien, Paris, août 1855 ; M. le comte Ernest de Villoutreys, Paris, août 1855 ; M. le vicomte de Villoutreys, Paris, août 1855 ; M. le comte Constantin de Beaufond, Paris, Pâques 1856 ; M. Guyot-Sionnest, Paris, août 1856 ; M. l'abbé Nicolas, aumônier à bord du *Charlemagne*, Pâques 1854 ; M. Paul Estève, étudiant, Paris, août 1856 ; M. Baullier, propriétaire à Batignolles, août 1856.

Seine-Inférieure. — M. l'abbé Boullard, vicaire à Rouen, août 1853 ; M. Lecarpentier, à Sasselot-le-Mauconduit, par Valmont, août 1853.

Seine-et-Marne. — M. l'abbé de Reinach, directeur à Juilly, août 1855 ; M. l'abbé Bazan, curé de Pierre-Levée, par La Ferté-sous-Jouarre, août 1856.

Somme. — M. le comte Julien de Thieulloy, au château de Bacouel, près Amiens, août 1853 ; M. le comte Camille du

Merle, à Amiens, août 1853 ; M. Philippe de Gillès, au Saul-choix-Cléry, près Amiens, août 1853.

Tarn. — M. Henri Périé, à Castres, Pâques 1855.

Vosges. — M. Retournard, à Rambervillers, août 1853 ; M. l'abbé Fourcaulx, à Charmes, Pâques 1854 ; M. Charles Boulay, à Saint-Dié, Pâques 1856 ; M. l'abbé Steiner, prêtre auxiliaire à Saint-Dié, août 1856.

PAYS ÉTRANGERS.

Angleterre. — M. Wigley, Manchester-Street, Manchester-Square, à Londres, août 1853.

Belgique. — M. le comte de Rottermund, à Tirlemont, Pâques 1855 ; M. le vicomte Arthur de Beughem à Bruxelles, Pâques 1855 ; M. le comte Gaston de Buisseret, à Bruxelles, Pâques 1855 ; M. le comte Arthur de Buisseret, à Bruxelles, Pâques 1855 ; M. le comte Emile de La Barre, Pâques 1855 ; M. Philippe de Gillès de Pélichy, au château d'Yzeghem, près Courrai, août 1853.

Canada. — M. Hubert-Rousseau, Pâqnes 1856.

Hongrie. — Mgr Hovanyi, prévot mitré de Saint-Jean-Baptiste, chanoine de la cathédrale de Grosswardein, prélat domestique de Sa Sainteté, août 1856 ; M. l'abbé Munkacry, curé de Huszt, août 1856.

Lucques. — M. Henri Massoni, à Lucques, Pâques 1854.

Prusse. — M. Ramboux, conservateur du Musée, à Cologne, Pâques 1854 ; M. l'abbé Prissac, curé de Rheindorff, près Cologne, Pâques 1854.

Toscane. — M. le comte Jean Melzi d'Eril, à Pise, Pâques 1856.

Après tout, l'excellente composition de nos caravanes, qui ressort évidemment de cette simple liste des pèlerins qui en ont fait partie depuis le commencement de l'œuvre, n'a lieu de surprendre que ceux qui peuvent ignorer avec quelle prudence et quelle circonspection le comité procède à l'admission des pèlerins.

Quand Dieu vous a inspiré la pieuse pensée d'aller visiter les Lieux-Saints, la première chose à faire n'est pas de le publier sur les toits ou dans les carrefours, au grand risque de tout compromettre, c'est de demander votre admission dans la caravane dont le départ prochain vous est annoncé.

A la réception de votre demande, le comité vous adresse une réponse imprimée conçue dans ces propres termes :

« Monsieur,

» J'ai inscrit, provisoirement, votre nom sur la liste des personnes qui se proposent de faire le pèlerinage de Terre-Sainte au mois d

» Si, après avoir reçu les renseignements nécessaires, vous avez l'intention de rendre cette inscription définitive, vous voudrez bien m'en adresser la demande, dans le plus bref délai, en ayant la bonté de vous conformer à la mesure suivante, dont vous apprécierez, je n'en doute pas, l'utilité pour la bonne composition et le succès chrétien de nos pèlerinages.

» *Le comité de l'œuvre a décidé que toute demande d'admission dans l'une des caravanes de pèlerins organisées sous ses auspices, devrait être accompagnée, pour les ecclésiastiques, de l'autorisation de l'Évêque de leur diocèse, et pour les laïques, d'une recommandation ecclésiastique, ou, s'ils sont membres de l'œuvre de Saint-Vincent-de-Paul, d'une lettre du Président de leur Conférence.*

» Votre demande, accompagnée de la pièce ci-dessus indiquée, sera soumise au comité dans sa plus prochaine assemblée, et j'aurai l'honneur de vous informer immédiatement après de sa décision.

» Agréez, etc.   *Le Secrétaire du Conseil de l'œuvre·*

Les choses étant là, pour ce qui me concerne, je n'avais plus à remplir qu'une dernière formalité pour rendre définitive mon admission dans la caravane qui partait de Marseille le 21 août 1856. Il me fallait obtenir l'assentiment de mes supérieurs hiérarchiques et l'autorisation spéciale de mon Evêque. Ce fut bien vîte fait, grâce à leur bonté si connue à laquelle je suis heureux de rendre ici un hommage solennel. Quelques jours après, en échange de cette pièce indispensable, je recevais de M. le baron d'Acher de Montgascon, l'un des aimables secrétaires de l'œuvre, une charmante lettre où il daignait m'annoncer officiellement mon admission définitive au nombre des heureux membres de la nouvelle caravane. C'était le 28 août 1856.

La réponse que fait le comité de Paris à toute demande d'inscription pour le Pèlerinage de Jérusalem et que j'ai reproduite en dernier lieu, soulève une question de nature à intriguer bon nombre de personnes et qui se traduit par cette demande qui m'est adressée de divers côté : Est ce donc aux *hommes seuls* que le comité de l'œuvre des Pèlerinages entend réserver l'ineffable consolation d'aller prier au tombeau du Sauveur ? — Non, c'est un bonheur dont personne n'est absolument exclu, et que le comité ne veut pas plus refuser aux femmes qu'aux hommes. Déjà il leur donne à tous indistinctement droit et liberté de s'associer à l'œuvre des Pèlerinages, aux conditions indiquées précédemment, et il ne tient qu'à moi de citer des femmes de ce diocèse qui n'ont pas été les dernières à profiter de cette précieuse facilité. Quant au Pèlerinage même, un des membres de la première caravane se demande « pourquoi les femmes chrétiennes ne s'associeraient pas à ce mouvement religieux qui entraîne aujourd'hui le monde sur la route du Saint Sépulcre, et n'iraient pas répandre leurs prières et leurs larmes, comme un parfum, sur le tombeau du Sauveur ? » Ajoutant que « il y a là pour elles une place d'honneur, entre les saintes femmes de l'Evangile, qui allaient embaumer le corps de Jésus-Christ, et l'impératrice Hélène, qui construisit l'Eglise de la Résurrection. » Il est vrai que, pour certaines raisons qu'il n'est pas nécessaire d'énumérer ici, le comité n'a pas encore pu les admettre dans les caravanes qu'il organise pour la Terre-Sainte. Mais il est vrai également que son intention formelle est de les y admettre aussitôt que faire se pourra, et qu'il médite même à cet effet l'organisation spéciale de caravanes *mixtes* où les femmes entreront avec leurs maris, leurs pères ou leurs frères. Et s'il est des gens qui se refusent à croire à l'avenir de ces caravanes de nouvelle composition, il doit suffire de leur répondre qué c'est l'initiative même des familles qui en a fait concevoir l'idée, et que plus d'une famille, à ma connaissance, a déjà fait des démarches pour obtenir son inscription. Et pourquoi n'ajouterais-je pas que, dans son zèle à propager les Pèlerinages, appelés à faire tant de bien parmi nous. le comité fait le plus grand fond sur ces caravanes *mixtes?* Et si vous en voulez la raison, elle est toute simple : c'est la même pour laquelle , au rapport de saint Thomas, Notre-Seigneur ressuscité voulut apparaître *tout d'abord* à des femmes.

Pour achever de déblayer le terrain, avant de partir de Marseille, il ne sera pas hors de saison d'éclaircir maintenant et une fois pour toutes, divers points sur lesquels on n'a cessé de me questionner depuis le jour où j'ai pu rendre publique la nouvelle positive de mon départ pour la Terre-Sainte.

Durée du Pèlerinage.

On la croit fort longue généralement , pour ne pas se donner la peine de songer aux prodigieuses facilités de communications que nous fournissent les chemins de fer et les bateaux à vapeur.

A ce propos, il me souvient qu'au retour du pieux voyage, je me trouvai à Marseille en face d'un vénérable curé auquel mon costume exotique me fit prendre avec raison pour un pèlerin de Jérusalem, et qui s'en vint d'un air fort peu dubitatif : « Mais, monsieur l'abbé, il y a donc plus d'un an que vous êtes parti de France ? — Mais pas tout-à-fait, monsieur le curé, dus-je lui répondre : c'est le 21 août 1856 que je m'embarquai à ce même port de Marseille, où j'aborde en ce jour, 3 novembre 1856, après avoir amplement visité la Palestine et poussé jusqu'à Constantinople.»

De fait, vous partez le jeudi de Marseille, et vous êtes à Malte le jeudi suivant, le 2ᵉ jeudi à Alexandrie, et le 2ₑ dimanche, ou le 11ᵉ jour, à Jaffa. Vous mettez un ou deux jours de plus pour le retour direct, après avoir passé de 30 à 40 jours en Palestine, et vous avez ainsi *environ deux mois* pour durée totale du voyage, de Marseille à Marseille. Encore cette durée du voyage peut être abrégée pour les personnes qui n'ont à leur disposition qu'un temps plus restreint ; et la chose est bien facile, puisque les paquebots du Levant s'arrêtent devant Jaffa tous les quinze jours.

Prix du Pèlerinage.

Généralement, on le fait monter à une somme fabuleuse, et pourtant il n'en est rien. — « Quand j'aurai dix mille francs de rente, me disait, à mon retour, un bon habitant de Rennes, je pourrai songer à faire comme vous le voyage de Jérusalem. — Pour moi, lui répondis-je, il ne me serait pas encore possible d'y songer, s'il fallait seulement dix mille centimes de rente pour le faire, et voilà pourtant que je viens de le réaliser de la meilleure manière du monde. »

En toute vérité, le prix du Pèlerinage, à partir de Marseille (aller et retour) est de 1,000 fr. pour ceux qui prennent les secondes places à bord des paquebots, et de 1,250 fr. pour ceux qui sont aux premières : différence de 250 fr. qui a tout son objet à bord des paquebots ; car, une fois en Palestine, tous les pèlerins se retrouvent sur le même pied et sont traités de la même manière.

Pour ceux qui se font autoriser par le comité à raccourcir le Pèlerinage, la diminution de temps leur donne encore une réduction proportionnée des prix indiqués ci-dessus.

Ces prix s'appliquent à toutes les dépenses générales du

transport à bord des paquebots et du séjour en Palestine, nourriture comprise. Ils ont été calculés sur des données aussi certaines que possible, fournies par l'expérience des premières caravanes, et il n'est pas probable qu'ils soient dépassés. Si cependant des circonstances *exceptionnelles* rendaient indispensable une augmentation, le comité déclare qu'il s'empresserait d'en donner connaissance à qui de droit, mais qu'il ne saurait prendre pour lui-même cette augmentation. « Les pèlerins comprendront que les conseils de l'œuvre ne leur donnent qu'une garantie morale, qui sera sans doute appréciée comme elle le mérite. Il ne pouvait être question, pour les Pèlerinages, d'un forfait dont les chances pécuniaires ne sauraient être acceptées et encourues que par un entrepreneur de transports. L'expérience des premiers voyages permet seulement d'espérer que les dépenses présumées seront complètement suffisantes. »

Les statuts particuliers du Pèlerinage prévoient ce cas *exceptionnel* où les prix ordinaires seraient dépassés, et règlent ainsi la situation qui en résulterait pour les pèlerins : « Le prix du voyage n'ayant pu être fixé d'une manière absolument certaine que pour l'aller et le retour sur les bateaux à vapeur, s'il arrivait que le chiffre de la dépense du voyage en Terre-Sainte dût subir une augmentation, cette augmentation devrait être supportée par chaque pèlerin par égale part, et non par voie de contribution proportionnelle au prix total du voyage, attendu que la différence de prix n'existe que pour les frais de passage à bord des paquebots. »

Frais en dehors du prix du Pèlerinage.

Au chiffre présumé des dépenses du Pèlerinage il vous faut ajouter, bien entendu, 1o. Les frais à faire pour vous rendre de chez vous à Marseille et de Marseille chez vous ; 2°. Les frais de votre trousseau de pèlerin ; 3o. Ceux d'acquisition d'objets pieux en Palestine.

Les dépenses du voyage de Marseille (aller et retour) sont bien faciles à calculer pour chacun. Il est bien facile encore à chacun de supputer ce qu'il veut dépenser en achat d'objets pieux. Reste l'article du trousseau, qui demande ici quelques explications.

Trousseau du Pèlerin.

Le trousseau doit être le plus léger possible, d'autant que, dans les séjours, on a toute facilité de faire blanchir son linge.

D'après le Bulletin, « les vêtements de laine de couleur claire sont ce qu'il y a de meilleur. Les chemises de coton sont préférables aux chemises de toile dans les pays chauds. C'est une très-bonne précaution que d'emporter des gilets de flanelle, un caban ou burnous blanc, un chapeau de paille recouvert de calicot blanc, des souliers en cuir jaune, des guêtres en cuir ou en toile.

» Ces divers objets peuvent être achetés à Marseille, ou même à Malte.

» Les pèlerins se trouveront bien d'emporter une selle européenne avec ses étriers et une bonne paire d'éperons ; il n'est pas besoin de bride. L'entrepreneur fournira des selles arabes ; mais elles sont souvent incommodes. Des sacoches, dans lesquelles on peut placer des pistolets et divers objets, tels que livres, cartes, etc., sont très-utiles.

» Les pèlerins feront bien de se munir d'armes apparentes, telles que fusils à deux coups et pistolets : c'est un *porte-respect.*

» Emporter une bonne gourde remplie d'eau-de-vie pour boire avec de l'eau, du thé, du chocolat.

» Alcali contre la piqûre des reptiles (ils sont assez rares). Du quinine en poudre contre la fièvre, qu'il faut couper promptement si elle venait à se déclarer. Se faire indiquer avant de partir, par son médecin, la dose qui devra être prise selon les tempéraments et les circonstances. *Arnica* pour les coups et blessures. »

Sur tous ces détails plus ou moins effrayants, disons d'abord que bien des objets de voyage peuvent s'acheter à Marseille ou à Alexandrie, mais nullement à Malte. En effet, d'après le service actuel des paquebots de la Compagnie des Messageries Impériales, vous partez de Marseille le jeudi et vous êtes à Malte le dimanche, auquel jour toutes les boutiques de Malte sont fermées.

Marseille et Alexandrie vous offriront à volonté, si vous le préférez, le vrai burnous à *l'orientale* ; mais vous aurez votre burnous plus commode et à meilleur compte, en le faisant faire vous-même d'avance en flanelle et avec des poches.

Un seul de mes 14 compagnons de pèlerinage portait de ces souliers en cuir jaune auxquels on ne peut contester le double mérite de préserver de la chaleur et de ne réclamer aucun soin. — Un seul encore avait des guêtres en cuir, et un autre des guêtres en toile : c'est peut-être aussi embarrassant qu'utile, et plusieurs pensent avec moi que, pour aller à cheval, on se trouverait aussi bien d'un simple pantalon avec sous-pieds.

Quant au chapeau, c'est de l'avis même des chapeliers d'Alexandrie que nous avons tous conservé nos feutres, que les uns seulement ont eu soin de recouvrir de calicot blanc, et que les autres ont préféré garnir d'un voile et d'un turban.

En Orient, l'or est ce qu'il y a de plus commode pour voyager, et c'est ce qu'il faut emporter. Vous pouvez avoir à cet effet une ceinture, ou, ce qui vaut bien mieux, un petit gilet de coutil, sans manches, où vous faites coudre vos napoléons, en lignes de haut en bas, et que vous ne quittez jamais.

On est bien aise d'emporter de l'eau du Jourdain, de la mer Morte et des fontaines célèbres de la Palestine : pour cela, il est encore bon de se munir de quelques petits flacons, qu'il serait difficile de se procurer sur les lieux.

La selle arabe, que certains récits vous font si incommode qu'elle devient « pour l'européen un véritable instrument de supplice, » ne me semble vraiment pas mériter cet anathème. Si ce n'est pas toujours ce qu'il y a de plus coquet, jamais, du moins, elle n'a fait jeter les hauts cris aux pèlerins de la dernière caravane. Un seul s'était muni d'une selle européenne, et je crois que s'il était à recommencer, il ferait comme les autres. Les étriers ne vous incommodent pas plus que la selle, surtout si vous avez soin de vous munir d'un couteau et de ficelles pour les avoir toujours à la longueur voulue.

Sans contredit, les armes apparentes sont un *porte-respect*, et il est bien permis à ceux qui en ont à leur disposition de les promener en Palestine ; mais je ne crois pas du tout qu'il faille se mettre en frais pour en faire l'acquisition. C'est déjà un bon *porte-respect* que votre nombre et votre tenue, ainsi que me l'écrivait cet excellent curé de Fongrave que j'avais consulté avant mon pèlerinage et aux bons avis duquel je suis si heureux de m'être conformé de tout point. En caravane, me répondait-il, vous n'avez rien à craindre, et il le savait autrement que par ouï-dire. Vous n'avez pas plus besoin de fusil ou de pistolet que de guêtres ou de selle européenne. C'est que les Arabes sont encore plus lâches que voleurs.

L'article des *remèdes*, comme celui des *armes*, donne d'avance la fièvre à bien des gens, et bien à tort cependant, s'il en faut croire à mon expérience. J'arrivais à Jaffa le 31 août dernier, et je partais de Beyrouth le 13 octobre suivant, après bien des jours passés en Palestine, et en particulier deux nuits dans les ruines du château de Tancrède, à Tibériade, où l'on prétend que les scorpions abondent ; et, pendant tout ce temps, j'affirme n'avoir ni vu trace de bête malfaisante, ni entendu un seul de mes compagnons se plaindre de coups ou de blessures, pas plus que de piqûres de reptiles. Ce que je déclare toutefois, plutôt pour faire hommage à la vérité et rassurer les effrayés, que pour détourner les futurs pèlerins de prendre des précautions qui seront pour eux un nouveau gage de sécurité.

C'est le lieu de faire savoir que le comité de Paris a fort bien accueilli la demande que je lui ai faite d'organiser lui-même ou de faire organiser, par le religieux français qu'on espère voir dorénavant à la tête de toutes nos caravanes, une petite pharmacie portative et commune comprenant le peu de remèdes dont les pèlerins peuvent avoir besoin en Terre-Sainte.

En résumé, l'on peut réduire le trousseau du pèlerinage à ces modestes proportions, qu'il est facile d'exprimer en francs et en centimes : 1 burnous blanc, 6 chemises de coton, 2 bonnets de coton, 3 gilets de flanelle, 6 paires de bas, ou 3 paires de bas et même nombre de chaussettes, 1 habit de voyage et 1 habit de rechange, 1 pantalon ordinaire et 1 pantalon collant avec sous-pieds, 1 paire de souliers ordinaires et 1 paire de fortes bottines, quelques petits flacons, 1 gourde pleine de bon rhum, 1 sacoche, 1 turban et 1 voile pour son chapeau, un peu de ficelle et 1 petit gilet pour ses napoléons.

Joignez à cela, selon le sage conseil du bon abbé Laffargue, une grande foi et un grand amour pour Jésus-Christ, dont vous allez baiser les traces, et vous pouvez partir en toute confiance, vous appliquant ces rassurantes paroles du Seigneur : *Noli timere.... confortare, et esto robustus.... Ego ero tecum.*

Décidément, il nous faut arriver aujourd'hui à Marseille, et, en conséquence, il n'y a pas un instant à perdre. Soyons aussi bref que possible.

Avantages des Caravanes.

Avant le départ de Marseille, vous payez à la Compagnie des Messageries impériales le prix de votre passage à bord des paquebots pour l'aller et le retour. Et la Compagnie, de son côté, 1° vous fait une réduction importante des prix ordinaires de passage. 2° Elle vous délivre un billet de retour valable pour quatre mois, au moyen duquel vous pouvez prolonger votre séjour en Palestine, ou parcourir le Liban, voir Damas, Baalbeck et les Cèdres, ou vous arrêter à Alexandrie, aller au Caire et aux Pyramides; et tout cela, sans aucuns frais additionnels pour le retour, s'il s'effectue dans les quatre mois. 3. Au lieu de vous astreindre à suivre le retour direct par Alexandrie, pour lequel le devis est calculé, elle vous autorise à revenir soit par les côtes d'Italie, sans autres frais additionnels que le paiement de trois jours de nourriture, ainsi qu'il est porté au bulletin de l'œuvre ; soit par les côtes de Syrie, Constantinople et Athènes, sans autres frais additionnels que le paiement de quatre jours de nourriture, ainsi qu'il résulte de mon expérience personnelle. Seulement, les dépenses faites à terre dans toutes ces excursions qui ne font point partie du Pèlerinage, sont de plus et demeurent exclusivement à votre compte.

Ces « conditions de faveur particulière» accordées aux pèlerins par la Compagnie des Messageries impériales, ne sont pas, du reste, les seuls avantages des caravanes.

L'union fait la force et produit la sécurité. Sous ce nouveau rapport, l'association bien entendue, telle que la réalise l'œuvre des Pèlerinages, facilite encore merveilleusement un pèlerinage que l'isolement, on ne peut en disconvenir, rendrait toujours dispendieux et dangereux quelquefois. On se rappelle ce mot si rassurant de M. l'abbé Laffargue, dont ma propre expérience m'a confirmé l'exactitude : « En caravane, vous n'avez rien à craindre. »

Puis, « quelle bonne et délicieuse chose, dit l'Esprit-Saint, qu'une réunion de frères qui s'aiment tendrement.» Les pèlerins sont frères et se considèrent comme tels dès le premier jour. « Tout donnait à ces premières heures du départ, dit un des pèlerins de la première caravane, je ne sais quelle animation et quel charme, que je n'avais encore rencontrés dans aucun voyage. Jusqu'ici j'avais toujours voyagé seul, concentrant mes émotions en avare maladroit — comme sont tous les avares — et qui ne sait pas qu'on double en partageant. Mon premier essai de caravane fut heureux. Dans ceux que le hasard avait joints à moi je rencontrai toujours d'aimables compagnons.» Ce n'est pas étonnant, les caravanes sont si bien composées que les pèlerins s'aiment et s'estiment avant même de se connaître.

Fatigues du Pèlerinage.

La mer, le cheval, les chaleurs et surtout deux mois de voyage, vous fatiguent bien un peu, c'est tout simple, et l'on ne conçoit guère qu'il en puisse être autrement. Mais est-ce une raison d'exagérer les choses et d'égaler les fatigues du pèlerin de Jérusalem à celles de nos soldats devant Sébastopol ?

Jusqu'au IXe siècle, les pèlerins qui venaient de la Gaule franchissaient les Alpes, et gagnaient à la hâte quelque port d'Italie où ils s'embarquaient pour l'Orient. Depuis la conversion des Hongrois, on suivit de préférence, jusqu'à Constantinople, la route de terre, pleine de longueur et de fatigues, tant on redoutait la mer orageuse, *ce chemin des audacieux.* De Constantinople on se rendait à Antioche. Là, deux routes s'offraient : la terre, par la Haute-Syrie, la vallée du Liban, la Phénicie et le Carmel ; la mer, avec Chypre pour relâche, et Joppé comme port de débarquement.

Voilà du moins qui mérite le nom de fatigues, et qui pourtant ne faisait point reculer nos pères. Félicitons-nous que ce soit de l'histoire ancienne, et bénissons Dieu d'être nés dans des temps meilleurs, sans refuser notre admiration à ce que nous n'aurions jamais le courage d'imiter aujourd'hui. Si grandes, en effet, que soient de nos jours les facilités du Pèlerinage, que de personnes parmi nous qui ne sauraient encore se faire à l'idée seule d'aller en Palestine !

Pour ne point paraître téméraire au premier chef, je dus, pour mon compte, en référer au vénérable curé de Fongrave qui avait été sur les lieux, et lui adresser cette question : Faut-il une santé bien robuste pour marcher sur vos traces et affronter les fatigues du Pèlerinage ? — « Ce qu'il faut surtout fortifier, c'est le moral : aussi les santés les plus délicates sont-elles souvent les plus fortes dans un semblable voyage. » — Telle fut sa réponse, qui me satisfit pleinement alors, et que mon expérience n'a pu depuis que confirmer. Les quinze pèlerins de la dernière caravane n'étaient pas tous dans la force de l'âge : l'un d'eux avait à peine 19 ans ; un autre en avait au moins 60, et un troisième 64. Et s'il faut parler de moi-même, j'allais en Palestine plutôt pour me refaire que pour y dépenser une exubérance de santé. Et l'on sait ce que j'en ai rapporté : assez de forces pour reprendre mes travaux anciens auxquels je ne pouvais plus suffire auparavant, et pour en accepter de nouveaux de plus d'une sorte que l'on me dispensera de détailler ici.

Dangers du Pèlerinage.

Une fois en Asie, nos anciens pèlerins rencontraient les persécutions quelquefois, des privations souvent et des dangers toujours. Qu'importe, on arrivait ! Jérusalem joyeuse s'ouvrait devant les pas des fidèles : on se prosternait dans l'église de Sainte-Hélène et de Constantin, et le chrétien adorait son Dieu au pied même du Calvaire où ce Dieu voulut mourir.

Plus tard les choses changèrent, le joug des Musulmans s'aggrava sur Jérusalem, et une ère de persécutions nouvelles s'ouvrit pour les chrétiens. Ils ne purent désormais entrer dans la ville sainte qu'en payant une pièce d'or ; ceux que les infidèles avaient dépouillés sur la route devaient expirer de faim et de misère devant ses portes, sans avoir la joie suprême de fixer leurs yeux mourants sur le Golgotha. Aux époques de l'année qui ramenaient les pèlerins plus nombreux, les chrétiens de la ville ne suffisaient pas à enterrer les morts. Sur mille pèlerins, dit un chroniqueur, un seul à peine pouvait suffire à ses besoins, « car ils avaient perdu en route leurs provisions de voyage et, à travers des périls et des fatigues sans nombre, n'avaient sauvé que leurs corps. » Le danger ne cessait pas dans Jérusalem : les chrétiens qui s'y promenaient seuls et sans précaution étaient frappés, outragés ou mis à mort.

Voilà bien qui serait encore alarmant, si ce n'était de l'histoire ancienne et fort ancienne. Par malheur, il y a des gens qui n'en connaissent pas d'autre. C'est un peu sous ces impressions de terreur que partait de Jaffa la première de nos caravanes, organisée en 1853. « Nous chargeons nos fusils dans la rue, dit l'un de ses membres, il est bon que tout le monde soit averti. » Puis, il s'amuse aux dépens d'un jeune abbé qui « tire de ses fontes une paire de pistolets magnifiques, de la poudre et des balles, mais qui ne sait pas trop si c'est le plomb ou la poudre qu'on met d'abord. » Assurément le jeune abbé n'était pas fort sur l'article ; mais peut-être se consolerait-il en apprenant qu'il n'est pas le seul dont on ait ri : on n'a pas oublié en Terre-Sainte cette célèbre caravane des quarante pèlerins, armés jusqu'aux dents et semblant venir pour tenter un coup de main sur Jérusalem, et je puis ajouter qu'on s'en amuse encore à l'heure qu'il est.

Pour moi, je n'ai eu qu'à me féliciter d'avoir écouté un pèlerin plus moderne, M. l'abbé Laffargue, avec lequel j'aime à redire : « En caravane, vous n'avez rien à craindre ; » et un pèlerin plus ancien, Chateaubriand, avec lequel je puis dire encore : « L'imagination se plaisait à semer des obstacles et des périls sur les avenues de la Cité Sainte. Je tentai l'aventure, et il m'arriva ce qui arrive à quiconque marche sur l'objet de sa frayeur : le fantôme s'évanouit. Je fis le tour de la Méditerranée sans accidents graves, retrouvant Sparte, passant à Athènes, saluant Jérusalem, admirant Alexandrie, signalant Carthage. »

Objections de plus d'une sorte.

L'œuvre de Dieu souffrant toujours contradiction, cette épreuve ne pouvait manquer aux pèlerinages en Terre-Sainte, et elle n'a pas du tout manqué à celui que je viens de réaliser avec tant de bonheur. A peine eus-je fait connaître mon projet, heureusement bien arrêté, que les objections arrivèrent, plus nombreuses que solides, il faut le dire. En voici quelques-unes, auxquelles je joins une courte réponse pouvant servir à ceux des futurs pèlerins qui n'en trouveront pas une meilleure.

Quelle idée de faire le pèlerinage de Jérusalem ! — En 1806, on faisait déjà cette objection à Chateaubriand, qui répondait : « Il peut paraître étrange aujourd'hui de parler de vœux et de pèlerinages ; mais, sur ce point, je suis sans pudeur, et je me suis rangé depuis longtemps dans la classe des superstitieux et des faibles. »

Que ne voyagez-vous plutôt en Belgique ou dans le nord de l'Angleterre, pour y admirer le progrès des arts et de l'agriculture ? — Un silence d'étonnement, cher lecteur, ne vous semblera-t-il point, à vous comme à moi, la meilleure réponse à cette énormité, que personne assurément ne revendiquera, mais qui pourtant s'est dite un beau jour ?

Si du moins vous alliez à Rome ! — M. l'abbé Laffargue ayant fait les deux pèlerinages de Jérusalem et de Rome, je m'avise de lui demander auquel il donne la préférence, et il me répond : « Rome est le complément de Jérusalem. » D'ailleurs, je lis dans Chateaubriand, qui pouvait, lui aussi, avoir la prétention de s'y connaître : « La Judée est le seul pays de la terre qui retrace au voyageur le souvenir des affaires humaines et des choses du Ciel, et qui fasse naître au fond de l'âme, par ce mélange, un sentiment et des pensées qu'aucun autre lieu ne peut inspirer. »

Mais votre Chateaubriand reconnaît lui-même qu'un grand ennui vous attend en Palestine. — Oui, si vous mutilez son récit ; reproduisons-le intégralement, pour toute réponse : « Quand on voyage dans la Judée, d'abord un grand ennui saisit le cœur ; mais lorsque, passant de solitude en solitude, l'espace s'étend sans bornes devant vous, peu à peu l'ennui se dissipe, on éprouve une terreur secrète qui, loin d'abaisser l'âme, donne du courage et élève le génie. Des aspects extraordinaires décèlent de toutes parts une terre travaillée par des miracles : le soleil brûlant, l'aigle impétueux, le figuier stérile, toute la poésie, tous les tableaux de l'Ecriture sont là. Chaque nom renferme un mystère ; chaque grotte déclare l'avenir ; chaque sommet retentit des accents d'un prophète. Dieu même a parlé sur ses bords.»

C'est un voyage de déceptions : il n'y a plus rien en Palestine, tout est à Rome. La sainte Crèche est à Rome ; la Scala Sancta est à Rome ; la maison de la T.-S. Vierge est à Lorette. — Mais non, tout n'est pas à Rome. Bethléem, où, dans son humble crèche, vagit le Verbe fait homme ; Nazareth, où l'Enfant divin essaya ses premiers pas après l'exil ; le Jourdain, consacré par son baptême ; le Thabor, illuminé de sa gloire ; Gethsémani, arrosé de sa sueur sanglante ; le Calvaire, où s'accomplit le sacrifice qui changea la face du monde : tout cela n'est pas à Rome ; et ce qui n'y est pas surtout, c'est ce qui semble pouvoir tenir lieu de tout le reste, la Terre-Sainte.

Bonaparte, après sa victoire du Thabor, s'arrêta à Nazareth et reçut l'hospitalité au couvent. On raconte qu'il reconnut parmi les religieux un ancien condisciple, et que, se jetant à son cou, il lui demanda ce qu'il pouvait faire pour lui. Le religieux le remercia en disant : « La Terre-Sainte me suffit. » Admirable réponse qu'il n'est pas donné à tous de comprendre, mais que l'on comprend bien quand on est à Nazareth.

Vous avez loin d'ici Jérusalem, peut-être 1,200 lieues : que d'espace pour la mort ! — Sans doute, mais la mort n'est-elle pas un peu partout ? L'on meurt bien sans aller à Jérusalem.

Et si vous avez le mal de mer ! si une tempête engloutit votre navire ! si la nostalgie s'empare de vous ! — Mais aussi, ô faiseur d'almanachs, si rien de tout cela n'arrive, comme il est du moins assez probable ! Si vous-même, avec tous vos *si* et vos pronostics, vous tombiez soudain mort à mes pieds !

Ce ne sont pas les pèlerinages qui sanctifient. — A coup-sûr, vous ne voulez pas dire que tout pèlerinage est nuisible à la sanctification, ou vous faussez évidemment le sens de l'Imitation, et vous attaquez du même coup l'Eglise, qui approuve les pèlerinages. Rétablissons encore le texte : « *Pauci ex infirmitate meliorantur : sic et qui multùm peregrinantur rarò sanctificantur ;* » et laissons-le traduire à un maître dans l'art : « Il en est peu que la maladie rende meilleurs, comme il en est peu qui se sanctifient par de fréquents pèlerinages. » Il n'est donc ici question que de trop fréquents pèlerinages, ou de l'axiôme : *Trop de rien ne vaut rien ;* et, dès-lors, l'objection tombe à faux.

Les saints Pères n'ont pas craint de tonner contre les pèlerinages. — Ce n'est pas possible, car l'Eglise, contre laquelle ils n'ont jamais tonné, a toujours considéré les pèlerinages comme une pratique pieuse, et a même distingué, entre tous les autres, celui des Lieux-Saints, le *seul* qui ait, dans le Rituel romain, sa bénédiction propre d'aller et de retour. Ajoutons que notre divin Sauveur semble vouloir bénir plus particulièrement ceux qui vont visiter son tombeau, et qui s'efforcent d'effacer, par leur conduite et par leurs prières, les profanations des schismatiques et des infidèles ; comme il semble, au rapport de M. l'abbé Laffargue, bénir particulièrement encore les populations qui ont le bonheur de fournir leur contingent aux croisades pacifiques des pèlerinages en Terre-Sainte.

Les saints Pères ont bien tonné contre la fréquence exagérée de ces pèlerinages et contre les abus divers qui s'y glissaient à la longue, lesquels abus, au reste, prouvent encore incontestablement la bonté de la chose. Mais ils n'ont jamais blâmé les pèlerinages eux-mêmes, ou plutôt ils les ont exaltés à l'envi, témoin ce beau passage où saint Jérôme déclare ne pouvoir nombrer la multitude des évêques, des martyrs et des docteurs qui sont venus à Jérusalem dans la conviction que, sans ce pèlerinage, il eût manqué quelque chose à leurs trésors de vertus et de lumières.

Quel stimulant pour moi ! Quel bonheur et quelle gloire de pouvoir marcher sur les traces de si nobles devanciers ! Enfin, tout est prêt, et le moment solennel est venu. C'est dans la nuit du 15 au 16 août. Je pars de Saint Brieuc, sans crainte, il faut le dire, mais non sans émotion. Je pars, emportant la bénédiction paternelle de mon Evêque et les vœux de tout un peuple bien-aimé. En si bonne compagnie, je traverse heureusement la France et j'arrive à Marseille.

La veille de mon départ de St-Brieuc, et quelques heures seulement avant le départ, la grande et solennelle fête du 15 août réunissait au pied des autels les pieux associés de Notre-Dame d'Espérance. C'eût été pour moi un vrai bonheur, et c'était bien ma pensée, de me joindre à eux pour prier une fois encore, dans l'un de ses sanctuaires vénérés, Celle qu'on n'invoqua jamais en vain et dont la puissante assistance importait tant au succès de ma lointaine pérégrination. Si les circonstances me refusèrent cette satisfaction vivement dési-

5.

rée, j'eus celle du moins d'obtenir une part toute spéciale aux prières de la nombreuse réunion, auxquelles je m'étais fait un devoir de me recommander. Et l'on peut déjà y trouver la raison de ce départ « sans crainte » inexplicable pour certains prophètes qui s'obtinaient à m'envoyer à Jérusalem *comme à ma dernière demeure.*

Lorsque je quittai St-Brieuc, ma dernière pensée fut donc pour la sainte Vierge. Ma première pensée, lorsque j'arrivai à Paris, dut être pour la sainte Vierge encore. C'était le dimanche, 17 août. A six heures, j'entrais dans cette église de Paris que vous recommandent, sur toutes les autres, l'affluence et le recueillement des fidèles, le parfum de piété qu'on y respire et la présence visible, pour ainsi dire, de l'auguste Marie : à Notre-Dame-des-Victoires, où j'avais bientôt la douce jouissance de monter au saint autel et d'offrir l'adorable sacrifice. J'y fis la rencontre et la connaissance de deux de mes compagnons de Pèlerinage, venus comme moi célébrer la sainte messe et s'agenouiller aux pieds de Marie, dans ce sanctuaire de sa prédilection. Le vénérable curé, M. Dufriche-Desgenettes, n'eut pas plus tôt appris que nous partions pour Jérusalem, qu'il voulut nous presser affectueusement ur son cœur, nous témoigner tout son regret de ne pouvoir pas faire avec nous ce même Pèlerinage, et nous demander un souvenir particulier au tombeau du Sauveur. De son côté, il s'empressa d'accéder à notre commune demande, en nous promettant avec toute la grâce possible de nous recommander ce jour même, nous et toute la caravane, aux prières de ses pieux associés réunis pour l'office du soir.

Enfin, le mercredi, 20 août, tous les pèlerins qui devaient s'embarquer le lendemain à Marseille, montaient encore, non sans vive et profonde émotion, la colline bénie de Notre-Dame-de-la-Garde, et offraient le saint sacrifice ou du moins s'a genouillaient pieusement dans ce nouveau sanctuaire, pour conjurer l'auguste Vierge de bénir leur pieuse entreprise et de les conduire à travers les flots jusqu'au rivage désiré.

Cette triple invocation solennelle, comme un triple nœud qui résiste à tout, ne devait-elle pas nous mettre à l'abri de tout danger ? Et ne devions-nous pas compter dès-lors sur Celle qui nous apparaissait déjà comme l'*Etoile de la mer*, et qui allait devenir d'une manière toute spéciale notre Reine : *Regina navigantium ?* Pour mon compte, c'est bien à elle, après Dieu, que je fais hommage du plein succès de notre pieuse pérégrination et de tout le bonheur qui nous y a constamment suivis.

Il est d'usage que le comité de l'œuvre des Pèlerinages en Terre-Sainte tienne une séance spéciale à l'occasion de chaque caravane, afin de témoigner ses sympathies aux divers pèlerins qu'il y convoque, de leur donner ses instructions et de constituer le bureau de la caravane. C'est le dimanche, 17 août, que se tint notre séance, dans les salons de M. Baudon, président général de la conférence de St-Vincent-de-Paul et l'un des vice-présidents du conseil de l'œuvre des Pèlerinages. En l'absence de Monseigneur de Tripoli, la réunion était présidée par M. l'abbé Dedoue, vicaire-général de Paris et l'un des vice-présidents du conseil de l'œuvre. Dire toutes les attentions et tous les égards dont y furent l'objet les nouveaux pèlerins de Jérusalem, n'est pas chose facile, et l'on comprendra sans peine que la caravane en a conservé le meilleur souvenir.

Là, nous furent présentés les statuts particuliers du Pèlerinage, que signèrent sur place tous les pèlerins présents et que les absents durent eux-mêmes signer plus tard, « leur engagement n'étant considéré comme définitif, que lorsqu'ils ont témoigné, par l'apposition de leur signature au bas desdits Statuts, qu'ils les acceptent et qu'ils sont prêts à s'y soumettre. »

Ces Statuts, qui jouent un si grand rôle dans le Pèlerinage, puisqu'ils en sont la loi et la règle, on sera sans doute bien aise de les retrouver ici.

STATUTS

§ I.

Des pèlerins et de leurs obligations.

ARTICLE 1er.

Tout pèlerin admis par le comité, et qui aura contracté l'engagement qui précède, devra envoyer, avant le   à M. Théodore Dauchez, trésorier du comité, rue de Furstenberg, no 6, le prix total du voyage, tel qu'il est fixé dans le programme, et suivant la classe choisie ; le trésorier enverra récépissé.

Les pèlerins, afin de mettre le comité à même de leur obtenir du ministère des Affaires étrangères un passeport spécial pour l'Orient, devront adresser au secrétaire un ancien passeport ou leur signalement exact certifié par le maire ou le commissaire de police de leur commune.

Les Pèlerins devront être rendus à Marseille le   pour l'organisation du départ. Le lieu de la réunion sera à l'hôtel   où se trouvera le président.

Art. 2.

Le prix du voyage n'ayant pu être fixé d'une manière absolument certaine que pour l'aller et le retour sur les bateaux à vapeur, s'il arrivait que le chiffre de la dépense du voyage en Terre-Sainte dût subir une augmentation, cette augmentation devrait être supportée par chaque pèlerin par égale part et non par voie de contribution proportionnelle au prix total du voyage, attendu que la différence de prix n'existe que pour les frais de passage à bord des paquebots.

Art. 3.

Si, par cas de force majeure ou autrement, un pèlerin ne peut se trouver à Marseille au jour indiqué, le montant de la somme par lui versée appartiendra à la masse jusqu'à concurrence de ce qui sera nécessaire pour désintéresser soit la Compagnie des Messageries impériales, soit le négociant de Jérusalem, ou tout autre entrepreneur de transport, qui ne se chargera évidemment de la conduite des pèlerins moyennant un prix inférieur à ceux ordinaires, qu'en prévision d'un nombre déterminé de voyageurs. Le surplus sera rendu au pèlerin lors du retour en France.

Art. 4.

Les pèlerins devront, pendant la traversée, comme les autres passagers, se soumettre à l'observation des règlements du bord.

Art. 5.

Chaque pèlerin devra se conformer à l'itinéraire du voyage tracé par le programme, à moins de changement opéré comme il sera dit plus bas.

Art. 6.

Les pèlerins seront sous la présidence d'un membre de l'association désignée par le comité.

Art. 7.

Dans le cas de difficultés survenues soit entre les pèlerins, soit avec des personnes étrangères à la caravane, ces difficultés seront portées à la connaissance du président qui prendra les mesures nécessaires pour les terminer. Les pèlerins devront alors obtempérer aux observations qui leur seront faites par le président.

Art. 8.

Pour éviter, autant que possible, les différends qui pourraient naître parmi eux, les pèlerins devront s'abstenir de toute discussion politique, et de toute manifestation qui serait de nature à modifier le caractère exclusivement religieux du voyage, et à troubler l'harmonie qui doit régner entre tous ceux qui l'entreprendront.

Art. 9.

Tout pèlerin qui, par sa conduite, ou en refusant de se soumettre aux règles tracées par les présents Statuts, occasionnerait un désordre de nature à compromettre le caractère du pèlerinage, pourra en être exclu par le bureau de la caravane. Dans ce cas, la somme versée par lui appartiendra à la masse jusqu'à concurrence de la dépense qu'il aura occasionnée.

§. II.

Du Président et du Bureau, de leurs droits et de leurs obligations.

Art. 10.

Le comité désignera, avant le départ des pèlerins, un président et un vice-président, un aumônier, un trésorier et un secrétaire.

Art. 11.

Le président désigné par le comité devra se rendre à Marseille, accompagné du trésorier, au moins deux jours avant les pèlerins, afin de les recevoir et de veiller aux préparatifs du départ.

Art. 12.

Le président représente seul la réunion des pèlerins ; il a seul le droit de parler et d'agir en son nom.

Art. 13.

Il est chargé de la direction du pèlerinage. Il doit veiller à l'exécution des Statuts, et faire tous ses efforts pour maintenir l'harmonie et le bon ordre entre tous les pèlerins.

Art. 14.

Il est chargé de tous les détails de l'exécution matérielle du voyage ; mais il peut, à cet égard, déléguer tout ou partie de ses pouvoirs à l'un des pèlerins, qui agira alors en son nom et qui lui rendra compte.

Art. 15.

Tout changement à l'itinéraire sera soumis à l'acceptation des pèlerins, qui voteront au scrutin secret. La décision devra être à la majorité des trois quarts des voix.

ART. 16.

Si , dans le cours du voyage , l'un des pèlerins vient à tomber malade , le président prendra toutes les mesures nécessaires pour qu'il soit entouré des soins les plus diligents.

Disposition Générale.

Les pèlerins s'interdisent toute discussion devant les tribunaux. Ils veulent que toutes les contestations qui pourraient s'élever sur l'interprétation ou l'exécution des présents Statuts et du Programme , et en général sur tout ce qui peut se rattacher au pèlerinage, soient jugées en dernier ressort et sans aucun recours , par deux arbitres amiablement nommés par les parties dissidentes et choisis parmi les pèlerins. Ces arbitres, avant de délibérer, s'en adjoindront un troisième , et ils prononceront, tous trois, comme amiables compositeurs.

Les pèlerins ayant pris connaissance de ces Statuts et les ayant acceptés par l'apposition de leur signature , le comité constitua comme suit le bureau de la caravane :

Mgr Hovangi , prévôt mîtré de St-Jean-Baptiste , chanoine de la cathédrale de Grosswardein (Hongrie) , prélat domestique de Sa Sainteté , etc., *président ;*

MM. l'abbé Hyacinthe Le Fichant, vicaire de la cathédrale, à Saint-Brieuc , *vice-président ;*

l'abbé Delannoy , aumônier de la citadelle de Lille , *aumônier ;*

Henri Guyot-Sionnest , avocat à Paris , *trésorier ;*

l'abbé Wattine , missionnaire, à Cambrai, *secrétaire.*

Outre ces cinq pèlerins, la caravane en comprenait dix autres, dont voici les noms :

MM. l'abbé Alléose , aumônier du collége , à Lorient ;

Baullier, propriétaire à Batignolles (Paris) ;

l'abbé Bazan , curé de Pierre-Levée (Seine-et-Marne);

Pierre Dupont , étudiant à Valenciennes ;

Paul Estève , étudiant à Paris ;

l'abbé Guillevin , vicaire à Lorient ;

l'abbé Munkacsy , curé de Huszt (Hongrie) ,

l'abbé Nobis , curé de Coublanc (Saône-et-Loire) ;

l'abbé Steiner, prêtre auxiliaire à Saint-Dié (Vosges) ;

l'abbé Vallée , curé de Sezé-le-Robert (Sarthe).

Le mercredi, 20 août, onze de ces pèlerins étaient réunis à Marseille , les quatre autres ne devant rejoindre la caravane que partie à Malte, partie à Alexandrie.

Selon l'ancienne discipline de l'Eglise, est-il porté au Rituel Romain, les fidèles qui se proposent de faire le pèlerinage des Lieux-Saints doivent prendre l'avis de leur évêque ou de leur curé, en obtenir des lettres de recommandation, mettre ordre à leurs affaires, s'approcher des sacrements de Pénitence et d'Eucharistie, et recevoir à genoux la bénédiction du départ.

Il s'en faut que ces diverses prescriptions soient aujourd'hui surannées, et l'on sait que le comité de l'œuvre des Pèlerinages en tient tout le compte possible. Cette bénédiction surtout, dont le même Rituel Romain nous donne la formule si belle et si touchante, mais que sa longueur ne permet pas de reproduire ici, elle n'est jamais omise, et il est d'usage que les membres de nos caravanes la reçoivent, avec la croix de pèlerin, au sanctuaire vénéré de Notre-Dame-de-la-Garde, un des prêtres de la caravane étant d'ordinaire délégué à cet effet par Mgr l'Evêque de Marseille.

La cérémonie s'est donc reproduite à Marseille le 20 août 1856, seulement avec une modification dont la caravane s'est trouvée flattée à juste titre. Après la visite à Notre-Dame-de-la-Garde, nous nous sommes transportés auprès de Mgr de Mazenod, à sa belle campagne de Saint-Louis. Sa Grandeur a daigné nous accueillir en vrai père et nous bénir affectueusement, suivant la formule indiquée plus haut. Puis, ayant béni nos croix de pèlerin, Elle a bien voulu nous en faire encore de ses propres mains la distribution solennelle, en récitant pour chacun de nous cette prière qu'il n'est pas possible d'omettre ici : « *Accipe signum Crucis, in nomine Patris, et* » *Filii et Spiritûs Sancti, in figuram Crucis, Passionis et* » *mortis Christi, ad tui corporis et animæ defensionem ; ut* » *divinæ bonitatis gratiâ, post iter expletum, salvus et* » *emendatus ad tuos valeas remeare : Per Christum Domi-* » *num tuum.* — Recevez ce signe de la Croix, au nom du » Père, du Fils, et du Saint-Esprit, en mémoire de la Croix, » de la Passion et de la Mort de Jésus-Christ, pour la défense » de votre corps et de votre âme, afin qu'après avoir, par la » grâce de la bonté divine, accompli votre pèlerinage, vous » puissiez revenir sauf et meilleur auprès des vôtres, par Jé-» sus-Christ, Notre-Seigneur. »

Les nouveaux pèlerins ont reçu leur armure toute pacifique. L'heure du départ est arrivée ; et le jeudi, 21 août, à dix heures du matin, saluant avec l'émotion du départ les bons amis qui du rivage leur envoient un dernier adieu, ils s'éloignent pleins de confiance, en répétant le cri de nos pères : *Dieu le veut !*

Tout semble vraiment se réunir pour enivrer de joie et de bonheur le pèlerin de Jérusalem. Ce n'est pas un simple voyage qu'il fait, quoi qu'on en dise : voyage, suivant les uns, hérissé d'aspérités et de sacrifices de tous genres, et tel qu'il ne saurait convenir qu'à des esprits ardents et surexcités ; voyage, selon les autres, tout d'agrément et de plaisir, où la dévotion a grand'peine à trouver son compte , puisque l'on n'y a même point l'avantage de cheminer toujours à pied et le bourdon à la main. C'est un vrai pèlerinage ou voyage pieux ; et dès lors, Dieu y occupe toujours une belle et grande place, même chez ceux dont les dispositions pourraient être meilleures. Mais dès-lors aussi, ce Dieu de bonté, qui paie si largement le peu que l'on fait pour lui et qui donne cent pour un, se plaît à bénir de toutes façons ses chers pèlerins de Jérusalem et leur prodigue de surcroit mille bénédictions temporelles, à eux qui ne vont chercher en Terre-Sainte que des bénédictions d'un ordre supérieur.

Sans vouloir revenir sur ce que le lecteur sait assez désormais, qu'il me soit du moins permis de donner encore un souvenir reconnaissant à M. l'abbé Bargès, professeur d'hébreu à la Sorbonne et l'un des membres de la première caravane, qui s'est mis avec tant de bienveillance à notre disposition pendant tout notre séjour à Marseille ; — à M. Ch. Domergue, autre membre de la première caravane, qui s'est empressé d'accourir de Beaucaire (Gard), à Marseille, pour fraterniser avec les nouveaux pèlerins et emporter leurs noms comme souvenir ; — et à M. Ch. Chabrier, membre du conseil municipal de Marseille et président de celle des conférences de St-Vincent-de-Paul qui, tenant ses séances le mercredi , a le privilége exclusif d'accueillir dans son sein et de fêter si cordialement nos caravanes, depuis que leur départ de Marseille a lieu le jeudi. — Ces trois noms, du reste, qu'il m'est si doux de rappeler en ce moment, font connaître quelques-uns de ces *bons amis* qui, le 21 août 1856, nous envoyaient du rivage leurs touchants adieux, à l'heure solennelle du départ.

Une fois sur la *Tamise*, c'est toute une vie nouvelle qui se dessine devant nous. Ceux qui reprochent à ma plume de trop peu laisser couler les riantes images et les phrases sonores, s'attendent ici, je m'imagine, à une description entraînante de tout ce qui concerne ce charmant petit vapeur à hélice qui nous porte à Jaffa, comme ils s'attendaient naguère à me voir semer à profusion les figures de rhétorique sur mon trajet de Saint-Brieuc à Marseille. Qu'ils me pardonnent encore de ne les point satisfaire, et de laisser à leur complaisante imagination l'agréable tâche de poétiser à volonté ce que le pèlerin de Jérusalem ne croit devoir donner qu'en simple prose.

La *Tamise* a pour commandant M. Blot aîné, homme d'une douceur et d'une bonté qui vous gagnent du premier coup et qui promettent aux pèlerins toute une série d'heureux jours. C'est dire que les officiers eux-mêmes nous prodiguent les attentions les plus grâcieuses, et que l'équipage nous entoure des plus aimables prévenances ; car, de nos jours, comme au temps du poëte, il est de règle que les subalternes prennent modèle au-dessus d'eux.

Regis ad exemplar totus componitur orbis.

Nous sommes tous installés dans des cabines, dont la meilleure, incontestablement, est celle où il y a le plus d'air ; et nous avons tous d'excellentes couchettes, un peu étroites, si vous voulez, mais parfaitement propres. Ajoutons même que l'on y est bercé par la vague plus régulièrement que jamais enfant ne le fut par sa nourrice ; seulement, l'on n'en dort pas mieux, et l'on n'entend que trop la cloche qui *pique* l'heure et marque le quart aux matelots.

Le pont du navire est notre séjour de prédilection : l'agitation de l'air produite par la marche, à défaut de brise, nous le fait préférer, surtout vers le soir. C'est alors un vrai lieu de délices, et l'on y resterait volontiers toute la nuit, sans une rosée si forte qu'elle mouille et pénètre manteaux et couvertures, comme le ferait une véritable pluie.

De droit, l'arrière du bateau appartient exclusivement aux passagers de première classe, qui ont encore le privilége de pouvoir circuler partout ailleurs. L'avant seul appartient de droit aux autres passagers de toutes catégories : deuxième, troisième et quatrième classe ; et l'on peut, à la rigueur, les y parquer sévèrement. Toujours les règles du bord, et souvent cette inscription en gros caractères : *Limites des Secondes*, assurent l'arrière aux seuls passagers de première classe ; et toutefois, la tolérance y donne accès d'ordinaire aux passagers de seconde classe, mais rarement à ceux de troisième et de quatrième, qu'il est d'usage de refouler dans leur département.

L'arrière est abrité contre les rayons du soleil par une tente dont le secours ne suffit pas encore toujours à vous garantir complètement des ardeurs de la canicule.

En cas de gros temps, vous n'avez guère d'autre ressource que de vous réfugier dans votre cabine, ou mieux dans votre salon : celui des premières , parfaitement meublé et parfaitement aéré, offre ici une précieuse et incontestable supériorité.

Le déjeûner a lieu régulièrement à neuf heures et demie, et le dîner à cinq ; on sert le thé à huit heures du soir, mais seulement pour les premières.— La table des premières est *recherchée ;* celle des secondes , *confortable ;* les troisièmes et les quatrièmes se nourrissent à leur fantaisie , et les quatrièmes n'ont même d'autre couchette que le pont.— Un excellent cuisinier ; de la viande toujours fraîche , puisque nous avons à bord des moutons, de la volaille et du gibier ; tous les fruits de la saison ; de la glace, d'un prix inestimable en mer ; un boulanger qui nous donne d'excellent pain frais tous les jours : voilà , pour n'y plus revenir, un aperçu de notre régime alimentaire pendant toute la traversée.

La vie sur le paquebot n'est ni monotone ni ennuyeuse , comme l'imagination se plaît quelquefois à la faire. On s'y promène, on y lit, on y écrit : on a le spectacle de la gaîté française à côté du flegme anglais, et de la vivacité italienne en face de la gravité musulmane. Les conversations les plus variées , qui se tiennent tout le jour sur le pont, vous attirent sans cesse de droite ou de gauche. Puis , il faut saluer toutes ces nouvelles figures ; et faire plus ample connaissance avec les chers compagnons du pèlerinage. Il faut étudier son itinéraire , et , quand la tête s'alourdit , passer à l'un de ces jeux dont vous trouvez à bord tout un assortiment. Il faut admirer ce lever et ce coucher du soleil , si magiques et si ravissants en pleine mer. Il faut donner un coup d'œil à tout ce qui se rencontre sur votre passage ; et cette immensité même des mers, que David a si bien chantée et qui publie si haut la gloire et la puissance de son auteur, n'est pas pour vous le spectacle le moins imposant. Pour moi , si quelque chose m'a contrarié à bord, c'est de n'avoir pas plus de temps pour préparer mon pèlerinage , et pour multiplier mes relations avec de charmants compagnons que je n'ai guère pu qu'entrevoir.

La *Tamise* transporte avec nous trois jeunes gens d'Alexandrie , élèves du lycée de Marseille , fiers des vacances qu'ils vont passer dans leur patrie et y préludant déjà par toutes sortes de jeux qui prennent toute leur journée ; — un religieux carme , d'origine piémontaise , venant des Indes et allant au Carmel embrasser un frère bien-aimé , carme comme lui, le frère Charles, qui a aujourd'hui un nom européen ; — un excellent prêtre de Lyon, intrépide voyageur qui a déjà fait l'ascension du Mont-Blanc, et qui se dirige cette fois vers Jérusalem par le Caire et le Sinaï, emmenant avec lui deux jeunes et charmants compatriotes qui n'ont même pas l'air de se douter des fatigues incroyables que ce voyage leur promet, — enfin, Mgr Samhiri, patriarche d'Antioche, des Syriens, qui revient de France et qu'accompagne son jeune et savant secrétaire, M. l'abbé Jean Mamarbaschi.

Mgr Antoine Samhiri, d'une illustre et très-antique famille, est né à Mossoul, dans l'Assyrie, en 1801. Ses parents, jacobites, l'élevèrent dans leur religion ; il resta parmi eux jusqu'en 1819, et reçut les ordres mineurs et le diaconat de l'évêque de Mossoul. A l'âge de dix-neuf ans, il quitta sa patrie et vint à Mardin, en Mésopotamie, résidence du patriarche jacobite. Il voulait se consacrer à la vie monastique dans l'ordre de Saint-Antoine, dont le chef est le patriarche lui-même ; mais le patriarche, reconnaissant sa capacité, le fit son secrétaire, l'ordonna prêtre dès qu'il eut atteint l'âge de vingt-deux ans, et bientôt après, en 1826, le sacra évêque coadjuteur et vicaire-général du patriarche avec future succession.

Jusqu'alors, Mgr Samhiri s'était montré en toute occasion plein de zèle pour le jacobisme. Non-seulement il s'efforçait de persuader les catholiques, mais encore il les persécutait, et, suivant les procédés de la secte, à diverses reprises, il fit jeter en prison plusieurs de ceux qui lui résistaient. Mais la vérité s'empara de lui au moment même où il cherchait des armes pour la combattre ; et comme il avait été de bonne foi dans l'erreur, il ouvrit tout son esprit et tout son cœur à la vérité, qu'il prêcha dès-lors avec tout le zèle possible.

Le patriarche, Georges IV, lui en exprima toute son indignation et lui lança des menaces. Mgr Samhiri lui répondit avec une noble fermeté : « Ayant connu la vérité, il m'est impossible de ne pas l'embrasser de tout mon cœur, puisque je n'ai qu'une âme, laquelle étant perdue le serait éternellement. Je dois obéir à Dieu plutôt qu'aux hommes, suivant la doctrine de Pierre, prince des Apôtres. Croyez-en mes prières, faites comme moi. Embrassez cette sainte vérité que vous avez démontrée avec tant d'évidence, et ne craignez point ceux qui ne peuvent perdre que le corps, mais plutôt craignez ceux qui peuvent perdre l'âme. Pour moi, je comprends les menaces que Votre Béatitude m'adresse, et je ne les crains point. J'ai choisi la bonne part, elle ne me sera jamais ôtée. Ce que vous voulez, faites-le promptement. »

C'était en 1827. Dès ce moment, ce fut contre l'héroïque converti une persécution à outrance de la part de Georges IV, qui ne mourut qu'en 1836, et de la part de son successeur, Élie Anguese, qui ne mourut qu'en 1847. Ce dernier, plus perfide encore et plus méchant, ne rougissait pas de répéter cette grossière parole qui suffit pour le juger : « Enfermez tous les catholiques dans mon ventre, et donnez un coup d'épée. »

Toujours traqué par ces deux cruels persécuteurs, Mgr Sambiri fut plus d'une fois jeté dans les cachots, et Dieu sait toutes les indignités qu'il y endura. Jamais cependant on ne l'entendit se plaindre ; mais au plus fort de ses souffrances, il se contentait de répéter : « L'hérésie était une prison éternelle. »

La tribulation est le chemin de la gloire. Le 30 novembre 1853, les évêques catholiques de la nation syrienne, réunis au Mont-Liban, sous la présidence d'un délégué apostolique, élurent, à l'unanimité de voix, Mgr Sambiri pour leur patriarche.

Bientôt après, le nouveau patriarche venait de rendre ses hommages à Pie IX, puis il tournait ses pas vers la France, sa plus ancienne et sa plus constante protectrice. Cette fois, comme toujours, il a eu raison de compter sur la France. L'épiscopat et le gouvernement ont pris à cœur les intérêts de sa mission ; et je sais qu'il est reparti, emportant nos riches dons et bénissant avec effusion notre chère patrie.

Je reviens à notre navigation, que j'oubliais en pensant au confesseur de la foi ; c'est le jeudi, 21 août, vers dix heures du matin, que la *Tamise* levait l'ancre et se dégageait du port de Marseille. Debout sur le pont, nous attachons longtemps nos regards sur ces côtes de France qui semblent fuir derrière nous, et qui nous paraissent si belles entre le double azur du ciel et de la mer.

A raison du départ, le déjeûner n'est servi qu'après l'heure : bonne raison entre bien d'autres, pour que tous y fassent honneur. Nous remontons sur le pont, et déjà la solitude se fait, les côtes disparaissent dans l'éloignement, la houle du large se fait sentir, on ne voit plus guère que le ciel et l'eau ; cependant, peu à peu les pèlerins se rapprochent, les groupes se forment, les conversations s'établissent, et nous commençons ainsi dès le premier jour, cette vie de douces et affectueuses relations qui ne doit faire de nous, pendant les jours du pèlerinage, qu'une même famille de frères. Mais bientôt les cœurs se sentent affadis, les jambes n'ont plus leur fermeté ordinaire ; et

sans plus tarder , quelques-uns vaquent à cette triste fonction
qui s'accomplit par-dessus le bastingage. A la première impression du mal, le meilleur parti à prendre est de se coucher,
la lutte tournant rarement à la gloire du marin novice. C'est
ce que je fais, pour mon compte : et , grâce à cette mesure de
prudence, j'en suis quitte pour la peur.

Le lendemain 22 , la cérémonie recommence, mais sur une
plus large échelle. La mer est belle , superbe même pour les
marins , et néanmoins les passagers sont sans appétit , et les
rangs à table sont fort éclaircis. Tous les pèlerins y passent, et
chacun à leur tour ; un seul autre et moi exceptés. Heureusement du moins , le mal de mer ne met jamais la vie en danger , et il est assez rare qu'il persévère.

Après le déjeûner, nous apercevons les Sept-Moines, écueils
formés de rochers , ayant réellement l'apparence de capucins
encapuchonnés et rangés à la file. Nous distinguons parfaitement le lieu, de triste mémoire, où la *Sémillante* sombra le
18 février 1855 , et le petit monument commémoratif de cet
affreux sinistre. A ce point , chacun se recueille pour réciter
le *De profundis.*

Nous voici dans le passage étroit qui sépare la Corse de la
Sardaigne du côté de Bonifacio. Sur la droite, on nous fait remarquer , ce qui est la principale curiosité de l'endroit , une
agrégation bizarre de roches sur le sommet d'une colline, des-
sinant très-exactement, par leurs angles et leurs sinuosités, la
forme d'un gigantesque ours blanc des mers polaires. On distingue, sans y mettre la moindre complaisance , comme il arrive souvent pour ces sortes de prodiges, l'échine, les pattes ,
la tête allongée de l'animal : le port, l'allure, la couleur, tout
y est. A mesure qu'on approche, les profils se perdent, les formes se confondent ou se présentent sous une incidence favorable. L'ours redevient rocher. Le passage est franchi. L'on
suit dans toute sa longueur la côte de Sardaigne qui fait face
à l'Italie. Malheureusement la nuit vient , et nous sommes
privés de ce spectacle ; la Sardaigne passe près de nous
comme un rêve dans l'ombre. C'est bien contrariant de
traverser de nuit un site qu'on désire voir depuis longtemps ;
et cette mésaventure est pourtant assez fréquente depuis que
le voyageur n'est plus que l'accessoire du voyage, et que
l'homme est soumis comme un objet inerte au moyen de
transport.

Le samedi 23 , nous voyons poindre à notre gauche les
côtes lointaines de la Sicile, et bientôt nous passons entre cette

ο et le rocher de Maritimo. Nous distinguons Marsala , l'an-
ienne Lilybée, dont les coteaux produisent un vin fort renom-
mé dont on nous sert au dîner avec un charmant à-propos.

Nous passons encore dans l'obscurité le long de ce rivage
antique et pittoresque. Mais du moins le lendemain , dimanche 24, nous sommes à Malte de jour , au lever du soleil.

Le trajet de Marseille à Jaffa se ferait directement et tout
d'un trait, que ce ne serait point , après tout , une si terrible
chose. Que voyez-vous, en effet , d'effrayant à passer cinq ou
six jours, dans les beaux mois d'été, en magnifique bateau à
vapeur où rien ne vous manque , sur ce lac immense qui se
nomme la Méditerranée et dont un auteur a pu dire qu' «après
l'Océan indien , c'est bien la plus belle des mers ? » Encore,
n'avez-vous point cette fatigue , par une raison toute simple.
Les paquebots qui emportent nos pèlerins s'occupent aussi de
commerce et font de plus le service des dépêches d'où leur
nom de *paquebots-poste*; et ces divers intérêts , modifiant
heureusement la traversée, vous procurent l'avantage de passer
un premier jour à Malte et un second jour à Alexandrie. C'est
dire pourquoi la *Tamise*, au lieu de poursuivre la ligne droite,
comme la plus courte, va jeter l'ancre devant Malte, le dimanche 24 août , au lever du soleil.

Ce n'est pas sans une certaine émotion facile à comprendre
que l'on se réveille en face de cette antique *Mélita*, que l'histoire vous montre peuplée d'abord par les Phéniciens, prise par
les Grecs, possédée par les Carthaginois, colonisée par les Romains , ravagée par les Vandales et les Goths ; passant tour à
tour des empereurs de Constantinople aux Arabes et aux Sarrasins ; normande aujourd'hui, allemande demain , angevine
quelque temps, puis espagnole ; abritant pendant trois siècles
les malheurs et la gloire des chevaliers de Saint-Jean-de-Jérusalem , ouvrant ses portes et rendant ses clefs à Bonaparte, et
n'arborant un moment les étendards de la France que pour
voir bientôt à la brèche de ses murs le léopard anglais qui pose sa lourde patte sur cette fleur du monde : « *Mélita , fio-
re del mondo !* »

La cité Valette , fondée en 1566 par le grand-maître , notre
illustre compatriote , dont elle porte le nom , est la capitale
de l'île. La cité de la Sangle (Sanglea) et la cité Victorieuse
(Victoriosa), qui occupent deux pointes de terre de l'autre côté du vaste et magnifique port de la Marse, avec les faubourgs
la Floriana et la Burmola ou Cospicua , complètent la ville ,

nouveau Gibraltar , qu'entourent des bastions, des remparts, des contrescarpes , des forts et des fortins à rendre tout siége impossible.

Et devant nous s'élève cette majestueuse cité Valette , avec ses fortifications imprenables , objet éternel de regret pour la France ; qui n'en a eu qu'une possession éphémère. Nous avons mouillé dans le port de la Quarantaine ; mais sans pour cela réaliser la signification de ce mot odieux , ou être soumis à la règle si souvent absurde qui veut que des gens qui se portent à merveille soient traités comme des pestiférés. L'entrée ne tarde pas à être accordée, et dès-lors les passagers pouvant descendre à terre , les plus pressés encombrent l'échelle, tandis qu'une flotille de canots se dirige à toutes rames vers le bateau à vapeur.

Quant aux pèlerins , ils ont le mot d'ordre : ils laissent défiler avant eux la foule impatiente, et se donnent ainsi le plaisir d'assister à une scène incroyable qu'un voyageur décrit en ces termes , moins empreints d'exagération qu'on ne se l'imagine peut-être : « Nous sommes entourés, cernés, envahis ; un abordage pacifique a lieu ; le pont se couvre en une minute d'une foule de canailles variées , piaillant , criant, hurlant , jargonnant toutes sortes de langues et de dialectes; on se croirait à Babel le jour de la dispersion des travailleurs. Avant de savoir à quelle nation vous appartenez, ces drôles polyglottes essaient sur vous l'anglais, l'italien, le français, le grec, le turc même , jusqu'à ce qu'ils aient rencontré un idiome dans lequel vous puissiez leur dire intelligiblement : «Vous m'assommez ! allez-vous-en à tous les diables ! » Les domestiques de place , les garçons d'hôtel, vous poursuivent, vous harcellent, vous assassinent d'offres de service. Les bateliers vous tiraillent à droite et à gauche, par le bras , par le collet de l'habit, par la basque de la redingote, au risque de vous écarteler , détail dont ils se soucient peu. Ils se querellent et se battent à travers vous, vociférant, gesticulant, trépignant, se démenant comme des possédés. Mais en somme, tant tués que blessés, il n'y a personne de mort , et cette scène de tumulte peut s'appeler comme la pièce de Skakespeare , « beaucoup de bruit pour rien. Le vacarme s'apaise, les voyageurs sont distribués en plusieurs lots , et chaque batelier s'empare de sa proie. »

Quand la foule s'est écoulée, nous avons notre tour et nous entrons dans ces élégantes embarcations maltaises dont chacune ne peut pas prendre plus de deux passagers avec bagages, ni plus de quatre passagers sans bagages. En un instant, nous sommes au rivage, où nous abordons sans formalités : la terre anglaise est de libre pratique, et sa police partout tolérante pour l'étranger. Le tarif du bateau employé pendant le jour est d'un schelling. Sans en prévoir les conséquences, je paie plus largement ; et dès-lors mon batelier se croyant droit d'insolence, fait l'impossible pour obtenir encore davantage. Mais voyant qu'il y perd son grec et son latin, il me rend ma monnaie que j'emporte, bien entendu, pour le laisser rançonner une lady qu'il oblige à coup sûr de payer pour tout le monde et au-delà.

Une fois à terre, ce qui s'offre à vous tout d'abord, c'est la bande affamée des *Ciceroni*, qui vous attendent et qui se disputent votre personne. Nous y faisons notre choix, n'ayant point l'habitude, comme certain voyageur qui s'en fait gloire, de nous lancer tout seuls et de marcher sans guide à travers les villes inconnues.

Ce choix d'un *Cicerone*, pris sur les lieux et devant par conséquent savoir au moins la langue du pays et la nôtre, doit être une réponse satisfaisante à ceux qui se demandent sans fin comment les pèlerins de Jérusalem peuvent se tirer d'affaire dans tout cet Orient dont ils ne savent point la langue. S'ils n'en savent point la langue, le *Cicerone* la sait pour eux, et cela peut bien leur suffire. Ajoutons cependant qu'eux-mêmes s'y connaissent peut-être plus qu'on ne pense : dans une caravane, on sait bien des langues, chacun en ayant d'ordinaire plus d'une à sa disposition. Puis, pour ne parler que de Malte, dont la prodigieuse facilité, du reste, est plus ou moins commune à tout l'Orient, les Maltais cosmopolites, dit l'un de nos premiers pèlerins, ont une grammaire universelle dont la syntaxe est indulgente, et un dictionnaire encyclopédique où tous les mots ont droit de bourgeoisie. Et d'ailleurs, la pantomime expressive explique la locution douteuse, le geste éclaircit le mot, et l'on finit toujours par s'entendre.

C'est dimanche, et nous sommes pèlerins : double raison pour que notre première visite soit pour la grande et noble église de Saint-Jean-des-Chevaliers, où d'ailleurs se pressent pour nous tant de souvenirs d'héroïsme et de gloire. Nous y sommes accueillis, il faut le dire, avec une bienveillance dont nous avons conservé le meilleur souvenir et qu'il m'est doux de proclamer ici. Toute facilité est donnée aux prêtres de la caravane pour célébrer les saints Mystères ; et nous avons la consolation de voir assister à la messe bon nombre d'hommes de tout âge, de toute condition, pieusement agenouillés sur le pavé, un chapelet ou des heures à la main.

Très-simple au dehors, la cathédrale de Saint-Jean est à l'intérieur d'une rare magnificence. Le pavé se compose d'une multitude de tombes de chevaliers de l'Ordre , artistement incrustées de jaspe, de porphyre, de vert antique, de brèches de toutes couleurs, et forme sans contredit le plus splendide morceau de mosaïque qui existe au monde. Les voûtes sont décorées d'admirables fresques, œuvre de Mattias Preti, dit le Calabrèze, et reproduisant d'une manière large et vigoureuse les principaux traits de la vie de saint Jean-Baptiste, patron de l'Ordre. Ce qu'il y a de science, d'habileté, d'esprit, d'abondance et de ressources dans cette colossale peinture, dont on parle à peine, est vraiment inimaginable.

L'autel est fort élégant, isolé au milieu du chœur, à la façon byzantine, et surmonté d'un groupe monumental, dû au ciseau du sculpteur maltais Gaffan et représentant le *baptême de Jésus-Christ*. Derrière et un peu au-dessus , resplendit glorieusement un magnifique tableau de Michel-Ange de Carravage, ayant pour sujet la *décollation de saint Jean-Baptiste* et exécuté avec une énergie et un relief dont aucune description ne peut donner l'idée.

Ce qui est moins heureux à tout égard, c'est le trône protestant de la reine Victoria, qui étale sa souveraineté dans un temple catholique. Ceci semblerait même un indice bien fâcheux contre l'administration anglaise, s'il n'était heureusement avéré qu'elle a l'esprit et le bon goût de se montrer juste et bienveillante à l'égard des catholiques.

Des deux côtés de la nef, de splendides chapelles sont consacrées aux huit *langues* ou nations qui composaient l'Ordre : Provence, Auvergne, France, Italie, Aragon, Allemagne, Bavière et Castille. Les grands-maîtres sont inhumés dans les chapelles de leur nation. Dans celle de France, constellée de fleurs de lis d'or, on remarque les tombeaux d'un Vignacourt et d'un Rohan. Louis-Philippe y fit placer, en 1843, un beau travail de Pradier, représentant son jeune frère le comte de Beaujolais, mort en Sicile en 1808.

Une chapelle souterraine, assez négligée , renferme les sépulcres de Villiers de l'Ile-Adam, de Valette et de quelques autres grands-maîtres gisant dans leurs armures sur des cippes armoriées, soutenues par des lions, des oiseaux et des chimères.

Après une trop courte visite, nous nous arrachons à regret de l'église des chevaliers ; et, avant d'aller plus loin, nous gagnons un restaurant de belle apparence pour faire le prix d'un déjeûner. — « Déjeûner à la française, quatre francs, nous est-il répondu ; déjeûner à l'anglaise, ça dépend ! »— Nous déjeûnons à la carte, avec libations d'excellent champagne en l'honneur du père de l'un des pèlerins dont la fête tombe le 25 ; puis, nous traversons la cité Valette pour nous rendre à Citta-Vecchia, ancienne capitale de l'île et aujourd'hui encore son chef-lieu ecclésiastique. La distance est de douze kilomètres, qui se parcourent dans de bizarres véhicules particuliers à Malte.

Imaginez-vous un immense brancard reposant par l'un de ses bouts sur un essieu, par l'autre sur le dos d'un cheval leste et vigoureux ; et entre ces deux points d'appui, se balançant la caisse d'un coupé où deux et même quatre personnes prennent place. Contre toutes les lois de l'équilibre, les deux roues semblent avoir été ainsi reléguées à l'arrière pour que le voyageur profite de la somme entière de l'élasticité du brancard ; et, comme il serait par trop abusif de charger encore le cheval du poids d'un cocher, celui-ci tenant d'une main les rênes, et un courbache de l'autre, suit en courant, dans un costume on ne peut plus léger, et sans embarrasser ses pieds d'une chaussure superflue.

Nous avançons pendant deux heures sur un sol aride et poudreux, qui n'a pu être fertilisé qu'à force d'art, de patience et de culture, le long de grands aqueducs en ruine, ou de murs de clôture en pierres sèches superposées, sans mortier ; et nous arrivons à Citta-Vecchia, bâtie sur l'un des points culminants de l'île, entourée d'épaisses murailles et aujourd'hui presque déserte. Sa cathédrale, dédiée à saint Paul, est vraiment somptueuse et magnifique. Les voûtes sont resplendissantes de peintures et de dorures semées peut-être avec trop de profusion. Le pavé est comme émaillé d'incrustations de marbres de diverses couleurs, qui forme une mosaïque d'une étonnante richesse. Nous remarquons une croix d'or byzantine d'un admirable travail, apportée de Rhodes par les Chevaliers, lorsqu'ils furent obligés d'abandonner cette île ; — un portrait de la T. S. Vierge par l'évangéliste saint Luc, duquel un de nos premiers pèlerins dit avec raison que « l'art chrétien n'a pas de plus antique ni de plus vénérable monument, » — un Christ d'ivoire, apporté de Rhodes, torse maigre, grandeur naturelle, bras décharnés, tête douloureuse et expressive, couronné d'épines, et se hérissant de rayons d'argent qui en sortent comme par fleuves ; » — enfin, le tombeau de l'évêque actuel de Malte, qui porte le titre d'archevêque de Rhodes , cet ancien chef-lieu de l'Ordre, perdu après un siége aussi glorieux que funeste. Ce vénérable prélat a voulu lui-même préparer sa tombe de son vivant ; c'est le plus sûr moyen de l'avoir à son goût. Du reste, il a bien fait les choses, et il doit être fort heureux chaque fois qu'il passe devant cette pierre élégante qui abritera un jour son dernier sommeil.

C'est sur la côte voisine que vint échouer le vaisseau qui transportait saint Paul à Rome , au tribunal de César. La tempête avait duré quatorze jours ; le vaisseau seul périt et les 276 passagers furent sauvés , selon la prédiction qu'en avait faite l'Apôtre. On aime à voir l'humanité avec laquelle les habitants de l'île traitèrent les naufragés, et l'on admire la puissance de Dieu qui prépare la voie à la prédication de Paul par de nombreux miracles.

L'Apôtre demeura trois mois dans une grotte au-dessus de laquelle s'élève maintenant une belle église en son honneur , et où l'on descend par une vingtaine de marches. Au milieu se trouve une statue de marbre blanc, d'un sculpteur maltais, lequel a bien compris et admirablement rendu la grande et haute expression de ce saint , qui fut aussi un homme de génie. Une inscription latine porte que les parois de la grotte , toujours entamées par la piété des pèlerins , semblent se renouveler sous les coups du marteau qui les creuse : *Semper excisum, nunquàm decrescens.* Personne, toutefois , ne nous a parlé de ce prétendu miracle , auquel plusieurs refusent de croire , sur ce que les fragments enlevés sont de trop petite dimension pour qu'il en résulte un effet sensible dans l'étendue de la grotte. Quoi qu'il en soit , nous détachons à notre tour quelques fragments du rocher , que nous emportons comme un souvenir de notre visite.

Tout auprès, nous descendons dans des catacombes qui ont servi d'asile aux premiers chrétiens dans les temps de persécution. D'abord étroites et basses, elles s'élargissent insensiblement, se divisent en sinuosités nombreuses qui rayonnent de toutes parts, se creusent sur les parois latérales en tombes étagées, et forment, en s'évasant, une chapelle consacrée pendant les premiers siècles à la célébration des saints mystères.

Pieusement ému , nous quittons enfin Citta-Vecchia pour regagner la cité Valette, en faisant une dernière station à *San-Antonio* , c'est la maison de campagne des anciens grands-maîtres , aujourd'hui du gouverneur. Le parc est très-vaste et planté de milliers d'arbres, la plupart venus de Terre-Sainte. Les larges allées sont couvertes de dalles , et les eaux heureusement distribuées , entretiennent une agréable fraîcheur et une riche verdure qui offrent un contraste frappant avec le reste de l'île.

De retour à la cité Vallette , nous nous empressons de visiter ce que nous n'avions pas eu le temps de voir précédemment. La ville est percée de belles et larges rues , incessamment parcourues par une foule qui vous offre un panorama vivant de toutes les nations. Ses maisons, hautes et vastes, ornées de nombreux balcons d'un travail élégant , ressemblent à des palais. On sent dans cette architecture la forte empreinte des chevaliers qui ont frappé la ville, comme une grande monnaie à leur effigie.

Le palais des grands-maîtres, aujourd'hui palais du gouverneur , qui n'a rien de remarquable comme architecture , est d'une prestance assez monumentale et produit un bel effet sur cette grande place dont il occupe un des pans. L'intérieur offre une suite de vastes salles et de galeries , dans lesquelles on remarque des peintures de l'école italienne et des tableaux représentant les hauts faits maritimes de l'Ordre contre les Mahométans. L'ancienne salle du chapitre sert maintenant de salle du trône , et les dais et les armoiries d'Angleterre recouvrent la place qu'occupait le siége du grand-maître.

Nous eussions voulu visiter ce musée des armes , toucher ces casques rayés par les lames de Damas, ces cuirasses bosselées par la pierre des catapultes, et sous lesquelles ont battu tant de nobles cœurs , ces boucliers blazonnés de la croix de l'ordre , et où s'implantaient en tremblant les flèches sarrazines. Mais le gardien s'y est constamment refusé , en alléguant la défense formelle du gouverneur.

L'heure réglémentaire du départ de la *Tamise* va sonner, et nous retournons à bord, avec le regret de ne pouvoir pas retarder encore un peu pour assister au moins une fois à cette curieuse retraite anglaise qu'un voyageur décrit ainsi : « Je débouche sur la place du Gouvernement , juste à l'heure où allait sonner la retraite anglaise. Cette retraite mérite une description particulière : les tambours, la grosse-caisse , le fifre, se rangèrent silencieusement à un bout de la place; à un signe du master, les tambours levèrent leurs baguettes, la grosse-caisse son tampon, le fifre son turlututu, mais avec un mouvement si sec, si mécanique, si régulièrement pareil, qu'il semblait produit par des ressorts et non par des muscles. Huit jambes de pantalons blancs se relevèrent et retombèrent sur un pas géométrique, et un sauvage ouragan de discordances se déchaîna.

» La grosse-caisse grognait comme un ours en colère, les tambours sonnaient le fêlé, et le fifre, grimpé à des hauteurs impossibles, battait des trilles extravagants ; mais les musiciens, malgré toute cette furie, n'en gardaient pas moins des figures immobiles, inertes, glacées, sur lesquelles la brise du midi n'avait pu fondre le givre du nord. Arrivés à l'autre extrémité de la place, ils se retournèrent brusquement et refirent le même chemin en émettant le même charivari. Vous avez, sans doute, vu de ces jouets d'Allemagne pourvus d'une manivelle qui agace un fil de laiton avec un tuyau de plume et fait sortir d'une guérite un soldat prussien au son d'une aigrette petite musique ; le soldat s'avance par une coulisse jusqu'au bout de la boîte, fait volte-face et revient à son point de départ. Grandissez et multipliez ce jouet d'Allemagne, et vous aurez l'idée la plus exacte de la retraite anglaise. Je n'aurais jamais cru que l'homme pût arriver à singer si parfaitement le bois peint. C'est un beau triomphe pour la discipline. »

La journée de Malte a été longue pour le lecteur, et ces détails assez multipliés, ce qui ne veut pas du tout dire que nous ayons épuisé la matière. Pour les pèlerins, elle a passé vîte, très-vîte, cette même journée qui vient si heureusement varier le voyage, cette journée de repos qui se passe dans des courses interminables. Et malgré toutes ces courses, qui ont bien leurs fatigues, à quoi bon le nier ? mais qui ont plus encore leurs douces émotions et leurs charmes divers, je ne laisse pas de l'appeler un jour de repos, sans craindre aucunement de tomber dans le paradoxe. Qui ne sait, en effet, qu'on se délasse et qu'on se repose véritablement, rien qu'à changer d'exercice et d'occupation, mais surtout si, après comme devant, l'exercice et l'occupation ne sont pas eux-mêmes sans attraits ? — Puis, en vérité, que voulez-vous faire ? Voyager comme une malle, rester là tout un jour les bras croisés, et vous assujétir de pur choix au triste régime de la Quarantaine, dans ce port de la Quarantaine qui ne demande qu'à perdre en votre faveur tout l'odieux et la signification de son nom ? ou bien vous jeter seulement sur la plage, et vous percher sur une tour ou sur une éminence, pour de là promener un instant vos regards à droite et à gauche , et redescendre satisfait et enthousiasmé , en répétant avec certain voyageur émérite : « J'ai tout vu. » — Je le crois bien ! mais singulièrement vu , convenez-en.

Il faut voyager pour voir, pour voir le plus possible , pour voir bien et de près , sans trop vous arrêter cependant, d'autant que les voyages vous apprennent à voir vîte.

Jadis ville exclusivement guerrière, Malte , sans désarmer ses remparts, en augmentant au contraire ses puissants moyens de défense , a su se rendre l'entrepôt nécessaire de la Méditerranée ; aussi, le commerce et la guerre, voilà les deux éléments de la ville : partout des magasins , partout des canons. Mais ce ne sont plus les Maltais qui montent la garde sur ses murailles , l'uniforme rouge de l'Angleterre se fait voir à chaque embrasure. Quels que soient, d'ailleurs , les droits de la Grande-Bretagne à la possession de ce rocher , elle fait du moins tout au monde pour rendre son joug le plus léger possible. Elle a doté le pays d'une police assez courtoise pour vous entourer d'égards en faisant respecter la loi,et assez vigilante pour qu'un voyageur moderne ait pu lui rendre cet hommage : « Vous pouvez perdre votre bourse le soir en rentrant chez vous ; vous la retrouverez le lendemain à votre réveil. » Toutefois , il me semblerait aussi prudent de le croire sur parole que d'en faire soi-même l'expérience. — Elle a su accommoder Malte aux aisances et aux facilités de la vie européenne , tout en lui laissant l'originalité piquante de sa phisionomie orientale. — Les immondices de Constantinople ou d'Alexandrie ne sont même plus soupçonnées sur ses larges dales , qu'une propreté minutieuse essuie chaque matin. Les maisons sont restées coquettes , tout en devenant commodes : elles ont gardé la grâce et reçu le confortable.— Surtout, bien différent en cela de notre armée d'Egypte,dont le court passage à Malte n'y laissa point, dit-on , des souvenirs trop édifiants, le gouvernement actuel, nous aimons à le redire, a du moins le bon esprit de ne gêner en rien la population maltaise dans ses habitudes éminemment religieuses et catholiques.

Il est vrai que la société biblique y a carte blanche et qu'elle y remue ciel et terre pour parvenir à ses fins ; mais il est également vrai qu'elle ne peut guère se vanter de succès obtenus. Convertis au christianisme par saint Paul, les Maltais sont restés invariablement jusqu'ici et ils entendent rester à jamais fidèles aux leçons du grand Apôtre, pour lequel ils conservent une tendre et profonde dévotion et qu'ils appellent encore en tout respect l'*Apostolou Messierna San Paolo*, l'Apôtre *Monsieur* saint Paul.

On n'a pas oublié le bon effet produit sur notre caravane par l'attitude si digne et si chrétienne de tout ce monde qui entendait la messe dans l'église des Chevaliers, et qui se tenait pieusement agenouillé par terre, suivant l'usage du Midi et du Levant où vous ne voyez point de chaises dans les églises. Ce même usage, du reste, que je n'ai nulle envie de propager parmi nous et dont l'idée seule, je m'imagine, révolte plusieurs de ceux qui me lisent, ne laisse pas d'être suivi jusque dans nos pays par certaines personnes qui ne paraissent pas s'en trouver si mal, l'habitude étant une seconde nature. Que l'on demande à nos excellentes Carmélites si ce n'est pas vrai. Et pourquoi n'ajouterais-je point, puisque c'est la vérité, qu'à Malte les femmes, contrairement à ce que nous voyons en France, ne nous semblaient pas du tout en majorité dans les églises? Et, puisque c'est la vérité encore, reconnaissons d'un autre côté que les Maltaises, chose rare parmi les femmes qui se laissent diriger dans leur toilette plutôt par la mode que par le goût, ont eu le bon esprit de conserver leur costume national, qui nous a semblé d'une modestie remarquable. Toutes portent encore dans la rue la *faldetta*, espèce de mantille noire dont elles s'encapuchonnent en élargissant ou en rétrécissant l'ouverture, maintenue par une petite baguette de baleine. En soie chez les riches, en laine chez les pauvres, la *faldetta* est toujours grâcieuse, quelle que soit la condition qu'elle indique. Presque toutes les femmes la portent de travers, celles du peuple en retenant de leurs dents le coin qui flotte, et celles du grand monde le retenant de leur main droite.

A propos de Malte, un de nos premiers pèlerins conseille fort aux voyageurs d'acheter chez eux, avant de se mettre en route, tout ce dont ils ont besoin, et de ne pas compter sur le prétendu bon marché qu'on leur promet en pays étrangers. Nous le croyons volontiers, sans avoir eu pourtant affaire aux marchands de Malte, par la raison toute simple que nous y avons trouvé toutes les boutiques fermées à cause de la circonstance du dimanche. On sait avec quelle rigueur, souvent judaïque, les protestants observent la loi du dimanche. Mais les catholiques Maltais sont eux-mêmes observateurs très-fidèles de cette loi que méconnaissent trop souvent, hélas ! nos catholiques de France.

Un coup d'œil ravissant et que ne peut se refuser le voyageur qui s'arrête à Malte, c'est l'ensemble de ce port si sûr et si grandiose de la Marse, qui, par des anses sans nombre, se replie autour des bastions et des remparts, et qui pourrait bien cacher des flottes entières sans qu'on en vît rien au-dehors. De la promenade de Castille, tout près de l'*auberge* ou du palais si remarquable du même nom, et d'où le regard embrasse délicieusement le panorama qui se déroule à vos pieds, nous jouissons à notre aise de ce coup d'œil enchanteur, quand un nouveau spectacle vient attirer notre attention et faire battre nos cœurs. C'est un vapeur américain qui entre majestueusement dans le port, et qui ramène en France les derniers de nos héroïques soldats d'Orient. Pauvres soldats, que n'avez-vous point souffert pour couvrir de gloire votre patrie ! Si du moins vous avez su sanctifier vos souffrances et les rendre méritoires devant Dieu !

Nous ramenons à bord deux excellents compagnons de Pèlerinage, qui ne nous ont rejoints qu'à Malte, ayant voulu parcourir l'Italie avant de gagner l'Orient. Il eût peut-être été plus naturel de voir l'Orient tout d'abord, « Rome n'étant que le complément de Jérusalem, » suivant la parole si juste d'un pèlerin qui pouvait s'y connaître. Et il eût peut-être encore été plus sage de se rappeler le proverbe : *qui trop embrasse, mal étreint.* Nos deux chers pèlerins ont trop rapidement parcouru l'Italie, en vue de réserver quelques semaines pour la Palestine, et trop rapidement parcouru la Palestine, afin de rentrer plus tôt dans leurs foyers. A ne consulter que leur expérience, il semble encore que l'on ait le droit d'en conclure qu'il vaut mieux, quand on le peut, *faire bien ce que l'on fait.*

Nous levons l'ancre vers cinq heures du soir, et la Tamise met le cap sur l'Egypte où nous ne devons toucher qu'au bout de quatre jours. La distance entre Malte et Alexandrie est de 280 lieues marines ou 1540 kilomètres ; c'est le plus long trajet direct de notre voyage, et le plus long trajet encore que, dans l'itinéraire de nos paquebots du Levant, on puisse faire sans rencontrer aucune terre. C'est également la partie la plus large de la Méditerranée ; car, vers le nord, elle remonte jusqu'au golfe de la Syrie.

Quatre jours consécutifs entre deux immensités , celle des cieux et celle des mers, quoi de plus propre à effrayer nos

peureux et à leur faire dresser les cheveux sur la tête ! Et pour
nos prophètes de malheurs, qui n'ont pas même l'air de se douter que vous voguez sous l'aile du Seigneur, quelle excellente
occasion de monter sur leur trépied et de vous dire avec des
airs d'inspiration : Ah ! que d'espace pour la mort ! Et si votre
navire vient à sombrer dans la tourmente !

Quant à vous, cher lecteur, ne vous arrêtez ni à ces fadaises,
ni à ces tons d'inspiré ; ce serait leur faire trop d'honneur ; et,
en attendant que Dieu vous fasse, dans sa miséricorde, l'insigne faveur d'ajouter votre expérience personnelle à l'expérience de ceux dont vous ne pouvez encore qu'envier le bonheur, écoutez les poétiques et joyeux accents que dicte à l'un
de nos pèlerins la circonstance même qui fait pâlir à vos côtés
tant de figures.

« Je ne connais rien de charmant comme la Méditerranée
pendant les beaux mois d'été ; après l'Océan indien, c'est bien
la plus belle des mers. Que de rivages elle baigne, que de
peuples elle désaltère, que de fleuves elle reçoit, que de con-
tinents elle unit, que d'îles elle entoure de ses bras humides !
Elle se parfume des orangers de Cadix et s'endort en murmurant dans le golfe de Smyrne, après avoir moissonné les fleurs
de l'Archipel, posant sa tête entre les Colonnes d'Hercule et
ses pieds d'argent sur les îles de la mer Egée, tandis que ses
deux bras touchent l'Afrique et l'Italie. L'Ecriture l'appelle *la
mer par excellence, la grande mer.* et trouve pour la peindre des images sublimes. Les Grecs lui donnèrent toutes sortes
de noms harmonieux, et empruntèrent au calme de ses flots
l'image la plus parfaite de la beauté du visage humain. « Calme
comme le calme des mers, » disait un de leurs poètes en parlant de cette beauté harmonieuse et sereine qui rayonne dans
leurs marbres éternels. Les Romains, qui conquirent ses bords,
l'appelèrent la *Mer Intérieure.* Pendant longtemps, l'histoire
de la Méditerranée fut presque l'histoire du vieux monde
campé sur ses rivages, et ses ondes furent le théâtre flottant
de tous les grands drames du passé. Elle porta tour-à-tour les
colonies égyptiennes qui peuplèrent la Grèce, et ces aventu-
riers grecs qui promenèrent leur audace et leur génie sur ses
flots; et ces grands exils, illustres comme des triomphes, et ces
défaites qui étaient encore de la gloire ! Elle vit tour-à-tour
Carthage, fondée pour éterniser le deuil de Didon et sa foi
violée ; les Troyens, chargés de leurs dieux et des images de
la patrie, et Antoine, perdant le monde pour ne pas perdre le
sourire de Cléopâtre : « Je n'ai pas fui, disait-il, je l'ai suivie ! »

Où trouver de pareils souvenirs ? Mais les siècles passent, une civilisation nouvelle change la face des choses ; les barques de Galilée échouent sur tous ses écueils avec leurs pêcheurs d'hommes ; les croisés plantent leur étendard sur tous ses rochers ; les galères chrétiennes se heurtent contre les barques turques ; les pirates écument l'Archipel ; les Grecs modernes lui rendent un instant l'écho de Salamine, et l'attention et les regards du monde, hier encore, n'étaient-ils pas invinciblement attirés sur ce mouillage de Ténédos, qui doit donner l'immortalité de l'histoire au nom de Bésika ! »

Décidément, nous quittons le port de la Quarantaine, et, en un clin-d'œil, la vapeur nous emporte au large. Déjà Malte s'éloigne, disparaît peu à peu et semble s'engloutir dans la mer, que nos regards s'y reportent encore et que nous pensons toujours à ce climat heureux que viennent chercher les poitrines débiles, à cet air constamment pur, à ce ciel étincelant, à ces hivers sans nuages et sans frimas, à ce vaste port dont les flancs abriteraient vingt flottes......

Mais voilà que le mistral, en soulevant la mer, se charge de nous faire penser à autre chose. Désormais, plus de repas sans violon : ce violon du bord est un instrument à part, et j'avoue n'en point connaître de moins propre à donner de l'appétit. Quand il faut attacher les plats, les assiettes et les verres, il y a ordinairement peu de convives à table. Dieu merci, la première traversée nous a presque tous aguerris, et je suis déjà pour mon compte, *un vieux loup de mer.*

Les gens de service n'ont pas eu l'esprit de prévoir le gros temps, et le violon n'est pas en place pour le dîner. Aussi voilà-t-il que le beau jeu commence et que tout dégringole. Les débris s'en vont à tribord et à bas-bord, au profit des garçons imprévoyants. C'est en vain que je plaide leur cause; le capitaine se fait violence et tient bon, c'est une leçon qu'il veut leur donner ; ainsi, ce n'est plus *qui casse paie.*

Quand on approche des mers de la Grèce, les phénomènes de lumière prennent des caractères particuliers. Le crépuscule et l'aurore sont supprimés ; le jour se précipite dans la nuit ; la nuit disparaît du ciel comme une tente qu'on roule. Les levers du soleil, qui ne durent qu'un instant, ont des splendeurs inouïes.

Une bande violette unit à l'horison la mer avec le ciel. Des nuages légers, d'un lilas clair par le bas et plus foncé vers le haut, sont répandu çà et là, comme des mouchetures de tigre, sur une bande de *lapis - lazuli* ; puis, le violet se teint en pourpre ; des touffes de roses semblent éclore çà et là dans le firmament ; puis tout-à-coup, en deux bonds, le soleil invisible jusque-là franchit la ligne de l'horizon. L'on se rappelle les comparaisons des poètes, et ce guerrier au casque d'or, dont les flèches, qui sont des rayons, chassent au loin les nuages.

C'est le jour ! Et ce jour est celui de la fête de saint Louis, le 25 août. Nous traversons la même mer qu'a sillonnée jadis la flotte de ce royal pèlerin, parti presque des mêmes rivages que nous. A la tête d'une puissante armée, il marchait à la conquête de la Terre-Sainte. Malgré la valeur la plus héroïque, son entreprise ne fut pas couronnée de succès. Dieu l'a ainsi éprouvé, et dans cette épreuve il a été trouvé fidèle. Mais Dieu lui a donné la consolation de visiter en pèlerin les Saints-Lieux, et l'on nous annonce que nous trouverons de nombreuses traces de son passage. Puisse notre foi être aussi vive que sa foi, et notre amour du Dieu sauveur égaler son amour ! Le souvenir du grand et saint Roi de France nous occupe naturellement tout ce jour.

Le lendemain, mardi 26 août, nous avons une agréable surprise. Voici de petits oiseaux qui voltigent effrayés autour du navire ; leurs ailes sont fatiguées, et ils semblent nous demander l'hospitalité : on dirait de pauvres passagers égarés sur les flots. Ils ressemblent aux oiseaux de France. Peut-être sont-ils partis de nos rivages. « Petits oiseaux, de mon pays ne me parlez-vous pas ? » Nous apercevons bientôt la terre de Barbarie, que nous côtoyons toute la journée, pour ne la perdre de vue qu'au coucher du soleil.

Le mercredi, 27 août, nous avons du tangage, encore plus fatigant que le roulis. C'est vraiment *le temps du mauvais temps*, suivant l'expression pittoresque du matelot.

Le jeudi, 28 août, c'est la fête du grand saint Augustin, qui traversa ces même flots en retournant à Hippone avec la foi de sa mère et le baptême qu'il avait reçu des mains de saint Ambroise. Ce jour, la mer est redevenue belle et calme. Le temps est magnifique, et vers deux heures, nous sommes en vue d'Alexandrie.

Pendant les quatre jours de traversée de Malte à Alexandrie, la vie du bord est aussi peu monotone et ennuyeuse que pendant les deux jours et demi de traversée de Marseille à Malte. C'est la même animation, le même entrain, la même fraternité entre les pèlerins et autres passagers ; ce sont aussi ies mêmes rapports, toujours excellents, avec les officiers et l'équipage de la *Tamise*. Et il en résulte que les quatre nouveaux jours de mer ne nous paraissent pas tout-à-fait si longs que certaines imaginations voudraient se le figurer.

Il est surtout un passager qui donne de la vie et du charme à notre traversée, dont la seule présence épanouit les visages et dilate les cœurs, que chacun vénère et recherche à l'envi, et que nul n'oserait aborder qu'avec toutes les démonstrations du plus profond respect. Sa taille hors ligne, comme jadis celle de Saül, le signale à tous les regards. Une grande et délicieuse bonté, apanage ordinaire de la haute stature comme de la vraie grandeur, rayonne dans ses traits si nobles et si imposants qu'on ne se lasse point de contempler, et que relève encore une barbe à l'orientale du meilleur effet. L'œil est vif et pénétrant, le port digne et majestueux.

Quel dommage que l'auguste passager ne connaisse que les langues de l'Orient, et que nous ne puissions lui parler que par interprète! c'est son aimable secrétaire, jeune savant et polyglotte distingué, qui fait le trait-d'union et qui nous aide à nous entendre.

Le lecteur a, du premier coup, reconnu dans ce portrait le confesseur de la Foi, le Patriarche d'Antioche des Syriens catholiques, Mgr Samhiri, dont j'ai déjà esquissé l'histoire et dont j'aime à retrouver le nom sous ma plume.

L'œuvre à laquelle s'est dévoué l'éminent Prélat est recommandée par notre Saint-Père le Pape Pie IX, par Son Eminence le cardinal Fransoni, préfet de la Propagande, par Son Éminence le Cardinal Roberti et par bon nombre d'évêques de France et de Belgique. Laissons la parole à l'un d'eux, et reproduisons du moins un extrait de la lettre si flatteuse et si explicite par laquelle Mgr Sibour recommandait cette œuvre à MM. les curés de Paris, sous la date du 9 mars 1855.

« Le vénérable Patriarche d'Antioche, Mgr Samhiri est venu à Rome et à Paris pour les intérêts de sa mission. Le souverain Pontife l'a choisi pour relever les ruines de ce grand siége qui fut fondé par saint Pierre, et qui est resté un des plus illustres de l'Orient. Mgr Samhiri est un confesseur de la Foi ; c'est en sortant des prisons qu'il a été élevé à la dignité Patriarcale, et que le Saint-Siège l'a investi de ce grand et laborieux apostolat. Les circonstances sont très-favorables à une restauration du catholicisme dans toutes les églises de Syrie et de l'Asie soumises à la domination ottomane. La France est alliée à la Porte. L'influence de ses principes grandit, en

Orient, avec la gloire de son nom et la force de ses armes. L'appui des hérétiques était jusqu'ici sous la protection de la Russie et dans les ambitieux projets du Czar. Les choses ont changé de face aujourd'hui. Les chrétiens orientaux, en se tournant vers la France, se tournent vers le catholicisme. C'est peut-être le moment de la Providence pour un retour à l'unité ; les hommes de foi l'espèrent, le Patriarche d'Antioche le croit fermement, et, malgré son âge, il est venu en Occident demander à Rome et à la France les sommes nécessaires pour tenter et, si Dieu le veut, accomplir sa belle mission. Le gouvernement français a accueilli très-favorablement l'illustre et saint voyageur, et l'Empereur a voulu être le premier bienfaiteur de l'Église catholique d'Antioche.

» Tout est à faire pour relever les ruines de son siége. Mais il faut, avant tout, pouvoir construire une église, une maison épiscopale et un séminaire. La Propagation de la Foi, à la recommandation du Saint-Siége, s'est empressée d'accorder un important secours ; il est malheureusement insuffisant, et le Patriarche est obligé de recourir à la charité des fidèles pour pouvoir commencer son œuvre, et montrer, à son retour dans l'Orient, des preuves efficaces de la sympathie de notre pays. C'est une gloire pour la France qu'on songe naturellement à elle quand il faut faire un appel a la foi et au dévouement. Montrons-nous, particulièrement à Paris, toujours dignes de ce renom.

» J'ai pris, vous le savez, la résolution de ne vous recommander aucune œuvre étrangère........ Néanmoins, j'ai cru qu'il fallait faire une exception pour cette mission du Patriarche d'Antioche, qui parle si haut à toute âme catholique. Je suis, du reste, en ceci, les inspirations du S.-Siége, et son désir qui m'a été manifesté à Rome. »

Aux riches dons que l'illustre et saint Evêque emporte de notre chère France, nous tenons à honneur d'ajouter notre obole de pèlerins. Mgr Samhiri la refuse d'abord, par un sentiment de délicatesse fondé sur les dépenses de notre pèlerinage, et veut bien l'accepter en définitive, à la grande satisfaction de toute la caravane. — Son Eminence daigne encore nous laisser comme souvenir, sa signature et des médailles qu'Elle-même a indulgenciées. J'en obtiens de plus, pour mon propre compte, une union de prières et bonnes œuvres, dont on peut croire que je suis heureux et fier. Enfin, les pèlerins voyant venir le moment pénible de la séparation, se groupent sur le pont, et viennent tomber tous ensemble aux pieds du

Patriarche pour recevoir humblement sa bénédiction solennelle d'adieu, nouveau gage de succès et de bonheur pour leur pieuse pérégrination.

Nous sommes en face d'Alexandrie, où le vénérable Prélat se propose de séjourner quelque temps. Sur plus de deux cents lieues de côtes, la rade d'Alexandrie est le seul point où les gros vaisseaux puissent s'arrêter et trouver un abri ; aussi est-elle très-fréquentée ; on y voit des pavillons de toutes les nations maritimes. Cette rade si animée, est comme une cité mobile et flottante, dont la population se renouvelle sans cesse, qui transmet à l'Egypte les richesses de l'Occident, et qui va reporter en Europe toutes les productions de l'Egypte.

La ville a deux ports, l'un au nord, l'autre au nord-ouest, et c'est dans ce dernier qu'abordent les navires. L'entrée en est assez difficile, à cause des brisants qu'il faut franchir. Toutefois, plusieurs passes permettent aux navires à voiles d'entrer et de sortir par tous les vents ; et des points de reconnaissance que l'on voit distinctement sur la côte, qui court parallèlement au banc de rochers, facilitent les manœuvres. Quant aux bateaux à vapeur, ils n'ont que l'embarras du choix, et sitôt qu'ils sont signalés, des embarcations montées par d'habiles pilotes viennent au-devant d'eux. D'ailleurs, les commandants des paquebots de la compagnie des Messageries impériales sont tous pratiques de la côte d'Egypte, et pourraient en remontrer aux pilotes envoyés de terre.

Celui que nous amène un léger *caïk*, vigoureusement poussé par quatre rameurs, est un grand et fort gaillard au teint de bronze, au front large, au nez épaté, aux lèvres saillantes, à l'œil enfoncé sous le sourcil grisonnant. — Le costume n'est pas moins caractérisé : veste blanche, turban rouge, ceinture laine et argent, vaste culotte brune, dont les larges plis s'arrêtent aux genoux, jambes nues, chaussures de cuir jaune. Ce pilote monte lestement au banc de quart, et d'un geste précis, qu'accompagne toujours une parole énergiquement accentuée, il indique la manœuvre à l'un des officiers, qui la transmet de même à l'homme de la barre.

La passe est bientôt franchie, le port nous ouvre ses bras, et nous voilà dans le royaume des Pharaons. Devant nous, la ville se dessine en ovale et paraît assise sur un sol au niveau de la mer. A gauche, une langue étroite de terre, l'ancienne île de *Pharos*, maintenant réunie au continent, et située entre les deux ports, nous offre quelques beaux édifices parmi lesquels nous distinguons le palais du vice-roi et ses portiques en colonnades qui se prolongent gracieusement le long du port. C'est à l'extrémité de cette langue de terre qu'était la *septième merveille du monde* ancien , le *Phare* , que remplace aujourd'hui un trop modeste fanal. A l'extrémité opposée , sur notre droite , nous distinguons la tête de la voie ferrée qui relie Alexandrie au Caire , et , sur le second plan , la colonne de Pompée qui domine majestueusement ces rivages. Derrière nous , s'étend la plage sans fin , une plage de sable d'or ; et à l'horizon, de toutes parts, ce ne sont que moulins à vent, comme à l'entrée d'un village de la Beauce ou de la Normandie.

A peine la *Tamise* a-t-elle jeté l'ancre , que voilà l'ineffable scène de Malte qui se reproduit , mais avec un redoutable *crescendo*. Cent barques, détachées des quais , nous arrivent en un clin-d'œil , conduites avec une rare habileté par des gens à moitié nus , à la taille bien prise, aux membres vigoureux. Et ces drôles de toutes nuances , de toutes couleurs, de toutes langues, ces hommes au teint brûlé , à la figure amaigrie, aux yeux malades , sont là qui s'accrochent à l'échelle , qui se cramponnent aux flancs du navire , qui appellent, qui crient , qui se pressent , qui se heurtent et qui se disputent , à coups de rames, l'honneur de nous conduire à terre.— Vain tumulte , vaines batailles , du moins pour ce qui concerne les pèlerins. Tandis que les voyageurs à destination d'Alexandrie ou de l'Egypte , font leur choix au plus vite et disparaissent sur la plage , nous demeurons impassibles sur le pont, et nous jouissons jusqu'au bout de ce spectacle du dernier comique.

Cependant , un mauvais drôle , espèce de garçon d'hôtel à l'affût de pratiques , veut à toute force nous entraîner dans son canot, et , s'imaginant ainsi nous passer à coup sûr la plume par le bec , il nous affirme que ce canot est le dernier qui doive faire le trajet du vapeur au rivage, et que , faute d'en user, nous nous condamnons à ne pouvoir plus descendre de ce jour. Nous en référons au docteur du bord qui se trouve à quelques pas , et qui nous rassure par cette sévère apostrophe qu'il lance à notre individu : « Quels contes venez-vous là débiter à ces Messieurs ? » A ces simples paroles et à la vue de l'uniforme brodé, le brave homme se jette d'un bond dans sa barque et s'échappe à toutes rames , emportant nos risées pour prix de son exploit. Il était à terre, qu'il devait trembler encore. Pour nous autres , nous dînons d'aussi grand appétit que nous avons ri de bon cœur ; et sitôt après , nous descen-

dons dans le canot que nous amène un drogman arrêté d'a-
vance, et qui nous dépose en un instant sur le rivage.

Ici, nouveau spectacle non moins intéressant que le premier. Nous nous trouvons dans un tohu-bohu indéfinissable,
dont il faut avoir été le témoin pour s'en faire une juste idée.
Ce ne sont partout que mulets, ânes, chameaux, hommes en
guenilles, marchandises perdues dans des amas de décombres. Et tout ce pêle-mêle vous renvoie constamment des senteurs dont vous vous passeriez volontiers. Et tous ces hommes à sinistres figures et aux sons gutturaux, dont il vous
tarde d'être débarrassés, vous offrent leurs services avec toutes les importunités possibles. Heureusement, voici venir un
mystérieux personnage, espèce de garçon d'hôtel encore, ou
du moins de compère, qui se met officieusement de la partie
et qui nous sauve à merveille. Rien qu'à sa dégaine, on ne
le dirait pas absolument à jeun; à vrai dire, il est déjà six
heures du soir. C'est à grande peine s'il peut tenir sur sa modeste bourrique, assez audacieuse, du reste, pour fendre la
foule et le conduire au feu. Ce n'est pas de ce côté que nous
attendions le secours; après tout, qu'importe d'où il vienne!
Notre protecteur improvisé est armé d'une bonne canne et se
montre expert en français du plus gros calibre. « F...-moi ces
b..... à la porte », s'en vient-il résolûment, en se jetant tête
baissée dans la mêlée; et pour que la leçon soit mieux comprise, il écarte les importuns avec de formidables moulinets.
Les battus se retirent et paraissent fort contents; du moins
ils ne se plaignent pas, et leurs rangs les plus serrés s'ouvrent
à souhait devant nous, qui nous promettons bien de ne pas
oublier de sitôt la plaisante aventure.

En traversant, pour venir à terre, la forêt de mâts qui peuple le port, on se fait naturellement une très-haute idée de la
ville; mais on en revient assez vite, à ce qu'il paraît, et dès le
premier contact avec la population. Ajoutons qu'en posant le
pied sur le rivage, vous n'avez devant vous, au *transit wharf*,
que de véritables masures qu'on appelle le bureau de la douane. Mais c'est bien pis, quand le voyageur pénètre dans la
ville, et qu'il s'avance à travers des rues non pavées, les unes
désertes, les autres remplies d'une foule dégoûtante et de longues files de chameaux, chargés d'énormes poutres, de pierres de taille ou de gros ballots de marchandises.

Nous marchons un quart d'heure dans ces sales quartiers,
et nous débouchons, à notre grande satisfaction, sur la belle
place d'Alexandrie. L'hôtel d'Orient, tout près du consulat

de France, nous offre des appartements assez confortables, où nous payons fort cher l'agrément de passer une nuit aussi blanche que possible.

Dès le soir, d'innombrables troupes de chiens errants et affamés donnent la chasse, dans les rues, aux mollets chrétiens ou musulmans, et, à défaut de mieux, s'entredévorent, au milieu d'un charivari que je ne me charge pas de décrire.

A quelque distance de l'hôtel, un charivari d'un autre genre, qu'on m'a dit être une *fantaisie* arabe, excite des bravos et des hourras qui n'en finissent. Et, en effet, c'est merveilleux! Figurez-vous un tambourin et une flûte aiguë, rudement menés et dont l'accord produit une musique assez semblable à la mélodie sur laquelle nous notons la danse des ours. Cette musique, qu'il nous sera souvent donné d'entendre en Orient, semble particulièrement sympathique à l'oreille turque. Quant à la mienne, j'avoue qu'elle se trouverait mieux du conseil que donnait à son fils lord Chesterfield : « Mon fils, il ne faut pas faire de musique... Lorsqu'on en veut, on en achète... elle est meilleure, et c'est plus convenable ! *more decent !* »

Enfin, sous mes fenêtres, au beau milieu de la nuit, une double détonation se fait entendre, avec accompagnement de force cris sauvages et prolongés. Un italien est tombé sous le coup. C'est, nous dit-on plus tard, le quatrième assassinat depuis quinze jours, et le second *par erreur*, ce qui veut dire que le meurtrier, avant de disparaître, considère foidement sa victime et s'écrie : Ah ! je me suis trompé ! — Je doute fort que ce soit le cas dire : « Minuit ! c'est l'heure des grandes choses ! »

Les premiers détails donnés sur Alexandrie, quelque peu rassurants qu'ils puissent paraître tout d'abord, ne doivent pas effrayer le lecteur outre mesure, ni le faire croire à des dangers, à des inquiétudes ou à des tristesses d'une gravité exceptionnelle et qui enlèvent tous ses charmes à votre voyage. Non ; il faut seulement ne pas trop mal prendre les choses, savoir faire la différence des lieux et des personnes, et ne pas s'attendre à retrouver la France en Orient, ni Paris à Alexandrie ou à Constantinople. Puis, « tout est spectacle quand tout est nouveau, répéterai-je avec un de nos pèlerins : je dois dire tout ce que je vois et voir tout ce que je puis. »

De loin, les villes d'Orient vous offrent d'ordinaire un bel et charmant aspect, d'autant qu'elles sont communément bâties en amphithéâtre ; l'on sait maintenant que, de près, elles font trop souvent plus triste figure : la coquetterie n'est pas orientale, ni même la propreté.

A votre arrivée, vous n'avez affaire qu'à la partie la moins attrayante de la population. Vous ne voyez que des gens qui vous tendent la main ou qui convoitent votre bourse; vous n'entendez sur votre passage que ce mot *backchich*, le premier qu'apprenne à bégayer l'enfant de l'Orient et le premier aussi que retienne la mémoire du voyageur ; et si vous jugez des habitants par ceux qui viennent vous accueillir, vous pourriez vous croire au milieu d'une nation de mendiants et de voleurs. On sait encore maintenant qu'il y a moyen de se tirer sain et sauf de cette cohue, et quel est ce moyen? Après l'avoir vu mettre en pratique devant la douane d'Alexandrie, je le retrouve dans les renseignements fournis par un voyageur, que je prends la liberté de citer textuellement, sans vouloir toutefois en assumer la responsabilité : « L'humilité n'est pas de mise en Orient. Soyez fier de votre titre d'Européen, faites-le sonner haut.... Soyez ferme dans les commencements ; un coup de cravache bien appliqué ne fait de mal qu'à celui qui le reçoit. Cela coûte un peu de le donner, quand on a les mœurs douces, mais il faut se conformer aux usages.»

S'il est de règle que vous ayez chaque nuit, pour vous endormir, les flots d'harmonie que vous renvoient toute une armée de chiens qui rôdent partout librement, comme n'ayant aucun maître, il vous est du moins facile d'en garer vos mollets : quand vient la nuit, les portes se verrouillent, les fenêtres se ferment, et la vie se retire à l'intérieur, où vous n'avez pas trop à craindre. Le jour, c'est mieux encore. Moins vaillants que leurs frères d'Italie, qui sont les seuls êtres, dit-on, concurremment avec les Français, à braver en plein-midi les ardeurs d'un soleil qui embrase les rues de la Ville-Eternelle, les chiens de l'Orient, après le sabbat de la nuit, se reposent tout le jour ; et ils sont alors tellement inoffensifs, que c'est à peine s'ils savent gromeler sous le bâton du voyageur qui les assomme , ou sous la lourde masse des chameaux et des voitures qui les écrasent.

Enfin, rien ne vous oblige à vous trouver à minuit, cette prétendue « heure des grandes choses, » aux prises avec tous ces mauvais garnements dont la présence a valu dernièrement à Kamiesch le nom significatif de *Chenapansville*, et qui depuis la paix conclue après la prise de Sébastopol, se sont jetés sur Alexandrie sous la protection trop bienveillante de certain consul italien. Aussi, n'aura-t-on aucune peine à croire que nous ayons pu, sans coup férir, nous soustraire à leurs atteintes, qui ne sont guère à redouter que la nuit. Les courses de nuit peuvent bien en souffrir, il est vrai ; mais il est bon de savoir qu'elles sont déjà bien entravées, pour l'ordinaire, par ces flots de fine poussière que soulève la brise du soir dans les rues non pavées d'Alexandrie, et qui vous donnent la raison de ces ophthalmies sans nombre qui vous étonnent aux premiers pas que vous faites sur la terre des Pharaons.

Le vendredi 29 août, la première chose qui nous frappe, à l'aube du jour, ce sont les chants du muezzin, perché dans son balcon de pierre, sur les hauteurs du minaret, où il circule quelque temps et d'où sa voix glapissante annonce la prière, par ces paroles si connues qu'il répète sur des notes assez peu mélodieuses : « Dieu est Dieu, et Mahomet est son prophète. »

Disons en passant, et une fois pour toutes, que ces minarets dont les voyageurs exaltent à l'envi « la blancheur de porcelaine et la gracieuse silhouette », qu'ils font « pareils à des mâts d'ivoire, » dont ils admirent « la légèreté aérienne », et qu'ils se croient obligés de célébrer avec tant de complaisance jusque dans les moindres détails, sans oublier le croissant doré, à si bel effet, qui les surmonte, ne sont vraiment pas si merveilleux, et ne me semblent pas justifier de si unanimes éloges. Ces bons voyageurs feraient bien, au même titre, de s'extasier devant les coqs dorés qui surmontent nos clochers et les pommettes dorées qui brillent sur nos maisons ; et pas un, que je sache, ne s'en est encore avisé. Il était plus véridique, à mon avis, celui qui disait ne pouvoir mieux comparer ces minarets « qu'à de simples mâts de vaisseaux avec leurs huniers, représentés par les balcons du haut desquels le muezzin invite les fidèles à la prière. » Ce sont tout simplement des tours faites en forme de clochers, de matériaux et d'un travail assurément peu remarquables, totalement noyées dans un grossier badigeon, parfois assez légères et toujours de hauteur à dominer les édifices environnants, gracieuses comme les cheminées de nos fabriques de gaz, surmontées d'un croissant et telles, somme toute, qu'à côté d'elles notre *aiguille* de Pordic serait une incontestable merveille.

Pour vous faire une idée des mosquées elles-mêmes, figurez-vous une coupole plus ou moins grande ou une agglomération de petites coupoles, flanquées d'un, de deux, de quatre et même de six minarets, comme celle du sultan Achmet à Constantinople. Si l'extérieur, grâce aux vastes proportions de l'édifice, est parfois de quelque effet et d'un certain grandiose, l'intérieur, en cela semblable aux temples protestants, ne vous offre que la nudité des quatre murs. Des inscriptions pieuses, une chaire, des pupitres pour supporter le livre saint et des nattes de jonc pour s'agenouiller, voilà toute l'ornementation permise, que vous retrouverez encore assez rarement ; et il faut bien que ce soit de la dernière pauvreté, pour avoir pu arracher cet aveu à un écrivain anticatholique au premier chef : « Je l'avoue, le luxe artiste du catholicisme me paraît préférable, et le danger allégué d'idolâtrie n'est à craindre que pour des peuples barbares incapables de séparer la forme du fond, l'image de la pensée. »

Tout contre les mosquées de quelque importance, il y a d'ordinaire une fontaine, avec force robinets, pour les ablutions. L'eau ruisselle à l'entour dans une rigole où les musulmans se lavent les pieds jusqu'aux genoux et les mains jusqu'aux coudes, suivant les prescriptions de Mahomet.

Après ces ablutions, qui n'ont guère de vertu, si elles ne le purifient pas un peu plus à l'intérieur qu'à l'extérieur, dont la propreté laisse communément à désirer, le croyant peut franchir sans crainte le seuil de la mosquée, y faire en toute confiance sa prière et retourner ensuite à son vomissement, pour recommencer plus tard la même cérémonie. C'est fort commode, on le voit. Du reste, les mosquées ne sont pas, le plus souvent, aussi encombrées, à l'heure de la prière ; et la prière elle-même, trop souvent, ne s'y fait pas d'une manière aussi édifiante ; comme il s'en faut bien encore que hors des mosquées, elle soit aussi régulièrement faite que certains voyageurs veulent bien nous le dire, dans un esprit et des intentions qu'il est facile de deviner.

La première prière, qui s'appelle *Sobah-Namazy*, se fait à l'aube du jour. On en fait une seconde à neuf heures ; une troisième à midi ; une quatrième, quand le soleil est aux trois quarts de sa course ; une cinquième et dernière, lorsqu'il ne fait plus assez clair, dit le proverbe arabe, pour que l'on puisse distinguer « un fil blanc d'un fil noir. »

Voici comment se pratique la cérémonie. Le musulman se tourne d'abord vers la Mecque, élève les deux mains, pose le pouce sur la partie inférieure de l'oreille et récite la prière préliminaire, le *Tekbyr*. Les deux mains passent ensuite sous la ceinture ; le front s'incline, la tête et le corps prennent la position horizontale, puis, le bout du nez touche la terre ; enfin, le musulman s'assied sur ses talons, les mains étendues sur les cuisses, et demeure dans une sorte de contemplation extatique.

Mais en voilà bien assez sur ce chapitre. A six heures nous nous rendons chez les bons pères Lazaristes, qui avaient bien voulu, la veille, nous exprimer leur regret de n'avoir, à raison des vacances, ni lits, ni chambres en état de nous recevoir, et qui avaient encore daigné nous proposer leur chapelle pour la célébration des saints Mystères. La messe est suivie du déjeûner, où il se produit un incident qui nous donne d'abord quelques inquiétudes. Quoiqu'il ne soit pas encore huit heures, nous ne laissons pas d'être altérés et fatigués de a chaleur étouffante de la nuit, et nous préludons au déjeûner par un bon coup de vin, qui n'est pas tout-à-fait un coup de bon et excellent vin, et qui nous fait au premier moment faire une assez piteuse grimace. C'est, sans contredit, le vin le côté le plus faible de la table du bord, et l'expérience de nos huit jours nous a déjà rendus moins difficiles sur l'article. Mais, en voyageant, comme en vieillissant, l'on apprend toujours du nouveau. Nous avons affaire cette fois à un vin dont nous n'avons encore jamais essayé, pas même sur la *Tamise*, et qui est aussi détestable au goût qu'il est, dit-on, excellent pour la santé, surtout dans ces pays de chaleurs tropicales : c'est du vin passé au goudron ! Du premier coup, je suis tenté de me croire la mort dans l'âme ; il n'en est rien bien entendu, et je ne tarde pas à être sauvé de la peur. Nous réussirons, dans la suite du pèlerinage, à nous faire plus ou moins à cette liqueur de nouvelle fabrique.

Ce serait manquer aux bonnes traditions que de visiter Alexandrie sans y faire une course à baudet ; c'est, d'ailleurs, un moyen de voir davantage et d'aller plus vîte en besogne. En Orient, monter à âne n'a rien de ridicule, et l'on y voit les personnages les plus graves se prélasser sur cet animal, que Notre Seigneur n'a pas dédaigné pour faire son entrée triomphante dans Jérusalem. Les ânes sont, en particulier, les *omnibus* d'Alexandrie, où les habitants, comme les étrangers, n'ont guère d'autres moyens de faire leurs courses et leurs visites. Aussi, voit-on, au coin de chaque rue, de ces ânes parfaitement sellés et bridés, et n'ayant pas du tout la mine piteuse de nos pauvres aliborons qui se sentent plaisantés. Ce sont des montures vives, alertes, dont l'allure habituelle est le galop et qui vous entraînent avec rapidité, stimulées qu'elles sont par la voix et le bâton de l'ânier qui court après elles en soulevant des flots de poussière, et en poussant des cris perçants pour avertir les piétons de se ranger.

A peine avons-nous mis le pied dans la rue qu'on devine ce

qu'il nous faut et que voilà cinquante courriers aux longues oreilles qui nous arrivent à bride abattue, piqués par de jeunes et lestes garçons, à la chemise bleue, leur unique vêtement. Ces petits drôles nous accablent à la fois de leurs compliments et de leurs offres : « *Signor, baudet! Monsignor, baudet! Good baudet, Signor !* Le choix est bientôt fait, et le prix réglé : une piastre, ou vingt centimes, par tête et par heure. Puis, nous enfourchons prestement chacun notre bête, et nous voilà lancés à travers les rues, le guide en tête, les âniers en queue.

On voit trois villes pour une quand on visite Alexandrie : la ville des Francs ou Européens, la ville des Musulmans et la vieille cité d'Alexandre.

L'Alexandrie franque est un vrai quartier européen, qui se groupe autour d'une large place, dont le centre est occupé par une fontaine surmontée d'un obélisque. Sur les côtés de cette place, dont on peut trouver l'étendue exagérée en raison de la chaleur du climat, s'élèvent de grands hôtels et les vastes demeures des consuls, que signalent leurs pavillons. La maison du consul de France est au nord, vers le milieu de la place, et la poste française occupé une partie du rez-de-chaussée.

Tout près de la place, au midi, une large rue vous offre deux établissements faisant face l'un à l'autre et tous les deux fort sympathiques au pèlerin français : celui des Lazaristes et celui des Sœurs de la Charité.

Les dignes filles de Saint-Vincent-de-Paul tiennent un hôpital où elles reçoivent, sans distinction de religion, tous ceux qui souffrent ; et une école où elles élèvent gratuitement un grand nombre de jeunes filles indigènes auxquelles, outre les travaux de leur sexe, elles apprennent à aimer la France en leur en enseignant la langue. Ces Dames faisant la retraite, lors de notre passage, il en résulte, à notre grand regret, que nous ne pouvons pas visiter leur établissement.

Comme les Sœurs de la Charité, les Pères Lazaristes se livrent à l'éducation, et, comme elles, ils y obtiennent de merveilleux succès auxquels un auteur rend ce glorieux hommage : « Chaque année de nombreux élèves sortent de leurs classes ayant terminé des études qui les mettent à même d'acquérir des emplois dans les maisons européennes, et avoir été élevé dans cette maison équivaut en quelque sorte à un brevet de capacité et d'honorabilité. »

Quelques pas plus loin, au sud-est, s'élève une troisième

maison d'éducation , également florissante , celle des Frères des Ecoles chrétiennes. — Puisse l'Eglise d'Alexandrie , sous cette triple et salutaire influence , sortir de ses ruines et recouvrer la ferveur et l'éclat de ses premiers siècles !

Tout auprès , dans un ravissant jardin , vous voyez l'église des religieuses de Terre-Sainte , dédiée à l'illustre martyre d'Alexandrie , sainte Catherine , et bien digne , par ses belles proportions et sa richesse , de la splendeur du culte catholique. C'est là que se réunit , aux jours de fête , la population catholique de la ville : la Française à la fraîche et élégante toilette; la Maltaise couverte de sa *faldetta* de soie noire ; l'Abyssinienne au long voile blanc ; la Syrienne à la figure couverte d'un voile épais qui lui cache même les yeux ; le chrétien d'Orient qui entre dans l'église le turban sur la tête , se prosterne et frappe la terre de son front ; le Grec catholique , l'industrieux Arménien et le Maronite du Liban , dont les vêtements amples et richement variés de couleurs contrastent avec la tête découverte et le costume simple et étroit des fidèles de l'Occident.

La ville musulmane , que nous avons traversée une première fois pour venir du port à la grande place d'Alexandrie, présente un tout autre caractère que le quartier franc. Au lieu de ces larges rues et de cette vaste place où le soleil se joue à son aise, ce ne sont ici que des ruelles étroites, tortueuses, sombres , mais fraîches. Et sur ces ruelles se penchent des maisons aux rares ouvertures , que ferment encore des *moucharabis*, sorte de balcons étroits , grossièrement suspendus aux murs et dont le grillage , à mailles étroites et sculptées , permet aux femmes de voir sans être vues , et d'accomplir ainsi la lettre de la loi tout en satisfaisant leur curiosité.

C'est dans ces quartiers que se trouve le Bezestin ou le Bazar, qui, dans une ville orientale , est toujours l'endroit le plus curieux , à cause du concours de costumes et de races de tous pays , qu'y attire le désir de vendre ou d'acheter , ou la simple envie de flâner. Pour vous en faire une idée , figurez-vous une infinité de petites rues ombragées, bordées de boutiques ou plutôt d'alcôves à mi-hauteur, dans lesquelles se tiennent des marchands accroupis ou couchés, fumant ou dormant; ou bien encore roulant sous leurs doigts une couronne composée de 99 grains en l'honneur des 99 attributs d'Allah dont il est parlé dans le Coran, le 100e attribut n'étant connu que d'Allah seul; ou enfin absorbés dans des écritures et des calculs interminables, et , en tous cas , vous regardant à peine et dé-

daignant de débattre avec vous les prix de leurs articles. —
Avec la main, le marchand peut atteindre à tous les angles
de son magasin ; les acheteurs se tiennent en dehors, et les
transactions se concluent sur l'étal. Rien de moins luxueux,
comme l'on voit, que ces boutiques formées d'un trou carré,
pratiqué dans une muraille ; mais elles n'en contiennent pas
moins des étoffes précieuses, de belles armes, des selles
magnifiques, des chefs-d'œuvres de broderie d'or et d'argent.

La troisième ville, la ville d'Alexandre et des Ptolémée, la
véritable Alexandrie, est maintenant complètement abandonnée. Cette capitale éclatante de la première renaissance du
monde antique n'a plus même aujourd'hui la majesté de ses
ruines. Les Arabes, les Cophtes, les Fellahs et les Turcs enlèvent chaque jour les pierres de taille de ses palais, les sculp-
tures et les colonnes de ses temples ; le sable couvre le reste.
On ne pourrait seulement plus vous indiquer les lieux
précis où s'élevaient le palais des *Septante*, ou des soixante-
dix interprètes des saintes Ecritures, le palais de la trop célèbre Cléopâtre, la fameuse bibliothèque où se trouvaient réunis tant de précieux trésors de l'antiquité... Ainsi le temps et
la barbarie emportent tout, et les plus belles œuvres de
l'homme, dès que Dieu retire sa main, sont irrémédiable-
ment vouées à la mort et retombent dans la poussière.

Les plus grands souvenirs chrétiens se rattachent à cette
vieille cité qui n'existe plus.— Le siége patriarchal d'Alexandrie est le premier après celui de Rome. Fondé l'an soixante
de Jésus-Christ, par saint Marc, disciple de saint Pierre, il
a été illustré par une longue suite de saints et savants pontifes, qui ont été les colonnes de l'Eglise et les défenseurs intrépides de la foi catholique. On connaît les noms immortels
des Alexandre, des Athanase, des Cyrille. C'est là que se for-
mèrent ces premières écoles chrétiennes qui eurent pour maîtres les Pantène, les Clément, les Origène, et qui luttèrent
contre les erreurs du néoplatonisme ; et le vent du désert nous
apporte les parfums des vertus évangéliques pratiquées jadis
avec tant d'héroïsme par ces innombrables légions d'anachorètes qui ont peuplé les solitudes de la Thébaïde.

D'après les détails qui précèdent, l'on comprend que la visite d'Alexandrie est bientôt faite, d'autant que nous n'y allons pas de main-morte et que nous faisons nos remarques en
courant. Excités par les cris gutturaux de petits gaillards infa-
tigables, dont toute l'ambition est de devenir un jour *says* ou

coureurs, et qui sont toujours aux trousses de leurs grisons, sans cesse occupés à bâtonner les retardataires, nos ânes prennent du premier coup une allure assez vive, et nous volons au but avec d'autant plus de rapidité que la culbute n'est pas trop à craindre.

Une première course nous mène, à travers des bosquets de palmiers, à une éminence aride et déserte, qui domine la ville et qui se trouve au sud, hors des murs. Nous y admirons le superbe monolithe, la fameuse colonne qui, la veille, a frappé nos regards à plusieurs lieues en mer, et que, malgré les découvertes de la science moderne, on appelle encore du nom de *Pompée*.— Sa base est un carré de quatorze pieds de côté; le fût, d'une seule pièce, a quatre-vingt-dix pieds de haut sur neuf de diamètre; le chapiteau qui le surmonte est d'ordre corinthien et compte dix pieds de hauteur : ce qui forme pour la colonne entière cent quatorze pieds d'élévation. Plusieurs ascensions ont été faites à son sommet, et l'on parle même d'un déjeûner qui y aurait été servi...... à des Anglais, sans aucun doute.

On ne trouve, dans les historiens de l'antiquité, rien qui fasse connaître ni la date, ni le véritable objet de ce monument, et le nom qu'il porte n'est justifié par aucune raison solide. Une inscription grecque, découverte en 1801 par les trois colonels Anglais Leake, Squire et Hamilton, qui parvinrent à la relever en y appliquant du plâtre, est venue éclaircir tous les doutes sur la colonne, au moins quant à sa dédicace qui paraît être bien postérieure à la colonne elle-même. Chacun complète à sa guise et traduit en conséquence cette inscription à laquelle il manque plusieurs lettres, et de laquelle il résulte du moins, d'après toutes les versions, que la fameuse colonne a été dédiée à Dioclétien. Châteaubriand, tout en proposant une lecture un peu différente, ne laisse pas de citer avec éloges celle du savant helléniste d'Ansse de Villoison, avec sa version latine et sa traduction française, les seules que nous croyons devoir reproduire ici :

> Sanctissimo imperatori,
> Patrono conservatori Alexandriæ,
> Diocletiano Augusto,
> Publius..... præfectus Ægypto.

c'est-à-dire : « Publius.... (ou Pomponius), préfet d'Egypte, a consacré ce monument à la gloire du très-saint empereur Dioclétien Auguste, le génie tutélaire d'Alexandrie. »

Un vaste cimetière turc entoure le monument, descend au pied de la colline et s'avance jusqu'aux murs de la ville. La tombe musulmane est tantôt de sable sans gazon, tantôt de pierres ajustées en forme de cercueil, et toujours, à chacune de ses extrémités, l'on a planté deux pierres sans inscription. D'autres fois, elle se compose d'une espèce de terme de marbre, surmonté d'une boule simulant vaguement un visage humain, et coiffé d'un turban dont les plis et la forme indiquent la qualité du défunt ; et alors une pierre ornée d'une tige de lotus ou d'un cep de vigne, avec pampres et grappes sculptés en relief et peints, désigne les femmes. A la tête, on laisse une espèce d'ouverture ou de conduit aboutissant à l'oreille du défunt, pour qu'il puisse entendre les gémissements, les éjulations et les nénies de sa famille et de ses amis. Et au milieu, s'élève un tronc d'aloès pour chasser le mauvais esprit et assurer au mort des sommeils sans rêves. La coutume prescrit aux parents de l'entretenir en état de fraîcheur au moyen d'arrosements, et nous voyons maintes femmes vaquer à cette fonction.

Disons, à ce propos, que les Turcs, qui sont si graves et si lents pour toutes les actions de la vie, ne se hâtent que pour la mort. Aussitôt qu'il a subi les ablutions lustrales, le corps est emporté vers le cimetière au pas de course, orienté du côté de la Mecque, et recouvert promptement de quelques poignées de poussière. Cela tient à une idée superstitieuse des Musulmans, qui s'imaginent que le cadavre souffre jusqu'à ce qu'il soit rendu à la terre d'où il est sorti. Après cette première cérémonie, l'iman interroge, sur les principaux articles du Koran, le défunt, dont le silence est pris pour un acquiescement ; puis les assistants répondent *Amin*, et le cortége se disperse, laissant le mort seul avec l'éternité. Alors Monkir et Nekir, deux anges funèbres dont les yeux de turquoise brillent dans un visage d'ébène, l'interrogent, à leur tour, sur sa vie vertueuse ou perverse, et, d'après ses réponses, ils lui assignent la place que son âme doit occuper, enfer ou paradis. Seulement, l'enfer musulman n'est qu'un purgatoire ; car, après avoir expié ses fautes par des tourments plus ou moins longs et plus ou moins atroces, tout croyant finit par jouir de l'ineffable vue d'Allah et des délices que promet son paradis.

A gauche du cimetière, en avançant à l'ouest, nous avons sous les yeux le plus triste spectacle qu'il soit possible d'imaginer, un village de Fellahs. Les Fellahs, Cophtes cultivateurs ou Egyptiens proprement dits, sont les descendants des vieux Egyptiens, les maîtres du Nil, les fondateurs de Thèbes aux cent portes, les rois de Memphis, les possesseurs d'Alexandrie. Mais grand Dieu! comme ils sont aujourd'hui dégradés! et dans quel affreux abîme de misère ils sont descendus. A cent pas de leur village, on n'en soupçonnerait seulement pas l'existence. Les maisons sont des tanières, creusées bien plus que bâties. Des branchages recouverts d'une boue qui se dessèche et se fend au soleil, servent de toits à ces huttes qui sont elles-mêmes faites de boue et à peine de la hauteur d'un homme. Une botte de roseaux tient lieu de siége et de lit; deux pierres rapprochées forment le foyer. Devant le trou qui sert d'entrée à ces maisons, des troupeaux d'enfants végètent, fourmillent et pullulent dans la poussière, malingres et souffreteux, n'ayant trop souvent pour vêtement que l'affreuse tunique de leur chair, à demi-dévorés par la vermine que la misère et la malpropreté engendrent, qu'ils n'ont pas le courage de secouer et qui inspire par fois à leurs parents eux-mêmes une sorte de commisération vraiment incroyable, d'après laquelle ils se feraient scrupule de lui faire la guerre. « Que faites-vous donc-là? — Je secoue mon manteau pour en faire tomber les insectes qui m'incommodent. — Mais vous n'y pensez pas! Pourquoi donc ne pas les tuer? — Ah! les pauvres petites bêtes! elles me font pitié! » — Ajoutons que, sincèrement attaché aux habitudes de ses ancêtres, le Fellah se plaît dans la chaumière de terre et de boue qui a abrité son jeune âge, et qu'on a fait de vains efforts pour lui faire habiter des maisons plus commodes et plus saines que l'on avait construites pour son usage.

Vers le midi, à peu de distance de ces asiles de la suprême misère, vous trouverez les catacombes, c'est à-dire les grottes sépulcrales de l'ancienne *Nécropole*, la ville des morts. A quelque distance encore, dans la même direction, c'est le canal de *Mahmoudieh*, destiné à unir le Nil au port d'Alexandrie. OEuvre de Méhémet-Ali, et pourtant consacré en quelque sorte sous le nom du sultan Mahmoud, ce canal ne nous semble pas soutenir sa réputation. Ses eaux, que l'on dit si fraîches et si agréables, et dont la teinte jaunâtre ne nous séduit pas outre mesure; ses bords auxquels doivent donner tant de charmes les ravissantes maisons de campagne qui s'y élèvent, et qui nous paraissent surtout encombrés d'une foule compacte de hideux chameaux et de trafiquants peu grâcieux, au milieu desquels nous avons grand'peine à nous frayer un passage ; tout cela nous fait bientôt sentir le besoin de virer de bord, et de rentrer dans les promenades de tamariniers et de sycomores qui entourent la ville et y forment de frais ombrages si nécessaires dans ce pays trop aimé du soleil.

Nous les enfilons de toute la rapidité de nos fringantes montures, et nous voilà sur la côte orientale du port Neuf, auprès des aiguilles de Cléopâtre, obélisques de granit ainsi appelés du nom du dernier rejeton de la race des Ptolémée, de cette reine qui a rempli le monde plus encore du bruit de ses vices que de celui de sa beauté. « Jamais, dit élégamment l'un de nos pèlerins, les mains mignonnes de cette belle reine du Nil ne brodèrent le chiffre d'Antoine avec ces crochets de granit rose de soixante pieds de long. » Un de ces obélisques est debout sur sa base, l'autre est renversé et en partie enfoui dans la terre ; tous les deux sont d'une seule pierre et couverts d'hiéroglyphes. Pline raconte qu'ils furent taillés par ordre du roi Mesphée, et il leur donne une hauteur de quarante-deux coudées, ou de soixante-trois pieds. Telle est bien, en effet, leur élévation totale, y compris la partie de la base cachée dans la terre. Mais à quelle époque remontent-ils ? Qu'était ce roi Mesphée dont on on nous parle ? Ces aiguilles ne furent-elles à Alexandrie, comme ailleurs, que de simples ornements ? Ou bien, dès le principe comme par la suite, servaient-elles à marquer les heures et les climats par leur ombre ? Ou enfin, si elles étaient destinées à rappeler la gloire des hauts personnages, des reines et des rois, à quelles actions, à quelle partie de la vie de Cléopâtre se rattache leur érection ? Toutes questions auxquelles on ne peut guère répondre que par des suppositions et des conjectures.

Il y a déjà plusieurs années, le vice-roi d'Égypte a fait présent à l'Angleterre de l'obélisque renversé, poussant même la générosité des procédés jusqu'à se charger des frais de transport. Une pareille offre ne pouvait qu'être acceptée. Un ingénieur spécial est venu de la Grande-Bretagne pour prendre des mesures et enlever le colosse ; mais il paraît avoir désespéré de réussir : du moins l'obélisque est toujours là. Des travaux considérables ont encore été faits plus tard dans le même but, mais sans plus de succès. Qu'eût-ce donc été si nos voisins d'outre-Manche avaient eu affaire à l'obélisque de Louqsor, que cependant les Français ont enlevé comme une plume ?

Nous terminons nos charmantes courses à baudets par une incomparable charge de cavalerie sur la belle et vaste place d'Alexandrie, et par **une excursion** au palais somptueux du vice-roi, si bien situé sur le bord de la mer, dans cette ancienne île de Pharos, maintenant jointe au continent par une large chaussée.

Le vice-roi n'habite plus Alexandrie, et nos consuls-généraux l'ont suivi au Caire. Par suite, Alexandrie a perdu toute son importance politique, en attendant que le percement de l'isthme de Suez vienne encore lui enlever, au profit de Péluse, tout ou grande partie de son importance commerciale.

Après quelques achats au Bazar, que nous parcourons dans tous les sens, nous retournons à bord de la *Tamise*, avec les deux aimables pèlerins que nous donne l'Allemagne pour compléter notre charmante petite caravane de quinze membres, et qui s'étaient portés directement de Trieste sur Alexandrie par l'un des bateaux de la compagnie du Lloyd.

Comme on le voit, la journée d'Alexandrie, de si heureuse mémoire, n'a pas été perdue pour nous, il s'en faut bien, et l'on ne pourra du moins pas nous appliquer, à notre départ de cette ville, ce que disait Mgr Mislin de deux voyageurs qui l'accompagnaient d'Alexandrie à Malte : « Nous avions pris à Alexandrie deux Américains qui faisaient le tour du monde. Ils venaient de la Chine, et ils avaient l'intention de s'en retourner à New-York après avoir vu le grand Opéra à Paris et le tunnel de Londres. Ils avaient eu froid au Cap-Horn, et assez chaud sous l'équateur ; de plus, ils avaient fumé d'excellent tabac dans quelque port du céleste Empire. A part cela, rien ne les avait frappés : ils avaient fait une promenade d'agrément en attendant qu'on ait trouvé le moyen d'aller se désennuyer dans quelque autre planète.»

Puisque nous voici en rapport avec Mgr Mislin, citons-le encore, mais cette fois en notre faveur. — Quelques-uns seraient tentés de croire que nous poétisons trop le voyage, surtout le voyage de mer, pour le plus grand bien des pèlerinages, mais un peu au détriment de la vérité. A vrai dire, nous répéterions volontiers ici la parole de saint Paul : « *Volo enim omnes vos esse sicut meipsum :* » traduction libre : Nous voudrions bien que tous eussent comme nous l'ineffable bonheur d'aller à Jérusalem! Mais il ne s'ensuit nullement que nous cherchions à présenter les choses sous un faux jour. Il suffira pour s'en convaincre d'entendre encore Mgr Mislin : « On mène une vie de Sybarite sur les bateaux à vapeur. Tous les jours nous avions du pain frais, des pâtisseries faites le matin, des fruits délicieux, des bananes exquises, des dattes nouvellement cueillies; les chèvres que nous avions à bord nous donnaient de très-bon lait ; notre cuisinier était excellent..... Les paquebots-post français, qui font le service dans les échelles du Levant, sont des bâtiments qui ne laissent rien à désirer : célérité, propreté, élégance, politesse exquise dans les officiers, gaîté, obligeance dans les matelots : on y trouve tout ce qui peut charmer les ennuis d'une longue navigation. »

Ne peut-on pas en conclure que nous n'étions encore ni trop fatigués, ni trop ennuyés de la vie du bord, même en débarquant à Jaffa, le dimanche, 31 août 1856, à dix heures du matin.

C'est le mercredi 29 août, sur les quatre heures du soir, que la *Tamise* a quitté les eaux d'Alexandrie. Dès qu'il nous a dégagé des brisants qui défendent l'entrée du port, le pilote descend dans son canot, et nous mettons le cap sur Jaffa, distant d'Alexandrie de 90 lieues marines ou 495 kilomètres. Ainsi nous quittons l'Afrique pour l'Asie, comme nous avons précédemment quitté l'Europe pour l'Afrique. Encore cette traversée de quelques heures, encore un jour et deux nuits de mer, et pleins de joie, nous saluerons La Terre-Sainte. Déjà même la joie est dans tous les cœurs et rayonne sur tous les visages, comme autrefois lorsqu'Israël sortit de cette même terre d'Egypte, et la maison de Jacob du milieu du peuple barbare qui l'habitait : « *In exitu Israël de Ægypto.* »

Comme dernière épreuve, nous avons du tangage toute la première nuit et tout le jour suivant; et dans la seconde nuit, faisant fausse route, nous dérivons de plusieurs milles, pour n'avoir pas pris garde aux courants, qui sont si forts et si multipliés dans ces parages. Dès 8 heures cependant, le dimanche matin, 31 août, nous apercevons la côte qui doit nous accueillir, et à neuf heures, la *Tamise* mouille au large devant Jaffa.

Il y a quelque chose de religieux et de solennel dans cette première apparition de la Terre-Sainte. Vous êtes tous debout sur le pont, les yeux fixés sur la ville de Jaffa qui se présente si bien du côté de la mer, et vous saluez avec émotion cette terre, objet de vos désirs. Dans votre enthousiasme de pèlerins, il vous semble voir se lever devant vous à l'horizon, comme une vision mystérieuse, tous les grands souvenirs de l'Ancien et du Nouveau Testament, et les souvenirs plus récents des Croisades et de saint Louis.

Vous admirez les belles et nobles figures d'Abraham, d'Isaac et de Jacob ; vous entendez les promesses solennelles que fait le Seigneur de donner cette terre aux descendants de ces illustres patriarches ; vous assistez aux miracles éclatants de la prise de possession du pays par le peuple élu ; à vos oreilles retentissent la voix majestueuse des prophètes, les chants sublimes de David, les leçons admirables de Salomon, les accents frémissants d'Isaïe, les cris de douleur de Jérémie, les menaces d'Ezéchiel, les promesses de Daniel. Vous êtes témoins de la fidélité de Samuel, du zèle brûlant d'Elie, de la puissance merveilleuse d'Elisée ; d'après cette longue préparation, vous voyez apparaître enfin l'Emmanuel, Jésus-Christ, le lieu de sa naissance, sa demeure, ses travaux, ses fatigues, ses miracles, sa passion, sa mort, sa résurrection, son ascension.

Nazareth, Bethléem, le Thabor, Tibériade, Jérusalem, le Calvaire, le mont Sion, le mont des Oliviers passent tour à tour devant vos yeux ; vous saluez tous ces lieux vénérables, vous les embrassez, vous les visitez en esprit ; et bientôt, plus heureux que Moïse, qui demanda vainement au Seigneur de franchir le Jourdain et de fouler ce sol béni, et qui n'obtint pour toute faveur que d'y jeter un lointain regard des hauteurs du mont Nébo, vous allez descendre véritablement sur cette terre des antiques promesses, et visiter ces *rives du Jourdain*, ces *champs aimés des cieux*. Oh ! quel moment ! et comme toutes ces pensées vous font tressaillir ! Il vous semble entendre une voix intérieure qui vous dit comme autrefois à Moïse : « Quitte la chaussure de tes pieds, car la terre que tu vas fouler est une terre sainte »; et vous vous recueillez soudain dans le silence et dans la prière.

Vue du bateau et d'un peu loin, la ville de Jaffa offre un coup-d'œil charmant : elle est assise sur une colline, aux pentes douces, les pieds dans la mer, et elle vous apparaît dans toute la splendeur d'une ville orientale. Rien ne prête à l'imagination comme les antiques cités de l'Asie, entourées de murailles crénelées, de forêts d'orangers et de palmiers ; au milieu des vagues de la mer, toutes noyées dans des flots de lumière, dans le parfum de leurs jardins, et vue à travers le prisme de leurs souvenirs. Mais trop souvent, à mesure qu'on s'en approche, l'illusion et la poésie disparaissent, et il ne reste que la réalité la plus triste et la plus prosaïque.

Jaffa est le port de Jérusalem et la ville des pèlerins : qu'on aille à la Ville-Sainte par l'Egypte, par la Grèce ou par Constantinople, par le nord ou par le sud, il faut toucher à Jaf-

fa , si l'on ne veut entreprendre une longue route par terre.
Mais ce port , qui recevait jadis les vaisseaux de Tyr , est à
peu près comblé de nos jours, et ne présente plus qu'une mauvaise crique abritant quelques bateaux de pêcheurs. Vous n'y
avez d'accès qu'à travers des rochers à fleur d'eau et des ruines d'une antique jetée , qui forment des passes étroites , où
un reflux trop brusque vous brise et un faux mouvement de
la rame vous chavire. Mais Dieu a des bénédictions de choix
pour ses chers pèlerins de Jérusalem ,et pas une de nos caravanes ne s'est encore vue réduite à saluer tristement Jaffa sans
pouvoir y descendre.

Une fois la *Tamise* mouillée à un bon mille au large, et les
communications avec la terre une fois autorisées,des barques
se détachent du rivage pour venir prendre les passagers , et
nous voyons se renouveler les scènes du débarquement de
Malte et d'Alexandrie ; mais c'est à peine cette fois si nous y
prenons garde : le moment est trop solennel , et nous avons
pour l'heure d'autres soucis.

Comme de coutume , nous laissons les impatients s'arracher les premières barques ; puis , nos adieux faits à l'excellent équipage de la *Tamise* et nos bagages réunis sur le pont,
nous avons notre tour. La mer est quelque peu houleuse , et
l'échelle du bateau , je ne sais trop pour quelle raison , ne
fonctionne pas dans la circonstance ; seulement le bastingage
est ouvert , et c'est par cette ouverture que chacun des pèlerins doit se laisser glisser dans la barque , en saisissant bien
le moment où la vague l'élève à hauteur convenable. L'opération s'accomplit le plus heureusement du monde ; et bientôt,
vigoureusement poussées par deux forts gaillards , habilement gouvernées par un troisième , nos barques franchissent
avec le même succès les défilés impraticables , et nous touchons au rivage désiré. Je me trompe : des compères ont disposé d'autres barques au rivage de telle sorte qu'il nous est
impossible , malgré nos cris et nos menaces , d'aborder autrement que par le moyen de leurs robustes épaules , qu'ils
nous prêtent volontiers moyennant un *backchick* , et dont
force est à chacun d'accepter le secours , pour sa personne
d'abord, ensuite pour ses bagages. Enfin , nous voilà tous à
terre, heureux, émus, mais d'une émotion qui , suivant la remarque de Chateaubriand , ne se traduit chez personne par
« ces cris, ces pleurs, ces lamentations dont on s'est plu à
faire des peintures imaginaires et ridicules », et que l'on veut
bien prêter gratuitement aux heureux pèlerins qui mettent le
pied sur la Terre-Sainte.

Le bruit de notre venue nous a précédés à Jaffa, et une foule nombreuse se presse sur la marge étroite du quai pour voir débarquer les *Frangé* et contempler leurs traits. Dans cette foule qui nous regarde avec une curiosité singulière et qui se laisse assez patiemment écarter du coude, nous remarquons un homme à la tournure et au costume européens, qui vient à nous d'un air fort sympathique et avec lequel nous fraternisons du premier coup : c'est M. Schembri, négociant maltais établi à Jérusalem.

A la demande du comité de Paris, plein de sollicitude pour ses pèlerins, et par l'entremise bienveillante du patriarcat latin de Jérusalem, M. Schembri s'est chargé de nous servir de guide et de fournir tout le matériel nécessaire à la caravane. Il a d'avance débattu et posé avec M. l'abbé Dequevauviller, chancellier du patriarcat, et agissant au nom de la caravane, les bases d'un contrat que nous devons signer à Jérusalem, et d'après lequel il se charge, à des prix convenus et réduits, de conduire les pèlerins dans leurs diverses excursions en Palestine, « en leur fournissant 1º la nourriture, ou trois repas par jour, à savoir : un premier déjeûner avec des œufs et du café, un second déjeûner et un dîner à la fourchette, avec deux plats de viande, des légumes et un *dolce*, du vin et du café ; 2º des drogmans parlant français, des domestiques, des chevaux de selle, des mulets pour les bagages; et tous les objets de campement, tentes, lits, etc., etc., quand il en est besoin. »

C'est d'après ces mêmes stipulations qu'il s'est rendu à Jaffa dès la veille, avec tout l'attirail et les provisions nécessaires pour nous conduire à Jérusalem. Ses chevaux et ses mulets stationnent en dehors de la ville ; et lui-même en personne, avec un nombre suffisant de domestiques, vient nous donner un utile coup de main pour le débarquement. — N'y a-t-il point là de quoi rassurer un peu ceux qui voudraient s'effrayer outre mesure des sollicitudes du débarquement ou des privations du voyage ? Quelque soient, après tout, les embarras et les dangers du débarquement dans ces ports de l'Orient, qui sont loin d'offrir les mêmes facilités que les nôtres, il ne sont pas inutiles, bien au contraire : ils donnent de l'expérience, ils retrempent et fortifient le caractère ; ils développent l'énergie morale qui a besoin d'obstacles pour ne pas dépérir, et il vient un temps où on se les rappelle avec plus de plaisir qu'on n'a eu de peine à les endurer. Et quant aux privations du voyage même, il faut convenir qu'elles sont bien tolérables dans les conditions que vous fait un Schembri ou tout autre entrepreneur de ce genre, sans compter qu'elles le deviennent encore davantage par le fait de l'existence de nombreux couvents de Franciscains ou *Pères de Terre-Sainte*, établis sur les principaux points de la Palestine avec la double mission de desservir les sanctuaires et d'héberger les pèlerins.

Dès nos premiers pas en Terre-Sainte, à Jaffa même, nous sommes accueillis dans l'un de ces couvents, succursale de la maison de Jérusalem. Nous y faisons porter nos bagages, et bientôt nous y sommes intallés nous-mêmes dans d'humbles chambres auxquelles nous ne parvenons qu'en gravissant une dizaine d'escaliers, parce que le couvent, comme du reste, les autres maisons donnant sur le rivage, est adossé à une espèce de falaise, de telle sorte que le sixième étage du côté de la mer est le rez-de-chaussée du côté de la ville. Ce couvent ne serait nulle part à dédaigner ; mais à Jaffa, au milieu des maisons turques, il semble magnifique : c'est un palais et une forteresse.

Il est nécessaire ici qu'un couvent puisse soutenir un siége. On n'entre qu'en se baissant sous sa porte voûtée ; un long corridor, étroit, tortueux, et que deux hommes résolus pourraient défendre contre une petite armée, vous conduit à l'intérieur, pauvre et nu, qui n'a d'autre luxe que son exquise propreté. Ce couvent, assez irrégulièrement bâti, laisse percer à chaque instant les préoccupations de l'attaque et le soin de la défense. Il rappelle à l'esprit l'idée de ces anciens ordres à la fois religieux et militaires, et l'on est moins étonné de lui voir arborer un drapeau sur ses crénaux. C'est le drapeau de la Terre-Sainte, sur lequel se dessine la croix héraldique de l'ancien royaume de Jérusalem ? rouge potencée et contournée de quatre croisillons, et à côté duquel flotte fraternellement le drapeau de la France, qui rappelle le glorieux patronage de notre patrie sur les Lieux-Saints.

Notre première visite est à la chapelle du couvent ; car outre que le 31 août est un dimanche et qu'il nous faut à tous ou célébrer ou entendre la sainte messe, nous avons hâte d'aller remercier Dieu de notre heureuse traversée. Cette chapelle est située à l'intérieur du couvent, et comme c'est le seul monument catholique de Jaffa, elle sert d'église paroissiale pour les fidèles, et l'un des religieux y remplit les fonctions de curé. Elle est dédiée à saint Pierre, en mémoire du séjour et du miracle insigne que fit dans cette ville le prince des apôtres.

L'architecture en est simple et sans ornements. Les colonnes de marbre qui s'élèvent au-dessus du maître-autel, comme la plupart des matériaux qui ont servi à la reconstruction récente du monastère, proviennent de Césarée, dont les vastes ruines se trouvent à quelques lieues sur la côte, au nord de Jaffa. Et ceci nous donne lieu de signaler une mystérieuse disposition de la divine Providence.

Quand Hérode, surnommé le Grand, et qui ne fut grand que par ses crimes, faisait élever à grands frais des palais, des théâtres et un temple en l'honneur de César-Auguste dont il donnait le nom à la ville, il ne pouvait guère se douter qu'un jour de pauvres moines viendraient ramasser les pierres et les marbres de ces monuments écroulés, pour bâtir une église à ce divin Enfant de Bethléem, que, dans sa jalousie cruelle, il avait voulu faire mourir dans son berceau. De nombreuses lampes, descendant de la voûte par de longues chaînes, qui enferment dans les replis de leurs anneaux des globes de verre et des œufs d'autruche, forment la principale, ou même la seule décoration de la petite église, décoration, du reste, assez chère à l'Orient, où elle est d'un usage presque général.

Nous nous agenouillons pieusement dans cette église, où, après la dernière messe qu'il a dite lui-même, Mgr Hovangi entonne le *Te Deum* d'actions de grâces, que les autres pèlerins poursuivent chaleureusement à deux chœurs. — Le *Te Deum* est suivi de la bénédiction solennelle des pèlerins, d'après la formulle si belle et si touchante du Rituel, — de la distribution des croix des pèlerins à ceux qui n'avaient pas pu se trouver à la première distribution faite à Marseille par Mgr de Mazenad, — et d'une allocution latine, à la fois courte, brillante et pleine d'à-propos, où Mgr Hovangi nous parle de Jérusalem et nous dit les sentiments de piété que nous devons porter au tombeau du Sauveur.

Toutes ces cérémonies, jointes aux détails du débarquement et de notre installation chez les *Pères de Terre-Sainte*, nous ont pris assez de temps pour que nous arrivions à midi sans avoir encore rompu notre jeûne. Enfin, l'âme étant largement satisfaite, le moment nous semble venu de donner au corps ce qu'il réclame depuis longtemps, et nous gagnons instinctivement le réfectoire destiné aux usages des pèlerins. C'est une salle supérieure, ayant sur le devant une magnifique terrasse, où la brise marine vous apporte une délicieuse fraîcheur, et d'où l'œil ravi plane sur la partie basse de la

ville , sur ce port qui semble ne demander que quelques travaux peu dispendieux pour utiliser ses abris naturels et pour
prétendre une fois encore à sa splendeur antique , et sur cette belle Méditerranée où va bientôt disparaître l'élégant bateau dont le nom sera l'un des souvenirs de notre pèlerinage.
Tout cela sans doute n'est pas ce qu'il nous faut pour le moment, mais c'est bien déjà quelque chose que de distraire et
d'étourdir le sentiment d'un besoin qui commence à devenir
impérieux , et qu'on n'a pas le moyen de satisfaire. Puis, la
longue patience paraît être la vertu favorite des bons habitants de la Palestine; ne faut-il pas qu'elle soit aussi, dans une
certaine mesure, la vertu du pèlerin ? Et ne sait-on pas
encore qu'après avoir longtemps attendu , l'on est quelquefois mieux servi ?

L'appétit n'est pas ce qui manquait le plus à notre déjeûner,
lequel eut encore l'avantage d'être égayé par une scène
arabe que voici.

En Orient , il faut toujours faire d'avance les prix avec
ceux qui vous rendent quelques services , et ne leur donner
ensuite que les prix convenus, ou vous êtes sûr de les rendre
plus exigeants par vos largesses, et de ne jamais les conten-
ter. Nous en avions déjà fait l'expérience ailleurs , mais nous
devions la faire de rechef à Jaffa. Un arabe que nous avions
dix fois trop récompensé pour nous avoir hissé une ou deux
malles sur le quai , ne cessait de nous poursuivre en nous
tendant la main et en cornant à nos oreilles son éternel refrain : *Backchich* ! Nous avions épuisé, à son adresse , notre vocabulaire des mots les plus propres à nous délivrer
de son importunité , qu'il répétait encore : *Backchich !* Notre petit déjeûner était bientôt fini , sans que l'arabe montant
la garde à notre porte , eût cessé de redire le plus piteusement du monde : *Backchich* ! Enfin , l'un des pèlerins n'y
tient plus , et s'armant d'une bonne canne, il va droit à son
homme qu'il menace à la fois du geste et de ce mot si tristement connu en Orient : *Courbach* !

Pour toute réponse , l'arabe résigné avance le dos. Roué
de coups , il n'eût su dire que ce mot d'incroyable fatalité :
Mach Allah ! Dieu l'a voulu ! Puis, il eût tranquillement re-
pris son refrain : *Backchich* !

Il n'en fut pas ainsi , et le pèlerin en eut raison du bout de
son soulier.

Jaffa s'est appelé anciennement *Japhe, Japho* et *Gapha,*
mais surtout *Joppé.* Ce dernier nom, que lui donne constam-

ment l'Ecriture-Sainte, signifie belle ou agréable, *pulchri-tudo aut decor*, dit Adrichomius, et convenait bien à une ville des hauteurs de laquelle on a une vue si magnifique, et qu'entourent, comme une verte ceinture, des jardins délicieux qui s'avancent au loin dans la campagne.

Le Jaffa d'aujourd'hui ne remonte pas au-delà de cent-cinquante ans ; mais par l'histoire et la tradition, il se rattache à l'une des plus anciennes villes du monde, qui aurait été bâtie sur son emplacement, même avant le déluge, par Japhet, troisième fils de Noé.

Selon les traditions du pays, c'est à Joppé que Noé entra dans l'arche qui devait le sauver du déluge, et que se garde la sépulture de ce second père du genre humain. — D'après nos livres saints, Joppé fut donnée pour frontière à la tribu de Dan. Et comme c'était, dans ces premiers temps, le seul point par lequel la Judée communiquât avec la mer, Hiram, roi de Tyr, dut nécessairement y faire aborder ses flottes, chargées des cèdres du Liban, qu'avaient coupés et travaillés ses ouvriers, et qu'il envoyait à Salomon pour la construction du temple de Jérusalem. Il en fut de même pour la reconstruction du temple, sous Zorobabel, après la captivité de Babylone. Le prophète Jonas ne voulant point aller prêcher la pénitence à Ninive, suivant l'ordre qu'il en avait reçu d'en haut, descendit à Joppé, où il s'embarqua pour Tharsis en Cilicie, afin de fuir la face du Seigneur. Joppé tomba cinq fois entre les mains des Egyptiens, des Assyriens et des différents peuples qui firent la guerre aux Juifs avant l'arrivée des Romains en Asie. Judas Machabée, pour venger la mort de deux cents de ses frères, que les habitants de Joppé avaient fait périr par une odieuse trahison, vint mettre le feu au port, brûla les navires et fit passer au fil de l'épée ceux des meurtriers qui avaient échappé à l'incendie de leur ville. Plus tard , Jonathas et Simon Machabée la fortifièrent, après l'avoir enlevée aux Syriens.

Joppé reçut avec joie la bonne nouvelle de l'Evangile, et compta de bonne heure un grand nombre de disciples de Jésus-Christ. Saint Pierre y accomplit un de ses premiers et de ses plus éclatants miracles, que saint Luc rapporte avec cette sublime simplicité dans les Actes des Apôtres. « Il y avait » à Joppé une femme nommée Tabithe, en grec Dorcas. Sa » vie était pleine de bonnes œuvres, et elle faisait beaucoup » d'aumônes. Or, étant tombée malade en ce temps-là, elle » mourut ; et après l'avoir lavée, on la mit dans une chambre

» haute. Mais les disciples, apprenant que Pierre se trouvait
« à Lydda, qui n'est pas loin de Joppé, lui envoyèrent deux
« hommes avec cette prière : Ne tardez pas de venir chez
» nous. Et Pierre se levant, partit avec eux. A son arrivée,
» on le conduisit dans la chambre haute , et là toutes les
» veuves s'assemblèrent autour de lui en pleurant, et en lui
» montrant les tuniques et les vêtements que leur faisait
» Dorcas. Pierre ayant fait sortir tout le monde, se mit à
» genoux et pria ; puis, se tournant vers le cadavre, il dit :
» Tabithe, levez-vous. Elle ouvrit les yeux , et ayant vu Pierre,
» elle se mit sur son séant. Alors Pierre lui donna la main,
» l'aida à se lever, et ayant appelé les fidèles et les veuves, il
» la leur rendit vivante : Ce miracle fut connu de toute la ville
» de Joppé, et plusieurs crurent au Seigneur. Et Pierre de-
» meura plusieurs jours à Joppé, chez un corroyeur nommé
» Simon. »

C'est en dehors des murs de la ville, au milieu des jardins,
que l'on vous montre l'emplacement de la maison de Tabithe.
Cette maison, consacrée par les bonnes œuvres de la pieuse
veuve et par l'éclatant miracle du prince des Apôtres, dut devenir le berceau de la foi dans cette ville. On y rencontre à
peine aujourd'hui quelques ruines informes.

D'autres ruines mieux caractérisées, où l'on peut reconnaître les vestiges d'une abside remontant aux croisades occupent une étroite enceinte, située à l'intérieur de la
ville et entourée de murs délabrés : c'est, nous dit-on, l'emplacement de la maison de Simon le corroyeur, qui donna plusieurs jours l'hospitalité à saint Pierre, après la résurrection
de Tabithe. C'est bien, en effet, la situation même que précise le texte sacré ; la maison de Simon était bien là sur le
rivage, tout près de la mer : « *Cujus est domus justa mare.* »
L'un des pèlerins ouvrant les Actes des Apôtres, au milieu de
ses compagnons silencieux et recueillis, leur lit à haute voix
le chapitre qui raconte le séjour de saint Pierre dans cette
demeure, la vision mystérieuse par laquelle le Seigneur lui
fit comprendre que les Gentils eux-mêmes étaient appelés à la
lumière de l'Evangile, et son entrevue avec les envoyés du
centenier Corneille qu'il accompagna le lendemain à Césarée.
Cette lecture, faite sur les lieux mêmes où les choses se sont
passées, a un charme tout particulier : on sent plus vivement le récit de l'écrivain sacré, on croit voir la scène se
renouveler sous ses yeux, on y assiste avec un incroyable
bonheur et on ne la médite pas sans fruit. A l'angle sud-

ouest de l'étroite enceinte, s'élève une misérable petite mosquée, et tout auprès un figuier dont chacun de nous est heureux d'emporter quelques feuilles en souvenir de la pieuse visite.

C'est à Joppé que la sainte Vierge a dû s'embarquer avec le disciple bien-aimé pour se rendre à Ephèse. Après que les Juifs se furent soulevés contre les Romains, Cestius assiégea la ville, la prit d'assaut, la brûla et y fit périr huit mille habitants. Cependant elle fut bientôt rebâtie. Des pirates étant sortis de son port pour infester les côtes de Syrie, Vespasien la reprit, la rasa et fit élever une citadelle à sa place. Une nouvelle ville entoura bientôt encore cette citadelle, et devint même le siége d'un évêque depuis le règne de Constantin jusqu'à l'invasion des Arabes en 630. Les Croisés rétablirent cet évêché, qui fut soumis au siége métropolitain de Césarée. Saladin reprit la ville sur les Croisés, et Richard-Cœur-de-Lion, le héros de la troisième croisade, l'enleva de rechef à Saladin. Les Sarrasins n'y rentrèrent de nouveau que pour la perdre une fois de plus. Lors de la première expédition de saint Louis en Orient, la ville était occupée par Gauthier de Brienne, qui prenait le titre de comte Japhe, selon l'orthographe du sire de Joinville, et qui fit de son mieux pour lui donner un bon aspect, quoiqu'elle fût dans un misérable état. Saint Louis en releva les murs, et fit des dépenses considérables tant pour l'embellissement de la ville que pour l'ornementation des églises. « Et me souviens, dit le sire de Joinville dans son style naïf, que le roi venait souvent voir ses ouvriers, et, pour leur donner courage de bien diligenter, leur disait que plusieurs fois il avait porté la hotte pour gagner des pardons. »

On sait la noble et chrétienne résignation avec laquelle le pieux Monarque reçut à Jaffa la nouvelle de la mort de sa mère. Voyant l'archevêque de Tyr et son confesseur entrer chez lui, la tristesse et l'abattement sur le visage, il les fit passer dans sa chapelle, *qui était son arsenal contre toutes les traverses du monde*. Et lorsqu'il apprit la fatale nouvelle, se jetant à genoux, les mains jointes et les yeux pleins de larmes, il s'écria : « Je vous rends grâces, ô mon Dieu, de ce que vous m'avez prêté madame ma chère mère tant qu'il a plu à votre volonté ; et de ce que maintenant, selon votre bon plaisir, vous l'avez retirée à vous. Il est vrai que je l'aimais sur toutes les créatures du monde, et elle le méritait ; mais puisque vous me l'avez ôtée, votre nom soit béni éternellement. »

En 1268, Jaffa dut se rendre au féroce Bibars arrivant d'E-
gypte avec une armée formidable ; et depuis lors cette ville
ne fit que décliner. Au xvie siècle, ce n'était qu'une ruine ; au
xviie, qu'un château et trois cavernes. Le Jaffa moderne est
né de ces ruines, et semble vouloir renouveler la triste histoire de ses vicissitudes passées. La ville fut prise d'assaut
par Bonaparte en 1799. Les Anglais y entrèrent quand nous
en fûmes sortis, et ils y élevèrent, au sud-est de la place, un
bastion que l'on voit encore. En 1832, Ibrahim-Pacha, fils du
vice-roi d'Egypte, l'enleva par ruse, avec autant d'habileté
que de promptitude. Aujourd'hui les Turcs s'en croient les
maîtres.

Le souvenir de la peste de 1799, qui fut chargée, dit M.
A. Gabourd, de faire expier aux Français le massacre des
prisonniers Albanais et Arnautes, est encore vivant à Jaffa.
On nous a montré, au couvent des Arméniens schismatiques,
et nous n'avons pu voir sans une profonde émotion, ces salles jadis encombrées de nos pauvres soldats, que le terrible
fléau avait marqués de son stigmate infect et dont la plupart
y périrent si misérablement. Car leurs derniers moments, sur
cette terre étrangère, furent consolés par la présence et par
le courage du général en chef; combien n'est-il pas triste de
penser à leur privation de tout secours spirituel.

De nos jours, Jaffa se relève et commence à prendre une
certaine importance, soit par son commerce, que favorise
singulièrement le service de nos paquebots-poste sur les côtes de Syrie, par les progrès que fait la culture de ces beaux
jardins qui entourent la ville, par le concours des nombreux
pèlerins qui y abordent pour aller à Jérusalem.

On peut se faire une idée assez exacte de la plupart des villes d'Orient, et en particulier de Jaffa, en se figurant un tohu-bohu de montées et de descentes, de rues sombres et
étroites, sales et tortueuses ; de maisons s'enchevêtrant les
unes dans les autres, grimpant les unes par dessus les autres,
et jetées là sans ombre d'ordre ni d'alignement.

Les maisons, petites, basses, percées de quelques fené-
tres grillées, annoncent cette vie intérieure et comme em-
prisonnée de l'Orient, qui se dérobe aux regards de l'étranger. On comprend que la joie, pas plus que le soleil, ne pénètre au sein de ces demeures, et qu'il y règne plus de servitude et de jalousie ombrageuses que d'affections. Des restes
de frises, des pierres sculptées, des tronçons de colonnes,
des fragments de marbres, engagés comme ils peuvent dans

les murs , rappellent une splendeur qui n'est plus et donnent une idée du bon goût qui préside aux constructions modernes. Au-dessus de la plupart des maisons s'élèvent de ces coupoles, terrasses arrondies et renflées au milieu, où les familles vont respirer l'air embaumé du soir, quelquefois même prendre le repos de la nuit, et que leur forme sphérique rend si propre à conserver la fraîcheur dans les pièces destinées à l'habitation.

La solitude règne généralement, mais surtout aux heures de la grande chaleur, dans le labyrinthe de ruelles et d'escaliers que l'on appelle l'intérieur de la ville. Çà et là seulement des spectres ambulants , je veux dire des femmes voilées et perdues dans une grande pièce de coton blanc qui les couvre de la tête aux pieds ; des chiens étendus au beau milieu de la voie , pour se remettre de leur charivari de la dernière nuit qu'ils recommenceront la nuit suivante ; des hommes à demi-nus bâtonnant de la bonne manière leurs ânes et leurs mulets qu'ils chassent devant eux ; des chameaux qui ne se dérangent guère plus que des locomotives , dont la charge prend souvent toute la largeur de la rue , et qui menacent de vous écraser de leur choc, si vous n'avez soin de les éviter en vous courbant jusqu'à terre.

Tout le monde semble se concentrer dans la rue Marchande ou le Bazard , qui aboutit à l'unique port de la ville du côté de la campagne. Une longue rue couverte de toiles et de nattes usées, qui la garantissent des ardeurs du soleil et la plongent dans une demi obscurité; sur la rue s'ouvrant deux rangs de petites boutiques , meublées de toutes sortes d'étoffes et de denrées ; et sur toute la ligne, une collection bizarre de vêtements aux couleurs éclatantes et de guenilles , un pêlemêle d'hommes et d'animaux, des senteurs qui varient depuis le musc et le benjoin jusqu'à celle moins agréable du cuir et du poisson salé , des marchandises grossières à côté des plus riches tissus : voilà ce que c'est que le Bazard de Jaffa , qui peut donner une idée de ceux des autres villes de Syrie.

Là , vous avez le cœur et la tête de la cité. Là, se trouvent les cafés, dans lesquels il n'y a ni tables de marbre , ni dorures : la cuisine se fait dans un coin ; un nombre infini de cafetières , dont il faut faire bouillir une nouvelle pour chaque tasse isolée, entourent un foyer composé de quelques briques, un banc de roseaux , en guise de divan, règne autour de la salle ; et sur le devant, des fils de fer tiennent suspendues de petites lampes à veilleuse servant à l'éclairage du soir. Là ,

pour quelques centimes, ou , si l'on veut du style oriental ,
pour quelques *paras* , les opulents de la ville vont passer toute une soirée en savourant une tasse de moka , faite de
main de maître, ou en fumant un narghileh ou un chibouck
de Latakié ou du Djébel qu'ils savent faire durer pendant plusieurs heures.

Nous voici à la *Porte de Jérusalem* , espèce de long couloir sombre , dans lequel une fontaine publique, recouverte
d'arabesques , attire nos regards par la grandeur de ses proportions , l'élégance de son architecture et la beauté de son
ornementation. Le Bazar semble se prolonger encore au-delà ,
jusque sur cette place poudreuse où stationnent les ânes , les
mulets et les chameaux qui servent à l'approvisionnement de
la ville, et où nous remarquons les chevaux qu'on nous a ame-
nés de Jérusalem pour nos courses. Là règne également une
grande animation : les maîtres d'hôtel du pays préparent en
plein vent , ou sous des tentes de nattes , leur cuisine qui
exhale des odeurs de friture peu réjouissantes pour l'odorat
d'un Européen ; des pastèques fondantes, de beaux raisins, de
petites figues bleues, des grenades entr'ouvertes , des oranges
magnifiques et divers autres fruits surchargent de nombreuses
boutiques ; et il nous faut un peu de patience pour nous dé-
gager de cette foule d'hommes et d'animaux encombrant la
voie qui mène aux jardins.

Les costumes variés qui nous passent sous les yeux ne sont
pas ce qui pique le moins notre curiosité. La tête des hommes
est chargée du lourd turban oriental , s'enroulant autour du
tarbouck de rigueur, ou bonnet rouge à houppe bleue ou noire. Ajoutez-y, chez les uns, une petite veste, richement bro-
dée avec le large pantalon de toile blanche, aux plis immenses , serré autour du genou et faisant la grimace par derrière;
chez les autres , de longues robes de diverses couleurs ; et
chez d'autres encore, une simple et grossière chemise serrée
autour des reins. Les Arabes du désert se distinguent par le
machalh , espèce de manteau de poil de chameaux , rayé de
larges bandes noires et blanches.

Le costume de la femme annonce la servitude. Elle est con-
damnée , dès l'âge de dix ou douze ans, à se voiler le visage,
non plus de ce voile qui, chez nous, est le signe de la modestie, mais d'un masque noir , blanc ou verdâtre et semé de
grandes fleurs jaunes , lequel est tantôt simplement suspendu
au-dessous des yeux , tantôt collé sur toute la figure , de manière à ne laisser apercevoir que les traces du nez, du menton

et des joues. Ni les bottes jaunes qui leur servent de chaussures, ni les grands linceuls blancs qui les prennent de la tête
aux pieds, ni toutes les rangées de piastres enfilées qu'elles
se passent autour de la tête ou dont elles se chamarrent le visage, ne sont propres à rendre leur parure plus agréable. —
Certaines femmes se contentent d'une simple gaze sur la figure; toutes se traînent péniblement plutôt qu'elles ne marchent,
et plusieurs laissent voir des yeux d'un aspect dégoûtant :
c'est que l'habitude de coucher sans abri sur les terrasses des
maisons, occasionne des ophtalmies purulentes, hideuses à
voir, dont quantité de personnes sont atteintes, les enfants
surtout.

Ce qu'il y a de plus remarquable à Jaffa, ce sont ses jardins, lieux de plaisance des riches habitants de la ville, et,
sans contredit, les plus beaux de la Palestine. Qu'on se figure une enceinte d'une étendue de deux milles, toute plantée des plus beaux arbres : c'est une forêt, verte et odorante,
d'orangers chargés en même temps de fleurs et de fruits, de
grenadiers dont les pommes le disputent en éclat aux fleurs
qui les ont produites, de bananiers au feuillage large et sati-
né, de figuiers de toutes espèces, d'amandiers, de mûriers et
de palmiers élevant au-dessus de cet Eden, enfermé dans d'in-
franchissables haies de nopals gigantesques, et arrosé par des
fontaines et des puits, dont on fait monter l'eau par le moyen
de machines appelées *norias*. C'est vraiment délicieux de verdure et de fraîcheur. Avec quel charme, sous ce ciel de feu,
l'on se repose sous ces ombrages odorants, et avec quelle
ivresse on aspire les parfums qui s'en échappent.

Un bon jour de repos nous a parfaitement remis des fatigues de la traversée, et nous nous arrachons, non sans quelque regret, à ces lieux enchanteurs.

Le lundi 1er septembre, au lever du soleil, toute la caravane à cheval débouchait majestueusement par la *Porte de
Jérusalem*, prenait le chemin ombragé de ces délicieux jardins où elle s'était oubliée la veille, et s'engageait résolument dans la magnifique plaine de Faron, au chant des psau-
mes et des cantiques.

La plaine de Saron s'étend de Gaza au midi, jusqu'au mont
Carmel au nord, entre la Méditerranée qui la borne au couchant, et les montagnes de la Judée et de la Samarie qui lui
servent de limite au levant.

Cette immense plaine est souvent célébrée dans l'Ecriture,
où elle partage avec le Carmel et le Liban l'honneur d'ê-

tre l'image de la beauté : « *Gloria Libani data est ei : decor Carmeli et Saron.*» C'est dans cette plaine que venaient paître les troupeaux du roi, qui avaient assez d'importance pour réclamer un préposé supérieur, rangé parmi les officiers de la couronne : «*Armentis, quæ pascebantur in Saron,* » *præpositus fuit Setrai Saronites.* » Sétraï le Saronite était, au temps de David, le titulaire de cette charge, qui ne devait pas être une sinécure, comme ces troupeaux eux-mêmes ne devaient pas offrir un chiffre insignifiant, ils avaient à fournir régulièrement la table du roi et les sacrifices qu'il offrait au Seigneur. Rien que pour les fêtes de la consécration du temple, Salomon offrit en holocauste vingt-deux mille bœufs et cent-vingt mille brebis ; et « chaque jour, dit l'E- » criture, sa table réclamait dix bœufs gras, vingt bœufs de » pâturage et cent moutons, outre les cerfs, les chevreuils, » les daims et les oiseaux de l'air. » Cette même plaine était renommée pour ses fleurs, surtout pour ses roses blanches, appelées *Roses de Saron* et chantées par les poëtes ;

> « Ainsi qu'on choisit une rose
> » Dans les guirlandes de Saron.»

On nous dit que nous perdons beaucoup à la traverser dans la saison actuelle, et qu'au printemps les voyageurs la trouvent encore émaillée de ces mille fleurs dont Salomon, dans toute sa pompe royale, ne pouvait égaler la magnificence.— Dans cette plaine encore, s'élevaient jadis des cités aussi opulentes et peuplées que nombreuses. L'Ecriture le constate, et cite les noms de ces villes, dont l'importance ne peut guère être contestée, quand on songe à ce que Joseph dit d'une contrée voisine : que, de son temps, le moindre bourg de la Galilée avait plus de quinze mille habitants.

Enfin, cette plaine, avant la conquête des Israélites, était la possession des Philistins ou Palestins ; et c'est là, sur notre route même ou dans les environs, que jaunissaient ces riches moissons incendiées par le singulier stratagème de Samson. Il fit prendre des renards, ou plutôt des chacals, au nombre de trois cents, qu'il attacha deux à deux pour qu'ils ne pussent pas rentrer dans leurs tanières, et qu'il lâcha ensuite, avec des torches allumées, dans les blés mûrs des Philistins. Le mot *schouhal* ou *schoughal*, employé par l'Ecriture dans le récit de cette ruse de guerre, signifie à la fois *loup* et *renard*, ou plutôt cet animal qui tient de l'un et de l'autre, et que dans le levant on appelle *dschaghal*, d'où vient notre mot français *chacal*. De tout temps, du reste, les loups et les renards ordinaires ont été aussi rares en Palestine, que les chacals s'y sont toujours trouvés en grande quantité.

L'Écriture ne dit pas à quel moyen Samson eut recours pour prendre ses trois cents chacals ; « mais je pense, dit avec raison Mgr Mislin, que cela ne lui fut pas plus difficile, à lui qui habitait le pays, et qui a dû, sans aucun doute, trouver parmi les ennemis des Philistins un grand nombre de personnes disposées à l'aider, qu'il ne le fut à Probus de lâcher à Rome, dans le théâtre, mille autruches, mille cerfs, mille sangliers, mille daims, et une infinité d'autres animaux. »

Dans des temps plus rapprochés de nous, des exploits d'un autre genre sont encore venus illustrer cette plaine de Saron. C'est là que les Croisés du moyen-âge luttèrent si généreusement, et avec des chances si diverses, contre les Sarrasins. C'est là que Richard Cœur-de-Lion déployait sa bouillante valeur, et qu'avec une poignée de braves, il mettait en fuite des armées nombreuses. Un jour, il se précipita dans les rangs ennemis avec tant d'ardeur que personne ne put le suivre, et qu'il disparut bientôt aux yeux de tous ses guerriers. On le croyait mort, quand soudain il reparut au milieu des siens, le cheval couvert de sang et de poussière, et lui-même, selon la naïve image d'un chroniqueur, témoin oculaire, *tout hérissé de flèches, et semblable à une pelote couverte d'aiguilles.* Comme on prononce avec émotion, sur les lieux mêmes, le nom glorieux de ce brillant héros des Croisades, avec le nom de saint Louis, aussi grand par la vertu que par le courage, et celui du moderne conquérant français qui est venu, à la fin du dernier siècle, renouveler sur cette terre les prodiges de valeur des Croisés ! — On vous montre encore, à quelque distance dans la plaine, de gros oliviers sous lesquels Bonaparte a dû se reposer avec son état-major.

Hélas ! pourquoi faut-il que tant de gloire, d'opulence et de beauté n'existe plus guère qu'à l'état de souvenir ? C'est bien toujours la même terre, la même plaine légèrement ondulée, toujours la plaine de Saron, l'une des plus fertiles de la Terre-Promise, mais réduite aujourd'hui à cet état de désolation que le Prophète, dans toute la concision de son langage, annonçait il y a plus de deux mille ans : « Saron n'est plus » qu'un désert ; *Factus est Saron sicut desertum.* »

Le sol, dit Châteaubriand, est une arène fine, blanche et rouge et qui paraît, quoique sablonneuse, d'une extrême fertilité. Mais, grâce au despotisme musulman, ce sol n'offre de toutes parts que des chardons, des herbes sèches et flétries, entremêlées de chétives plantations de coton, de doura, d'orge et de froment. » Çà et là vous apparaissent des tas de poussière qui furent d'opulentes cités : des ruines informes et déshonorées, n'ayant plus même ce reste de gloire qui s'attache aux vestiges des âges anciens , *etiam periere ruinæ ;* des villages d'un aspect misérable , entourés de bouquets d'oliviers ; des troupeaux de moutons à large queue ; de chèvres noires , aux longues oreilles pendantes ; de bœufs et de vaches qui vivent en été , comme on le disait à Mgr Mislin , *de l'espoir d'avoir de l'herbe au printemps* , et qui sont gardés par des bergers à moitié nus , portant un long et mauvais fusil sur l'épaule, souvent un ou deux autres sur le dos, sans compter les pistolets , les yatagans qui pendent à leur ceinture. Ainsi, c'est toujours comme au temps des patriarches , la contrée des pasteurs, moins seulement la richesse des pâturages ; et , comme au temps des patriarches encore, les pasteurs y ont leurs coudées assez franches pour pouvoir se dire : « De grâce, qu'il n'y ait point de dispute entre nous.. » ..... Vous voyez devant vous toute la terre...... Si vous al- » lez à la gauche , je prendrai la droite , si vous choisissez la » droite , j'irai à la gauche. »

Les détails qui précèdent nous conduisent naturellement à parler d'un fait plus général et qu'il est impossible de contester , celui de l'ancienne fertilité de la Palestine et de sa désolation actuelle.

Pour donner aux enfants d'Israël une idée de ce pays qu'ils devaient conquérir et posséder, Moïse eut ordre de leur dire : « Le Seigneur votre Dieu vous introduira dans une terre ex- » cellente ; dans une terre pleine de ruisseaux , d'étangs et de » fontaines, dont les eaux jaillissent dans les vallées et sur les » montagnes ; dans une terre de froment, d'orge , de vignes , » de figues et de grenades ; dans une terre d'huile et de miel; » dans une terre où vous mangerez votre pain, à l'abri de la » disette, et où vous serez dans l'abondance de toutes choses; » dans une terre dont les pierres sont du fer, et dont les mon- » tagnes vous fourniront l'airain : afin qu'après avoir mangé « et vous être rassasiés , vous bénissiez le Seigneur votre » Dieu de vous avoir donné une terre si excellente. »

Mille autres passages de l'Ecriture , auxquels on pourrait joindre les témoignages de nombreux auteurs ecclésiastiques et profanes , confirment cette antique et prodigieuse fertilité de la Terre-Promise , si bien confirmée d'ailleurs par la plus admirable végétation que le voyageur retrouve encore aujourd'hui dans les jardins de Sidon , de Tyr , de Jaffa , d'Hébron, de Naplouse, sur les bords du Jourdain et surtout dans cette vallé d'Ortas , près de Bethléem , où fleurissaient jadis les fameux jardins de Salomon , célébrés sous le nom d'*Hortus conclusus.*

Au reste , cette incomparable fertilité des temps anciens n'est contestée à la Palestine que par les gens intéressés à trouver dans son état actuel un démenti au récit des saintes Ecritures. Quant aux autres , ils sont unanimes sur ce point fondamental ; et , s'ils se divisent ensuite , c'est sur un point secondaire et qui ne tire pas trop à conséquence, sur la question de savoir si cette fertilité primitive , incontestable pour tous, était dans la nature même des choses , ou si elle n'était pas plutôt un effet spécial de la paternelle providence de Dieu pour son peuple.

Or, on croit encore généralement qu'elle était plutôt surnaturelle que naturelle , qu'elle était surtout un don de Dieu sur cette terre des miracles, sous ce ciel dans lequel Josué arrêtait le soleil, dans ces vallées où le Jourdain remontait vers sa source , sur ces monts d'où la malédiction du Prophète éloignait la pluie et la rosée , parce que les héros d'Israël avaient succombé sur leurs plateaux. Et ce qui le prouve , ce sont les difficultés que la configuration des lieux a toujours dû offrir pour l'irrigation, cette première condition de la fertilité ; c'est la rareté des cours d'eau , qui n'ont jamais dû être bien nombreux en Palestine, ainsi qu'il résulte de l'existence de ces vastes piscines, réservoirs ou citernes , que l'on y rencontre si souvent, qui furent , au rapport de nos livres saints , la cause de si nombreuses querelles, et qui étaient destinées à recueillir les eaux dans la saison des pluies ; ce sont , enfin , ces propres paroles que Moïse, de la part de Dieu, adresse à son peuple : « La terre, dont vous allez prendre possession ,
» n'est pas comme cette terre d'Egypte d'où vous êtes sorti, et
» que des canaux d'irrigation arrosent comme un jardin, après
» qu'on y a jeté la semence. C'est une terre de montagne et
» de plaines, arrosée seulement par la pluie du ciel , que le
» Seigneur votre Dieu a toujours couverte de sa protection et
» sur laquelle son œil veille d'un bout à l'autre de l'année. Si
» donc vous obéissez aux préceptes que je vous fais d'aimer
» le Seigneur votre Dieu , et de le servir de tout votre cœur
» et de toute votre âme, il répandra sur vos champs les
» pluies de la première et de la dernière saison , afin qu'il
» vous donnent le blé, le vin et l'huile pour vous-mêmes , et

» le foin pour vos bestiaux.......... Mais gardez-vous bien de
» vous laisser séduire et de vous éloigner du Seigneur, de peur
» que le Seigneur irrité ne ferme pour vous les réservoirs cé-
» lestes, que la pluie ne descende plus du ciel , que la terre
» ne produise plus, et que vous ne disparaissiez prompte-
» ment de cette excellente contrée que le Seigneur va vous
» donner. »

Cette dernière menace contre la population ne s'est pas
moins littéralement réalisée que les autres. — La population
dépend surtout de la fertilité d'un pays et de la manière de vivre de ses habitants ; or, nous savons désormais que la Palestine était d'une fertilité vraiment fabuleuse. D'ailleurs, on connaît l'extrême sobriété des Orientaux, résultat, peut-être, de
la grande chaleur , qui ôte de l'appétit , surtout pendant le
jour. Aussi est-il facile de remarquer, même en Europe , une
grande différence dans le manger entre les peuples du Midi
et ceux du Nord , et dans le même pays entre l'hiver et l'été.
Mais s'il est reconnu que les Orientaux consomment pour leur
existence beaucoup moins que les peuples de l'Occident, et s'il
est également reconnu que la Palestine était jadis d'une merveilleuse fécondité , il s'ensuit nécessairement que la population a pu s'y agglomérer dans une proportion beaucoup plus
forte que dans nos pays occidentaux. C'est , du reste , un fait
acquis à l'histoire.

Sur une superficie d'environ 1,300 lieues carrées , comprise
entre le 31ᵉ et le 33ᵉ degré de latitude nord , le 32ᵉ et le 35ᵉ
degré de longitude Est , et dépassant de peu la moitié de celle de la Suisse , évaluée à 2,430 lieues carrées , la Palestine
offrait pour sa population un chiffre bien autrement élevé, que
justifient les ruines de ses villes et de ses bourgades , encore
amoncelées dans toute son étendue.— Le nombre total de ses
habitants, au temps de David, est porté par les uns à six millions et demi , par les autres à sept millions. Mais il s'en faut
bien que ce nombre se soit maintenu. Il avait déjà bien dimi-
nué lors du siége de Jérusalem par Titus, à laquelle époque
il ne s'élevait pas au-delà de quatre millions; et, de nos jours,
on le réduit ordinairement à trois cent mille : d'où il résulterait que la Palestine serait aujourd'hui près de vingt-quatre
fois moins peuplée que du temps de David, et que si le décroissement de la population continuait dans la même proportion, l'on n'y trouverait plus personne dans trois siècles.

Quant à l'explication de ce décroissement continu de la population et de la désolation actuelle de la Terre-Sainte, elle

est déjà toute trouvée pour nos lecteurs, c'est l'accomplissement des menaces contenues dans les oracles divins cités plus
haut. Ajoutons seulement que pour punir son peuple prévari-
cateur, comme pour se venger dans le principe de ses anges
rebelles, Dieu n'a eu nul besoin de recourir à une malédiction spéciale et expressément formulée ; il n'a eu, suivant le
langage de Bossuet, qu'à retirer aux coupables ce que sa pure bonté avait *surajouté* à leur condition naturelle, et qu'à
laisser à eux-mêmes ceux qui avaient spontanément fait schisme avec lui. Ajoutons encore que la Providence, ici comme
partout ailleurs, a ses instruments, qui ne laissent pas de travailler pour elle lors même qu'ils le font à leur insu.

Le gouvernement ottoman ne semble avoir pour mission
que de détruire, et les pachas ne se croient envoyés que pour
ruiner les provinces. De leur côté, les habitants n'ayant ni la
moindre sécurité pour leurs biens, ni le moindre désir d'enrichir leurs tyrans, ne cultivent de leurs belles plaines que
tout juste ce qu'il faut pour satisfaire les premiers besoins,
c'est-à-dire, pour avoir un peu de pain, des oignons, une
mauvaise chemise bleue et un pagne de laine. Et il en résulte
naturellement que la désolation du pays suit une marche toujours croissant, que la population s'en va toujours diminuant
et qu'ainsi les menaces de l'Ecriture s'accomplissent de plus
en plus. Ce qui donne encore la clef de ce fait vraiment étrange, que plus de 250,000 européens catholiques, suivant la
supputation du dernier concile de Baltimore, émigrent annuellement pour aller défricher les terres lointaines de l'Amérique
du Nord, tandis que l'idée ne vient à personne d'aller s'établir dans cette Palestine qui est si près de nous, et dont les
vastes campagnes n'attendent que des mains laborieuses pour
rendre au centuple la semence qu'on leur refuse depuis tant
de siècles.

Ici nous sentons le besoin de nous soulager et de prémunir
nos lecteurs contre des impressions trop fâcheuses, en relisant avec eux ces lignes de Châteaubriand, à la fois si belles
et si vraies. « Quand on voyage dans la Judée, d'abord un
grand ennui saisit le cœur ; mais lorsque, passant de solitude
en solitude, l'espace s'étend sans bornes devant vous, peu à
peu l'ennui se dissipe, on éprouve une terreur secrète qui,
loin d'abaisser l'âme, donne du courage et élève le génie. Des
aspects extraordinaires décèlent de toutes parts une terre
travaillée par des miracles : le soleil brûlant, l'aigle impétueux, le figuier stérile, toute la poésie, tous les tableaux

13

de l'Ecriture sont là. Chaque nom renferme un mystère ; chaque grotte déclare l'avenir ; chaque sommet retentit des accents d'un prophète. Dieu a parlé sur ses bords : les torrents desséchés, les rochers fendus , les tombeaux entr'ouverts attestent le prodige ; le désert paraît encore muet de terreur , et l'on dirait qu'il n'a osé rompre le silence depuis qu'il a entendu la voix de l'Eternel. »

Sans doute, cette grande et belle scène, sur laquelle s'évoquent tant de souvenirs si divers et si pleins de charmes pour qui sait les comprendre ; sans doute, ce spectacle de l'action providentielle , encore si vivante et si visible , sur un pays consacré par les pas et par les actions d'un Dieu , ce n'est pas grand'chose pour ceux qui ne viennent chercher en Palestine qu'un but quelconque de voyage, ou une distraction dans une vie désœuvrée. Mais aussi, pourquoi ces gens viennent-ils en Palestine ? Ils feraient bien mieux d'aller visiter le golfe de Naples , où la vallée de Chamouny , ou les usines de l'Angleterre , ou les richesses agricoles de la Belgique.

Trois heures de marche à travers les jardins de Jaffa et la plaine de Saron nous ont conduit à Lydda , l'ancienne Diospolis des Romains, assise dans la plaine. C'est là , on se le rappelle, que se trouvait saint Pierre , quand les habitants de Joppé le mandèrent pour ressusciter Tabithe. Visitant partout les disciples de la foi nouvelle, en sa qualité de Pasteur Suprême, il vint aussi , lisons-nous aux Actes des Apôtres , voir les saints ou les fidèles qui habitaient Lydda. Or , il y trouva un paralytique, nommé Enée, lequel était cloué sur son lit depuis huit ans. Et Pierre lui dit : « Enée , le Seigneur Jésus-» Christ vous guérit ; levez-vous, et faites vous-même votre » lit. » Et aussitôt Enée se leva , parfaitement guéri. Et tous ceux de Lydda et de Saron , apprenant ce miracle , se convertirent au Seigneur.

Lydda devint une ville épiscopale au IV⁰ siècle , à laquelle époque elle reçut encore des reliques du glorieux saint Georges et bâtit une belle église en son honneur. Saint Georges était natif de Cappadoce , et servait comme tribun dans l'armée de Dioclétien, lorsque ce prince persécuteur le fit décapiter à Diospolis, en Perse. Les rois en leurs batailles, dit l'auteur de sa vie , le tiennent pour leur avocat particulier , et l'Eglise Romaine a coutume d'invoquer saint Georges, saint Sébastien et saint Maurice contre les ennemis de la foi. » — Ce fut peut-être une raison pour les habitants de Ramleh de détruire, dans les malheurs des Croisades , sa belle église de Lydda , dont le chevet toutefois subsiste encore, comme un témoignage vivant de l'antique splendeur de l'édifice.

Vers le même temps, dut retomber, pour ne se relever plus, le siége épiscopal de cette ville, que la foi des Croisés avait déjà relevé d'une première ruine. — La ville elle-même disparut à son tour, et l'on n'y voit plus qu'un misérable village que les Arabes appellent *Ludd* ou *Loudd*. Aussi n'y faisons-nous qu'une courte station, après laquelle nous prenons le chemin bordé de nopales et brûlé du soleil, qui nous conduit dans une petite heure à Ramleh, terme de notre premier jour de marche en Palestine.

A peine engagés dans la vaste plaine de Saron, nous avons vu se dresser au loin devant nous une tour de belle apparence. Dans notre pointe sur Lydda, nous avons laissé cette tour sur la droite, à une assez forte distance, mais sans jamais la perdre de vue. Au sortir de Lydda, cette même tour nous a servi de point de mire, et nous y avons couru en droite ligne, avec d'autant plus de vitesse que nous devons faire bonne et longue halte dans la petite ville qui se déroule à ses pieds, et que les Arabes nomment *Ramlah* ou *Ramleh* (sable), par allusion aux terres sablonneuses qui l'entourent.

Heureusement située sur un des plateaux de Saron, au milieu de champs bien cultivés, de beaux vergers d'oliviers et de jardins que ferment des haies épaisses de nopals verdoyants, Ramleh offre une physionomie riante qui charme au loin le voyageur. Mais, à l'intérieur de la ville, le charme a bientôt disparu, devant ces tristes cabanes de pierres grises où logent les habitants, et devant ces rues obstruées de monceaux de poussière que les premières pluies transforment en boue affreuse où l'on enfonce jusqu'aux genoux.

A dix heures du matin, sous les feux d'un soleil des tropiques, nous traversons Ramleh et nous allons frapper à la porte basse du couvent latin. Elle s'ouvre, et nous croyons d'abord entrer dans une prison ou dans une forteresse, tant les murailles sont épaisses, les corridors étroits et sombres. Si fortifiée toutefois que semble la position, elle ne passe pas pour imprenable ; et plus d'une fois, nous dit-on, des Arabes envahisseurs y ont tout détruit. Une délicieuse fraîcheur et la plus aimable hospitalité nous attendaient dans ce couvent, véritablement français, puisque l'on en fait remonter l'origine à la munificence de Philippe-le-Bon, duc de Bourgogne, qui l'aurait fondé au temps des croisades. Il n'y avait pas de danger, du reste, que notre arrivée prît au dépourvu les bons franciscains de Ramleh ; par excès d'intérêt pour nous sans doute, et par un trop louable désir de nous faire arriver plus tôt à Jérusalem, le R. P. Gardien (supérieur) du couvent de Jaffa, nous avait annoncés pour la veille au soir à Ramleh, où l'on n'eut dès-lors d'autre surprise que de nous voir arriver si tard.

Après les premiers rafraîchissements d'usage, on nous installe dans d'humbles cellules, ouvrant la plupart sur une galerie intérieure, et par la galerie prenant jour sur le jardin. Le moment venu, nous trouvons au réfectoire un déjeûner simple et frugal, mais bien suffisant pour nous refaire et nous disposer à de nouvelles fatigues, et d'ailleurs bien relevé par l'air de joyeux et cordial empressement de nos bons religieux. Après tout, les pèlerins ne sont pas des touristes, et ce qu'ils vont chercher en Terre-Sainte, ce n'est rien moins que les jouissances de la table ou toute autre jouissance aussi grossière, que de fait ils n'y trouveraient pas toujours, ainsi que saint Jérôme le déclarait déjà au IVᵉ siècle : « *Quantùm à deliciis sæculi vacat, tantò majores habet delicias spiritûs.*» Enfin, un peu de repos nous est nécessaire, outre que la sieste est de règle en Orient et qu'il n'est pas prudent de s'y exposer à la grande chaleur ; toutes raisons pour lesquelles nous ne sortons que vers quatre heures, sous la conduite du R. P. Gardien du couvent, qui s'est mis de la meilleure grâce du monde à notre disposition.

D'après saint Jérôme et bien d'autres commentateurs, Ramleh serait l'ancienne Arimathie, patrie de Joseph et de Nicomède, tous les deux disciples du Sauveur et célèbres dans l'Evangile, qui préconise la noble hardiesse de l'un et signale la grande timidité de l'autre. « Sur le soir, Joseph d'Arimathie,
» homme riche et sénateur fort distingué, qui était aussi dis-
» ciple de Jésus, s'en vint *hardiment* trouver Pilate et lui de-
» manda le corps de Jésus. Pilate s'étonnant qu'il fût mort
» sitôt, fit venir le centenier et lui demanda s'il était déjà mort.
» Et le centenier l'en ayant assuré, il donna le corps à Joseph.
» Celui-ci ayant donc acheté un linceul blanc, descendit Jé-
» sus de la croix, l'enveloppa dans ce linceul, le mit dans le
» sépulcre neuf qu'il avait fait tailler pour lui-même dans le
» roc, et roula une grande pierre à l'entrée du sépulcre, après
» quoi il se retira. » Suivant une pieuse tradition, Dieu aurait récompensé cette courageuse et charitable action de Joseph, en lui faisant trouver un tombeau dans l'enceinte de l'église du Saint-Sépulcre, non loin du sépulcre glorieux dont il fit

l'aumône à la dépouille du divin crucifié. — « Il y avait un
» homme d'entre les Pharisiens, nommé Nicodème, sénateur
» des Juifs, qui vint de *nuit* trouver Jésus et qui lui dit :
» Maître, nous savons que vous êtes venu de la part de Dieu
» comme un docteur ; car personne ne saurait faire les mi-
» racles que vous faites, si Dieu n'est avec lui. — Jésus lui
» répondit :.... » L'église du couvent est bâtie, d'après la tradition, sur l'emplacement même de la maison de ce prince des
Pharisiens, de ce maître en Israël, et c'est à lui qu'elle est dédiée. Avec quel charme on y lit le troisième chapitre de l'Evangile selon saint Jean, qui raconte l'entretien du Sauveur avec
Nicodème, auquel il explique tout l'ensemble du christianisme, mais en particulier le bienfait de la régénération qu'il
est venu apporter sur la terre !

Ramleh acquit de la célébrité pendant les guerres saintes.
C'est l'une des premières villes de la Palestine que l'on vit tomber au pouvoir des Croisés. Ceux-ci s'étant emparés de Lydda
en 1099, se portèrent sur Ramleh où ils entrèrent sans coup
férir, la ville ayant été abandonnée par ses habitants. Son
heureuse position en fit le rendez-vous général des armées
chrétiennes. C'est de là que partait Richard Cœur-de-Lion,
soit pour surprendre les caravanes ennemies sur la route de
Damas, soit pour faire des excursions dans les montagnes du
côté de Jérusalem ; et les héros chrétiens qui y succombèrent
à cette époque, furent ensevelis avec tous les honneurs dans
l'église des *Quarante-Martyrs*. Plus tard, pendant l'expédition française en Syrie, le couvent latin fut le bivouac de l'é-
tat-major de Bonaparte, l'église du couvent devint une ambu-
lance pour les blessés, et les soldats qui y trouvèrent la mort
furent ensevelis dans les vieux sépulcres des chevaliers de la
croix.

En dehors de la ville, dans une enceinte spacieuse et murée,
s'élève cette vieille tour massive et carrée, dominant au loin
la plaine où elle produit un effet si imposant, et connue sous
le nom de *Tour des Quarante Martyrs*. Nous y montons par
cent vingt-cinq marches, et de son sommet nous avons la vue
la plus étendue et la plus magnifique. Son nom même indique
sa destination première et rappelle un fait bien glorieux dans
les annales de l'Eglise. Il y avait dans l'armée de Licinius,
compétiteur du grand Constantin et furieux persécuteur du
christianisme, une escouade de quarante braves soldats, tous
chrétiens fervents et de la même province de Cappadoce. Sur
leur refus de sacrifier aux idoles, ils furent exposés nus, par

une affreuse nuit d'hiver, sur l'étang glacé de Sébaste, en Arménie. « Nous sommes entrés quarante dans la carrière ; » faites, Seigneur, que tous les quarante, sans qu'il en manque » un seul, nous recevions la couronne. Notre nombre a été » honoré par le jeûne de quarante jours que vous avez sup- » porté, et qui a été comme la porte par laquelle la loi divine » est venue sur la terre. Elle a jeûné quarante jours, cherchant » le Seigneur, et il a mérité de le voir. » Telle était la touchante prière qu'ils adressaient à Dieu dans les tourments, et l'on sait de quelle manière toute providentielle Dieu daigna l'exaucer. Plusieurs églises reçurent de leurs reliques, et Ramleh, qui fut de ce nombre, leur dédia le monument dont nous visitons les ruines. L'église des *Quarante Martyrs*, gardée au moyen-âge par les Templiers, puis convertie en mosquée, devint plus tard un couvent de *derviches-tourneurs*, ou religieux turcs qui croient honorer Dieu par des danses circulaires qu'ils exécutent les bras étendus, les yeux élevés vers le ciel et au son d'un orchestre pitoyable et discordant au possible. L'antique église a disparu ; mais sa splendeur est attestée par cette tour, encore si imposante, quoique bien dégradée, et par les arcades nombreuses d'une église souterraine, où nous remarquons quantité de pierres entassées en petites pyramides par les Arabes, qui s'attendent, nous dit-on, à trouver partout des trésors et qui marquent de ce signe les lieux où ils ont fait des recherches.

Selon une pieuse tradition, la sainte Vierge, saint Joseph et l'Enfant Jésus se seraient arrêtés en ce lieu, lors de la fuite en Egypte ; et nous ajouterons avec Châteaubriand que « ce lieu » certainement serait charmant pour y peindre le repos de la » Sainte-Famille. »

A peu de distance, du côté de Jaffa, nous voyons une belle et vaste citerne, maintenant abandonnée, où l'on descend par une trentaine de marches. Longue de trente-trois pas et large de trente, elle est composée de vingt-quatre arches et recevait l'eau des pluies par vingt-quatre ouvertures. On l'appelle *citerne de Sainte-Hélène*, et elle est probablement l'ouvrage de cette princesse qui a tant fait pour les Lieux-Saints ; cependant nous devons faire observer que les traditions du pays lui attribuent également presque tous les monuments de la Palestine, et que ce n'est là souvent qu'une manière d'en constater l'importance.

Une dernière nuit nous sépare de Jérusalem, nuit semblable à celle qui précède la première communion et le plus beau jour de la vie. « Comment avez-vous dormi? demandait-on à un jeune communiant, le matin même du grand jour. — Dormi!... Eh! Monsieur, est-il possible de dormir, la nuit qui précède la première communion ? » Nuit qui rappelle encore celle des Croisés en pareille circonstance : « Ils ne purent oncques dormir cette nuit , dit la chronique, tèle ardeur avaient de voir la cité qui devait estre fin de leur travail et accomplissement de leur vœu ; moult leur tardait que le jour venist, et leur semblait que cète nuit estait beaucoup plus longue que les autres. » S'il faut tout dire, cependant, l'impatience bien naturelle et bien légitime d'arriver au but n'est pas la seule cause qui nous empêche de fermer l'œil. Une armée de mauvais petits insectes de plus d'un genre, contre lesquels les Philistins avaient autrefois un dieu spécial, appelé *Baal Zéboub*, le dieu des mouches , s'abattent sur nous à l'approche du soir, nous harcellent toute la nuit ; et leurs dards empoisonnés, auxquels viennent en aide la qualité particulière des eaux et les chaleurs du pays , nous ont bientôt mis en un tel état que nous ressemblons à de véritables lépreux , pour ne pas employer un mot moins usité. C'est un tribut qu'il faut payer à l'Orient, nous avait-on dit sur la *Tamise ;* ainsi, nous voilà en règle dès le premier jour. Après tout, cette éruption que plusieurs ont déjà, surtout aux bras et aux mains, et qui doit durer pour quelques-uns jusqu'à la fin du pèlerinage, ne paraît pas être moins salutaire que douloureuse, inévitable et sans autre remède efficace que la patience.

Le mardi 2 septembre , nous sommes sur pied à une heure, parce que nous avons un long trajet à faire ; et nos *moukres* ou muletiers vont assez vite en besogne pour que la caravane s'ébranle à deux heures et demie , aux cris de *Iallah! Iallah!* Allons ! en avant ! et au chant animé de ce psaume qui répond si bien à nos sentiments : *Lœtatus sum.*.Je me réjouis » à la bonne nouvelle qui m'est annoncée:nous allons à la mai » son du Seigneur. Déjà nos pieds s'arrêtent dans tes parvis, » ô Jérusalem ! Jérusalem ,........ où montaient jadis les tri » bus du Seigneur , selon le précepte donné à Israël , pour y » célébrer le nom du Seigneur. «

Nous retrouvons, au sortir de Ramleh, la plaine sablonneuse de Saron , et nous y chevauchons comme la veille, à la suite de nos guides. Impossible , dans les ténèbres ou aux lueurs du crépuscule, de rien distinguer sur la route ; mais l'imagination et la mémoire y suppléent , en nous reportant aux nombreux souvenirs de l'histoire sacrée qui se pressent sur ce petit coin de terre que nous foulons. Nous ne devons pas être loin de l'emplacement de l'ancienne ville de *Thamnatha* , où Samson descendit pour se marier , et dans le voisinage de laquelle , seul et sans armes , il terrassa et mit en pièces le jeune lion qui lui fournit cette énigme que ne purent deviner ses convives : *«La nourriture est sortie de celui qui » mangeait, et la douceur est sortie du fort. »* Ici s'élevait *Jamnia* , autrefois si populeuse , et de plus si célèbre par la victoire de Judas Machabée. Là , se trouvait *Geth*, patrie de *Goliath* ; *Léchi* , nom qui signifie mâchoire et rappelle que Samson y défit les Philistins avec une mâchoire d'ane ; et , plus loin , le lieu où les Israélites perdirent l'Arche du Seigneur , où périrent les fils du grand-prêtre Héli , et où plus tard , Samuel, après la déroute des Philistins , érigea une pierre commémorative qui fut appelée la *Pierre du secours.*

Au lever du soleil , nous touchons aux premières ondulations des montagnes de la Judée , et nous avons devant nous , sur une éminence un peu à droite , les ruines de *Latroun* , patrie du bon Larron , au sujet duquel il y a dans le pays une charmante légende que l'on sera sans doute bien aise de retrouver ici. Cet heureux Larron , qui , selon la pensée d'un saint Père , après avoir dépouillé les voyageurs , ravit aussi le ciel , exerçait son odieuse profession dans ce lieu même , de concert avec le mauvais Larron. Lors de sa fuite en Ægypte, pour se soustraire à la persécution d'Hérode , la Sainte-Famille passant aux environs de Latroun, tomba entre les mains de ces malfaiteurs. Déjà l'un d'eux , n'écoutant que ses mauvais instincts , s'apprêtait à la dévaliser ; mais l'autre , frappé des charmes divins de l'Enfant Jésus , de la dignité douce et céleste de la Mère , et de l'aspect singulièrement vénérable de saint Joseph , se trouva soudain plein de respect et d'amour pour ces augustes voyageurs , paya leur rançon à son impitoyable camarade , et les accompagna jusqu'en Ægypte pour les protéger contre toute mauvaise rencontre. Trente-trois ans s'écoulèrent , pendant lesquels Jésus passa en faisant le bien , et les deux Larrons apparemment continuèrent leurs brigandages.

Enfin , un jour, trois croix se dressèrent sur le Golgotha , et le Fils de l'homme y fut élevé entre deux voleurs. « Or , dit » l'Evangile , un de ces voleurs qui étaient crucifiés , le blas » phémait , en disant : Si tu es le Christ, sauve-toi toi-même, » et nous aussi. Mais l'autre reprenant son camarade , lui

» disait : N'avez-vous donc aucune crainte de Dieu , vous qui
» vous trouvez condamné au même supplice ? Encore pour
» nous , c'est avec justice, puisque nous portons la peine
» que nos crimes ont méritée ; mais celui-ci n'a fait aucun
» mal. Et il disait à Jésus : Seigneur, souvenez-vous de moi,
» une fois que vous serez dans votre royaume. Et Jésus lui
» répondit : Je vous le dis en vérité : aujourd'hui même vous
» serez avec moi en Paradis. » Or, celui à qui Jésus mourant parlait ainsi, c'était Dimas, le bon Larron qui avait sauvé Jésus enfant ; et celui qui mourut à ses côtés en blasphé-
mant , c'était le mauvais Larron.

Il paraît que les habitants de Latroun se font toujours un
devoir d'imiter la vie aventureuse de leur saint patron. Du
moins l'on nous assure qu'ils dévalisent encore les voyageurs
isolés ; mais ils ont de bonnes raisons pour ne point s'attaquer aux caravanes , et nous passons sans être le moins du
monde inquiétés.

Vers sept heures, à trois milles au-delà de Latroun, nous entrons enfin dans les montagnes de la Judée,au milieu desquelles nous devons trouver Jérusalem. « De loin, dit un voyageur,ces montagnes ressemblent à des mamelons isolés.Quand
on approche, on reconnaît un vaste système , une chaîne immense dont les anneaux se soudent avec des rochers..... Les
montagnes se succèdent avec une invariable monotonie. Chaque hauteur franchie nous fait voir une hauteur nouvelle;c'est
une succession d'horizons pareils, se déroulant à la suite
l'un de l'autre , sans qu'on puisse en deviner la fin.» De temps
en temps ces montagnes s'écartent,et il en résulte une espèce
de petite plaine dont la culture s'empare avec un succès merveilleux. Du reste, les montagnes elles-mêmes ne sont pas
encore nues et désolées comme aux environs de Jérusalem :
des touffes de chênes nains, de buis, de térébinthes et autres
arbustes, mêlent leurs branches et leurs racines sur le sol
aride et rocailleux ; des oliviers s'élèvent dans les ravins , et
forment parfois des bois entiers sur les flancs des montagnes.

Quant au chemin, si tant est qu'il mérite ce nom , il est affreux : c'est un sentier étroit, serpentant autour des rochers
et au fond des torrents ; n'offrant que des lits de cailloux rou-
lants, de pierres aiguës ou de dalles lisses et inclinées ; s'é-
tageant en gradins de soixante à quatre-vingt centimètres ,
qu'il faut escalader ou descendre à chaque instant ; parfois
bordé de précipices , et souvent encombré de longues files

de hideux chameaux qui vous barrent le passage. A part les plaines, où l'on chevauche en toute liberté, c'est à peu près là l'état de tous les chemins en Palestine ; nulle part ils ne sont ni entretenus, ni tracés, ils sont l'œuvre des torrents et des caravanes. Seuls, les chevaux arabes peuvent s'en tirer avec honneur, et le cavalier n'a rien de mieux à faire que de s'abandonner à leur conduite, en se contentant de leur faire sentir la bride. C'est vraiment plaisir de les voir étudier les aspérités du terrain et y assurer leur sabot; ici, grimper comme des chèvres ; là, se laisser glisser sur une pente rapide ; ailleurs, se lancer à fond de train au milieu de véritables casse-cou; et tout cela, sans faire un seul faux pas qui inquiète, sans paraître accessible à la fatigue, sans boire ni manger du matin au soir.

Nous devions déjeuner au lieu appelé, on ne sait trop pourquoi, *Bir-Ayoub*, Puits-de-Job, et que l'on croit être la fontaine de *Nephtoa* (fontaine ouverte) de l'Ecriture. Mais ce puits est sans eau, et nous poussons jusqu'au village de *Sarris*, où nous trouvons tout à souhait : une fontaine qui nous donne de l'eau fraîche en abondance, un bouquet d'oliviers qui nous abritent contre les ardeurs du soleil et une table champêtre sur laquelle se succèdent les œufs, les poulets, les pastèques, le vin et le café. En un mot, il y fait assez bon pour que notre halte se prolonge de huit heures à midi et demi. La force de la chaleur nous commanderait même de la prolonger encore davantage ; mais, d'un autre côté, il nous faut arriver à Jérusalem avant le coucher du soleil, et le cri de *allah ! allah !* nous remet en marche.

A une faible distance, sur notre droite, était la ville d'*Emmaüs*, l'ancienne *Nicopolis* des Romains, célèbre par l'éclatante victoire de Judas Machabée sur Gorgias, général d'Antiochus ; et un peu au-delà, la ville sacerdotale de *Nob*, dont Saül fit massacrer tous les habitants, parce que le grand-prêtre Achimélech avait donné à David les pains de proposition et l'épée de Goliath; puis la ville de *Bethsamès* (maison du soleil), où l'Arche sainte, renvoyée par les Philistins, s'arrêta dans le champ de Josué le Betsamite et excita chez les habitants une curiosité qui leur coûta si cher.

A peu de distance encore, sur notre gauche, était la cité de *Gabaon*, où Salomon offrit au Seigneur mille hosties en holocauste, et lui demanda la sagesse, et où précédemment Josué avait miraculeusement arrêté la course du soleil pour anéantir l'armée des Amorrhéens avec leurs cinq rois. «Alors Josué

» parla au Seigneur........ ; puis il dit : Soleil, n'avance point
» sur Gabaon, ni toi, lune, sur la vallée d'Aïalon. Et le soleil
» et la lune s'arrêtèrent jusqu'à ce que le peuple se fût vengé
» de ses ennemis........ Le soleil s'arrêta au milieu du ciel, et
» ne se hâta point de se coucher durant l'espace d'un jour. Ja-
» mais jour, ni avant, ni après, ne fut si long que celui-là,
» le Seigneur, obéissant alors à la voix d'un homme et com-
» battant pour Israël.

Vers une heure, nous descendons à *Kuriat-el-Aneb* (village du raisin), dénomination bien justifiée par les grappes dorées et à grains ovales, que nous y voyons en si grand nombre
du côté de Jérusalem. Quelques-unes de ces grappes ont bien
dix-huit pouces de long, et nous remettent en mémoire ces in-
comparables raisins de la Terre-Promise dont parle l'Ecriture.

Ce même village, que domine le château d'Abou-Gosch, so-
lidement bâti sur le versant de la montagne, porte encore le
nom de ce brigand célèbre, qui rançonnait jadis les pèlerins,
bravait les menaces du pacha et remplissait la contrée de la
terreur de ses armes. Le Scheick actuel du village et de la
contrée est neveu de cet Abou-Gosch, que les Arabes appelaient le prince des voleurs ; il recueille avec bienveillance
les Européens, surtout les Français. — Sur l'invitation de son
frère que nous avons rencontré à Sarris, nous devions prendre le café chez lui ; mais il se trouve absent à notre
passage, et nous nous bornons à saluer sa cour qui se tenait
gravement sous un sycomore gigantesque, aux branches duquel pendaient de nombreux fusils.

Enfin, les chrétiens appellent ce village *Saint-Jérémie*, du
nom d'une belle et grande église ogivale, à trois nefs, bâtie au
temps des Croisades et dédiée à l'auteur des Lamentations. —
Jusqu'au xviie siècle, l'église de Saint-Jérémie fut desservie
par des Franciscains ; mais un jour, sans prétexte et en pleine paix, les Arabes massacrèrent les religieux, détruisirent
leur couvent et pillèrent leur église, qui devint ensuite une
mosquée, en attendant que de nos jours on en fît une étable.
Nous visitons avec un pieux intérêt les ruines, parfaitement
conservées, de cette antique église, et nous ne manquons pas
d'y déposer une humble prière.

On croit que ce village est ce que l'Ecriture appelle *Caria-
thiarim* (la ville des forêts), où l'Arche sainte, ramenée de
Bethsamès, resta vingt ans chez Abinabad, où David et tout
Israël vinrent la prendre, pour la conduire en triomphe par

ce même chemin que nous allons suivre , et la déposer à Jérusalem dans la maison d'Obédédom, et d'où encore dut sortir ce Zacharie que les Juifs tuèrent entre le temple et l'autel , pour le récompenser de la plus heureuse prophétie qu'il leur faisait cinq cents ans avant Jésus-Christ : « Fille de Sion , » soyez comblée de joie ; fille de Jérusalem, poussez des cris » d'allégresse : voici votre Roi qui vient à vous , juste et sauveur, plein de douceur et monté sur une âne , sur le fils de » l'ânesse. »

Au sortir de la vallée de Saint-Jérémie, nos regards sont attirés par une montagne qui s'élève et grandit à quelque distance sur notre droite ; ce doit être l'une des plus hautes montagnes de la Judée ; terminée en pain de sucre , elle est couronnée par un bourg et par une forteresse : c'est la ville des Machabées, c'est l'antique *Modin*. Nos drogmans nous le crient avec une sorte d'enthousiasme , et après eux , toutes les bouches le répètent. Il est peu de noms que l'on salue avec plus de respect, et qui soient entourés de plus de gloire. Précurseurs des Croisés , héros que l'Ecriture compare à des géants terribles et à des lionceaux qui rugissent, les Machabées combattirent et moururent pour leur foi et pour la liberté de leur pays. Quel appel à la guerre sainte, que celui de Mathathias.— « Tout ce que nous avions de saint, de beau et » d'éclatant a été désolé et profané par les nations. Pourquoi » donc vivons-nous encore?. .... Quiconque a du zèle pour la » loi et veut demeurer ferme dans l'alliance du Seigneur , » qu'il me suive. » Un magnifique mausolée, qu'apercevaient bien, dit l'Ecriture , ceux qui traversaient la mer de Syrie, s'éleva longtemps sur les hauteurs de Modin , à la gloire de cette famille de héros. Des mêmes hauteurs de Modin, où l'avait un jour entraîné son ardeur à poursuivre les Musulmans, Richard Cœur-de-Lion aperçut Jérusalem ; et, à cette vue , dit le chroniqueur, ne pouvant contenir son émotion , il versa des larmes abondantes. Ces larmes d'un héros , à l'aspect de Jérusalem , ont bien quelque chose de sublime , et expliquent les émotions de plus en plus vives du pèlerin, à mesure qu'il approche de la Ville Sainte.

Presque en face de Modin, à une petite distance sur la gauche, voici une nouvelle montagne, et sur cette montagne un célèbre village qu'on aperçoit au loin, celui de *Saint-Samuel*, l'ancienne *Rama*, *Ramatha* ou *Ramathaïm-Sophim* de la Bible. C'est-là que demeurait Elcana, ce véritable Israélite, fidèle à la loi , et ne manquant jamais d'aller adorer le

Seigneur à Silo pour les trois grandes fêtes de Pâques , de la Pentecôte et des Tabernacles. C'est là que Samuel , son fils , prophète si célèbre et le dernier des juges d'Israël, faisait lui-même sa résidence , hors du temps où il allait rendre les jugements dans les principales villes. C'est là que les anciens et les sages d'Israël vinrent trouver Samuel pour lui demander un roi. C'est là que Saül , cherchant les ânesses de son père , reçut de Samuel l'onction royale. C'est là que David, persécuté par Saül, se réfugia auprès de Samuel. Enfin, c'est là que Samuel mourut, et qu'il fut enseveli au milieu des larmes de tout un peuple ; et sur cette hauteur, dit l'un de nos premiers pèlerins , semble se dresser encore la grande et majestueuse figure de ce prophète qui faisait et défaisait les rois.

De ce même côté , plus près de Jérusalem, devait encore se trouver le bourg d'*Emmaüs*, où se rendaient Cléophas et un autre disciple, le jour même de la Résurrection, et où le Sauveur, après les avoir instruits et touchés pendant la route, se fit connaître à la fraction du pain.

Nous descendons par une pente rapide , et avec une émotion toute sympathique, au fond de la célèbre vallée de *Térébinthe* , qui rappelle une des plus belles pages de la Bible. Là même , sur ces deux montagnes qui se regardent et que sépare une étroite vallée, deux armées étaient en présence, menaçant d'en venir aux mains ; « car Israël avait rangé en bataille toutes ses troupes, et les Philistins se disposaient à les combattre.» Un géant, à l'armure formidable et à la taille de six coudées et une palme, se porte en avant des Philistins et vient défier les bataillons d'Israël ; mais sa vue seule glace d'effroi, et son approche met tout le monde en fuite. Alors se présente à Saül un jeune berger de Bethléem, le dernier des huit enfants d'Isaï. S'il demanda à combattre , ce n'est pas sans avoir déjà fait ses preuves: «Lorsque votre serviteur con-
» duisait le troupeau de son père, venait-il un lion, ou un ours,
» emporter un bélier du milieu du troupeau, je courais après
» eux, je les attaquais, et je leur arrachais la proie d'entre
» les dents ; et lorsqu'ils se jetaient sur moi, je les prenais à
» la gorge, je les étranglais, je les étouffais. C'est ainsi que
» votre serviteur a tué un lion et un ours ; et ce Philistin se-
» ra bientôt comme l'un d'eux. » — Allez, lui répond Saül, et
» que le Seigneur soit avec vous. » Trop jeune et trop faible pour porter même une armure, David prend son bâton, choisit dans le torrent cinq pierres lisses et polies, arme sa fronde d'une de ces pierres qui va bientôt se loger dans le front de

Goliath, et revient en triomphe avec la tête du géant, dont la mort est suivie de la déroute complète des Philistins.

Nous passons le torrent sur un petit pont de pierres à trois arches, le seul qu'il me souvienne d'avoir trouvé en Palestine, et nous descendons dans son lit desséché pour y ramasser quelques cailloux, à l'exemple de David et au même lieu peut-être. L'eau fraîche et pure du village, ses excellents et magnifiques raisins, les délicieux ombrages de ses bouquets d'orangers, des citronniers et des térébinthes, les souvenirs émouvants de la Bible, tout nous charme dans cette vallée, l'une des plus riantes de la Palestine, et nous y passons volontiers de doux moments, qu'il nous faut pourtant abréger pour arriver à Jérusalem avant la fermeture des portes.

Au-delà de la vallée de *Térébinthe*, à plus d'une heure de Jérusalem, nous faisons une bien agréable rencontre ; un cavalier en burnous blancs, et dont la fringante monture semble voler à travers les rochers, vient droit à nous d'un air de visible sympathie : c'est le maître de cérémonies du patriarcat latin, M. l'abbé Eugène Tomassi, plus connu sous le nom de *Donno Eugenio.* Nous le saluons affectueusement ; et au nom de toute la caravane, Mgr Hovangi lui adresse en latin quelques paroles de vive gratitude pour sa démarche amicale et prévenante. Donno Eugenio y répond avec toute la cordialité possible, et nous annonce qu'on nous attend avec impatience à Jérusalem : «*Procedite fidentes, expectati estis ab omnibus.* »

En effet, c'est comme à Ramleh, et pour la même cause, ainsi qu'il nous l'apprend ensuite chemin faisant : par trop d'intérêt pour nous (*trop est trop.*), l'on nous avait annoncé à Jérusalem pour la veille au soir ; et voilà vite les RR. PP. Franciscains de tout disposer pour nous bien recevoir, et de nous attendre de pied ferme à leur hospice de Casa-Nova ; voilà, d'un autre côté, deux prêtres du patriarcat, M. l'abbé Dequevauvillier, chancelier, et M. l'abbé Poyet, vice-chancelier, d'accourir obligeamment à notre rencontre, et de se porter au-devant de nous jusqu'au-delà de Saint-Jérémie. Et toute cette peine perdue du premier jour n'empêche pas Donno Eugenio de recommencer le lendemain ; c'est un trait de bienveillance toute particulière, et de bonne augure pour l'accueil qui nous attend à Jérusalem.»

Cependant, à mesure que nous approchons de la Ville-Sainte, nous sentons augmenter notre impatience, et nous voyons aussi augmenter autour de nous la désolation. Les champs, encombrés de pierres, ressemblent assez bien à nos voies macadamisées sur lesquelles n'a pas encore passé le rouleau. Les montagnes se succèdent perpétuellement, nues et monotones, de couleur rouge et ardente, vous offrant les assises régulières et circulaires de leurs rochers, que l'on prendrait volontiers de loin pour les murs d'enceinte d'une forteresse. Toute trace de sentier, comme tout reste de végétation, finissant par disparaître, on ne saurait trop, sans un guide, quelle direction prendre ; et c'est à peine si le cheval, avec sa rare habileté, peut trouver à poser le pied au milieu des débris, des ruines et des quartiers de rochers qui gisent de toutes parts.

Mais ce n'est point tout cela qui nous préoccupe, non plus que les rudes fatigues de la journée. Derrière l'une de ces collines, est Jérusalem, objet de tous nos vœux, et il nous tarde bien de la saluer, et chacun veut avoir la joie de la signaler le premier. Pleins de cette pensée, nous pressons à l'envi la marche de nos chevaux ; et en arrivant au sommet de chaque éminence, que nous croyons toujours être la dernière, le cœur nous bat, nous respirons à peine, nos yeux embrassent le nouvel horizon et cherchent partout cette ville qui semble toujours fuir devant nous. Enfin, de la crête d'une dernière montagne, à la distance d'un quart-d'heure, nous la voyons apparaître tout-à-coup, avec ses créneaux, ses coupoles, ses murailles et ses tours ; et chacun de s'écrier : JÉRUSALEM !

On sait les émotions et les transports pieux des Croisés, quand ils apercevaient Jérusalem pour la première fois : ils s'arrêtaient à l'instant, saluaient avec amour, fléchissaient le genou, tombaient la face contre terre et n'avaient que des soupirs et des larmes pour exprimer leur bonheur. — Ces sentiments de nos pères sont les nôtres, leur émotion a passé dans nos cœurs ; à leur exemple et à la même place, chacun de nous quitte sa monture, se prosterne et adore, baise la terre avec un saint respect et ne se relève qu'après une fervente prière.

« Quand je vivrais mille ans, jamais je n'oublierai » ce moment solennel. Jérusalem, cité de Dieu, de laquelle il nous a été dit des choses si glorieuses ; Jérusalem, objet des prédilections du Seigneur ; Jérusalem, éclairée par tant de prophètes que Dieu lui envoya dans sa miséricorde ; Jérusalem, sanctifiée par la présence de Jésus-Christ et arrosée de son sang ; Jérusalem, d'où nous vient l'*Eucharistie* ; Jérusalem, qui a vu la gloire de la *Résurrection* et le triomphe de l'*As-*

cension ; Jérusalem , que des millions de chrétiens ont visitée , au prix de tant de fatigues et de sacrifices , et après laquelle un plus grand nombre encore ont vainement soupiré... ... La voilà devant nous, à nos pieds ! Encore quelques instants, et il nous sera donné d'y entrer, d'y reposer , de la parcourir , d'en visiter les sanctuaires. Et, en attendant, nous ne pouvons plus en détourner nos regards , et sa vue seule fait surgir en nos âmes des impressions que la parole humaine se refuse à reproduire , et qui ne sauraient d'ailleurs être bien comprises que par ceux qui les ont éprouvées.

« Jérusalem , dit Mgr Mislin , ne ressemble à aucune autre ville : ce n'est pas une place forte , comme nous en voyons en Europe; ce n'est pas une ruine antique , noircie ou couverte de lierres; c'est moins encore une cité moderne, agitée et bruyante: c'est une enceinte vaste et lugubre, entourée de débris et de monuments funéraires; aucun bruit ne sort de ses murs, aucun être vivant ne parcourt les sentiers pierreux de ses vallées , les oiseaux du ciel se taisent , le torrent de Cédron est sans eau, les piscines sont desséchées, les rochers d'alentour sont brisés, les collines sont des monceaux de sable , la terre est comme brûlée et couverte de cendres, les animaux des champs n'y trouvent point de pâture , la mort et la douleur habitent seules cette profonde solitude. »

Pour le coup, voilà un portrait que l'on ne dira point flatté, mais qui n'en plaira pas moins à ceux qui , pour cause , cherchent des arguments contre le pèlerinage de Jérusalem, comme ces braves à rebours dont parle l'Écriture, qui , pour s'excuser de sortir, vous mettent des lions et des lionnes dans tous les chemins. Quant à nous, qui devons la vérité à nos lecteurs, ne nous bornons pas à ces premiers traits qui ne leur dévoilent qu'un coin du tableau.

« Je remarquai , dit encore l'auteur que nous venons de citer , que l'ensemble de la ville, de ses murs et de ses monuments , a un air de dignité qui me fit un vif plaisir, et je me dis : Elle est belle dans sa désolation. Mon imagination était tellement frappée qu'il me semblait distinguer..... à la fois la cité de David sur la colline de Sion , et une Jérusalem nouvelle , *resplendissante de clarté , qui descendait du ciel, venant de Dieu.* »

« Autour de la ville, dit M. Enault , pas un champ cultivé, pas un jardin, pas un arbre : le désert partout. Jérusalem s'isole dans une solitude éclatante. Rien ne distrait le regard de ses contemplations; rien ne détourne l'âme de ses souvenirs.

Ce qui m'a frappé tout d'abord , c'est une idée de beauté , beauté grave et mélancolique, comme il convient à une reine dans les fers, esclave, mais reine encore. Jérusalem est toujours belle, et je comprends l'espèce de fascination qu'elle exerce sur les Arabes-Bédouins ; ils ne parlent d'elle qu'en la nommant *La Sainte* ! *El Kods* ! »

Aux yeux de M. l'abbé Azaïs, « la ville présente à la fois un caractère de grandeur et de tristesse, de désolation profonde et de majesté qui émeut. C'est une reine déchue , mais qui porte au front quelques vestiges de sa splendeur ; elle conserve encore la touchante royauté du malheur. »

Selon M. l'abbé Vaulchier , « quelque triste que soit l'aspect des lieux qui l'entourent , cette première vue de la cité sainte est pleine de charmes. L'enceinte blanche et parfaitement conservée de ses murs crénelés se dessine nettement sur le fond lointain des montagnes de la Moabie ; les terrasses de ses maisons s'élèvent en amphithéâtre sur les collines de Moriah et de Sion ; à une petite distance au-delà de la ville , le mont des Oliviers dresse son sommet , couronné de quelques maisons...... Mais c'est au cœur surtout que doit parler Jérusalem.... »

Enfin , pour ne pas nous donner trop raison contre les détracteurs de Jérusalem , qui seraient si heureux d'avoir accompli le pèlerinage, mais qui n'osent l'entreprendre , citons un dernier pèlerin dont le témoignage sera la digne conclusion de ceux qui précèdent :

« En vérité, dit M. l'abbé Laffargue , je souffre quand j'entends dire que c'est un voyage de *déceptions* , et cela par des personnes qui n'ont pas fait ce pèlerinage ou qui répètent ce qu'ont dit des hommes sans foi et sans amour pour Jésus-Christ. Le pèlerin que conduit une pensée d'en haut, éprouve aux Saints-Lieux des suavités telles que jamais il n'aurait pu les rêver. J'ose assurer que pour lui la réalité dépasse ses espérances. Le *touriste* aura, c'est possible, des déceptions ; car, à ses yeux ne brillera point le rayon divin de l'Étoile de Bethléem. Il se scandalisera de ne point trouver la cité de David *rayonnante de clarté* , et ne saura point voir la main de la justice divine qui pèse encore sur la ville déicide. Cependant, que d'incrédules ont rencontré la foi qui les attendait au milieu de ces étonnantes ruines. »

Le lecteur nous pardonnera ces citations un peu longues, dont il ne manquera point de faire son profit, et que nous nous devions à nous-même, pour bien nous convaincre qu'il n'y a aucune illusion ni exagération dans les pieux sentiments qui nous transportent au moment de faire notre entrée dans la Ville-Sainte.

Du plateau d'où Jérusalem nous est tout d'abord apparue, et d'où nous l'avons contemplée quelques instants avec tant de bonheur, nous descendons lentement, à cheval, deux à deux et dans un silence plus éloquent que toute parole. Sur cette même route, nous disent les chroniqueurs, les Croisés se proposaient de n'avancer que les pieds nus si la crainte de l'ennemi ne leur eût fait un devoir de marcher en armes et en toutes précautions. Les membres de la première caravane française, par respect pour la Ville-Sainte, se proposaient eux-mêmes de n'y rentrer qu'à pied, sans armes et dans l'attitude d'humbles pèlerins ; mais on leur fit comprendre que cet acte d'humilité aurait le fâcheux inconvénient de réveiller l'ancienne prétention des Turcs, qui jadis ne permettaient pas aux chrétiens d'entrer à cheval et en armes, soit à Jérusalem, soit à Damas. Pour cette même raison, nous faisons bonne et fière contenance, en approchant de la porte du Bien-Aimé, *Bab-el-Khalil*, encore appelée porte Jaffa ou des Pèlerins ; et toute cette assurance n'était pas de trop comme on va le voir.

On nous attendait à Jérusalem, et bien des frères ou de simples curieux s'étaient portés au-devant des *Frangi* ; on nous voit venir en nombre et en toute solennité ; de nombreuses détonnations de nos armes signalent notre approche aux plus sourds et aux plus aveugles. Cependant, nous touchons presque à la porte, encombrée d'un pêle-mêle inimaginable d'hommes, de mulets et de chameaux, et rien ne nous annonce encore qu'on pense à nous ouvrir un passage. La prière serait inutile, la menace ferait peu, les voies de fait nous répugnent, que faire ? Déjà nous nous consultons de l'œil, quand le guide vient nous tirer d'embarras, d'une façon aussi neuve qu'expéditive. Comprenant bien la position, et rompu d'ailleurs aux usages du pays, il pique des deux, se jette résolument dans la mêlée, applique à droite et à gauche quelques bons coups de cravache contre lesquels aucun battu n'a garde de réclamer, et la porte aussitôt balayée, nous offre un libre passage. Nous traversons, à l'entrée de la ville, une petite place, où nous laissons notre guide aux prises avec les soldats du poste qui demandent le backchich ; puis, tournant à gauche, nous enfilons une longue rue étroite qui nous conduit entre deux lignes de maisons sans fenêtres, à l'hospice de *Casa-Nova*, où nous recevons le meilleur accueil des bons Pères de la Terre-Sainte.

Il est cinq heures ; les Turcs, gardiens de l'église du Saint-Sépulcre, en ont déjà fermé les portes et nous avons le regret de ne pouvoir pas y aller déposer à l'instant nos premières adorations. Du moins, à peine avons-nous pris quelques rafraîchissements et sommes-nous installés dans nos chambres voûtées de Casa-Nova, que nous accourons à l'église du grand monastère de Saint-Sauveur, pour y remercier la divine Providence de nous avoir si heureusement conduits au but de notre pèlerinage. Le *Te Deum* est chanté par de nombreuses voies d'enfants, soutenues par les voix plus mâles des Pères et accompagnées de l'orgue. L'émotion visible des pèlerins ne leur permet guère d'y prendre une part active ; pour mon compte, jamais *Te Deum* n'a produit sur moi un effet si magique.

De Saint-Sauveur nous nous rendons au patriarcat latin, et nous y recevons encore l'accueil le plus paternel et le plus cordial, Monseigneur Valerga répond aux hommages de la caravane par de brûlantes paroles qui font couler plus d'une larme, nous concède les plus amples pouvoirs pendant toute la durée du pèlerinage, daigne entretenir et embrasser chacun de nous en particulier, et nous bénir tous avec effusion.

Quelle journée ! nous sommes sur pied depuis une heure du matin, et à sept heures du soir, nos émotions aidant, nous semblons moins fatigués que la veille. Une table bien servie nous réunit à Casa-Nova, et plusieurs prêtres du patriarcat nous font l'honneur d'y prendre place à nos côtés. Il ne nous manquerait plus que les bienfaits d'un sommeil réparateur ; mais comment dormir la première nuit qu'on passe à Jérusalem, avec cette pensée que l'on est dans la Ville-Sainte, à quelques pas du Calvaire et du Saint-Tombeau !

Le mercredi 3 septembre, aux premières lueurs du jour, la vie renaît à Casa-Nova, les cellules s'ouvrent, et, après une nuit qui leur a paru bien longue, les pèlerins se revoient avec un indicible bonheur dans les galeries intérieures ou sur les terrasses de l'hôtellerie. Pas un qui se rappelle en ce moment, ou du moins pas un qui regrette les fatigues, les privations, les souffrances qu'a pu offrir le saint voyage depuis le 21 août, jour du départ de Marseille. Nous saluons avec transport ce beau soleil de Jérusalem qui nous envoie pour la première fois ses rayons des hauteurs du mont des Oliviers ; et nous descendons tous ensemble au Saint-Tombeau, en redi-

sant avec plus d'à-propos et de vérité que jamais : «*Lœtatûs*
» *sum in his quœ dicta sunt mihi ; in domum domini ibi-*
» *mus.* Quelle immense et sainte joie nous cause la nouvelle si
» heureuse qui nous est donnée : nous allons à la maison du
» Seigneur ! Déjà nous voici dans tes parvis, ô Jérusalem ! »

Ainsi, notre première pensée de ce jour est pour le tombeau
du Sauveur, et notre première action est d'y courir. Au reste, quoi de plus naturel ! Se peut-il qu'au premier jour que
l'on passe à Jérusalem, on désire tout d'abord autre chose que
d'aller se prosterner sur le *Calvaire* et dans le *Saint-Sépul-*
cre ! Nous descendons deux ou trois rues étroites, tortueuses, malpropres et mal pavées ; nous longeons à droite le vaste couvent des Grecs, qui se présente toujours, comme une
entrave, sur le chemin du Saint-Sépulcre ; nous passons, en
inclinant nos têtes, sous une porte surbaissée qui nous conduit par plusieurs degrés sur une place tout entourée de bâtiments ; et au fond de cette place carrée, nous voyons soudain
se dresser devant nous la vénérable église du Saint-Sépulcre,
espèce d'abrégé de la Ville-Sainte, où se trouvent réunis les
principaux théâtres des grandes scènes de la Passion et les
plus augustes sanctuaires du christianisme.

La porte est ouverte, grâce à l'obligeante prévoyance des
bons Pères de Terre-Sainte, qui sauront encore nous la faire
ouvrir chacun des jours que nous passerons à Jérusalem. Dans
notre pieux empressement, nous oublions que ce sont des Musulmans qui nous permettent l'entrée de la sainte basilique, et
nous allons directement nous prosterner sur la *pierre de*
l'Onction, en avant de la porte d'entrée. De là, nous prenons
à gauche, et nous pénétrons dans l'immense rotonde au milieu
de laquelle s'élève le monument du *Saint-Sépulcre.* Avec
quelle sainte frayeur nous entrons dans ce petit monument !
et avec quels ineffables transports nous collons nos lèvres sur
la pierre sacrée du divin tombeau !

Rien ne peut donner une véritable idée de tout ce qui remue et bouleverse l'âme dans ce moment solennel, qui restera comme une époque ineffaçable dans notre vie. Saint Paul
revenant du troisième ciel, ne trouvait plus une parole pour
faire connaître à ses frères ce qu'il avait vu et goûté. Les premières émotions du pèlerin qui entre dans le Saint-Tombeau,
ne peuvent non plus être bien comprises que de ceux qui les
ont éprouvées. Elles sont fort différentes de ce qu'on ressen-
tirait si l'on était tout d'un coup transporté de France en Palestine. Les mille et un incidents du voyage modifient l'imagi-

nation , les idées, l'organisme lui-même ; et quand on arrive, on se trouve , à son insu , endurci contre certaines impressions , en même temps que prédisposé à d'autres. Le premier devoir imposé au pèlerin , et le premier besoin qu'il éprouve, c'est de se prosterner , d'adorer, de s'anéantir, de prier. La prière, il le faut bien, est celle-là même que recommandent nos saintes lettres ; plutôt des larmes et des soupirs que des flux de paroles : « *Orantes , nolite multùm loqui....... Tibi dixit cor meum.* »

C'est la prière que faisait à Silo celle qui devait être la mère de l'illustre Samuel. « Anne , qui avait le cœur plein d'a-
» mertume , pria le Seigneur avec une grande effusion de
» larmes..... Or, elle parlait dans son cœur, et l'on voyait seu-
» lement remuer ses lèvres, sans qu'on entendît aucune pa-
» role. » Le silence et les larmes, n'est-ce pas le langage de la reconnaissance , de l'admiration , de l'amour et de la joie, aussi bien que de la douleur ? N'est-ce pas le langage de l'enfant, de la femme, du vieillard , disons mieux , le langage de l'âme sensible ? « J'avoue, dit un pieux pèlerin, que j'ai pleuré rarement en ma vie, que ce n'est qu'en Palestine que j'ai éprouvé combien il y a de douceurs dans les larmes , et que j'ai compris que c'est quelquefois un châtiment de Dieu de ne pouvoir pleurer. Oh ! que je m'estimerais malheureux , si je n'avais pas trouvé de larmes dans mon cœur auprès du tombeau de Jésus-Christ.» Nous reviendrons souvent prier à ce tombeau, dont la gloire émerveillait d'avance le prophète : « *Et erit sepulchrum ejus gloriosum.* » Plus d'une fois même, nous aurons l'ineffable bonheur d'immoler l'Agneau sans tache dans ce même lieu où il a daigné reposer trois jours, puisque c'est bien là , au rapport de l'ange, qu'ils ont déposé son corps inanimé : « *Eccè locus ubi posuerunt eum.*»

L'ordre conduit à Dieu, entretient la bonne entente, règle au mieux toutes choses, et a une telle importance que rien ne se fait bien qui ne se fait avec ordre. C'est dans cette pensée que nous arrêterons toujours d'avance les courses à faire, les lieux et les choses à visiter ; et dans cette pensée encore, que, dès la veille au soir, et pour toute la durée du pèlerinage , nous avons adopté l'ordre suivant pour les messes à dire aux divers sanctuaires par les onze prêtres de la caravane : MM. l'aumônier, le président, le vice-président, le secrétaire, les autres prêtres par ordre alphabétique. Nos mesures n'ayant pas été prises d'assez bonne heure, nous ne pouvons le premier jour dire qu'une messe sur le Saint-Tombeau ; et j'en

profile pour célébrer sur le Calvaire , à l'autel de la *Transfixion* ou de la *Compassion* , entre le lieu où Jésus-Christ fut
cloué à la croix et celui où la croix fut plantée, là même où se
tenait la très-sainteVierge lorsque son Fils mourant lui adressa
ces paroles , que saint Bernard appelle un glaive à deux tran-
chants : « Femme , voilà votre fils: »

Une fois les messes dites , les RR. PP. de Terre-Sainte ,
pour nous épargner la peine d'aller à Casa-Nova et de retourner à l'église du Saint-Sépulcre, ont la bonne pensée de nous
faire prendre le café dans leur petit *couvent du Saint-Sépulcre* , espèce de large corridor faisant partie des bâtiments de
la grande église. Puis, vers huit heures, le P. François-Marie
d'Assise, d'origine française et dernièrement encore exerçant
comme docteur-médecin dans le midi de la France, veut bien
se mettre de la meilleure grâce du monde à la disposition de
ses compatriotes, et nous visitons avec lui cette vaste église du
Saint-Sépulcre qui « est certainement, dit le P. de Géramb, ce
qu'il y a sur la terre de plus auguste et de plus sacré.» Il
nous conduit de chapelle en chapelle , nous en déclinant les
noms , nous en faisant l'histoire , nous intéressant constamment par tous les détails qu'il nous donne et que nous serons
heureux de communiquer bientôt à nos lecteurs. Les principaux théâtres des scènes émouvantes de la Passion , rassemblés comme à dessein dans cette église , nous passent tour à
tour sous les yeux et reçoivent successivement nos humbles
hommages , chacun d'eux nous renvoyant , de son côté , des
impressions particulières et mystérieuses que le cœur ne peut
porter longtemps et que la parole ne saurait reproduire. Plus
d'une fois pendant cette visite, on se prend à demander si c'est
bien une *réalité*, si vraiment les distances sont franchies , les
obstacles surmontés.... ; et quand la réflexion dit *oui* , quand
le témoignage des yeux et des guides affirme que ce sont réellement les lieux sanctifiés par les plus augustes mystères, l'é-
motion redouble, l'adoration devient plus profonde, l'anéan-
tissement plus complet. O Calvaire ! ô tombeau de Jésus-
Christ ! nous vous quittons, humiliés d'une faveur dont nous
sentons bien que nous étions à jamais indignes, contents d'u-
ne joie qui tient plus du ciel que de la terre, et nous promettant bien de vous revoir au plus tôt.

A dix heures et demie , nous nous dirigeons vers le grand
couvent de *Saint-Sauveur* , pour faire notre visite aux RR.
PP. de Terre-Sainte, qui nous ont offert une si aimable et si
touchante hospitalité dans la maison neuve (*Casa-Nova*),

qu'ils ont fait construire depuis peu pour l'usage des pèlerins. Pour descendre de Casa-Nova au S.-Sépulcre, nous avons pris la rue à droite, où s'élève le couvent principal des Grecs. En prenant à gauche la rue parallèle, nous eussions trouvé à quelques pas, sur la gauche, le couvent de S.-Sauveur ; sur la droite, en face et dans les dépendances de St-Sauveur, le petit couvent des *Sœurs de St-Joseph-de-l'Apparition*, et plus bas, encore sur la droite, une maison inachevée qui envahit orgueilleusement la rue, et qui n'est plus habitée que par un simple *pope* ou *papa* russe. On peut dire des Russes, aussi bien, ou mieux encore, que des Grecs : qu'on les rencontre toujours, eux aussi, comme une entrave, sur le chemin du Saint-Sépulcre. Il ne suffisait point à S. M. l'Empereur de toutes les Russies de patronner hautement les Grecs, et de les enrichir de son or, si funeste aux droits des Latins sur les Saints-Lieux ; il lui fallait affecter ouvertement la domination à Jérusalem comme à Constantinople, et c'est à quoi devait servir ce palais que nous remarquons sur notre gauche en montant à Saint-Sauveur. Un nombreux personnel s'y réunissait déjà, sous la direction d'un archimandrite, quand la prise de Sébastopol est venue déconcerter de si beaux plans et disperser tout ce monde, ce qui nous semble assez significatif.

L'accueil qui nous est fait à Saint-Sauveur est tel qu'on le devine, et aussi flatteur que nous pouvions l'attendre. Le divan, où nous sommes introduits, est vaste, mais de grande simplicité ; c'est, au rapport du P. de Géramb, « la seule pièce un peu passable » de ce couvent, où des voyageurs distraits, sinon malveillants, ne laissent pas de voir un luxe qui les scandalise. Après les rafraîchissements de bonne venue, qui sont moins souvent qu'on ne serait peut-être tenté de le croire, affaire de pure sensualité sous les brûlantes chaleurs de l'Orient, nous passons de doux moments à nous épancher avec les bons religieux, dont les traits redisent le bonheur qu'ils goûtent à remplir auprès de nous leur sainte et charitable mission. Il en est un surtout en qui nous retrouvons tout ce que la vieillesse a de vénérable, tout ce que la sainteté a de douceur, tout ce que le cœur a d'affection : c'est *il Padre Antonio*, le véritable P. Antoine de la Transfiguration, si dévoué à la France depuis que des officiers français lui ont sauvé la vie dans la guerre d'Espagne.

Les *Pères de Terre-Sainte* ne sont autres que des *Franciscains* de la règle primitive, qui ont dans leurs attributions la garde et l'entretien des Saints-Lieux et la réception des pèlerins qui s'y rendent.

C'est au XIIIe siècle, c'est-à-dire , à l'époque où les armées chrétiennes allaient se voir contraintes d'abandonner les lieux qu'elles avaient conquis au prix de tant de sacrifices,que Dieu suscita ces croisés pacifiques de saint François d'Assise. Parti pour les Lieux-Saints à la tête d'une armée de douze pauvres moines , saint François débarquait en 1219 à Ptolémaïs ou Saint-Jean-d'Acre,et venait fonder un royaume beaucoup plus durable que celui de Godefroy de Bouillon. Ce petit noyau de disciples se multiplia sous la bénédiction du ciel et sous le feu des persécutions. Châteaubriand reproduit une longue liste des Pères de Terre-Sainte qui , plus heureux que leur fondateur , souffrirent le martyre pour la sainte cause. Nous les voyons sur le mont Sion jusqu'en 1561 , à laquelle époque , impitoyablement chassés de ce lieu , ils durent acheter des Turcs à grands frais l'église et le couvent de Saint-Sauveur , qui avaient précédemment appartenu aux Géorgiens , mais qui étaient depuis longtemps abandonnés.

De ce couvent de Saint-Sauveur relèvent tous les autres établissements des Pères de Terre-Sainte dans le Levant, savoir , ceux du Saint-Sépulcre , à Jérusalem ; de Bethléem, de Saint-Jean , de Nazareth , de Tibériade , de Damas ; de Harissa : dans le Liban ; d'Alep , de Rameth , de Jaffa , de Saint-Jean-d'Acre ; de Saïda, l'ancienne *Sidon* ; de Beyrouth, de Tripoli ; de Latakié , l'ancienne *Laodicée* ; de Nicosie, Larnaca et Limasol , dans l'île de Chypre ; du Caire , d'Alexandrie , de Fayum et de Rosette , en Egypte.

La première autorité de l'ordre est celle du P. Supérieur de Saint-Sauveur , qui a le titre de *Révérendissime*. Il est préfet des missions de Syrie , de Chypre et d'Egypte , gardien du mont Sion et du Saint-Sépulcre, et custode de Terre-Sainte. Il dépend du Général , qui est à Rome, et de la Propagande. Il a le droit d'officier pontificalement, ce qu'il fait avec la plus grande pompe ; mais , à cela près, il n'a rien qui le distingue du dernier des enfants de saint François , lui qu'on ose bien quelquefois représenter comme un souverain entouré d'un luxe asiatique. Cette place est toujours occupée par un Italien. — La seconde autorité est celle du P. *Vicaire*. D'après les statuts , elle appartient à la France ; mais, à défaut de sujets français , cette charge revient encore à un Italien. La France commençant à recevoir dans son sein les bons religieux de cet ordre qu'elle avait expulsés lors de la grand Révolution, le temps paraît venu de la faire rentrer dans ses droits : s'il en faut croire nos journaux, la chose a dû même se faire, à la suite de notre pèlerinage, dans la personne d'un Père Franciscain d'Avignon. — La troisième autorité est celle du P. *Procureur.* Ce dernier est caissier et s'occupe de l'administration temporelle ; il doit toujours être Espagnol.

Si le P. Procureur a sa caisse bien ronde et bien fournie, ce n'est du moins pas la faute de la France, qui n'y met plus un centime depuis nombre d'années. Les autres pays catholiques continuent leurs quêtes pour la Terre-Sainte, et font comme de coutume l'envoi régulier de leurs aumônes ; mais la France ne donne plus depuis longtemps que son protectorat, et c'est l'Amérique, à sa place, qui paraît vouloir se mettre à la tête du mouvement pour les aumônes. Notre caravane y a vu pour sa patrie un juste sujet d'humiliation, et elle s'en est noblement vengée au profit de la caisse de Terre-Sainte. Ajoutons encore, pour nous consoler, que la nouvelle et récente installation des Franciscains à Paris pourrait bien avoir pour conséquence la réorganisation, dans nos diocèses, de ces quêtes dont la suppression nous a tant humiliés à Jérusalem.

Les aumônes du monde catholique sont la seule ressource des Pères de Terre-Sainte, et ils en font certes bon et saint usage. Leurs cellules de Saint-Sauveur, qui ne doivent pas être plus pauvres que celles de leurs autres couvents, vous offrent un lit à peu près sur la dure, une chaise, une table, le nécessaire pour écrire ; et par ailleurs, vêtement, nourriture, tout est à l'avenant. Mais s'ils dépensent peu pour eux-mêmes, que ne dépensent-ils pas pour les autres ! Leurs pèlerins sont toujours en petit nombre et rarement à même de faire de grandes largesses, outre que plusieurs savent trop bien qu'ils peuvent passer *gratis un* ou *trois* jours dans les couvents pour la visite des sanctuaires. C'est autre chose pour les schismatiques, qui rançonnent leurs pèlerins et leur mettent quelquefois l'absolution à quatre mille francs. Si nos bons religieux ne sont plus, comme jadis, exposés à être massacrés pour un chat qui vient à tomber dans une citerne, que n'ont-ils pas à payer de taxes et de surtaxes, pour satisfaire aux caprices des pachas ou pour en obtenir justice contre les Grecs ! Puis viennent les dépenses de leurs écoles, de leurs hospices, de leurs missions, l'entretien des pieux sanctuaires ; sans compter une imprimerie qui fonctionne à Saint-Sauveur pour procurer à leurs chers Arabes des livres de piété, une pharmacie fort considérable où riches et pauvres prennent tous leurs remèdes à condition de ne les jamais payer, une espèce d'école des arts et métiers où l'on forme les jeunes gens aux divers ouvrages utiles ou nécessaires : le tout , bien entendu , pour l'amour de Dieu ou pour le roi de Prusse , car l'Arabe reçoit toujours et ne rend jamais ; nous sommes payés pour le savoir.

Le couvent de Saint-Sauveur , que nos lecteurs commencent à connaître, est fort vaste et tenu avec grande propreté. Il est irrégulier et sans plan véritable , ayant été construit à diverses reprises. Ce sont des bâtiments ajoutés à des bâtiments ; ils renferment trois cours et deux petits jardins. Des corridors larges , hauts et voûtés , laissent librement circuler l'air , ce qui rend la chaleur supportable et la santé des religieux très-satisfaisante. L'église, qui sert tour-à-tour aux cérémonies des Pères , aux offices de la paroisse et aux solennités du patriarcat , est assez petite , peu élevée sous voûte et au premier étage du couvent. Les femmes y arrivent par un escalier séparé de celui des hommes, et s'y accroupissent également séparées. Le pavé est en mosaïque ; les tableaux ont du prix et de la grâce ; les sept autels sont bien ornés, les lampes nombreuses et les dorures à profusion. Le chœur des religieux se trouve derrière l'autel principal , et l'orgue tout-à-fait au fond. De nombreuses citernes, bien entretenues, fournissent une eau excellente au couvent et à une partie de la ville. Les terrasses sont superbes , et comme le couvent occupe l'un des points culminants de Jérusalem , elles offrent de la Ville-Sainte et de ses environs un magnifique panorama qu'on ne se lasse point de contempler.

Une courte apparition des pèlerins produit le meilleur effet sur les adolescents qui se forment , sous la direction des Franciscains , dans les divers ateliers du couvent. Mais surtout elle fait sensation à l'école, que fréquentent de nombreux enfants, parmi lesquels il m'est donné de faire, à peu de frais, bien des heureux. Par une inspiration , dont je ne saurais trop me féliciter , et dont tout l'honneur revient à M. l'abbé Laffargue, j'ai apporté de France une telle collection d'images, que je puis en faire partout sur mon passage une abondante distribution ; et c'est vraiment plaisir de voir comme cette distribution est toujours reçue avec faveur , non-seulement des enfants , mais des jeunes gens eux-mêmes et des vieillards.

Avant de quitter Saint-Sauveur , nous recevons la réponse

(123)

des consuls de France et d'Autriche, auxquels nous avions fait demander l'heure à laquelle il leur conviendrait de recevoir les hommages de la caravane. Ces deux réponses, comme on le pense bien, sont empreintes de la plus grande bienveillance; mais surtout celle de notre aimable consul, que l'on nous saura gré de reproduire ici :

« Le consul de France s'empresse de souhaiter la bienvenue à Mr le président de la caravane française. C'est avec le plus grand plaisir que M. de Barrère aura l'honneur de recevoir au consulat, à 3 heures après-midi, M. le président ainsi que tous nos compatriotes présentés par lui.

» Le consul de France saisit cette occasion d'offrir à M. le président de la caravane, l'expression cordiale de ses sentiments les plus distingués, et remercie M. l'abbé Waline, secrétaire de la même caravane, de son gracieux empressement.

» Edmond de BARRÈRE. »

A l'heure convenue, M. l'abbé Dequevauviller veut bien venir nous prendre à Casa-Nova, nous conduire au consulat de France et nous présenter lui-même à M. de Barrère. Inutile de parler de l'accueil qui nous est fait par notre consul ; il est en rapport avec la lettre qui précède. Originaire de Morlaix, M. de Barrère a des parents à Saint-Brieuc ; j'ai eu l'honneur de voir à Paris sa digne et vénérable mère, et j'ai pour lui plus d'une lettre de recommandation : pouvais-je manquer d'être le bienvenu ? Ceux qui n'ont pas une fois dans leur vie perdu de vue leur clocher, ne sauraient s'imaginer quel plaisir c'est de faire, si loin de son pays, la rencontre d'un compatriote. La connaissance est bientôt faite, les rapports sont intimes et fréquents. Je verrai souvent M. de Barrère, dont l'aimable empressement a, du premier coup, gagné la caravane.

Le consulat de France touche à l'ancienne porte *Judiciaire*, où finissait la ville du temps de notre Sauveur ; où passaient les condamnés qui devaient mourir sur le *Calvaire* et où l'on affichait la sentence de leur condamnation. C'est donc par cette porte que Jésus-Christ a dû sortir de la ville déicide, pour gravir la montagne du sacrifice ; et l'on nous montre encore aujourd'hui, engagée dans les édifices qui bornent à l'est le petit jardin du consulat, une colonne que l'on croit avoir appartenu à cette porte célèbre et avoir reçu jadis la sentence qui condamnait à la mort le Sauveur des hommes.

La présence de deux pèlerins Hongrois dans la caravane

nous commandait une visite au consulat d'Autriche ; nous nous y rendons à quatre heures. — Le consulat d'Autriche se trouve au nord-est de celui de la France, et domine la 3e station de la *voie douloureuse* : l'endroit où Jésus-Christ *tomba pour la première fois* sous le pesant fardeau de sa croix, à la jonction des deux rues qui conduisent à la *porte de Damas* , au nord , et à celle de *Saint-Etienne* , à l'est. M. et Mme Pizamano sont de Venise , et habitent Jérusalem depuis plusieurs années. Le bonheur de posséder une enfant qui leur est née dans la Ville-Sainte et qui , la première Européenne depuis des siècles , a été baptisée dans l'Eglise même du Saint-Sépulcre, n'est pas la moindre chose qui les attache à Jérusalem, d'où il leur semble ne pouvoir plus s'éloigner. Sans beaucoup de démonstrations, ils nous font un accueil dont nous avons conservé bon souvenir. En nous faisant servir la limonade et le café, ils ont soin de nous prévenir, pour nous mettre à l'aise , qu'en Orient cela s'offre toujours , mais qu'il n'y a obligation de l'accepter que chez les gens du pays.

C'est peut-être le lieu de donner le menu des visites en Orient , qui m'ont agréablement rappelé celles des campagnes si bonnes et si hospitalières de ma chère Bretagne. La plupart de mes lecteurs savent aussi bien que moi qu'un visiteur ne peut guère se présenter chez les bons habitants de nos campagnes, qu'il ne lui soit fait des instances pressantes , quelquefois même une espèce de violence, pour qu'il accepte des rafraîchissements, lors même qu'il n'en a aucun besoin. En Orient, où l'on est toujours altéré, il est bien rare que ces rafraîchissements soient chose superflue , et il n'est pas moins rare qu'ils nous fassent défaut.

En abordant vos hôtes , vous les saluez à l'européenne : ou bien vous dites avec toute la gravité orientale : *Salam alek*, et vous prenez votre salut à vos pieds , pour le porter au cœur, au front, à la bouche, et le passer aux personnes que vous voulez honorer ; c'est le salut arabe dans sa perfection , et pour les plus hauts personnages. Vous prenez place ensuite sur les divans, et à leur défaut, vous vous étendez sans façon sur des nattes avec des coussins pour appuis. Aussitôt l'on vous sert une limonade faite à la minute, et qui est d'ordinaire délicieusement rafraîchissante ; cette limonade est quelquefois remplacée par une espèce de grog qui a bien son mérite, et d'autres fois par de la confiture et de l'eau fraîche, servies séparément.

Après la limonade ou ce qui en tient la place , vient le tabac, l'une des plus chères jouissances de l'Orient, où tout le monde en fait usage, surtout les femmes. Vous le fumez en cigarettes, ou mieux dans le chibouck, ou mieux encore dans le *narghileh*. En face de chaque fumeur, au milieu de l'appartement, un large plateau de cuivre reçoit un *lulé* ou fourneau de pipe, bourré de tabac, surmonté d'un tison et auquel s'emmanche un long tuyau de bois plus ou moins précieux, terminé par un bouquin d'ambre: c'est le chibouck. Le narghileh est sans contredit plus aristocratique encore et plus recherché ; c'est, dit un auteur, « le sybaritisme » de la chose. Il y a des narghilehs d'or, d'argent et d'acier ciselés, damasquinés, niellés, guillochés d'une rare façon. Ici le fourneau, plein de *tombeki*, tabac particulier venant de Perse et exclusivement destiné au narghileh, repose sur un bocal rempli d'eau. La fumée odorante de ce tombeki, sans lequel le narghileh est impossible, s'aspire à petites gorgées, se rafraîchit par l'eau qu'elle traverse, et vous arrive après avoir longtemps circulé dans un flexible tuyau de maroquin rouge ou vert et annelé de fils de de laiton, qui s'ajuste au bocal et dont on s'entoure le bras. Parfois un seul chibouck, mais plus souvent un seul narghileh, suffit à plusieurs personnes et se passe avec cérémonie de l'une à l'autre.

Le complément nécessaire de tout cela, c'est le café. On nous le sert sans sucre et avec le marc, dans des coquetiers d'argent, de cuivre, de porcelaine ou de faïence, reposant pour l'ordinaire sur un pied de métal. Vous l'aspirez encore à votre aise et à petites gorgées, tant pour faire durer le plaisir que pour laisser le marc au fond. « Faites le café léger, dit l'un de nos pèlerins, et prenez-en souvent ; on arrive sans inconvénient à douze ou quinze tasses par jour. » Je le crois bien, et l'on peut même impunément dépasser ce chiffre, s'il est vrai, comme on nous l'a certifié sur les lieux, qu'une dame de Jérusalem se soit gratifiée le même jour d'une centaine de tasses de café aromatisé, qui est l'une des jouissances favorites de l'Orient. Quoiqu'il en soit, nous tenons de notre guide, pour le lui avoir ouï dire maintes fois, que la plus grande consommation qui se fasse chez lui est incontestablement celle du tabac et du café.

Mais laissons là ces détails, qu'il fallait bien donner une bonne fois, n'en déplaise aux épilogueurs qui ne demanderaient pas mieux que de connaître tout cela sans l'avoir appris. Chaque jour, à l'issue des Complies, les Franciscains de service au Saint-Sépulcre vont en procession solennelle, la corde aux reins et le cierge à la main, s'agenouiller et prier dans les principaux sanctuaires de l'église du Saint-Sépulcre; et il est d'usage que, le lendemain de leur arrivée, les pèlerins soient invités à faire avec eux cette touchante procession du soir. Convoqués pour quatre heures et demie, nous sommes au Saint-Sépulcre à l'heure précise ; aussitôt la procession, qui n'attendait que notre arrivée, commence son parcours accoutumé, auquel nous nous unissons d'autant mieux que les bons Pères ont eu l'attention de mettre leur processionnal aux mains de chacun des membres de la caravane.

Voici l'ordre des Stations, et l'indication des indulgences concédées par l'Eglise à ceux qui les font pieusement, et récitent une fois l'Oraison dominicale avec la Salutation angélique :

1° La *Colonne de la Flagellation* (*Ad Columnam Flagellationis*), dans la chapelle même où les Pères Franciscains font leurs offices et qui leur sert de chœur : indulgence plénière ;

2° La *Prison* de Jésus-Christ (*Eundo ad Carcerem*), ouverture du rocher où fut relégué le Sauveur pendant les derniers préparatifs de son supplice : indulgence de 7 ans et 7 quarantaine ;

3° La chapelle du dépouillement de Notre-Seigneur et du *Partage de ses vêtements* (*Ad locum Divisionis vestimentorum Christi*) : indulgence de 7 ans et de 7 quarantaines ;

4° La chapelle de l'*Invention de la sainte Croix* (*Ad locum Inventionis S. Crucis*), indulgence plénière ;

5° La chapelle de *sainte Hélène* (*Redeundo ad capellam S. Helenæ*) : indulgence plénière ;

6° La *Colonne du Couronnement* d'épines et de l'*Impropère* ou de l'*Outrage* (*Ad Columnam Coronationis et Improperiorum*) : indulgence de 7 ans et 7 quarantaines ;

7° Le *Mont* sacré du *Calvaire*, où Jésus-Christ fut crucifié (*Ascendendo Montem Calvariæ, locum crucifixionis*) : indulgence plénière ;

8° Le lieu de la *Plantation de la Croix* et de la mort de Notre Seigneur (*Ad locum ubi Crux cum Christo fuit erecta atque collocata*) : indulgence plénière ;

9° La *Pierre de l'Onction*, où fut déposé le corps du Sauveur descendu de la croix (*Descendendo ad Lapidem ubi Christus fuit Inunctus*) : indulgence plénière ,

10° Le *Saint-Sépulcre* (*Pro gloriosissimo Christi Domini Sepulchro*) : indulgence plénière ;

11° La chapelle de l'*Apparition de Jésus-Christ à Marie Madéleine* sous la forme de jardinier (*Ubi Christus apparuit Mariæ Magdalenæ in hortulani habitu*) , indulgence de 7 ans et 7 quarantaines ;

12° La chapelle de l'*Apparition* de Jésus-Christ à sa sainte Mère (*Tandem ad capellam Virginis Mariæ*) : indulgence plénière. C'est la dernière station ; l'on y chante les litanies de la sainte Vierge, avec accompagnement d'orgue ; et les litanies sont suivies des plus touchantes prières pour le monde racheté en ces lieux par le sang de Jésus-Christ.

Rien de plus touchant que cette pieuse cérémonie, pendant laquelle on se prosterne successivement aux plus saints lieux du monde. En allant d'une station à l'autre, on *récite* pendant les six premières , et l'on *chante* pendant les six autres , une hymne analogue à la circonstance , mais toujours pleine d'une poésie céleste et saisissante qui enlève l'âme.

A la 7e station, lorsque la procession monte au Calvaire, on chante l'hymne de la Passion ; « *Vexilla Regis prodeunt* ! Les étendards du Roi s'avancent !» chantée par des voix attendries qu'accompagnent les soupirs de l'orgue, selon les Rites de la liturgie en deuil : cette hymne, lugubrement triomphale, doit bien être partout belle et sublime dans les jours de la grande semaine, de la *Semaine-Sainte* par excellence ; mais combien plus encore et plus éloquente ne nous semble-t-elle pas, chantée par la longue procession des religieux et des pèlerins, aux lieux mêmes où s'accomplirent les mystères qu'elle célèbre ! Et il en faut dire autant des autres hymnes de la procession quotidienne des Pères dans l'église du St-Sépulcre.

Il est surtout dans ces hymnes , ainsi que dans les antiennes , les versets et les oraisons qui les accompagnent, un tout petit mot qui produit sur vous un effet magique et irrésistible : *Hic ! Ici* ! « *Ici* même ils se sont partagé mes vêtements. — *Ici* même ils ont percé mes mains et mes pieds, ils ont compté mes os. — O croix, arbre bel et brillant, *Ici* tu portas le corps défiguré d'un Dieu ; *Ici*, comme une balance , tu pesas la rançon du monde; *Ici* tu fus retrouvée par sainte Hélène. — *Ici* on l'abreuva de fiel et de vinaigre , et la pointe d'une lance ouvrit son côté. — *Ici* même il expira. — *Ici* Joseph et Nicodème l'ensevelirent. — *Ici* l'Ange dit aux saintes femmes : Soyez sans crainte ; Jésus de Nazareth qu'ils ont crucifié, est ressuscité , il n'est plus *Ici* ; voici le lieu où ils l'ont déposé. — *Ici* Jésus se fit voir à Marie-Madeleine, de laquelle il avait chassé sept démons. »

Ces émotions multiples et indéfinissables que nous venons d'éprouver aux divers sanctuaires de l'église du Saint-Sépulcre, nous reviendrons les y chercher encore, et nous les y retrouverons à coup sûr ; car, de l'aveu de tous ceux qui en ont fait l'expérience, elles se renouvellent autant de fois qu'on les y vient rechercher.

Les Pères Franciscains ont la bonté de nous offrir les cierges, marqués du sceau de Terre-Sainte, qui nous ont servi à la procession ; nous les emportons avec joie et reconnaissance, et chacun de nous obtient d'emporter également le processionnal où il a suivi la pieuse cérémonie.

A cinq heures et demie, nous sommes de retour à Casa-Nova, où nous nous communiquons longuement les délicieuses impressions de cette première journée, véritablement *pleine*, quoiqu'elle nous ait paru si courte. C'est qu'il fait bon, bien bon, être à Jérusalem; et une pieuse femme qui le savait autrement que par ouï-dire, avait raison de répéter à ses compatriotes : « Ah ! si vous saviez ce que l'on goûte de douceurs et de suavités à Jérusalem, vous n'hésiteriez pas à tout vendre pour vous y transporter. »

Le jeudi, 4 septembre, j'ai l'ineffable bonheur de dire la messe au Saint-Sépulcre, et la messe de la *Résurrection*, en vertu du privilége spécial accordé par indult aux principaux sanctuaires de la Terre-Sainte, de célébrer la messe du mystère accompli en chaque lieu, tous les jours de l'année, à l'exception des seules fêtes de première classe. Le tombeau de Jésus-Christ, théâtre du plus grand de ses miracles, source de la vie du monde, fondement inébranlable de la foi, de quelle impression mystérieuse n'est-on pas saisi en y entrant revêtu des ornements sacerdotaux ! *Consacrer, communier* sur le tombeau de Jésus-Christ, c'est-à-dire, au lieu même où le corps de ce divin Sauveur reposa trois jours et devint glorieux, immortel, impassible, tout spiritualisé, qui pourra dire ce qu'il y a là de sainte frayeur, de douce confiance, de suaves délices ? Oh ! que Jésus-Christ est grand ! qu'il est bon ! qu'il a de charmes ! que l'âme trouve en lui de choses merveilleuses ! Oh ! qu'il « est digne de recevoir puissance, divinité, sagesse, force, honneur, gloire et bénédiction ! « A lui donc, « à notre Dieu, bénédiction, gloire, sagesse, action de grâces, honneur, puissance et force dans les siècles des siècles. Amen. » Et pour que ces hommages soient plus unanimes, pour qu'ils ne soient troublés, s'il est possible, par aucune voix discordante, puissent rester à jamais bénis tous ceux qu'à cette messe dite sur le Saint Tombeau, j'ai prié Notre-Seigneur de bénir !

Vers 8 heures , nous commençons nos courses , et nous allons tout droit au nord, à la porte de Damas , pour de là saisir une seconde fois l'ensemble de Jérusalem. Cette seconde vue , il faut en convenir , ne satisfait pas autant que la première : la Ville-Sainte se présente bien mieux des terrasses de Saint-Sauveur que du haut des remparts, comme Paris se déroule bien mieux des tours de Notre-Dame que de l'arc-de-triomphe de l'Étoile. En nous portant à l'est, au sommet de la mosquée de l'Ascension , sur le mont des Oliviers , nous saisirons mieux encore , et comme dans sa perfection, le magique panorama de la sainte cité , devant lequel, dit l'un de nos pèlerins , « on ne peut retenir un cri d'admiration. » Des hauteurs de cette mosquée , l'œil embrasse, pour ainsi dire , la Judée tout entière : au sud, le mont du Mauvais-Conseil; plus loin , les collines de Bethléem ; et plus loin encore, les montagnes qui bornent les déserts de l'Arabie : —à l'est, la vallée verdoyante du Jourdain ; plus bas, la mer Morte et ses bords désolés ; et derrière, la longue ligne des montagnes de Moab, entre lesquelles s'élève la cime du Nébo , ce tombeau mystérieux de Moïse : — au nord, les montagnes jadis boisées d'Éphraïm et de Samarie : — à l'ouest, Jérusalem qui descend en amphithéâtre à nos pieds ; puis , cette couronne de montagnes sévères qui l'entourent comme une ceinture, et qui vont en s'abaissant vers la Méditerranée , cette *grande mer* des saintes Écritures. Mais ce qui attire surtout les regards , c'est Jérusalem, la ville par excellence, *Jerusalem quæ ædificatur ut civitas ;* Jérusalem formant un carré long et toute renfermée dans ses murs crénelés, aux assises colossales; Jérusalem dont les ruines, les immondices et les décombres disparaissent dans l'éloignement , et qui ne vous offre plus qu'une ville à l'aspect imposant , semée de coupoles, hérissée de minarets, majestueusement assise sur six collines et sur leurs intervalles.

A l'est , vers le milieu , est le mont *Moriah ;* le *Golgotha* est vis-à-vis , du côté de l'ouest. Au sud du Golgotha est le mont *Sion* , et au sud du Moriah , le mont *Ophel.* Au nord du Golgotha et du Moriah se trouve *Acra*, et au nord d'Acra, *Bezetha* , qui est un vaste plateau. A l'intérieur, ces collines ont été considérablement aplanies par les siècles et par les nombreuses catastrophes qui ont successivement bouleversé la malheureuse cité, ce qui ne les empêche pas d'être encore très-reconnaissables. Quant à l'extérieur , elles ont conservé leur pente abrupte et rapide ; de trois côtés , leurs pieds plongent dans trois vallées profondes , comme dans autant d'abîmes : à l'est, la vallée de Josaphat ; au sud, la vallée de Gehenna, et à l'ouest, la vallée de Gihon. Ainsi , l'emplacement élevé de Jérusalem vous offre une sorte de presqu'île n'ayant accès que par le nord , où elle tient à un vaste plateau, celui de Bezetha.

Des détails comme ceux que j'aborde en ce moment, ne seront peut-être pas du goût de certains empressés , qui ne demanderaient pas mieux que d'aller du commencement à la fin sans passer par le milieu. Mais dois-je, pour satisfaire une légèreté qui se contenterait bien d'effleurer les choses , enlever la partie la plus essentielle de mon pèlerinage , et en faire disparaître ce qu'il offre de plus sérieusement intéressant ? Ou plutôt, tout ne me commande-t-il pas d'étudier à fond la Ville-Sainte , pour la faire amplement connaître aux pieux et bienveillants lecteurs qui daignent m'y suivre par la pensée ?

Suivant la tradition , Jérusalem remonte jusqu'à Melchisédech, personnage mystérieux qui vivait au temps d'Abraham et qui la fonda sous le nom de *Salem.* Saint Paul , écrivant aux Hébreux , leur rappelle que ce Melchisédech était à la fois prêtre du vrai Dieu et roi de Salem ; que le mot Salem signifie *paix*, et Melchisédech, *roi de justice* ; et qu'ainsi Melchisédech , roi de justice et roi de paix , devenait une figure frappante de Jésus-Christ, le Roi éternel de justice et de paix.

Jérusalem n'occupait , dans le principe , que les deux collines de Moriah et d'Acra. Quelque temps après sa fondation, étant tombée au pouvoir des Jébuséens , descendants de Jébus , fils de Chanaan , elle s'agrandit du côté du mont Sion , où ses nouveaux maîtres bâtirent une forteresse qu'ils appelèrent *Jébus,* du nom de leur père. Ce nom devint bientôt celui de la ville elle-même , au rapport de la sainte Ecriture , qui l'appelle en outre *Jérusalem* et qui lui donne indifféremment ces deux noms : « Jebus, quæ est Jerusalem.... Jebus , quæ altero nomine vocatur Jerusalem. » Enfin, elle conserva exclusivement le nom mystérieux de Jérusalem , qui signifie *vision* , *possession* ou *héritage de la paix* , ainsi que l'Église le chante de la Jérusalem des cieux :

« Cœlestis Urbs Jerusalem ,
» Beata *pacis visio !* »

et qui lui convenait si bien du reste , puisque le *prince de la paix* , le Messie promis devait y consommer son sacrifice *pacificateur* , en réconciliant le ciel avec la terre.

La première année de son entrée dans la Terre-Promise , Josué ayant remporté sa victoire miraculeuse de Gabaon sur les rois de Jérusalem , d'Hébron , de Jérimoth , de Lachis et d'Eglon , fit mourir ces cinq rois des Amorrhéens et détruisit leurs villes , sans excepter Jérusalem : « Car les enfants de Juda ayant mis le siége devant Jérusalem , la prirent, taillèrent en pièces tout ce qu'ils y trouvèrent , et mirent le feu dans toute la ville. » Tel fut du moins le sort de la ville basse , que les vainqueurs relevèrent ensuite de ses ruines et où ils vinrent s'établir. Quant à la ville haute ou la citadelle de Jébus , Dieu permit qu'elle résistât longtemps encore , pour éprouver son peuple et l'empêcher de s'endormir dans sa victoire : « Les enfants de Juda ne purent exterminer les Jébuséens qui habitaient dans Jérusalem ; et les Jébuséens habitèrent dans Jérusalem avec les enfants de Juda jusqu'aux jours de David. »

Après sept ans et demi de règne à Hébron, ce prince venait d'être reconnu roi par toutes les tribus d'Israël, quand il voulut frapper un coup qui eût du retentissement et qui terrifiât ses ennemis. Il vint donc à Jérusalem et mit le siége devant la forteresse de Sion. Les Jébuséens, croyant la position imprenable , s'avisèrent de placer sur les remparts leurs aveugles et leurs boiteux, et de crier ensuite par dérision à David : « Vous n'entrerez point ici que vous n'en ayez chassé ces aveugles et ces boiteux ; comme pour lui dire : Vous n'y pourrez entrer jamais , » et voilà qui suffit bien pour vous repousser. Il n'en fut pas ainsi cependant, et la forteresse fut bientôt prise. Le vainqueur s'y fixa dès-lors ; il la nomma la *Cité de David ;* il y fit de grands travaux et prolongea la ville tout autour.

Salomon , employant les sommes et les matériaux immenses accumulés dans ce but par son père, éleva au Seigneur ce temple m erveilleux qui n'eut jamais son pareil dans le monde, et fit de Jérusalem une ville incomparable pour sa magnificence. Mais David et Salomon avaient commis des crimes dont leur postérité devait porter la peine.

Dès la cinquième année du règne de Roboam , Sésac , roi d'Egypte , vint piller Jérusalem , que le Seigneur, dit l'Ecriture, lui livra dans sa juste colère : « Quia peccaverant Domino. » — L'idolâtrie des rois suivants attira de nouveaux malheurs sur Jérusalem , qui fut saccagée sous Joram par les Philistins, et sous Amasias, par Joas, roi d'Israël. — Puis vinrent les Assyriens , suscités de Dieu contre Manassès , qu'ils emmenèrent captif à Babylone. — Sous Joakim, Jéchonias et Sédécias, Jérusalem fut de nouveau trois fois abandonnée à ces mêmes Assyriens, conduits par Nabuchodonosor II ; et la dernière fois, le superbe vainqueur détruisit la ville de fond en comble, réduisit en cendres le temple de Salomon, et fit transporter à Babylone la meilleure partie du peuple avec toutes ses richesses.

Après les soixante-dix ans de la captivité, les Juifs regagnèrent leur patrie et rebâtirent la ville et le temple ; mais Jérusalem ne devait revoir une ombre de sa gloire passée que pour ses malheurs. Menacée par Alexandre-le-Grand, elle lui ouvrit ses portes et n'en reçut que des bienfaits. — Ptolémée Soter, roi d'Egypte, s'en empara bientôt traîtreusement et en détruisit les murailles. — Antiochus Epiphane, roi de Syrie, la livra plus tard au pillage, y fit couler des flots de sang, profana tout dans le temple et dressa l'idole de Jupiter-Olympien sur l'autel du Seigneur, avec ordre à tous les Juifs, sous peine de mort, de se prosterner devant elle. — Ici viennent les exploits des Machabées, dont l'héroïsme rendit la liberté à leur pays. Malheureusement la rivalité d'Aristobule et d'Hyrcan au sujet de la couronne, fit bientôt intervenir les Romains ; et Pompée, introduit dans Jérusalem, prit d'assaut le temple et renversa une partie des murs de la ville. — A leur tour, les Parthes envahirent la Judée, occupèrent Jérusalem et y firent la loi. Hérode-le-Grand vint ensuite, appuyé par les Romains ; il s'empara de Jérusalem et mit sur sa tête la couronne de Judée, qu'il conserva jusqu'à sa mort, dans la deuxième ou troisième année de Jésus-Christ.

Archélaüs, son fils et son successeur, fut relégué par Auguste à Vienne, dans les Gaules, l'an six de notre ère, et la Judée devint alors province romaine. — Les Juifs s'étant révoltés contre leurs maîtres, peu d'années après la mort de Jésus-Christ, Titus assiégea et prit Jérusalem, dans des circonstances dont le simple récit épouvante encore. Onze cent mille Juifs y périrent, d'après Josèphe ; les flammes dévorèrent ce temple qui était si intimement lié avec les destinées de la nation, et toute la ville n'offrit plus qu'une ruine immense et générale. — En se révoltant de nouveau sous Adrien, les débris de la nation juive mirent le comble à leur désolation. Ce prince en fit un affreux massacre ; il releva leur ville sous le nom d'*OElia Capitolina*, destiné à faire oublier jusqu'au nom même de Jérusalem ; il leur en défendit l'entrée sous peine de mort ; et non moins ennemi des chrétiens, il dressa une statue à Vénus sur le Calvaire, et une statue à Jupiter sur le Saint-Sépulcre.

Lorsque le christianisme put monter, avec Constantin-le-Grand, sur le trône des Césars, sainte Hélène renversa les idoles d'Adrien, purifia les Saints-Lieux et les consacra par de superbes basiliques. — Quelques années plus tard, Julien l'Apostat, témoignant d'un intérêt tout différent pour ces mêmes lieux, rassembla les Juifs à Jérusalem pour y reconstruire le temple, en dépit de la parole du divin Maître; mais un feu vengeur et miraculeux, sortant des fondements à demi-creusés, dispersa constamment les travailleurs, et tout ce zèle impie n'eut d'autre effet que de mieux réaliser encore la prophétie. — Sous le règne d'Héraclius, Jérusalem tomba au pouvoir de Chosroës II, roi des Perses, qui égorgea ses prêtres et ses moines, livra ses églises aux flammes et enleva une foule de ses habitants. La croix du Sauveur, qui faisait partie du butin, ne tarda pas à être reconquise par les victoires d'Héraclius; mais la joie qu'en ressentirent les chrétiens fut bientôt troublée par de nouveaux désastres. — En 636, le calife Omar se rendit maître de la Ville-Sainte, et c'est avec lui que commença cette domination musulmane qui pèse encore sur Jérusalem. Les chrétiens continuèrent d'y habiter et même d'y exercer leur culte, mais au prix de mille avanies que chaque nouveau maître semblait prendre à tâche d'aggraver.

Après plus de quatre siècles, les malheurs de la Terre-Sainte et les odieuses profanations de ces lieux si chers à la piété chrétienne, racontés en Occident par des milliers de zélés pèlerins, amenèrent les Croisades, que le dix-huitième siècle a pu calomnier, mais auxquelles de nos jours on n'hésite plus à rendre justice. L'esprit était excellent, et les résultats furent immenses; que n'eussent-ils pas été, sans les fautes qui souillèrent et abrégèrent les jours de notre domination ! Les croisés entraient à Jérusalem le 15 juillet 1099, avec une dévotion si vive et si tendre, disent les historiens, qu'ils accoururent sans armes et les pieds nus au Saint-Tombeau, et que, tout le soir de ce jour, « on n'entendit dans la Ville-Sainte que les cantiques de la pénitence et ces paroles d'Isaïe : *Vous qui aimez Jérusalem, réjouissez-vous avec elle.* » Mais un siècle ne s'était pas écoulé, que déjà la ville retombait au pouvoir des infidèles. Saladin y faisait son entrée triomphante au commencement d'octobre 1187, en même temps que les chrétiens en sortaient, les larmes leur coulant des yeux, dit un auteur arabe, *comme les pluies descendent des nuages.* Nous

pleurons aussi amèrement qu'eux la perte des Lieux-Saints ;
et pourtant cette perte n'a plus rien qui nous étonne, quand
l'histoire vient apprécier ainsi les angoisses de ceux qu'allait
écraser la puissance de Saladin : « Les uns se frappaient la poitrine avec des pierres ; les autres se déchiraient le corps avec
des cilices, en criant ; *Miséricorde* ! On n'entendait que gémissements dans Jérusalem ; mais *notre sir Jésus Christ*, dit
une vieille chronique, *ne les volait ouïr* ; *car la luxure et
l'impureté qui en la Cité estaient, ne laissaient monter
oraison ni prière devant Dieu.* » C'est toujours, comme on
le voit, « la justice, » ou l'observation des lois divines, « élevant les nations ; et le péché, » ou la transgression des mêmes lois, « rendant les peuples misérables. »

Vers le milieu du treizième siècle, les chrétiens, profitant
des discordes des Musulmans, étaient rentrés dans Jérusalem
dont ils s'occupaient à réparer les désastres, quand les *Karismiens* s'abattirent sur elle et y commirent plus d'excès et
de profanations qu'il ne s'en était vu aux plus mauvais jours
marqués par la colère de Dieu. — La Ville-Sainte, qu'ils
avaient possédée 88 ans, avait depuis longtemps échappé
aux chrétiens, que ceux-ci tenaient ferme encore sur plusieurs points du pays ; enfin, ils furent entièrement chassés
de la Terre-Sainte, en 1291, après s'être maintenus 192 ans
dans leurs conquêtes. — Aux Karismiens avaient déjà succédé
les *Tartares*, qui s'étendirent de la Chine à la Hongrie ; et
après les Tartares, vinrent les *Ottomans*, qui s'emparèrent
bientôt de Constantinople, dont les Sultans ont encore la Terre-Sainte sous leur domination.

L'on comprend sans peine que nous n'avons pas tout dit
dans ce rapide aperçu ; mais nous en avons dit assez pour
donner une idée des malheurs étonnants de la Terre-Sainte,
et en particulier de Jérusalem. Depuis Melchisédech jusqu'à
nos jours, que de générations d'hommes, que de rois magnifiques, que de conquérants surtout et de dévastateurs, se sont
succédé sur les collines de cette ville exceptionnelle ! « Des
millions d'hommes, dit Châteaubriand, ont été égorgés dans
son enceinte, et ce massacre dure pour ainsi dire encore ;
nulle autre ville n'a éprouvé un pareil sort. » En annonçant
la dernière invasion, faite en 1831 par Ibrahim-Pacha, fils
de Méhémet-Ali, vice-roi d'Egypte, le R. P. de Géramb a pu
dire sans exagération : « Jérusalem est dans le trouble. Les
Egyptiens viennent de s'en emparer. C'est la *dix-neuvième
fois* qu'elle est prise ; *dix-huit fois* elle a été saccagée ; que

lui adviendra-t-il celle-ci ? Les Turcs de cette contrée et les Arabes sont furieux. » Ajoutons que les puissances européennes s'en sont mêlées , et que les nouveaux conquérants ont dû abandonner leur proie.

Que n'en a-t-on profité pour restaurer un royaume chrétien à Jérusalem , sous la protection de la France ? Mais la France d'alors n'était comptée pour rien ; et , chose vraiment inouïe, nos croisés du XIXᵉ siècle n'ont su toucher à la Terre-Sainte que pour la remettre sous la puissance des Sultans de Constantinople.

Quel dommage encore que , peu d'années auparavant , lors de l'expédition française en Syrie , un homme à qui aucune gloire ne devait être étrangère, ait répudié celle de cette restauration qui lui était pourtant si facile et qui n'eût pas manqué d'ailleurs de bénir ses armes ! Mais non : le jeune vainqueur des Pyramides, que les Arabes appelaient *le sultan du feu* ou *le grand sultan (Sultan-Kébir)*, et dont nous savons par expérience que le nom conserve encore tant de prestige en Orient, où il a du reste rendu plus imposant et plus terrible ce vieux nom de *Frangi*, resté dans ce pays à la suite des croisades , comme un témoignagne immortel de la grande part qu'avaient prise les Français à ces gigantesques expéditions ; Napoléon vient dresser ses tentes dans la plaine de Ramleh , à une journée de Jérusalem, et il ne songe pas même à visiter la Ville-Sainte ; et quand on le lui propose , il ne trouve que cette réponse : « Jérusalem n'entre pas dans ma ligne d'opérations ! » — Pourquoi faut-il, enfin, qu'après la prise récente et si glorieuse de Sébastopol, quand Jérusalem semblait nous tendre les bras et nous demander sa délivrance, et quand rien n'a échoué de ce que nous avons alors osé en Terre-Sainte , nous n'ayons pas osé davantage, ainsi que l'on s'y attendait, comme encore l'on s'y attend de toutes parts? Sans doute, cette modestie de nos prétentions est bien un peu justifiée par les misères et les difficultés que la jalousie mesquine de plus d'une puissance oppose à l'efficacité de notre glorieux protectorat sur les Lieux-Saints ; mais ne pourrait-elle pas aussi plus ou moins accuser chez nous un défaut de zèle, qui du reste ne date pas d'aujourd'hui ? Et ne serait-elle pas encore de nature à faire croire que nous ne sommes pas toujours aussi bons pour l'action que pour la parole, suivant cette critique d'un auteur de renom : « Trop souvent en France on vise à l'effet théâtral plutôt qu'aux succès de la cause ? » Quoi qu'il en soit, ce qui en est résulté du moins assez positivement, c'est que l'on ne peut guère encore entrevoir le moment, que tant de vœux appellent, où le Seigneur daignera de nouveau, suivant l'annonce du prophète, consoler Sion et choisir Jérusalem : « *Consolabitur adhùc Dominus Sion, et eliget adhùc Jerusalem.* »

En attendant, les Lieux-Saints sont, depuis des siècles, dans une situation qui fait gémir. En effet, ces hommes de l'Orient, qui vous semblent si calmes, si paisibles, si respectueux pour les temps du passé, deviennent les pires gens du monde, une fois qu'ils se transforment en ravageurs ; ils ne détruisent pas, ils anéantissent. Puis, si les destructeurs de Jérusalem n'ont jamais pris, comme Attila, le nom de *fléau de Dieu,* ils n'ont pas laissé d'être là, et plus même qu'on ne l'a vu nulle part ailleurs, les instruments de sa colère, chargés par lui de purifier par le feu et par le sang la ville qu'il avait faite sienne, et que tous les peuples ont appelée la Ville-Sainte, la cité de Dieu. N'était-ce point la mission évidente de Nabuchodonosor, de Titus, de Saladin et de tant d'autres, qui nous apparaissent dans l'histoire comme suscités de Dieu pour faire des ruines, non moins que ces globes de feu qui s'élançaient de terre pour dévorer les ouvriers que Julien l'Apostat voulait employer à la reconstruction du temple ?

Il est assez naturel de se demander ici comment Jérusalem a pu survivre à tant de dévastations ; comment elle n'a pas complètement disparu, ainsi que tant d'autres cités anciennes dont on chercherait vainement les traces et qui ne vivent plus que dans l'histoire. — Or, si d'après le cours ordinaire des choses, il n'y a vraiment guère d'explication valable pour un pareil phénomène, nous n'en avons pas moins à notre disposition une réponse toute faite et qui doit certes être tenue pour satisfaisante : ainsi Dieu l'a voulu. Oui, Dieu a voulu conserver Jérusalem, malgré tous les évènements qui devraient déjà de longue date l'avoir entièrement fait disparaître, de même qu'il a voulu conserver dans le monde les Juifs privés de nationalité et dispersés aux quatre vents, comme un témoignage éclatant et irrécusable de sa vérité souveraine. Elle est toujours là, cette ville, humiliée, soumise, malheureuse ; mais par la vénération singulière dont les sanctuaires qu'elle renferme se sont toujours vus et se voient encore l'objet, de la part de tous les chrétiens et même de la part des infidèles, elle proclame, à la face du ciel et de la terre, la vérité qu'elle n'a point voulu reconnaître.

Et si quelques lecteurs irréfléchis avaient de la peine à concilier la désolation incontestable des Lieux-Saints avec la vénération aussi profonde que générale qui les entoure, nous leur répondrions sans hésiter que cette désolation même ne fait qu'ajouter à la vénération que les Lieux-Saints nous inspirent. « Je ne sais, dit l'un de nos pèlerins, si je me laisse emporter par une fantaisie de mon imagination ; mais il me semble que les Lieux-Saints parleraient moins éloquemment à notre cœur, que la mémoire des mystères qui s'y sont accomplis nous serait retracée d'une façon moins vive, si au lieu d'être environnés d'opprobre, ils étaient entourés de gloire. »

Ajoutons que cette même désolation des Saints-Lieux, qui date de si loin, ne peut pas plus nuire à leur authenticité qu'à la vénération qu'ils méritent. Il suffit, pour s'en convaincre, de parcourir le travail si remarquable que Châteaubriand a fait sur la question, et qui aboutit à cette conclusion qu'admettra nécessairement tout lecteur impartial : « Quiconque examinera avec candeur les raisons déduites dans ce Mémoire, conviendra que s'il y a quelque chose de prouvé sur la terre, c'est l'authenticité des traditions chrétiennes à Jérusalem. » On peut, du reste, arriver à la même conclusion, sans autre travail que cette simple liaison des faits. Les apôtres ont vu Jésus-Christ ; ils connaissent les lieux honorés par les pas de leur divin Maître ; établissant une tradition précieuse, ils les font connaître à la première Église chrétienne de Judée, dont les pontifes, en dépit de persécutions incessantes, se succèdent sans interruption depuis Jésus-Christ jusqu'à Constantin. Les temples et les statues d'Adrien, en éloignant les chrétiens de ces lieux, les désignent providentiellement à leurs regrets et à leurs espérances, jusqu'à ce que la piété de sainte Hélène les couvre de superbes basiliques. Restés au pouvoir des chrétiens après la conquête d'Omar, ils reçoivent des croisades un nouvel éclat, qui se ternit bien sous Saladin et ses successeurs, mais qui ne laisse pas de se refléter jusqu'à nous. Puis, l'histoire des Lieux-Saints, commencée par Eusèbe, est continuée par Socrate, Sozomène, Théodoret, Evagre, saint Jérôme, et une suite non interrompue de pèlerins dont les touchants récits préparent les croisades, et viennent jusqu'à nos jours attendrir les fidèles, en leur offrant toujours les mêmes faits et les mêmes descriptions. En vérité, fut-il jamais tradition appuyée d'un aussi grand nombre de témoignages ? Et si néanmoins le doute est encore possible, que pourra-t-on croire désormais ?

Le lecteur doit maintenant comprendre la facilité avec laquelle j'ai, pour mon compte, accepté sans contrôle, ou du

moins sans contrôle sévère, les pieuses traditions qui ont cours
à Jérusalem et dans la Terre-Sainte en général. C'était, à mon
avis, affaire de simple bon sens et de sage raison : le seul
moyen de voir un pays tel qu'il est, n'est-ce pas de le voir avec
ses traditions et ses souvenirs? que dirait-on d'un homme qui,
parcourant la Grèce et l'Italie, ne s'occuperait qu'à contredire
Homère et Virgile? Puis, comment faire difficulté d'accepter
des traditions assez bien établies pour que Gibbon lui-même
n'ait pas pu se dispenser de leur rendre cet hommage : les
chrétiens «fixèrent par une tradition *non douteuse* la scène de
chaque événement mémorable. »

Les collines sur lesquelles est assise Jérusalem sont de
hauteur inégale, avec inclinaison bien prononcée du nord-
ouest au sud-est. Un vallon de grande profondeur séparait
d'abord Acra et Moriah ; mais Simon Machabée le combla en
y jetant les débris de la citadelle qu'Antiochus Epiphane, ce
cruel persécuteur de la Ville-Sainte, avait fait construire sur
Acra. Longtemps auparavant, le plus magnifique des rois avait
comblé à grands frais un autre vallon plus profond encore
et plus escarpé, un véritable abîme, celui de *Mello*, qui se
trouvait entre Moriah et Sion. « Salomon ædificavit Mello, et
coæquavit voraginem. »

Le même Salomon eut la gloire d'achever la première enceinte de murailles qu'ait eue Jérusalem. Cette enceinte avait
été commencée par David son père, et comprenait Sion,
Ophel et presque tout Moriah.

Dans les derniers temps qui précédèrent la captivité de
Babylone, Jérusalem s'agrandit par les travaux successifs de
Joathan, d'Ezéchias et de Manassès. A ces rois remonte la
construction d'une deuxième enceinte, qui comprenait, en
outre de la première, le reste de Moriah et Acra.

Le Golgotha ne se trouve enfermé ni dans l'une ni dans
l'autre de ces deux enceintes ; et comme il n'y en eut pas
d'autre avant Jésus-Christ, les auteurs sacrés sont d'une
exactitude aussi évidente que rigoureuse, lorsqu'il nous apprennent que la colline où fut crucifié le Sauveur et le tombeau qui reçut son divin corps étaient situés hors de la ville.

Après la mort de Notre-Seigneur, l'an 45 de l'ère chrétienne, le Golgotha et le plateau de Bezetha entrèrent dans
une troisième enceinte, beaucoup plus vaste que les précédentes. Cette nouvelle enceinte fut l'œuvre d'Hérode-
Agrippa, lequel, au rapport de Tacite, dut acheter de l'em-

pereur Claude l'autorisation de la faire construire : « Per
avaritiam Claudianorum temporum empto jure muniendi stru-
xêre muros.» Elle s'avançait au nord jusqu'aux *Grottes royales*, suivant l'assertion de Josèphe, dont la parfaite exactitude est démontrée par les recherches les plus modernes. Il en
résultait pour la ville un prodigieux agrandissement ; et comme la même enceinte existait précisément à l'époque du siége
de Titus, lequel eut lieu au temps de la Pâque , dont la célébration attirait toujours un grand nombre d'étrangers à Jérusalem , on est moins étonné de l'évaluation faite par Josèphe
des désastres de la ville déicide pendant ce siége d'affreuse
mémoire. Selon lui, onze cent mille Juifs périrent dans Jérusalem , sans compter les femmes, les enfants et les vieillards
emportés par la faim, les séditions et les flammes ; et il se fit
en outre quatre-vingt-dix-neuf mille deux cents prisonniers
de guerre.

L'enceinte d'Agrippa n'était pas seulement imposante par
ses dimensions et par la multitude qui s'y trouvait à l'arrivée
des légions romaines ; elle l'était encore par ses défenses formidables et multipliées. Les livres saints nous parlent souvent
des tours qui protégeaient la ville antérieurement ; à ce moment suprême, elle n'en avait pas moins de cent soixante-qua-
tre à opposer à Titus. Mais que lui eût servi d'en avoir davantage, puisque Dieu n'était plus avec elle ? «Nisi Dominus cus-
todierit civitatem , frustra vigilat qui custodit eam.»

On sait que les murs de Jérusalem furent relevés par A-
drien, auquel remonte la quatrième et dernière enceinte fortifiée de la vile. Cette enceinte, reconstruite en 1534 par Soliman , fils de Sélim , subsiste encore et comprend , au nord ,
Acra ; à l'est Moriah ; à l'ouest, le Golgotha ; au sud , Sion en
grande partie. La ville n'a point d'autres fossés que les vallées
profondes qui l'environnent. Les murs sont crénelés et flan-
qués de tours, ce qui donne à Jérusalem l'aspect d'une ville
forte du moyen-âge. D'après Mgr Mislin , ces murs n'ont pas
plus de trente-six pieds de hauteur, sur trois ou quatre d'é-
paisseur. Quoiqu'il en soit, c'est tout au plus s'ils peuvent opposer une barrière aux invasions des Arabes, et ils ne sont guère
de force à soutenir le plus petit siége en règle. Suivant la remarque de Châteaubriand «Six pièces de douze , tirés à bar-
bette , en poussant seulement quelques gabions, sans ouvrir
de tranchée, y feraient dans une nuit une brèche praticable.»
Les Turcs entretiennent tant bien que mal ces fortifications,
pour se dire les maîtres de Jérusalem , y percevoir quelques

misérables impôts et prélever un tribut sur les pèlerins qui viennent prier à ses sanctuaires.

La ville présente aujourd'hui la forme d'une espèce de trapèze, ayant ses côtés les plus longs au nord et au midi, et n'offrant une ligne parfaitement droite que du côté de l'orient. On donne à cette face 1,005 pas de long, 1,290 à celle du midi, 900 à celle de l'ouest, et 1,435 à celle du nord; d'où le circuit de la ville n'aurait pas moins de 4,630 pas.

Cinq portes donnent accès dans Jérusalem : 1º A l'ouest, la porte de Jaffa, dite des Pèlerins, parce que c'est par elle que les pèlerins entrent maintenant dans la Ville-Sainte; en arabe, *Bab-el-Khalil, porte du Bien-Aimé,* parce qu'elle mène à Hébron, appelée *El-Kalil,* le Bien-Aimé, Abraham. Elle mène encore à Saint-Jean-du-Désert et à Bethléem.

2º Au nord, la porte de Damas; en arabe, *Bab-el-Amoud, porte de la Colonne.* Elle conduit à la grotte des Lamentations de Jérémie, aux sépulcres des Bois, à Naplouse ou Sichem, et par Naplouse, à Nazareth et à Damas. Quand Simon le Cyrénéen rencontra Jésus-Christ portant sa croix, il venait de la porte de Damas. Les pèlerins entraient jadis par cette même porte, ce qui lui fit donner le nom de porte des Pèlerins, qu'elle a perdu depuis que les pèlerins font leur entrée par la porte de Jaffa. A l'est de la porte de Damas, on voit une autre porte murée : c'est la porte d'Hérode, appelée par les Arabes *Bab-el-Zahari, porte de l'Aurore* ou *du Cerceau.*

3º A l'est, la porte de Saint-Étienne, ainsi nommée de ce que saint Étienne fut lapidé devant cette porte, dans la vallée de Josaphat. Elle est encore appelée *porte de Notre-Dame-Marie, Bab-Siti-Mariam,* parce qu'elle conduit au tombeau de la Sainte Vierge dans la même vallée de Josaphat. Elle conduit par cette vallée, au mont des Oliviers, à le mer Morte, au Jourdain, à Jéricho. Au sud de la porte de Saint-Étienne, est la porte Dorée, donnant sur le parvis du temple. Cette porte, par laquelle Notre Seigneur fit son entrée triomphale à Jérusalem, quelques jours avant sa Passion, est aujourd'hui murée, parce que, d'après une tradition musulmane, c'est par là que les chrétiens doivent un jour s'emparer de Jérusalem.

4º Au sud, la porte Sterquiline, ou des Ordures, dite encore des Maugrabins, ou des Barbaresques, *Bab-el-Maugrarbé* ou *Mugharibeh,* parce que leur quartier est tout près de là. C'est par elle que le Sauveur entra dans Jérusalem, après avoir été arrêté aux Jardin des Oliviers. C'est la plus petite des portes de Jérusalem, comme la porte Dorée en est incontestablement la plus grandiose et la plus magnifique , elle ne s'ouvre qu'en automne et en hiver, pour donner passage à ceux qui vont puiser de l'eau dans la vallée,

5° Au sud-ouest , la porte de Sion, *Bab-Isahioun* , encore nommée *Bab-el-Nabi-Daoud, porte du Prophète David*; elle est sur le sommet du mont Sion , presque en face du tombeau de David et du Saint-Cénacle.

L'ancienne Jérusalem avait bien d'autres portes , dont il n'est pas facile de préciser la situation et dont il semble assez inutile d'entretenir nos lecteurs. Celle de Sion, de Jaffa , de Damas et de Saint-Etienne , les seules fortifiées aujourd'hui , sont toujours gardées par un piquet de soldats , bien décidés sans doute à tenir tête aux envahisseurs et dignes de ceux qui défendaient Silistrie contre les armées de feu le czar Nicolas; cependant, pour les croire si redoutables, une bonne dose de foi n'est pas inutile , outre qu'il est bon de ne pas trop tenir compte des apparences. Disons du moins qu'ils sont fort exacts à n'ouvrir les portes qu'au lever du soleil pour les refermer à son coucher , ainsi que plus d'un voyageur a pu l'apprendre à ses dépens. Ils les ferment encore religieusement le vendredi , à l'heure principale de la prière , de midi à une heure, parce que, selon une tradition musulmane, les chrétiens reprendront Jérusalem à pareille heure et à pareil jour. Aussi, quelle panique et quelle consternation , dans ces derniers temps, parmi les pauvres Turcs de la ville, lorsque le duc et la duchesse de Brabant , avec leur suite nombreuse et brillante, se présentèrent aux portes, à ce même jour et à cette même heure ! Impossible de ne pas ouvrir à des princes du sang; du moins on ne le fit qu'avec toutes les peines et toutes les répugnances du monde , et l'on se crut à sa dernière heure. Les fâcheuses prévisions ne se réalisèrent pas, bien entendu, et l'on en fut quitte pour la peur ; mais l'auguste visite ne laissait point d'avoir produit son effet : l'échec était réel pour l'intolérance musulmane ; une barrière de plus était tombée devant le Saint-Sépulcre, et le nom chrétien venait encore une fois de faire trembler les maîtres de Jérusalem.

Pour en finir avec les défenses et les défenseurs de cette ville, disons qu'une partie de la petite garnison turque occupe l'ancien prétoire de Pilate , peu distant de la porte de Saint-Etienne , donnant sur le parvis du temple et maintenant convertie en caserne; tandis que l'aga et le reste des troupes qu'il commande se trouvent à l'extrémité opposée de la ville, dans la citadelle , *el Kal'ah* , qui n'est autre que l'ancien château de David , appelé au moyen-âge château des Pisans.

Au temps d'Alexandre-le-Grand , Jérusalem avait déjà cent cinquante mille habitants, s'il faut en croire l'historien Josèphe. Cette population a dû devenir encore bien plus considérable dans la suite , surtout après la nouvelle et prodigieuse extension donnée à la ville par Agrippa, sans toutefois jamais atteindre les chiffres donnés par le même historien à l'occasion du siége de Titus. Pour justifier ces chiffres de Josèphe , il faut bien se rappeler que Jérusalem a vu maintes fois de grandes agglomérations d'étrangers , mais en particulier à l'époque de ce siége mémorable , où la chose paraît singulièrement providentielle.

« Il semble, dit Mgr Mislin , que Dieu ait voulu alors convoquer cette nation coupable pour exercer contre elle ses terribles vengeances , comme elle avait été réunie pour commettre le plus grand de tous les crimes : ce fut pendant les fêtes de Pâques qu'elle fit mourir Jésus-Christ ; ce fut aussi à cette même époque qu'elle subit son châtiment. »

La population actuelle, de l'aveu de tous , dépasse quinze mille habitants, et ne va pas à vingt mille , même en y comprenant la garnison turque. Il y a environ sept mille Juifs , cinq mille Mahométans, deux mille Grecs schismatiques, mille Catholiques Latins, quatre cents Arméniens schismatiques, une centaine de Cophtes , ou chrétiens d'Egypte, suivant l'hérésie d'Eutychès et n'admettant qu'une seule nature en Jésus-Christ ; autant de Grecs ou Melchites, |chrétiens d'Orient demeurés fidèles à la foi catholique ; un égal nombre de Protestants ; quelques Syriens schismatiques, et Quelques Abyssins fraternisant avec les Cophtes, dont ils partagent les erreurs.

Ainsi, toutes les communions chrétiennes sont représentées auprès du Saint-Sépulcre. Toutes les voix, celles du schisme et de l'hérésie aussi bien que celle de l'Eglise catholique , viennent offrir au tombeau du divin Sauveur le culte de l'adoration et de la prière. Que dis-je ? les infidèles eux-mêmes s'associent à ces hommages, et les enfants de Mahomet gardent ce tombeau avec une religieuse vénération ; ce qui n'étonne pas, après tout, quand on veut bien se rappeler que le mahométisme est un amalgame de bien des choses , mais surtout de christianisme et de judaïsme.

On voit encore , d'après le relevé de la population , qu'il y a peu , très-peu même de catholiques à Jérusalem , en dehors des Latins, qui sont eux-mêmes en assez petit nombre ; aussi *catholique* et *latin* sont-ils synonymes dans le pays. Espérons que de plus beaux jours se levant sur Jérusalem , ce petit noyau de catholiques se multipliera comme le grain de sénevé de l'Evangile.

Aux Grecs unis, ou Melchites, cités plus haut , se joindront bientôt sans doute les Arméniens catholiques, au nom desquels M. de Borrère a tout récemment acheté un vaste terrain compris entre la 2ᵉ, la 3ᵉ et la 4ᵉ station de la *Voie douloureuse*. Puis le Seigneur daignera bénir les travaux du patriarche latin et de ses collaborateurs, qui organisent des missions et préparent un clergé indigène ; des RR. PP. Franciscains , qui desservent les sanctuaires, accueillent les pèlerins , tiennent des écoles et cultivent le troupeau fidèle ; des religieuses de Saint-Joseph de l'Apparition , qui ont à Jérusalem une école florissante où sont admises les petites filles de tous les cultes, et un hospice qui ne fait exclusion d'aucun malade ; et des religieuses de Notre-Dame de Sion , qui débutent si généreusement dans leur difficile mission de la conversion des Juifs. Enfin, nous signalons avec joie, comme événement heureux et de bon augure pour le catholicisme à Jérusalem, la cession faite par la Porte Ottomane, au profit de la France, du beau sanctuaire de Sainte-Anne et du vaste terrrain qui l'environne, presque à la porte de Saint-Etienne; et le construction d'un nouvel hospice, à proportions imposantes, que l'Autriche élève entre la 2ᵉ et la 3ᵉ station de la *Voie douloureuse* , en vue d'y accueillir les pèlerins catholiques de toutes les nations.

Plaise à Dieu que nos catholiques occidentaux y voient un stimulant de plus qui les attire à Jérusalem , et puissent nos pèlerins y affluer comme ceux des non-catholiques ! Ce serait un glorieux et utile apostolat pour la France comme pour ces pays. Le nombre des pèlerins de toutes religions qui visitent les Lieux-Saints va chaque année de trois à dix mille. Ce sont presque tous des Grecs , des Russes , des Arméniens ; le patriarche de ces derniers nous a certifié qu'il en reçoit annuellement de quinze cents à six mille. Il est peu de familles en Russie qui ne comptent dans leurs membres quelque pèlerin de Jérusalem , et depuis quelques années ce pèlerinage est singulièrement encouragé par le pouvoir et par le clergé moscovite. Pourquoi faut-il que les enfants de la lumière et de la vérité , pour parler le langage de l'Evangile , aient toujours moins de zèle que les enfants des ténèbres et de l'erreur ? que presque tous ces pèlerins soient schismatiques ? et que les ca-

tholiques , même depuis que nous avons des caravanes, n'at-
teignent qu'un chiffre assez insignifiant ?

Pour ces pèlerins de toutes religions et de tous pays qui se
rendent à Jérusalem , il est d'usage qu'ils demandent l'hospitalité à leurs coréligionnaires , et l'on ne voit pas trop comment ils se soustrairaient à cet usage , quand la ville ne leur
offre ni hôtels ni auberges qui puissent les accueillir. L'hospitalité est vraiment patriarchale chez les Pères de Terre-Sainte, et elle ne contribue guère à les enrichir , puisqu'ils n'exi-
gent pas une obole de leurs pèlerins. A vrai dire, les plus simples convenances imposent une aumône à ceux qui peuvent la
faire, et c'est à quoi ne manquent jamais nos caravanes ; mais
combien de gens qui s'en dispensent , pour n'en avoir pas la
faculté ! Combien d'autres à qui c'est la volonté seule qui
manque ! et combien surtout pour qui la générosité est chose
parfaitement inconnue, lors même qu'ils en font parade ! M.
de Lamartine, qui tranchait du grand seigneur, et qui se faisait passer en Orient pour émir Frangi , *Prince des Francs* ,
ose bien prôner sa générosité envers les Pères Franciscains
de Nazareth , quand il leur a donné 1 fr. 60 c. par personne
pour le logement et la nourriture de chaque jour. Ce qui fait
dire à Mgr Mislin : « Moins de *cent pèlerins,* » que reçoit annuellement le couvent latin de Jérusalem , « dont la moitié ne
donne rien, et dont les plus riches donnent 1 fr. 60 c. par jour,
combien cela fait-il de bénéfice? —Il n'en est pas de même pour
les schismatiques, dont les pèlerins cependant continuent d'affluer à Jérusalem. Ecoutons là-dessus l'un des membres de notre première caravane : «Il n'arrive pas à Jérusalem un Grec
de quelque importance , que des notes très-complètes et très-
détaillées n'aient été envoyées à l'avance. Rien n'est oublié :
ni les circonstances de famille, ni la position, ni le caractère , ni la fortune ; notez ce dernier point : on traite le pèlerin
en conséquence. Une des spécialités les plus avantageuses de
ce petit commerce du couvent grec , c'est la vente de certaines places en paradis. Ces bons moines grecs ont insinué à
une foule d'honnêtes gens que le ciel était divisé en stalles nu-
mérotées : ils ne se contentent pas de promettre une entrée ,
ils réservent la place. J'ai connu un brave négociant de Smyrne qui a payé vingt mille piastres pour être dans le voisinage
de saint Georges , son glorieux patron..... Le couvent des
Arméniens est un véritable palais... Il communique avec un
hospice immense, où des chambres sans nombre attendent les
pèlerins de la nation... Les moines arméniens ne louent pas

les chambres de leur couvent : ils les prêtent donc ? Encore moins ; ils les vendent. On achète *à perpétuité* une cellule dans laquelle on couche trois ou quatre jours : on part , la cellule est revendue à un nouvel arrivant, et ainsi de suite indéfiniment. Les pèlerins , qui sont riches et dévots , savent très-bien cela, et ne s'en formalisent pas le moins du monde : il faut que tout le monde vive. »

Les pèlerins des divers cultes , ainsi que leurs coréligionnaires qui les accueillent à Jérusalem , ont leurs quartiers distincts et bien délimités dans la Ville-Sainte , sans toutefois qu'il en résulte empêchement à leur libre circulation dans le reste de la ville. Ces quartiers , qui comprennent et divisent toute la cité , sont au nombre de quatre : le *quartier chrétien* , le *quartier arménien* , le *quartier juif* et le *quartier musulman*. — Le quartier des Chrétiens , habité par les Latins et les diverses sectes , à l'exception des Arméniens , est situé autour du Golgotha. On y remarque le couvent latin de Saint-Sauveur ; la citerne de Sainte-Hélène ; l'église du Saint-Sépulcre , renfermant le saint Sépulcre et le Calvaire ; le couvent des Abissins , sous lequel se trouve la chapelle de l'Invention de la Sainte-Croix ; le couvent des Grecs ; le couvent des Cophtes ; la prison de saint Pierre et le palais en ruines des chevaliers de Saint-Jean de Jérusalem ; la maison du patriarche latin , et *Casa-Nova* , dépendance du couvent de St-Sauveur pour le logement des pèlerins. — Le quartier des Arméniens occupe les hauteurs de Sion. Il renferme la citadelle; le temple et les autres établissements des Protestants ; le couvent des Syriens , sur l'emplacement de la maison de saint Marc ; le couvent des Arméniens avec son église de Saint-Jacques , comprenant dans son enceinte l'emplacement de la maison de saint Thomas ; l'emplacement de la maison d'Anne, aujourd'hui couvent de religieuses arméniennes : et en dehors des murs , les cimetières des différentes communions chrétiennes ; la maison de Caïphe, aujourd'hui couvent arménien ; l'emplacement de la maison de la sainte Vierge ; les tombeaux de David et de Salomon ; le Cénacle, et la grotte où saint Pierre alla pleurer son triple reniement. — Le quartier des Juifs se trouve sur le penchant du mont Sion, vers le mont Moriah. Il n'offre rien de remarquable.—Le quartier des Musulmans couvre les monts Moriah et Acra. Il renferme la mosquée d'Omar et la mosquée d'El-Aksa , ancienne église de la Présentation , sur l'emplacement du temple de Salomon ; la Piscine Probatique ; la forteresse Antonia ; l'emplacement du prétoire , aujourd'hui caserne turque ; l'église de Sainte-Anne ; l'emplacement de la maison d'Hérode-Antipas, devant lequel fut traduit notre Sauveur ; le lieu de la flagellation et celui du couronnement d'épines ; la maison du mauvais riche , et les sept premières stations de la *Voie douloureuse*.

La physionomie intérieure et générale de Jérusalem est celle de toute ville orientale sous le régime turc. C'est un dédale de rues étroites, inégales, tortueuses, mal pavées ; souvent voûtées et obscures ; souvent encombrées de ruines et d'immondices ; toujours peuplées d'une multitude de chiens errants ; parfois barrées par de longues files de chameaux dont les conducteurs vous crient à pleine tête : *Guarda !* pour l'ordinaire sans mouvement et sans bruit, toute la vie se concentrant dans les bazars où elle est encore assez peu de chose, vu que le commerce de Jérusalem ne comprend guère que les chapelets et les objets de première nécessité. Ce sont des maisons jetées là sans alignement, sans ornements, sans architecture ; ayant pour toits de petits dômes ou des terrasses aplaties ; ne s'ouvrant à l'extérieur que par une porte basse, toujours soigneusement fermée, et de rares fenêtres, que des treillis serrés protègent contre les regards indiscrets.

Les ruines, que nous venons de signaler, ne sont pas ce qui vous frappe le moins à Jérusalem ; l'œil en découvre de tous côtés, et à tel point que l'un de nos pèlerins a pu craindre de rester fort au-dessous de la vérité en disant qu'elles forment à elles seules la moitié de la ville. Nos lecteurs n'ignorent pas d'où proviennent ces ruines, pour peu qu'ils se rappellent ce que nous avons dit des nombreuses dévastations de la malheureuse cité. Ils ne s'étonneront pas non plus que cet état de choses persévère et s'aggrave même de jour en jour, s'ils veulent bien prendre garde que les Turcs, doués au premier chef du génie de la destruction, ne savent rien édifier, rien réparer ni rien entretenir. Au milieu de ces ruines, plus d'un débris atteste encore la splendeur de l'ancienne cité ; plus d'un beau reste des monuments dont la piété des croisés couvrit la Terre-Sainte, redit au Français la gloire de ses pères, et les ogives qui caractérisent ces monuments offrent un intérêt de plus à l'archéologue. « Deux éléments, dit M. l'abbé Azaïs, se combinent à cette époque dans les monuments qui sont construits à Jérusalem. D'un côté, c'est le roman, apporté par les croisés ; de l'autre, c'est le style arabe qui règne en Orient, et c'est de la fusion de ces deux éléments que naît l'art ogival. Peu à peu l'arc du plein cintre se brise et prend une forme aiguë ; on voit apparaître les nervures multipliées. Les colonnes montent plus légères ; l'ornementation est plus grâcieuse ; et l'on suit sur chaque pierre, depuis l'archivolte des baies jusqu'à l'arc des voûtes, cette révolution qui s'opère, et qui donne naissance à un art nouveau, éclos au fécond soleil de l'Orient. Voilà le vrai berceau du style ogival, qui règne en Palestine pendant tout le douzième siècle comme l'attestent les monuments de Jérusalem, tandis que ce n'est qu'au treizième siècle qu'il apparaît dans nos contrées. L'Orient a reçu de nous, par les croisés, l'architecture romane, et nous a envoyé l'architecture ogivale. Cette question devient une certitude pour quiconque a étudié les églises des croisades en Terre-Sainte. J'aime cette origine de l'ogive auprès du Saint-Sépulcre ; elle lui donne un caractère plus religieux. »

Si des ruines nous passons aux chiens, nous trouvons que c'est encore ici l'un des cachets propres aux villes d'Orient en général et à Jérusalem en particulier. Ces chiens, qui fourmillent partout, se reproduisant et vivant comme ils l'entendent, n'ont rien de remarquable : ils tiennent du loup et du renard ; ils sont tous à peu près de la même taille moyenne, et presque tous d'un roux jaunâtre ; une horrible gale en couvre un grand nombre, pas un qui ne soit d'une maigreur extrême. Aucun d'eux n'a jamais connu de maître et ne répond à aucun nom. Mais s'ils n'appartiennent à personne, ils appartiennent au quartier qui les a vus naître, et ils ne le quittent jamais, dit l'un de nos pèlerins, « sous peine d'être affreusement houspillés par leurs pareils, jaloux de la possession exclusive de leur territoire. » Dormant tout le jour dans le trou de pavé où chacun a fait élection de domicile, ils se laissent impunément piétiner les pattes ou la queue, et c'est à peine s'ils savent au besoin se déranger tout juste de ce qu'il faut pour n'être pas écrasés. En revanche, ils font toute la nuit un incroyable vacarme, dévorent tout ce qu'ils trouvent et, à défaut de mieux, s'entre-dévorent eux-mêmes. Gare alors, s'il vous trouvent sans lanterne et sans bâton. Somme toute, cependant, ils sont plus fanfarons que braves, et vous en aurez facilement raison si vous les menez rudement. Appliquez tout d'abord un coup vigoureux, et voilà votre agresseur qui se sauve en criant, et à sa voix répondent des milliers de voix, tous les chiens du quartier criant comme si chacun avait été battu.

Plus d'un lecteur se demandera sans doute comment ces milliers de chiens ne communiquent point la rage à tout le pays. C'est, dit M. Bonjour, « par cette raison bien simple qu'ils ne la prennent jamais eux-mêmes. » — Plus d'un autre se demandera sans doute encore à quoi donc peuvent servir ces animaux, pour que partout les habitants les tolèrent ainsi et même les respectent. Et nous répondrons à notre tour qu'ils rendent au pays deux immenses services, dont l'un est la conséquence naturelle de l'autre ; les chiens sont, suivant les expressions de nos premiers pèlerins, *les seuls entrepreneurs du nettoiement chez les indolents Osmanlis, et les véritables remparts de l'Orient contre la peste.* La propreté est une vertu qui semble ne pouvoir guère s'acclimater en Orient, où elle serait pourtant si nécessaire. A Jérusalem comme ailleurs, chacun se reconnaît parfaitement le droit de jeter à sa porte, ou au premier lieu venu de la voie publique, toutes-les ordures de sa maison, et se fait un devoir de respecter tout ce qu'il y trouve. Puis, le charivari qu'il est d'usage, et comme de rigueur, que fassent chaque nuit messieurs les chiens, n'est pas toujours simple affaire pour rire ; vous en avec chaque matin la preuve dans le grand nombre de ceux d'entr'eux qui sont restés sur le carreau : et bien entendu, où ils sont tombés, c'est là qu'ils doivent demeurer tout le jour, sans que personne y touche. Enfin, pour achever le tableau, disons que les plus gros animaux, les ânes, les chevaux, les mulets, les chameaux eux-mêmes n'ont pas un meilleur sort, et que l'insouciance des habitants ne leur donne pour dernière demeure que la place même où le hasard les a fait mourir. N'est-ce pas assez pour engendrer une malpropreté sans pareille et pour avoir la peste en permanence dans ces pays d'excessives chaleurs ? Sans doute, si n'était un petit fléau qui devient ainsi peut-être en définitive une véritable providence. La nuit vient, et, avec elle, la multitude affamée qui se charge de la propreté de la voie publique ; les chiens se repaissent de toutes ces ordures, et leurs dents exercées transforment bientôt tous ces cadavres en autant de squelettes qui n'offrent plus aux yeux que des ossements éclatants de blancheur.

Noûs avons signalé en passant la brillante victoire de Samson au lieu qu'il nomma lui-même *Ramathléchi, colline de la mâchoire,* parce qu'avec une simple mâchoire d'âne, qu'il y trouva fort à propos à ses pieds, il mit en déroute les Philistins et leur tua mille hommes. Si ce guerrier fameux et vraiment à part revoyait de nos jours son ancien pays, il y trouverait encore, à défaut de Philistins, bien des milliers de

Turcs et d'Arabes ennemis à exterminer, et il y retrouverait également sans peine son arme célèbre : les *léchis* ou mâchoires y abondent plus que jamais, mâchoires d'ânes, de chevaux, de mulets, voire même de chameaux.

Malgré nos dernières paroles, on aurait tort de croire que nous fassions des vœux pour l'extermination de tous les Turcs et Arabes de la Palestine, si ce n'est à la façon des Ninivites, dont la conversion, dit Bossuet après saint Eucher, ne fut rien moins qu'une véritable destruction : « Dieu les menace de les renverser, et ils se renversent eux-mêmes en détruisant jusqu'à la racine leurs inclinations corrompues. *Ninive est véritablement renversée ; puisque tous ses mauvais désirs sont changés en bien : elle est véritablement renversée, puisque le luxe de ses habits est changé en un sac et un cilice, la superfluité de ses banquets en un jeûne austère, la joie dissolue de ses débauches en saints gémissements de la pénitence.* O ville heureusement renversée ! » En attendant ce renversement moral, que nous leur souhaitons de tout notre cœur, mais qui, loin de se faire tout seul, ne sera sans doute que la conséquence d'un autre renversement tout différent, ni Turcs, ni Arabes, ni infidèles du reste quels qu'ils soient, ne sympathiseront jamais véritablement avec une nation chrétienne quelconque, à raison de préjugés inhérents à leur religion et qui ne peuvent disparaître qu'avec elle. Cependant, dit M. l'abbé Azaïs, les Turcs, que « nous sommes accoutumés à nous représenter comme des hommes farouches, aux manières brutales, à l'air insultant, qui ne savent que menacer et frapper, nous avons reconnu en eux des hommes pacifiques et bienveillants. Franchement, le Turc est une bonne et douce nature, un peu molle et insouciante. On le dit fidèle, hospitalier, et doué d'un grand amour pour la justice. L'Arabe, au contraire, est fier, trompeur et violent, malgré son regard timide et singulièrement doux. Il préfère l'indépendance et la liberté du désert à la prison des villes, la rapine et le pillage à la paisible culture des champs. » Nul doute, quoiqu'on en dise, que plus d'un Turc ne se reconnaisse lui-même à ce dernier portrait ; car suivant la judicieuse remarque d'un observateur, l'infidèle quel qu'il soit n'est pas naturellement probe, juste, honnête ; il est au contraire, naturellement voleur, frauduleux, imposteur, astucieux, menteur et avide de richesses, de gain et de plaisir.

Ajoutons que les leçons données à ces pauvres gens ne sont pas toujours trop de nature à les civiliser. Un seul exemple que voici suffira pour le prouver. « Une fois, raconte un voyageur moderne, nous étions pressés par la soif, et nous n'avions pas d'eau, quand vint à passer une bande d'ânes chargés de raisins : l'occasion était bonne ; nous demandons à en acheter ; les moukres refusent pour je ne sais quel motif fort plausible ; aussitôt quelques-uns des nôtres, mieux formés aux mœurs du pays, chargent à coups de bâton et de courbach ces âniers insolents, les mettent en fuite, arrêtent les ânes, et s'apprêtent à se partager le butin. Jusque-là nous étions en plein dans la couleur locale ; malheureusement les scrupules européens, un instant assoupis, s'éveillèrent ; la modération reprit ses droits ; on relâcha bêtes et butin, le tout n'ayant pas été déclaré de bonne prise. Trop souvent, la violence ne s'arrête pas en si beau chemin... »

Nous reconnaissons, en toute sincérité, n'avoir eu jamais ni l'occasion ni la tentation de nous signaler par de tels exploits ; mais nous devons reconnaître également n'avoir jamais été, dans notre voyage d'Orient, victimes d'un seul mauvais procédé dont il valût la peine de nous plaindre, ce que nous ne pourrions peut-être pas dire de pays plus civilisés, où l'on se donne quelquefois volontiers le droit d'insolence. Au rapport de tous les voyageurs, la prudence commande au prêtre catholique de déposer son saint habit avant de mettre le pied sur le sol de nos bons voisins les Anglais, ces prétendus chevaliers de la suprême tolérance, et plusieurs ont eu à se repentir de ne l'avoir pas su ou de n'en avoir pas tenu compte ; tandis que les onze prêtres de notre caravane ont pu toujours, et fort ostensiblement, et sans inconvénient aucun, porter le costume ecclésiastique pendant le pèlerinage un Terre-Sainte, voir même dans leur visite à la célèbre mosquée d'Omar. Bien plus, pensant que la curiosité peut bien avoir sa légitime place après la dévotion satisfaite, j'ai cru devoir, à la fin du pèlerinage, laisser partir de Beyrouth pour Marseille la plupart de mes pieux compagnons, et partir moi-ême de Beyrouth pour Constantinople en longeant les côtes de Syrie. Eh bien ! faut-il le dire, Tripoli, Alexandrette, Mersine, Rhodes, Symrne, et Constantinople, ont vu tour-à-tour ma soutane et l'ont respectée. Elle n'a reçu d'insulte qu'à mon retour, sous mon beau soleil de France, dans mon diocèse même... à Dinan ! » *In caudâ venenum !* Et si je me permets de le constater ici, c'est moins, on le comprend, pour mettre la civilisation et les bonnes manières musulmanes au-dessus de celles ne mon pays, voire même de celles de

Dinan, que pour rassurer les futurs pèlerins de Jérusalem et rendre à la vérité un hommage que je ne puis loyalement lui refuser.

Les lecteurs qui ont bien voulu suivre patiemment les détails historiques et topographiques donnés plus haut sur Jérusalem, y ont peut-être trouvé quelque intérêt, et sont assurément du moins mieux préparés aujourd'hui à recevoir les nouveaux détails, bien autrement intéressants, que nous leur devons désormais.

N'oublions pas que dès le principe, suivant l'affirmation si peu suspecte de Gibbon, les chrétiens de Jérusalem « fixèrent par une traduction *non douteuse* la scène de chaque évènement mémorable. » Rappelons-nous encore les temples et les statues d'Adrien, qui, pendant 180 ans, marquèrent d'une manière si providentielle la place des saints lieux, en particulier du Calvaire et du Saint-Sépulcre. Lorsque, l'an 326 de Jésus-Christ, sainte Hélène, venue en pèlerinage à Jérusalem, à l'âge de quatrevingts ans, et munie de pleins-pouvoirs de son fils, l'empereur Constantin, chercha ces mêmes lieux pour les consacrer par des temples chrétiens, « ce furent précisément, dit M. le docteur protestant de Schubert, les restes de ces temples païens qui donnèrent des indices certains pour la direction des fouilles. » Le résultat consolant de ces fouilles, toute la joie qu'en ressentit le grand et le pieux empereur, ses intentions généreuses à l'effet d'honorer des lieux si indignement profanés par les païens, et les ordres qu'il s'empressa de donner dans ce but, tout cela est consigné dans une admirable lettre écrite de sa main et que nous devons reproduire ici pour l'édification de nos lecteurs.

Lettre de Constantin à Macaire, évêque de Jérusalem.

« La grâce que le Seigneur nous a faite est si extraordinaire et si admirable qu'il n'y a point de paroles qui la puissent dignement exprimer. En effet, qu'y a-t-il d'aussi admirable que l'ordre de la Providence par lequel il a caché sous terre durant un si long espace de temps le monument de sa passion, jusqu'à ce que l'ennemi de la piété eût été vaincu, et que ses serviteurs eussent été mis en liberté ? Il me semble que quand on assemblerait tout ce qu'il y a de savants et d'orateurs dans le monde, ils ne pourraient jamais rien dire qui approchât de la grandeur de ce miracle, parce qu'il est autant au-dessus de toute créance que la sagesse éternelle est au-dessus de la raison. C'est pourquoi je me propose d'exciter tous les peuples à embrasser la religion avec une ardeur égale à l'éclat des événements merveilleux par lesquels la vérité et la foi est confirmée de jour en jour. Je ne doute point que comme ce dessein-là que j'ai est connu de tout le monde, vous ne soyez très-persuadé que je n'ai point de plus forte passion que d'embellir par de magnifiques bâtiments ce lieu qui, étant déjà saint, a été encore sanctifié par la volonté de Dieu, et par mes soins, du poids d'une idole dont il avait été chargé.

» Je remets à votre prudence à prendre les soins nécessaires pour faire en sorte que les édifices surpassent en grandeur et en beauté tout ce qu'il y a de beau et de grand au reste du monde. J'ai donné charge à notre très-cher Dracilien, vicaire des préfets du prétoire et gouverneur de la province, d'employer suivant vos ordres les plus excellents ouvriers à élever des murailles. Mandez-moi quels marbres et quelles colonnes vous désirez, afin que je les fasse conduire.

» Je serai bien aise de savoir si vous jugez à propos que l'église doive être lambrissée, ou non ; car si elle doit être lambrissée, on y pourra mettre de l'or. Faites savoir au plus tôt aux officiers que je vous ai nommés le nombre des ouvriers et les sommes d'argent qui seront nécessaires, les marbres, les colonnes et les ornements qui seront les plus beaux et les plus riches, afin que j'en sois promptement informé. Je prie Dieu, mon très-cher père, qu'il vous conserve. »

Après une pareille lettre, il nous semble assez inutile de chercher à décrire les travaux et les magnificences de cette basilique, rêvée par Constantin et commencée par sa sainte mère, d'autant qu'il n'en existe peut-être plus rien à l'heure qu'il est. Il fallut six ans pour la construire, et on l'appela le Témoignage de la Résurrection, *Martyrium Resurrectionis*. La dédicace en fut célébrée pendant huit jours avec une pompe extraordinaire, au milieu d'un immense concours de fidèles et d'un grand nombre d'évêques alors réunis en concile à Jérusalem. Il faut lire dans les auteurs contemporains, la joie que faisaient éclater ces pieux fidèles, en voyant, après tant d'années de souffrances et d'humiliations, un temple si beau dédié à leur Dieu sur la montagne même où Jésus-Christ avait expiré dans les ignominies de la croix.

Le Témoignage de la Résurrection, encore appelé basilique de la Sainte-Croix, et plus connu sous le nom d'église de la Résurrection ou du Saint-Sépulcre, eut pour premier destructeur Chosroës II, roi des Perses, qui vint ravager la Ville-Sainte en 614 et qui périt bientôt misérablement, assassiné par son propre fils Siroës. — Rétablie dans son ancienne magnificence, après les victoires éclatantes d'Héraclius, l'église du Saint-Sépulcre tomba, vers l'an 1008, sous les coups d'un second destructeur, le cruel calife Hakem, qui périt bientôt lui-même, victime d'un complot organisé par sa propre sœur.

Cependant, dit M. Enault, « les destructions ne furent jamais complètes ; les mains ennemies se hâtent et défigurent un monument plutôt qu'elles ne le renversent. » Quoi qu'il en soit, trente-sept ans après les dévastations de Hakem, l'église du Saint-Sépulcre se relevait de nouveau, sous l'empereur grec Constantin IX, surnommé *Monomaque*. Quelques années plus tard, le 15 juillet 1099, les croisés entrèrent triomphants dans Jérusalem et lui rendaient ses beaux jours, qui devaient malheureusement trop peu durer. A cette époque des croisades, l'église du Saint-Sépulcre fut agrandie, et l'on enferma dans son enceinte les sanctuaires du Crucifiement, de l'Erection de la Croix, de l'Onction et de l'Invention de la Croix, qui jusque-là s'étaient trouvés en dehors. Le récit d'un chroniqueur contemporain, Guillaume, évêque de Tyr, ne laisse aucun doute là-dessus. « Avant l'entrée de nos Latins dans Jérusalem, le lieu de la Passion de Notre Seigneur, appelé *Calvaire* ou *Golgotha*, le lieu de l'invention de la croix rédemptrice, et le lieu où le corps fut descendu, embaumé et enveloppé dans de beaux voiles, n'étaient que de tout petits sanctuaires, situés hors de la grande église. Mais après que par l'assistance divine, les nôtres eurent obtenu la possession de la ville, ladite église leur parut trop petite ; l'ayant donc augmentée par un ouvrage solide élégant, réunissant le nouveau à l'ancien, ils réussirent merveilleusement à renfermer dans une même enceinte tous les sanctuaires vénérés. »

Au commencement d'octobre 1187, lorsque l'épée de Saladin reconquit Jérusalem, l'église du Saint-Sépulcre n'échappa qu'à grand'peine à une nouvelle et suprême ruine. D'après un auteur musulman, « quelques zélés de ses sujets avaient conseillé au vainqueur de détruire cette église, prétendant qu'une fois que le tombeau du Messie serait comblé et que la charrue aurait passé sur le sol de l'église, il n'y aurait plus de motif pour les chrétiens d'y venir en pèlerinage. Mais d'autres jugèrent plus convenable d'épargner ce monument religieux, parce que ce n'était pas l'église, mais le Calvaire et le tombeau qui excitaient la dévotion des chrétiens, et que, *lors*

même que la terre eut été jointe au ciel, les nations chrétiennes n'auraient pas cessé d'affluer à Jérusalem. Ils ajoutèrent que lorsque le calife Omar, dans le premier siècle de
l'islamisme, se rendit maître de la ville sainte, il permit aux
chrétiens d'y demeurer et respecta l'église du Saint-Sépulcre.«

Dieu toucha le cœur de Saladin, et le plus vénérable sanctuaire du monde entier trouva grâce devant lui. Non-seulement l'église du Saint-Sépulcre ne fut pas abattue, elle ne fut
même pas convertie en mosquée, par une exception toute
providentielle qui ne s'étendit à aucun autre de nos sanctuaires, et quatre prêtres latins eurent la faculté de demeurer pour
la desservir.

Depuis les croisades jusqu'au XIX⁰ siècle, écrit M. Enault,
« à travers toutes les vicissitudes de la victoire et de la défai-
te, de la persécution et du triomphe, l'église du Saint-Sépulcre resta la même : l'entrée en fut plus ou moins facilement
accordée aux chrétiens, mais on ne remua point une seule de
ses pierres.» Ainsi, cette même église existait encore au commencement de ce siècle, auquel il était réservé de voir périr
ce que la foi de nos pères avait su conserver à travers les âges
et les révolutions. Châteaubriand, qui l'a vue en 1806, nous
en a laissé, d'après Deshayes, ambassadeur de Louis XIII,
qui la visita lui-même en 1621, une description fidèle et dé-
taillée qu'il fait précéder de ces lignes : «L'église du Saint-Sépulcre n'existe plus ; elle a été incendiée de fond en comble
depuis mon retour de Judée ; je suis, pour ainsi dire, le dernier voyageur qui l'ai vue, et j'en serai par cette raison même
le dernier historien.»

Deux ans après le passage de Châteaubriand, le 12 octobre
1808, eut lieu cet incendie, si déplorable en soi et si déplorable encore dans ses conséquences pour les Latins. L'église du
Saint-Sépulcre en fut *presque entièrement consumée*, dit le
R. P. de Géramb, qui a publié, d'après un témoin oculaire et
consciencieux, une relation complète de ce malheureux événement. Cependant, suivant cette même relation, les flammes
épargnèrent en tout ou partie la façade du monument, le
petit oratoire de Notre-Dame des Douleurs, le lieu du crucifiement, la pierre de l'Onction, les deux chapelles souterraines de sainte Hélène et de l'Invention de la sainte Croix, celles
de l'Impropère et de la division des vêtements, le Saint-Sépulcre, la chapelle de sainte Marie-Madeleine, la sacristie, le
chœur et le petit couvent des Franciscains.

Ce discernement que semblent faire les flammes a quelque

chose d'extraordinaire, que l'auteur de la relation appelle *les merveilles de l'assistances divine en faveur des religieux de saint François*. Un écrivain de renom, M. Eugène Boré, consigne le même fait en ces termes aussi flatteurs pour les Franciscains que sanglants pour les schismatiques. « On sait comment l'incendie dévora toute la partie du temple occupé par ces audacieux profanateurs, et comment il respecta, à la grande admiration de tous, les autres parties appartenant à nos religieux surpris et consternés ; on eût dit d'un jugement du feu, ménagé par le Christ, sur les légitimes gardiens de de son tombeau. »

Les profanateurs que stigmatise ici M. Boré, sont les Grecs schismatiques, auxquels méritent d'être adjoints les Arméniens schismatiques ; c'est dans la chapelle de ces derniers que commença l'incendie du 12 octobre 1808, pour de là se communiquer aux autres parties de l'église du Saint-Sépulcre.

Grecs et Arméniens, c'est à eux, et moins à leur imprudence qu'à leur malveillance insigne, que l'on attribue généralement cet incendie de si lugubre mémoire. L'ancien adage a toutes les raisons possibles de recevoir ici son application : *Is fecit cui prodest.* » En faisant de l'auguste monument un monceau de ruines, l'incendie servait au mieux la cause de ces schismatiques et ne servait qu'elle, ainsi qu'il est facile de s'en convaincre.

Jusque-là, dit Mgr Mislin, « les Arméniens n'avaient aucun droit dans l'église du Saint-Sépulcre ; » ils n'y possédaient qu'une chapelle qui menaçait ruine, et c'est en vain que depuis longtemps ils sollicitaient de la Porte ottomane l'autorisation de la reconstruire. — Telle n'était pas, il s'en faut bien, la position des Grecs ; l'or, la ruse et la violence leur avaient déjà, de vieille date, acquis dans la vénérable église nombre de prétendus droits, que force était bien aux Latins de respecter à l'égal des droits les plus véritables. Mais qui ne connaît l'esprit d'envahissement et l'insatiable avidité du schisme ? Il lui faut toujours faire de nouveaux pas en avant : *affer, affer*, une usurpation en amène une autre : *abyssus, abyssum* ; et le choix des moyens n'est pas ce qui embarrasse, *per fas et nefas*.

N'est-ce point assez dire que les catholiques ont dû perdre immensément à cet incendie de 1808, qui offrait à leurs ennemis une si belle occasion de les dépouiller ? Sans ressources, sans argent, sans crédit, les Franciscains ne pouvaient que pleurer en face de leurs ruines et faire appel à la pieuse libéra-

lité des catholiques d'Europe. Malheureusement, l'Europe de
1808 avait de telles préoccupations qu'elle ne songeait guère à
la Terre-Sainte ; et, suivant l'expression de M. Bonjour, « les
gémissements des pauvres religieux latins furent étouffés par
le bruit du canon. » Ces derniers ne recevant aucun secours
proportionné à la grandeur de l'entreprise, ne purent songer
à relever l'église du St-Sépulcre et se virent forcés d'en laisser
l'honneur aux schismatiques.

L'opulence des Grecs et des Arméniens leur obtint facilement de la Porte l'autorisation de reconstruire un monument
qui ne leur avait jamais appartenu ; ils rebâtirent dans le plus
bref délai, et prirent naturellement pour eux la meilleure
part, qui fut dès lors censée leur appartenir en toute propriété, puisqu'aux yeux des Turcs, réparer ou bâtir, c'est
prouver par le seul fait qu'on est incontestable propriétaire.

Pour comble de malheur, les ruines fumantes de l'édifice le
plus vénéré de la catholicité furent abandonnées à un maçon
grec qui les profana par des restaurations de mauvais goûts,
détail dont nos schismatiques se souciaient assez peu sans doute, l'essentiel pour eux étant de consommer leurs nouvelles
usurpations. Et c'est dans ce même but que, presque partout,
jusque dans la chapelle de l'Ange et celle du St-Sépulcre, que
l'incendie avait respectées, ils remplacèrent les anciennes inscriptions latines par des inscriptions grecques, qui, aux yeux
des juges superficiels, font aujourd'hui la preuve de leur propriété antique.

L'église actuelle, ainsi qu'il ressort de nos dernières observations, est loin d'égaler la splendeur de l'ancienne église sur
les fondements de laquelle on l'a construite. « Mais qu'importe le travail des hommes ! dirons-nous avec Mgr Mislin :
ce que nous venons chercher, c'est le souvenir de Celui qui
remplit le monde de son nom, et qui, pour expier des fautes
dont il était innocent, s'est livré lui-même entre les mains
des bourreaux ; » et ce souvenir, tout, ici, le rend à nos
âmes.

L'entrée de l'église du Saint-Sépulcre est précédée d'un parvis de trente mètres formant un carré parfait. On y descend par
trois marches, sur lesquelles se voient encore les bases de six
belles colonnes de marbre qui supportaient une clôture monumentale à arceaux ; et ce n'est qu'en débouchant de petites
rues étroites qui aboutissent à ces marches, que vous apparaît, au fond du parvis, la vénérable église. A droite et à gauche s'élèvent des constructions insignifiantes, courant paral-

lèlement jusqu'à l'église , qu'elles ont l'inconvénient de mas-
quer en grande partie. Et devant vous se dresse la façade antique du monument, la même qu'avant l'incendie de 1808 qu-
la respecta; où la présence de l'ogive atteste l'œuvre des croisés; où se porte aussi tout d'abord et s'attache instinctivement
le regard ému du pèlerin.

Cette façade présente une disposition très-simple , suivant,
l'observation de M. Domergue, l'un des membres de notre première caravane , qui en a fait une étude sérieuse au point de
vue de l'art. Deux portes acculées donnaient jadis entrée dans
l'église ; aujourd'hui l'une d'elles , celle de droite, est murée,
comme la porte Dorée des murailles de la ville , par suite de
quelque prédiction qui inquiète les Musulmans, ou seulement
peut-être pour simplifier la surveillance des gardiens. Ces deux
portes sont surmontées de deux fenêtres, dont les sépare une
architrave ornée de feuillages délicatement ouvragés. Les ailes des portes sont flanquées de trois colonnes, qui supportent
des voussures dont l'arc se brise en ogive. Le tympan a perdu
les riches mosaïques qui le décoraient. Sur le linteau qui sépare les portes, court une frise d'un travail merveilleux.

Des chapiteaux, admirablement fouillés, s'épanouissent sur des
fûts de marbre cipolin ou de vert antique. Les deux baies qui
surmontent cet ensemble gracieux et sévère à la fois, forment
la répétition de l'étage inférieur, avec cette différence que l'o-
give est à peine accusée. Le faîte de la façade présente un
entablement peu saillant , orné de denticules, qui court hori-
zontalement d'un côté de la place à l'autre, et qui s'arrête , à
la gauche du spectateur , contre les pans d'un énorme clocher
aujourd'hui démoli aux deux tiers , dont les baies ogivales et
les contre-forts à amortissement très prononcé , révèlent la
même époque que la façade.

A droite et faisant saillie sur la place , est un petit monument carré, à baies ogivales et surmonté d'un dôme : c'est la
chapelle de Notre-Dame des Douleurs. Elle forme un étage
intermédiaire entre le sol de la place et le niveau du Calvaire,
dont elle était autrefois le vestibule. Le nom qu'elle porte va
bien à côté du Golgotha. C'est là que se tenait la sainte Vierge
pendant que les bourreaux, à quelques pas seulement, et assez près pour qu'elle pût tout voir , tout entendre, clouaient
brutalement sur la croix le corps adorable de son Fils mourant:
Stabat Mater dolorosa....... Une fenêtre garnie de barreaux
de fer laisse voir l'intérieur du Calvaire, sans y donner accès.
En redescendant les quelques marches qui conduisent à ce

pieux sanctuaire , on se trouve à l'unique porte par laquelle on entre maintenant dans l'église.

Depuis la première conquête musulmane , sous le calife Omar, cette entrée de l'église du Saint-Sépulcre a été soumise à une redevance plus ou moins forte, selon le temps. Il paraît que les chrétiens eux-mêmes , pendant la courte période de leur domination sur les Lieux-Saints , avaient maintenu cette taxe qui vexait fort les pèlerins , si elle ne grossissait guère le revenu du trésor. Elle n'était plus que d'un *para* , la moitié d'un centime, lors de la récente invasion d'Ibrahim-Pacha , lequel l'abolit par une de ces boutades qui lui étaient familières et que M. Enault raconte en ces termes :

« Il avait pris Jérusalem, et il voulait visiter le Saint-Sépulcre. — Seigneur, lui dit l'un des gardiens, en ôtant de sa bouche le tuyau de jasmin de son chibouck , c'est un para ! — Et il tendit la main au pacha. Le pacha se retourne et ne trouve pas le moindre para dans sa poche. S'adressant alors à quelqu'un de ses officiers : Et toi , dit-il , as-tu un para ? — Non , Excellence. — Eh bien , dit le Turc , entre sans payer ; pour cette fois Allah ne dira rien. — Ibrahim entra, puis se retournant vers les gardiens : Où j'ai passé , dit-il , tout le monde passera , où je n'ai pas payé, que personne ne paie : le tribut est aboli. »

« L'entrée est libre aujourd'hui», ajoute le même auteur, en cela d'accord avec d'autres relations modernes. De fait , les gardiens nous ont toujours laissé passer sans rien nous demander , et nous avons toujours vu passer à notre suite , et aussi librement que nous, tous ceux qui l'ont voulu. Mais si , comme oui, sans doute, les Pères de Terre-Sainte nous ont dit vrai , ils avaient toujours soin, quand nous voulions aller au Saint-Sépulcre, de nous obtenir ce qu'ils appellent une ouverture, *aperturam* , et ils ne l'obtenaient qu'en la payant bel et bien.Ces bons religieux nous ont dit encore que la redevance n'est exigée que de celui qui demande l'*ouverture*, et qu'après lui entre librement qui veut. Enfin, nous tenons de la même source que chaque *ouverture* se paie une vingtaine de piastres , la piastre évaluée à vingt centimes, sans compter qu'il faut fournir aux gardiens le tabac et le café pendant tout le temps que la porte demeure ouverte.

En franchissant le seuil de l'église , on aperçoit à gauche , dans l'enfoncement d'une large et profonde niche, une espèce de divan que M. Bonjour trouve « assez semblable à un lit de camp de corps-de-garde » : c'est là que se tiennent les Turcs chargés de la garde et de la police du sanctuaire. M. de Lamartine se sent pour ces gardiens une sympathie qui va jusqu'à la vénération et qui trouble quelque peu ses idées. Ecoutons-le :

« Quand je passai , cinq ou six figures vénérables de Turcs, à longues barbes blanches, étaient accroupis sur ce divan recouvert de riches tapis d'Alep ; des tasses à café et des pipes étaient autour d'eux sur ces tapis , ils nous saluèrent avec dignité et grâce , et donnèrent ordre à un des surveillants de nous accompagner dans toutes les parties de l'église. Je ne vis rien sur leurs visages, dans leurs propos ou dans leurs gestes, de cette irrévérence dont on les accuse. Ils n'entrent pas dans l'église , ils sont à la porte , ils parlent aux chrétiens avec la gravité et le respect que le lieu et l'objet de la visite comportent. Possesseurs par la guerre du monument sacré des chrétiens, ils ne le détruisent pas , ils n'en jettent pas la cendre au vent, ils le conservent, ils y maintiennent un ordre, une police, une révérence silencieuse que les communions chrétiennes , qui se le disputent , sont bien loin d'y garder elles-mêmes. »

C'est fort édifiant, comme l'on voit , et rien n'y manque, pas même *les tasses à café* ni *les pipes*. Si tout , dans cette appréciation , n'est point parole d'évangile, du moins l'homme s'y révèle et montre assez le bout de l'oreille : on sent le *chrétien* qui s'amoindrit, s'en va, expire à la source des grâces, où il devait naturellement puiser un merveilleux renouvellement de vie spirituelle. Ainsi en est-il, du reste, de toute grâce insigne dont on abuse. Que de chrétiens même de nos jours, que n'améliore pas , il s'en faut , leur contact avec Rome, cette antre pierre d'achoppement, contre laquelle ils vont malheureusement laisser tout ou partie de leur foi , quand il était si naturel de l'y ranimer à sa source ! Ah ! c'est que l'Evangile n'en a point menti : c'est toujours pour la perte ou le bonheur, «pour la ruine ou la résurrection : » *in ruinam et in resurrectionem ;* pas de milieu. Et le prophète n'en a point menti non plus : «Malheur à vous qui dites que le mal est bien, et que le bien est mal ; qui donnez aux ténèbres le nom de lumière, et à la lumière le nom de ténèbres ; qui faites passer pour doux ce qui est amer , et pour amer ce qui est doux. »

N'était ce mystère d'aveuglement que nous venons de signaler, l'on aurait de la peine à comprendre que des écrivains français et censés catholiques viennent faire si bon marché de l'importante question des Lieux-Saints , et les sacrifier ainsi de gaîté de cœur. Certain grand-vizir , dont s'est peut-être inspiré Lamartine , répondait en 1757 aux plaintes de notre ambassadeur à Constantinople : « Ces lieux appartiennent au Sultan mon maître ; il les concède à qui il lui plaît. Il se peut qu'ils aient toujours été aux mains des Francs, mais aujourd'hui il veut qu'ils soient aux Grecs. » C'est bientôt dit ; mais, au point de vue de la justice, il n'en est peut-être pas de même. Châteaubriand raconte, d'après d'autres auteurs , que Saladin ayant épargné la seule église du Saint-Sépulcre , comprenant les divers sanctuaires qu'avait réunis sous un même toit la piété des croisés, les chrétiens de Syrie « la rachetèrent pour une grosse somme d'argent. » Que ce fait soit controuvé ou qu'une nouvelle spoliation soit survenue, toujours est-il , dit avec plusieurs auteurs M. E. Boré, que l'on ne peut sérieusement contester l'acquisition de ces mêmes sanctuaires bien et dûment faite en 1342 par le roi Robert de Sicile; d'où lesdits sanctuaires n'appartenant plus au Sultan, Sa Hautesse n'en a nullement la libre disposition. Et dès-lors, quoi d'étonnant, si les gardiens ou concierges actuels du saint monument « ne le détruisent pas , n'en jettent pas la cendre au vent, » mais qu'au contraire « ils le conservent? »

Nos droits n'existeraient pas , avec la double sanction des siècles et des nombreux firmans qui en portent reconnaissance , que plus d'une bonne raison commanderait aux Turcs la conservation du Saint-Sépulcre. Est-il un seul de nos lecteurs qui ne sache que les Turcs vénèrent notre Seigneur Jésus-Christ, sinon comme Dieu, du moins comme Prophète, et qu'ils vénèrent également par là-même son tombeau ? Puis, selon la remarque de M. l'abbé Wonner , qui confirme bien nos précédentes observations, « l'autorité turque a la clef de l'église , et il n'y a d'*ouverture* qu'autant que l'un des cultes le demande, c'est-à-dire les Latins , les Grecs et les Arméniens, et alors c'est à la condition d'un prix déterminé. On dit que cette porte est d'un assez beau revenu pour le trésor.»

S'il nous est permis de nous en rapporter au témoignage de nos yeux, nous ne craignons pas de dire que les gardiens du Saint-Sépulcre ont bien l'air d'avoir tout autre chose à cœur que d'adresser de gracieux saluts aux pèlerins , de les faire accompagner pour la visite de l'église , ou seulement de leur parler avec respect et gravité , toutes attentions charmantes dont M. de Lamartine se flatte d'avoir été l'objet de leur part. Le vieux pot noir, faisant office de cafetière, est toujours là qui chauffe pour eux, dans l'intérieur de l'église, à cinq ou six pieds en avant de la porte. Eux-mêmes, également à l'intérieur de l'église, accroupis sur de simples nattes qui recouvrent leur divan, ils fument, boivent leur café, font des contes entre eux, parlent tout haut, et ne se gênent d'aucune sorte pour passer le temps comme bon leur semble. C'est là, on ne peut en disconvenir, chose assez humiliante et qu'il doit bien en coûter aux chrétiens de subir depuis des siècles.

A tout prendre, cependant, que n'est-on pas disposé à souffrir en approchant des lieux où Jésus-Christ a souffert pour le salut du monde toutes les humiliations et la mort de la croix !

Comment encore ne pas modérer son indignation, en songeant aux désordres qui ont crié vengeance contre les chrétiens d'autrefois et qui les ont fait balayer de ces lieux, suivant la vieille chronique déjà citée : « Notre sir Jésus-Christ ne les voloit ouïr ; car la luxure et l'impureté qui en la Cité estoient, ne laissoient monter oraison ni prière devant Dieu ? » Ce n'est pas à dire que ceux qui ont pris leur place et qui l'occupent encore, soient plus dignes et plus recommandables ; mais le scandale n'est-il pas moindre, quand ce sont des infidèles qui le donnent ? Ajoutons que si le Saint-Sépulcre a été conservé jusqu'à nos jours, ce n'est que par une providence spéciale et visible, dont ces infidèles ont du moins été les aveugles instruments. Qui peut savoir ce que serait devenu le Saint-Tombeau, s'il eût été confié à la garde d'un autre peuple, même chrétien, et si, à certaines époques, il se fût trouvé sur le sol de notre Europe, laquelle, comme l'Orient, a bien aussi ses barbares ? Représentez-vous-le au milieu de nos cités populeuses, dans ces jours de désolation où les églises étaient fermées et démolies, les autels renversés, les prêtres proscrits, les dépouilles des saints et des rois jetées au vent, et leurs os dispersés sur les chemins. Croyez-vous qu'il eût trouvé grâce devant les odieux profanateurs qui ne demandaient qu'à *écraser l'infâme ?* Trouverait-il grâce aujourd'hui même, que nos religieuses populations ne se réveillent chaque matin que pour apprendre avec effroi l'indigne profanation de quelque nouveau sanctuaire ?

N'oublions pas les schismatiques, surtout les Grecs, qui se sont fait, on sait par quels moyens, la part du lion dans l'église du Saint-Sépulcre ; et disons encore, à leur adresse, que s'il est fâcheux d'avoir des maîtres, on pourrait plus mal tomber qu'entre les mains des Turcs.

« Les catholiques ne s'y trompent pas, dit M. Enault, et

jusqu'au jour de leur émancipation complète , ils n'échangeraient pas volontiers le joug mahométan contre la domination soit-disant chrétienne , du schisme *gréco-russe.* »

Ce ne sont pas les Grecs, on peut le croire, qui donneront aux Turcs, ni à qui que ce soit, l'exemple du respect et de la dignité dans le lieu saint ; leur tenue, pour la peindre d'un mot , y ressemble assez à celle de nos pires officiers d'église , et encore..... Qui n'a ouï parler de la farce sacrilége du *feu sacré,* qu'ils renouvellent chaque année dans le plus vénérable sanctuaire du monde ? Et ce qu'ils y renouvellent bien des fois dans l'année , ce sont les avanies de toutes sortes qu'ils font essuyer à nos pauvres Latins. Parfois le sang coule; parfois la garde turque est obligée d'intervenir, et parfois même d'appeler du renfort. Il n'y a pas encore longues années , après une première rixe sanglante, le pacha lui-même dut se présenter en personne et se poster , le sabre au poing , à côté de l'autel du Calvaire, pour tenir en respect les Grecs qui voulaient empêcher les Latins, non pas d'y célébrer, ce qui ne leur est plus permis depuis longtemps, mais d'y venir même faire leur simple procession accoutumée.

Aujourd'hui , comme avant l'incendie de 1808 et même depuis les croisades, ainsi que nous l'avons expliqué précédemment, l'église du Saint-Sépulcre est moins *un* sanctuaire qu'une *réunion* de sanctuaires vénérés que la piété de nos pères a renfermés dans une même enceinte.

Pour se faire une idée de cette vénérable église, qu'on se représente, à l'ouest , une grande nef circulaire, ou vaste rotonde , au milieu de laquelle s'élève le petit monument du St-Sépulcre , et que surmonte une coupole élancée qui l'éclaire ; du nord au sud, un transept, espèce de nef transversale , qui ne forme aucun avancement au dehors, mais qui donne à l'intérieur de l'édifice la forme d'une croix latine ; au centre du transept, un vaste chœur qui s'ouvre perpendiculairement au Saint-Tombeau et que surmonte une coupole moins élevée que la première ; à l'est, une abside distincte et séparée du chœur qu'elle domine un peu ; autour du chœur et de l'abside , un déambulatoire, unique au midi et double au nord, avec chapelles au chevet et aux deux ailes de l'abside; au fond de l'aile du midi , ou de l'aile gauche, puisqu'on l'a sur la gauche en tournant le dos à l'abside, un escalier qui descend sous le Calvaire, au lieu de l'invention de la Sainte-Croix ; à l'origine de cette aile, sur le transept, un autre escalier qui monte à la cime du Calvaire, au lieu du Crucifiement ; sur le côté gauche au sud du transept , la grande porte décrite plus haut , seule entrée actuelle de l'église ; et du côté opposé, le chœur, la sacristie et le petit couvent des Franciscains.

L'enceinte de la grande rotonde du Saint-Sépulcre est formée par dix-huit gros piliers carrés, en y comprenant les deux piliers dits de *Constantin,* entre lesquels se trouve, au devant du Saint-Tombeau , la principale entrée du *grand chœur* de l'église. Cette enceinte, à la base des piliers, n'a pas moins de 49 mètres 60 centimètres de circonférence, d'après M. l'abbé Wonner, qui ajoute avec raison que « c'est d'un effet grandiôse. » Les dix-huit piliers qui ornent le pourtour de la rotonde, soutiennent, en décrivant dix-sept arcades, une galerie supérieure, également composée de dix-huit piliers et de dix-sept arcades de moindres dimensions, sur lesquels s'appuie la coupole aërienne. « Douze de ces arcades sont notre propropriété.... les autres sont aux Arméniens , » disaient, il y a peu d'années encore, les récits de nos pèlerins. En admettant l'exactitude de ces récits , l'on est réduit à déplorer que des envahissements postérieurs soient venus modifier l'état des choses, puisque les Pères de Terre-Sainte nous ont affirmé que douze de ces arcades sont maintenant au pouvoir des Arméniens qui y ont leur chapelle et des logements pour leurs prêtres et sacristains. Et il en résulte que nos bons religieux n'ont plus que la très-petite part dans cette vaste galerie , ou cinq arcades sur dix-sept, en attendant que le schisme réussisse à les déposséder complètement. Au bout des arcades qui leur restent encore, ils nous ont fait voir, dans une petite chambre, un beau portrait en pied de *notre dernier roi Louis-Philippe.* Ce portrait , arrivé en Terre-Sainte peu de temps avant les évènements de 1848, fut d'abord placé dans la galerie ; mais, à la chute du monarque, on le transféra dans la susdite chambre, où il est resté depuis.

Avant l'incendie de 1808, la grande coupole du Saint Sépulcre était d'une rare magnificence. Au rapport du R. P. de Géramb, les princes chrétiens l'avaient fait construire, au commencement du siècle dernier, avec d'énormes poutres de cèdre, amenées à grand frais du mont Liban et que l'on disposa perpendiculairement au-dessus du Saint-Tombeau. C'était un « véritable chef-d'œuvre par sa hauteur et par la hardiesse de sa construction. » La coupole actuelle, imposante encore et majestueuse , est de bois vulgaire et n'est nullement comparable à l'ancienne. Les Grecs, en la construisant, se promettaient bien d'établir ainsi d'une manière irréfragable leur droit de propriété, qui n'avait pourtant pas la plus petite réalité du monde. Heureusement, l'injustice ne prévalut pas à ce point, et, dès 1811, notre ambassadeur à Constantinople, M. de Latour-Maubourg, se faisait donner par la Porte une déclaration officielle constatant que tous les travaux des Grecs laissaient intacts les droits des Latins. Après une pareille déclaration, il semblerait que tout est dit, et que la propriété des Latins est désormais en parfaite sûreté ; cependant, chose vraiment incroyable, il n'en est rien, et les Grecs continuent de tenir que pour eux la partie est belle. Pourquoi faut-il que les faits viennent leur donner raison ? Malgré le firman de 1811, qui est certes assez explicite et précis ; malgré l'évidence de nos droits pour quiconque est tant soit peu au courant de la question ; malgré même la prise glorieuse de Sébastopol, qui nous a tant grandis en Orient et qui a du même coup tant déconcerté nos ennemis, les Grecs ont toujours su, depuis leur reconstruction, et savent encore à l'heure qu'il est empêcher nos religieux de réparer la grande coupole du Saint-Sépulcre, qui en a pourtant si bonne affaire. Il y a des années que cette coupole est à jour ; déjà elle fait eau de toutes parts ; chaque jour vient encore en aggraver la position, et il s'en faut bien que les Grecs y soient étrangers. Continuant un mode d'envahissement dont un premier essai ne leur a pas trop mal réussi, ils ne se font pas scrupule d'ajouter à l'œuvre dévastatrice du temps et d'enlever peu à peu, la nuit, le plomb qui recouvre la coupole, espérant bien obtenir encore, à force de menées et surtout d'argent, l'autorisation d'y faire des réparations urgentes qu'ils ne manqueront pas de présenter comme un nouveau titre de propriété.

On le voit, les Grecs d'aujourd'hui ont toute l'astuce et toute la mauvaise foi proverbiale de leurs pères, et il est bon comme toujours de s'en défier : *Timeo Danaos...* Ajoutons pour achever de les peindre, qu'ils ne sont pas moins habiles à conserver ce qu'ils ont une fois envahi qu'à s'approprier ce qui ne leur appartient pas. Il y a quelques années, un de nos religieux se plaignait fort d'une nouvelle usurpation de leur part ; le voyageur qui recevait ses doléances crut devoir lui demander : « Pourquoi du moins n'essaieriez-vous pas de racheter votre propriété ? — Hélas ! répondit le religieux, la chose est impossible ; car *les Grecs ne la donneraient pas pour trente millions.* »

Ce n'est pas seulement la grande coupole du Saint-Sépulcre que les Grecs revendiquent, pour l'avoir rebâtie après l'incendie de 1808, c'est encore toute la partie de l'église que recouvre cette coupole, et par conséquent le Saint-Sépulcre même, qui se trouve précisément au centre. Or, l'iniquité de leurs prétentions revêt ici un caractère tout particulièrement odieux. L'auguste monument, on le sait, fut respecté par cet incendie qui a fait la fortune des schismatiques. La propre chapelle du Saint-Tombeau n'en reçut atteinte d'aucune sorte, et c'est à peine si la chapelle de l'Ange, qui se trouve à l'entrée, fut quelque peu endommagée.

Cette dernière, dit la relation citée par le R. P. de Géramb, « n'a eu de brûlé que la moitié des velours qui lui servaient d'ornements ; les murs et le pavé n'ont reçu aucun dommage. » C'était vraiment providentiel ; mais cela ne faisait pas le compte des Grecs, qui aspiraient à l'entière possession du monument. Ces vandales eurent donc la sacrilége audace de le démolir, à la grande douleur des Latins qui ne purent les arrêter ; puis ils le rebâtirent sur un nouveau plan, pour s'en assurer la propriété, en vertu de la législation musulmane qui reconnaît pour propriétaire d'un bâtiment celui qui l'a construit ou réparé. Ainsi disparut cet élégant et grâcieux édicule, qu'avait élevé la foi de nos pères, que les siècles avaient entouré de vénération et que Châteaubriand admirait encore en 1806. L'on y substitua un monument de mauvais goût, chargé d'inscriptions grecques et de cultures grossières, et « renfermant une double atteinte à l'art chrétien et aux droits des catholiques, » suivant les expressions de M. l'abbé Azaïs, avec lequel nous ajouterons que « c'est une des plus odieuses profanations commises sur le Saint-Sépulcre. »

Le nouveau monument, œuvre des Grecs, est celui-là même qui recouvre aujourd'hui le Saint-Tombeau. C'est un édicule allongé, ou mausolée de marbre jaune et blanc, en forme de catafalque ; il est carré par devant, à l'est, et pentagone par derrière, à l'ouest. La plus grande largeur à la façade, est de cinq mètres ; la longueur totale a plus de huit mètres, et la hauteur environ quatre mètres, sous la galerie ou corniche qui couronne le mausolée. Sur le devant, un parvis en mosaïque, dont la largeur ne dépasse guère la moitié de la façade, s'élève d'un degré au-dessus du pavé de l'église et se prolonge en droite ligne jusqu'à la principale entrée du *grand chœur*. Auprès du saint monument, ce parvis s'exhaussant d'un nouveau degré, forme une espèce de vestibule ouvert, offrant à droite et à gauche de larges bancs de marbre et d'énormes candélabres également de marbre.

Après s'être pieusement agenouillé sur le parvis, que l'on a toujours soin de baiser avec respect, l'on franchit en se baissant, une première porte qui donne entrée dans le vestibule proprement dit du Saint-Sépulcre, ou ce qu'on nomme la *chapelle de l'Ange*. Ce premier compartiment est carré, ayant une dizaine de pieds en tout sens. Tout l'intérieur est revêtu de beau marbre. Au milieu s'élève, à la hauteur de trois ou quatre pieds, une colonne de marbre indiquant le lieu même où se tenait l'ange, à l'arrivée des saintes femmes qui venaient le dimanche de grand matin, pour achever d'embaumer le corps du Sauveur. « Un ange du Seigneur descendit du ciel,
» vint renverser la pierre du sépulcre et s'assit dessus. Son
» visage était comme l'éclair, et son vêtement comme la neige.
» A sa vue, les gardes, frappés d'épouvante, devinrent comme
» morts. Mais l'ange s'adressant aux femmes, leur dit : Pour
» vous, ne craignez point ; car je sais que vous cherchez Jé-
» sus qui a été crucifié. Il n'est point ici : il est ressussité
» comme il l'avait dit, et voici le lieu où était déposé le Sei-
» gneur. »

S'il faut bien reconnaître, avec Mgr Mislin, « qu'un ange seul était digne de faire les honneurs d'un tel lieu », combien n'est-il pas affligeant que ce même lieu soit aujourd'hui déshonoré périodiquement par les schismatiques, et déshonoré de la façon la plus indigne ! Nous voulons parler de la ridicule et sacrilége comédie du *feu sacré*, qu'ils y renouvellent chaque année le samedi-saint, et dont nous devons donner au moins une idée à nos lecteurs, quoique nous ne l'ayons pas vue de nos yeux. Mgr Mislin, qui en a été témoin en 1855, nous donne là-dessus les plus tristes détails, encore que sa plume se refuse à tout dire. Voici comment il en expose l'origine :

« En souvenir de la nuée céleste qui descendit sur le temple de Salomon, et du Sauveur, vraie lumière du monde, qui sortit resplendissante de la caverne du Saint-Sépulcre, évènement figuré dans la liturgie de l'Eglise catholique par l'office des ténèbres et la cérémonie du *feu nouveau*, on a cru long-temps à Jérusalem que, pendant l'anniversaire des jours de deuil que Jésus-Christ a passés dans la nuit du tombeau, un feu mystérieux descendait dans la chapelle du Saint-Sépulcre, et que ce miracle se renouvelait chaque année aux solennités de Pâques, afin que la foi des pèlerins fût ranimée et transportée par eux dans le monde entier, comme une bénédiction de joie dans les demeures des fidèles. De même que dans nos églises, le samedi saint, tous les cierges sont allumés au *feu nouveau* ; de même, à Jérusalem, le même jour, le feu était éteint dans toutes les maisons , et on le rallumait à celui qui avait été bénit dans le Saint-Sépulcre. Mais , au lieu de croire simplement que ce feu était produit de la manière la plus naturelle , comme il est marqué dans tous les missels : *Excutitur ignis de lapide*, vers le neuvième ou le dixième siècle, on aima mieux croire que ce feu descendait du ciel. »

C'est donc sur l'ignorance et la crédulité des peuples que reposa d'abord le prétendu *miracle du feu sacré*. Plus tard , la cupidité s'en mêla, et les schismatiques, sans y croire plus que les catholiques, se chargèrent de renouveler régulièrement le *miracle*, qui leur rapportait d'assez beaux écus , en attirant à Jérusalem des milliers de leurs coréligionnaires qu'ils avaient soin de rançonner. C'est surtout pour prendre le feu sacré et le rapporter dans leurs familles, que les enfants du schisme affluent chaque année à Jérusalem de toutes les parties de l'Asie, de la Grèce et même du fond de la Russie ; et les Turcs y gagnent trop eux-mêmes pour y mettre des entraves, malgré tous les désordres auxquels donne lieu chaque renouvellement de la sacrilége comédie.

Les Grecs , à qui semble appartenir le monopole de faire le prétendu *miracle*, ont un évêque *ad hoc*, qui porte le nom d'*évêque du feu*. Au jour et à l'heure convenus , l'*évêque du feu* entre seul et s'enferme dans le Saint-Sépulcre , où le *miracle* est bientôt fait ; car , dans un instant, des bougies allumées communiquent le feu sacré à la foule, au moyen de deux lucarnes que les Grecs ont pratiquées pour cet usage dans les murs de la chapelle de l'Ange.

» Je n'ai entendu ni chants ni prieres , dit Mgr Mislin , en racontant ce qui se passe alors ; mais j'ai été témoin d'une horrible saturnale , dont des païens à peine ou des sauvages auraient pu se rendre coupables. Jamais , assurément , je n'ai eu honte d'être chrétien ; mais ce jour-là, je me suis profondément humilié devant un musulman , en voyant dans cette occasion la supériorité des Turcs sur les chrétiens. Et pourtant ce qui se passe les trois nuits qui précèdent le saint jour de Pâques dans cette église , où tous ces forcénés campent pêle-mêle , est plus odieux encore. Ma plume s'est refusée à décrire ce qui se passait dans les temples voluptueux de la Phénicie : comment pourrait-elle révéler les abominations que des chrétiens commettent autour du tombeau de Jésus-Christ ! »

Voilà où mène la dégradation du schisme ! Voilà ce que les

catholiques de Jérusalem pleurent avec des larmes de sang , et ce que leurs pèlerins s'efforcent de réparer par les témoignages du respect et de la vénération ! Voilà ce que notre Europe, tout en se donnant la mission de civiliser l'Orient, tolère en Orient même et dans le temple le plus saint du christianisme ! Mais détournons nos regards d'un si navrant spectacle, pour nous reporter à des objets plus consolants....

Derrière la colonne de l'Ange , en droite ligne de cette colonne et de la porte extérieure du vestibule, s'ouvre une porte intérieure très-basse, et plus étroite encore, de laquelle vient une grande clarté. On n'y peut passer qu'en se baissant, pour ainsi dire, jusqu'à la moitié du corps, et on ne la franchit que pour tomber aussitôt à genoux. L'on se trouve dans la chambre sépulcrale , et en quelque sorte dans le Saint des saints. C'est là qu'est ce tombeau dont le Prophète, si longtemps d'avance , avait chanté la gloire : « Et erit sepulchrum ejus gloriosum ; » ce tombeau qui a été le berceau de notre civilisation ; ce tombeau que les premiers chrétiens entourèrent de leurs hommages , et que la piété de Constantin fit environner de tant de splendeur ; ce tombeau pour lequel, au moyen-âge, l'Europe catholique s'est levée tant de fois et a précipité sur l'Asie ses immortelles phalanges de croisés ; ce tombeau que convoitent également tous les catholiques et les chrétiens de toutes nuances , qui leur en disputent si chaudement la possession ; ce tombeau dont le mahométisme lui-même conserve le dépôt avec une vénération si religieuse et si providentielle à la fois ; ce tombeau qui a vu la mort vaincue et enchaînée : « Absorpta est mors in victoriâ , » et qui, n'ayant pas su garder sa proie, n'aura rien à rendre au jour du jugement...

La petite chapelle du Saint-Tombeau a deux mètres de long sur une largeur au moins égale. Quatre personnes peuvent y tenir agenouillées, dans l'étroit espace qui se trouve en avant du Saint-Tombeau et qui répond directement à la porte d'entrée. Le Saint-Tombeau est sur la droite, offrant à l'extérieur deux mètres de long, soixante centimètres de haut et autant de large. Il est tout revêtu de marbre blanc, ainsi, du reste, que tout l'intérieur de la chapelle. C'est au-dessus de ce marbre que s'offre le saint sacrifice, au moyen d'un appareil de bois qu'on y place chaque matin pour obtenir une hauteur suffisante , et qu'on enlève aussitôt après les messes. Des fleurs toujours soigneusement renouvelées par nos bons religieux , répandent leur parfum dans l'auguste sanctuaire. De nombreuses lampes d'or , de vermeil et d'argent , suspendues par les différents cultes à la voûte qu'elles font presque disparaître, et toujours en grande partie allumées, jointes aux cierges que la dévotion des fidèles y fait brûler constamment, le remplissent d'une vive lumière, « image, dit un pieux auteur, de la foi, qui repose principalement sur le miracle de la résurrection opérée en ce lieu. « L'essence de rose, qui n'y est pas épargnée, achève d'embaumer la sainte grotte, où l'air, fort heureusement, est sans cesse renouvelé par de petites ouvertures pratiquées dans la voûte. Deux tableaux redisent aux yeux les grands mystères que ce lieu même a vus s'accomplir ; mais ces mystères se révèlent d'ailleurs à l'âme d'une manière si puissante qu'on oublie tout ce qui frappe les sens, pour jouir d'un bonheur intérieur qui n'est qu'une manifestation plus intime de la présence de Dieu.

Il est assez difficile de se figurer, mais plus difficile encore de rendre les émotions de l'heureux pèlerin à qui Dieu fait la grâce de se prosterner dans un tel sanctuaire et de coller ses lèvres sur le marbre d'un tel tombeau. « Quels furent, dit Châteaubriand, les sentiments que j'éprouvai en entrant dans ce lieu redoutable, je ne puis réellement le dire. Tant de choses se présentaient à la fois à mon esprit, que je ne m'arrêtais à aucune idée particulière. Je restai près d'une demi-heure à genoux dans la petite chambre du Saint-Sépulcre, les regards attachés sur la pierre sans pouvoir les en arracher. »

Cet ineffable bonheur de passer de doux et délicieux moments en face du Saint-Tombeau, nous l'avons eu dès le lendemain de notre arrivée à Jérusalem, puis chacun des jours qu'il nous a été donné de rester dans la Ville-Sainte. Surtout, nous l'avons eu dans une circonstance particulière que nous ne saurions passer sous silence. Il entre dans les bonnes traditions du pèlerinage, que chacun s'enferme au moins une nuit entière dans l'intérieur de l'église du Saint-Sépulcre, et l'on peut croire que nous avons été trop heureux de nous conformer à une si pieuse coutume. C'est la nuit du vendredi au samedi, du 5 au 6 septembre, après avoir suivi de jour et en toute solennité les stations de la *Voie douloureuse*, après avoir ensuite, une seconde fois, fait avec les Franciscains la procession quotidienne du soir aux principaux sanctuaires de l'église du Saint-Sépulcre, que je me suis renfermé dans la vénérable église avec deux de mes excellents compagnons de pèlerinage. Nos bons religieux, y mettant comme toujours la meilleure grâce du monde, ont daigné nous offrir la nourriture et le coucher dans leur tout petit monastère faisant partie des bâtiments de l'église. Quelque peu de nourriture n'était pas de refus après les fatigues de la journée ; mais sitôt après, laissant là le coucher et la chambrette du monastère, nous procédons, sous la conduite d'un des religieux, à une nouvelle visite en détail des divers sanctuaires, où la lueur mystérieuse des nombreuses lampes devait naturellement tant ajouter à nos émotions. Nous finissons par le Saint-Tombeau, et j'y passe, pour mon compte, de douces heures que j'eusse encore prolongées volontiers, si force n'avait été, dès minuit, de laisser la place libre pour l'office des Grecs. A l'office des Grecs succède immédiatement celui des Arméniens, après lequel, vers quatre heures et demie, la chapelle du Saint-Sépulcre se trouve de nouveau à la disposition des Latins. C'est dire que j'y rentre aussitôt, désireux d'offrir à Jésus-Christ des hommages empressés qui le consolent autant que possible des profanations auxquelles vient d'être livré son tombeau.

Pour la seconde fois en quatre jours, j'ai le bonheur de célébrer les saints mystères sur ce tombeau glorieux, qui n'est plus alors séparé de sa victime. « On croit, dit Mgr Mislin, assister avec Joseph d'Arimathie et les saintes femmes à cette cérémonie funèbre où Jésus fut déposé dans le sépulcre ; mais la tombe et sa victime sont remplies de gloire : ce n'est plus Jésus sous les enveloppes de la mort, mais Jésus ressuscité et sous la forme mystique de l'eucharistie, ayant triomphé de la mort : *Absorpta est mors in victoriâ.* »

Et pourquoi n'ajouterais-je pas avec le même auteur ce que je puis dire comme lui en toute vérité ? » Je n'ai pas voulu être seul à jouir de ce bonheur, le plus grand qui puisse nous être donné sur la terre ; autant qu'il était en moi, j'ai partagé les faveurs qu'on reçoit en ce lieu avec tous ceux qui me sont chers, et qui m'ont si souvent associé à leurs prières ; leurs noms, leurs peines, leurs espérances, j'ai tout déposé dans le sépulcre de Notre-Seigneur, pour qu'il les sanctifie par la mort qu'il a soufferte pour nous.»

L'état primitif des lieux, *l'état de nature*, ainsi que l'appelle M. Enault, ne se trouve plus guère dans l'église du Saint-Sépulcre, tant «la piété sincère, mais peu éclairée, des premiers siècles y apporta de regrettables altérations.» Mais, l'Evangile et l'histoire à la main, il n'est pas encore impossible à la pensée de le refaire avec ce que ces mêmes lieux vous offrent aujourd'hui.

Ainsi, pour ne parler que du Saint-Tombeau, nous savons qu'il fut creusé dans le roc, sur la pente du Golgotha, et qu'il appartenait à Joseph d'Arimathie , qui l'avait fait tailler pour lui-même dans son propre jardin. «Il y avait , dit l'Evangile , » au lieu où Jésus fut crucifié, un jardin, et dans ce jardin un » sépulcre neuf où personne encore n'avait été mis.... Joseph » d'Arimathie ayant donc reçu le corps , l'enveloppa dans un » linceul blanc, le mit dans son sépulcre neuf qu'il avait fait » tailler dans le roc ; et roula ensuite une grande pierre à l'en- » trée du sépulcre. »

Ces données de l'Evangile sont en parfait accord avec l'his- toire et avec la pratique des Juifs. Les anciens tombeaux de la Palestine, suivant la remarque de M. le D^r d'Allioli , étaient ordinairement taillés dans le roc. C'étaient des caveaux avec des niches pour les corps ; et du dehors on roulait à l'entrée une grande pierre , pour empêcher les animaux d'y pénétrer. Ce qui confirme bien la justesse de cette remarque, c'est qu'au- jourd'hui encore , en parcourant la Palestine , on trouve au- tour des villes, dans les jardins et dans les campagnes , bon nombre de ces caveaux antiques dont l'entrée se fermait au moyen d'une pierre sépulcrale que les Juifs appelaient *golal*. Le caveau, creusé perpendiculairement, comptait le plus sou- vent plusieurs tombes ou niches horizontales , par fois super- posées , ainsi qu'il nous est encore apparu , nommément dans les cryptes du mont des Oliviers. Cependant l'on voyait aussi des caveaux à une seule niche, et tel était celui où Joseph voulut placer par honneur le corps de Jésus. *C'était*, d'après l'évangéliste, *un sépulcre neuf où personne encore n'avait été mis ;* ce que Mgr Mislin explique en ces termes : «Il était neuf, non-seulement en ce sens que personne n'avait été mis dans la même cellule, ce qui n'avait jamais lieu chez les Juifs; mais parce qu'aucun autre sépulcre n'avait été creusé dans le même rocher. »

Joseph d'Arimathie étant homme riche et sénateur fort dis- tingué, *homo dives, nobilis Décurio* , pouvait bien avoir une propriété aux portes de Jérusalem, à dix ou douze lieues de sa propre ville. Le Golgotha étant hors des murs, au temps de Notre-Seigneur , pouvait bien également être cultivé en partie et couvert de jardins. Les tombeaux des grands en Ju- dée, suivant l'observation de M. le Dr Sepp, étant d'ordinaire taillés dans le roc et situés sur leurs propriétés, Joseph pou- vait bien encore s'être fait tailler un tombeau dans le roc de son jardin , sur la pente du Golgotha, en dehors de l'espace réservé pour les exécutions. Tout cela est fort naturel, et tout cela est en outre formellement exprimé dans l'Evangile. Ajou-

tons, d'après la même autorité irrécusable, que ce tombeau
dont Joseph s'empressa de faire l'aumône à la dépouille mortelle de son Dieu, tout en n'offrant qu'une niche sépulcrale, ne
laissait point de présenter de telles dimensions qu'il en fallût
fermer l'entrée avec une *énorme* pierre que les saintes femmes se reconnaissaient incapables d'écarter : «Quis revolvet
nobis lapidem...?» que Marie-Madeleine s'étant penchée pour
regarder dans le caveau, elle aperçut deux anges assis, l'un
à la tête, l'autre aux pieds, à l'endroit même où avait été posé
le corps de Jésus ; et que précédemment, appelés par elle,
Pierre et Jean avaient pénétré dans le même caveau où ils
avaient tout examiné à leur aise.

Maintenant, comment un tel sépulcre est-il devenu le mausolée actuel décrit plus haut, et dont la forme, on n'en peut
disconvenir, est contraire à tous les usages des Juifs, en fait
de sépulcres? C'est une métamorphose que nous n'avons aucune raison de trouver heureuse et que nous ne chercherons pas
dès-lors à justifier, mais dont nous ne croyons pas du tout qu'il
soit impossible de donner une explication satisfaisante. Sainte
Hélène, chargée par son fils de glorifier le tombeau de Jésus-
Christ par l'érection de la plus belle et plus splendide basilique du monde, ne crut pas pouvoir, ou devoir du moins, respecter la configuration des lieux, qui offraient une pente si
prononcée de la cime du Calvaire au rocher peu distant où fut
déposé le corps du Sauveur. Elle fit donc niveler à plusieurs
mètres tout au tour de ce rocher, et il en résulta, comme on le
voit encore aujourd'hui, qu'au lieu de remonter une simple
inclinaison de terrain pour aller du Saint-Sépulcre au lieu du
Crucifiement, l'on n'y put arriver désormais que par un escalier de plusieurs marches presque à pic. Il en résulta de plus,
comme on le voit également de nos jours, que l'excavation
sépulcrale pratiquée dans ce rocher, se trouva dégagée de
tout ce qui la masquait et parut isolée au milieu de la plate-
forme ainsi préparée pour recevoir la basilique constantinien-
ne. Un antique tombeau qui se voit encore dans la vallée de
Josaphat, aide à comprendre cette opération qu'il a dû subir
lui-même: taillé d'abord dans le roc, le tombeau d'Absalon en est
complètement détaché depuis qu'on a nivelé le roc tout autour.

Mais, le Saint-Sépulcre une fois dégagé, pourquoi l'avoir
enseveli de nouveau sous des couches de marbre, ainsi qu'il
apparaît aujourd'hui ? Personne, assurément, ne le regrette
plus que le pèlerin à qui Dieu fait la grâce d'aller prier à ce
divin tombeau; cependant toute la vivacité de son regret ne

saurait l'empêcher d'être juste et de reconnaître la nécessité
de cette mesure qu'il déplore. De quoi n'est pas capable un
caprice de touriste ou un travers de piété ? En peu d'années,
les voyageurs modernes ont plus dégradé les monuments d'A-
thènes que ne l'ont fait les barbares eux-mêmes, en l'espace
de plusieurs siècles, et il serait aussi curieux que triste de
voir toutes les mutilations que les Anglais surtout ont fait subir
aux plus beaux chefs-d'œuvre de cette antique et illustre cité.
Malheureusement, les excès de la piété chrétienne n'ont pas
été moins désolants en Terre-Sainte, s'il faut en croire le
double témoignage de l'histoire et des précautions prises pour
arrêter ces excès. «Avant que les choses ne fussent dans l'état
présent, répondait naguère un Franciscain à l'un de nos compatriotes, les pèlerins ne se faisaient point scrupule d'enlever
des morceaux de pierre dans les lieux les plus réservés ; ils
emportaient une si grande quantité de ces reliques, que le
tombeau du Sauveur, que le mont Golgotha même, aurait fini
par disparaître tout entier ; on a pris le parti d'opposer des
couches de marbre à ces pieuses dégradations. » Il est plus
facile de se récrier contre une pareille mesure, si regrettable
qu'elle soit, que d'en trouver une autre plus heureuse.
Quelle barrière, quelle police, quels gardiens auraient pu suffire, quand c'est par milliers que l'on compte les pèlerins de
toutes sectes qui vont célébrer à Jérusalem les grandes fêtes
de l'année ? La meilleure barrière, semble-t-il, pour les catholiques du moins, ce sont les foudres de l'Eglise ; et pourtant,
croirait-on que ces foudres ne suffisent pas toujours ? Un fait,
qui s'est passé dans notre caravane, pourra bien le prouver.

Avant notre visite au jardin des Oliviers, on avait eu soin de
nous prévenir que tout acte de dégradation nous y était interdit sous peine d'excommunication. A mesure que nous fran-
chissions tout émus la petite porte étroite et basse qui donne
accès dans le jardin, le frère gardien se faisait encore un devoir de rafraîchir nos souvenirs sur ce point important. Puis,
par un surcroît de précaution qui lui commandait sans doute
l'expérience, nous prenant pour des Normands que nous n'é-
tions pas, il nous suivait de près et regardait de préférence à
nos mains. Si bien qu'il nous surveillât cependant, il ne pouvait pas avoir l'œil sur tous les points à la fois, ce dont certaines mains profitèrent pour rapiner étrangement ; et Dieu
sait où se fût arrêté le mal, si le frère gardien, s'en apercevant bientôt, n'était promptement accouru pour y mettre un
terme. C'est trop de raisonnement et de théologie qui avait

égaré l'un de nos compagnons. Au lieu de s'en tenir bonne-
ment à la défense formulée, dont il ne devait pas ignorer les
graves motifs, il s'était vainement enquis si, pour le fait de la
contravention, il y avait excommunication réelle ou simplement menace d'excommunication, et dans le doute, il crut
pouvoir agir. Que d'autres, à l'occasion, seraient encore moins
scrupuleux !

L'aspect du mausolée qui recouvre le Saint-Sépulcre peut
soulever une dernière objection que s'est déjà faite sans doute
plus d'un de nos lecteurs. Pourquoi le marbre, l'argent et l'or
employés à rehausser l'éclat de ce lieu dont la simplicité primitive serait peut-être le plus bel ornement ; de ce lieu où
notre Dieu, mort ou sur la croix, n'a trouvé qu'un tombeau
d'emprunt? C'est la même objection que faisait, il y a quelques
années, un voyageur français à l'un des bons religieux du St-
Sépulcre, lequel s'en étonna fort et lui répondit : «Vous venez
d'Europe ; mais dans quel endroit de votre Europe l'argent
est-il assez méprisé pour qu'on ne l'emploie pas à orner les
Lieux saints? Croyez-vous qu'en Orient, on soit fait d'une autre
manière que chez vous ? — Ces paroles m'ont éclairé, ajoute
l'écrivain de la correspondance d'Orient; j'ai trouvé que j'avais
parlé comme un artiste qui raisonne ses impressions, et que
le père Placide avait raisonné comme un philosophe chrétien
qui prend l'humanité telle qu'elle est. Tout bien considéré,
quel mal y a-t-il que Dieu soit honoré comme les rois de la
terre, et que dans le lieu où la divinité a compati aux misères
de notre nature, l'homme se montre encore avec quelques-
unes de ses faiblesses ! » Quoiqu'il en soit, dirons-nous à
notre tour, en terminant ces considérations, c'est par des siècles de foi que le Saint-Sépulcre et les autres Lieux saints ont
été embellis; vienne maintenant notre siècle de doute, et qu'il
lui faille absolument les retrouver tels qu'ils étaient sous
Ponce-Pilate : le vrai chrétien les vénère dans quelque état
qu'il plaise à la bonté de Dieu de les lui conserver.

Derrière le monument du Saint-Sépulcre, est construite en
demi-cercle et adossée au monument la chapelle commune des
Cophtes hérétiques et des Abyssins qui fraternisent avec eux.
Cette chapelle, fort petite, toute de bois et grossièrement
faite, se présente là moins pour orner le monument que pour
le déparer.

Vis-à-vis de la chapelle des Cophtes, entre deux des piliers
qui ornent le pourtour de la rotonde et soutiennent la grande
coupole, les Syriens schismatiques ont un petit sanctuaire

moins remarquable encore que le précédent. C'est d'une pauvreté, d'un dénûment qui fait mal.

Tout à côté, dans le grand mur sans issue qui termine la rotonde et occupe la place du portail, se trouve une excavation sépulcrale, évidemment antérieure à la construction de l'église, donnant une idée parfaite de ce qu'étaient les tombeaux des Juifs et faisant bien comprendre en particulier la disposition du Saint-Sépulcre. Un couloir ou vestibule étroit, creusé dans le rocher, conduit à une très-petite chambre ou niche sépulcrale, également taillée dans le roc et n'ayant pour ornement qu'une lampe qu'y entretiennent les Syriens. C'est ce qu'on appelle communément le *tombeau de Joseph d'Arimathie*, noble personnage qui fait si belle figure dans l'histoire de la Passion. Suivant une pieuse tradition, que nous avons déjà mentionnée, cet homme admirable, après avoir eu l'honneur de céder son tombeau à Jésus-Christ, eut encore celui de reposer, après sa mort, près du lieu où son divin Maître avait bien voulu que son propre corps reposât pendant trois jours. Toutefois, nous devons reconnaître ici que les auteurs sont loin d'être unanimes là-dessus ; ainsi, plusieurs veulent qu'il soit venu à Marseille avec Lazare, Marthe et Marie, et qu'il soit allé mourir en Angleterre, où il était jadis très-honoré.

En suivant le prolongement de la rotonde, au midi du Saint-Sépulcre, on trouve en dehors de la coupole, entre les derniers piliers et le couvent arménien, un lieu où le pavé forme une petite mosaïque circulaire, que protége une grille à hauteur d'appui et que domine une lampe toujours allumée. Ce lieu, dit *des trois Maries*, est celui-là même où se trouvaient les saintes femmes qui venaient embaumer le corps du Sauveur, lorsque l'ange, assis sur la pierre du sépulcre qu'il avait roulée en arrière après la résurrection, leur dit : « Ne craignez point ; je sais que vous cherchez Jésus qui a été cru-» cifié. Il n'est point ici : il est ressuscité comme il l'avait » dit.... »

A quelques pas vers le nord, sous la grande coupole, entre la *chapelle de l'Ange* et le *grand Chœur*, un espace libre, déjà mentionné plus haut, sert de chœur aux différents cultes lorsqu'ils officient solennellement au Saint-Sépulcre.

Là même, ainsi que nous l'avons dit encore, se trouve la principale entrée du *grand Chœur*, qui appartient aux Grecs et qui porte leur nom. Ce chœur, où les Grecs font leurs offices, est un vaste sanctuaire, fermé comme une église à part, occupant tout le milieu du transept et surmonté d'une coupole moins élevée que celle du Saint-Sépulcre. Les stalles, de bois ordinaire et d'un travail fort grossier, jurent passablement avec les richesses dont elles sont entourées. Les tableaux, les tentures, les marbres, les dorures sont à profusion et d'un goût qui laisse à désirer. Cependant, l'ensemble a quelque chose de grandiose et de majestueux que l'on ne peut s'empêcher d'admirer.

Au milieu du chœur des Grecs se voit un petit cercle de marbre au centre duquel se trouve une colonne indiquant, selon eux, le centre de la terre : erreur bien grossière, sans doute, en géographie, mais vérité saisissante au point de vue religieux. « Depuis dix-huit siècles, dit M. l'abbé Azaïs, tout converge vers ce centre mystérieux. Le Saint-Sépulcre est comme l'âme du monde. Les pèlerins de toutes les nations y accourent, depuis les catholiques d'Europe et les schismatiques d'Abyssinie, jusqu'aux mahométans et aux idolâtres du fond de l'Asie. Le schisme et l'erreur s'y donnent rendez-vous à côté de la vérité. N'est-ce point là, en effet, au pied de cette pierre, qu'est venu expirer l'ancien monde et qu'a pris naissance un monde nouveau ? C'est de là qu'est sortie, avec Jésus ressuscité, la résurrection et la vie de l'humanité, et il y a comme une attraction irrésistible qui attire là tous les peuples chrétiens. Qu'on ne s'étonne plus que cette simple pierre occupe une si large place dans les destinées des nations, et remue en ce moment le monde : c'est le glorieux berceau de l'humanité régénérée, et le cœur des peuples, comme celui de l'homme, tient à son berceau. »

À l'extrémité orientale du chœur des Grecs se trouvent deux nouvelles entrées de ce chœur, donnant sur les deux ailes qui règnent tout au tour. Puis vient le sanctuaire, élevé de trois degrés au-dessus du chœur et offrant un autel d'une rare magnificence. Conformément à l'usage des Grecs, ce sanctuaire est séparé du chœur par une riche boiserie, au milieu de laquelle a été pratiquée une ouverture pour laisser voir l'autel à des moments donnés.

En revenant de l'espace libre qui se prolonge du chœur des Grecs à la *chapelle de l'Ange*, pour de là nous diriger vers le nord, nous trouvons, à quelques pas en dehors du dernier pilier de la rotonde, le lieu où Jésus ressuscité apparut à Marie-Madeleine sous la forme d'un jardinier. Cette sainte femme, arrivée la première au sépulcre du Sauveur, vit qu'on avait ôté la pierre qui le fermait, et courut tout de suite au

Cénacle pour l'annoncer à Pierre et à Jean, avec lesquels elle revint. Baignée dans ses larmes, elle se tenait en dehors du sépulcre, dont elle ne pouvait s'éloigner, quand tout-à-coup, se penchant un peu, elle y aperçut deux anges vêtus de blanc, dont l'un lui dit : « Femme, pourquoi pleurez-vous? — Ils ont » enlevé mon Seigneur, répondit-elle avec angoisse, et je ne » sais où ils l'ont mis. » Puis, absorbée dans la pensée que le corps de Jésus n'était plus là, et ne s'apercevant pas même que c'étaient des anges qui lui parlaient, elle se tourna d'un autre côté pour voir si l'on n'aurait pas caché le corps de Jésus dans quelque lieu écarté, en attendant que l'on pût l'enlever plus commodément tout-à-fait. A ce moment, elle entrevit un homme qu'elle ne reconnut point d'abord et qui lui dit à son tour : « Femme, pourquoi pleurez-vous? » Elle crut que c'était le jardinier, et toujours la même pensée : « Si » c'est vous qui l'avez enlevé, répondit-elle, dites-moi où » vous l'avez mis, et j'irai le prendre. » Jésus qui lui parlait sans qu'elle le sût, lui dit alors de ce ton de voix qu'elle connaissait si bien : « Marie ! » Et à l'instant cette femme admirable, oubliant le crucifiement, la mort et la sépulture, s'écria comme elle l'eût fait autrefois : « Rabboni (*mon Maître*) ! » Et se jetant à ses pieds, Marie, les tenait embrassés si amoureusement que Jésus-Christ dut modérer cette ardeur, en lui disant qu'il ne fallait pas se coller ainsi à ses pieds, comme si elle ne devait plus le revoir, puisque, n'étant pas remonté vers son Père, il avait encore plusieurs jours à demeurer parmi les hommes.

Le lieu de cette scène, infiniment attendrissante, est marqué par un large cercle de marbre incrusté dans le pavé de l'église. Avec quel amour, les lèvres collées sur ce marbre, on salue le divin Sauveur, en redisant comme la sainte femme et à la même place : « Rabboni (mon Maître) ! »

Vis-à-vis s'élève, tourné vers l'Orient, un autel dédié à sainte Marie-Madeleine et adossé à cette colonnade irrégulière qui forme ce qu'on appelle, nous ne savons trop pourquoi, les *arceaux de la Vierge*, espèce de portique régnant sur toute la longueur du côté nord du chœur des Grecs, où se trouve par suite un double déambulatoire. J'ai eu le bonheur de célébrer à ce pieux sanctuaire le jour même de mon départ pour Nazareth, dimanche 24 septembre.

Tout auprès, en faisant quelques nouveaux pas vers le nord, vous avez, à droite, la sacristie des Latins ; à gauche, leur orgue, qui n'est pas un chef-d'œuvre, mais dont la puissante voix ne laisse pas de faire un merveilleux effet sous les voûtes de l'église ; en face, le chœur des Latins, qui vous domine de trois ou quatre degrés. Ce sanctuaire, où les Franciscains font leurs offices, est la chapelle de la Sainte-Vierge, dite de l'*Apparition*, parce que, selon la tradition, Notre-Seigneur y apparut à sa sainte Mère après sa résurrection. Plusieurs Pères de l'Eglise enseignent que Marie ne put se résoudre à quitter les environs du tombeau de son Fils, et qu'elle fut le premier témoin de sa résurrection : *Prima vidit et credidit*, dit saint Ambroise. Ne pouvant approcher du Saint-Sépulcre, à cause des gardes qui l'environnaient, elle se tenait à une petite distance, au lieu où quelques-uns pensent que devait être la maison de Joseph d'Arimathie, et où se trouve maintenant le maître-autel de la petite église des Franciscains, appelé pour cela l'autel de l'*Apparition*.

Cet autel est tourné vers l'orient, selon l'antique usage de l'Eglise, ainsi que les deux autres qui se voient à ses côtés, un peu sur le devant. Quelque chose de doux et de suave, comme le touchant mystère qu'il rappelle, embaume encore cet auguste et béni sanctuaire, où j'ai eu la consolation d'immoler la Victime sans tache, au retour de l'expédition de Saint-Jean-du-Désert et de Bethléem, le samedi 13 septembre.

Le petit autel collatéral de droite, ou du nord, s'appelle de *la Sainte-Croix*, parce qu'on y a conservé longtemps une partie considérable de la *Vraie-Croix*, que nos bons religieux ont eu la douleur de se voir enlever dans la persécution.

L'autre petit autel, au midi ou à gauche de l'autel principal, touche à la porte qui fait communiquer la grande église avec le chœur des Franciscains, et s'appelle de *la Flagellation*, à cause de *la colonne de la flagellation* qui s'y conserve encore, derrière une double et forte grille de fer que nos religieux ont bien voulu nous ouvrir le vendredi 5 septembre, après la procession quotidienne du soir. La crainte des schismatiques ne permettant d'ouvrir cette grille qu'avec précaution et à de rares intervalles, on a pratiqué au milieu une ouverture circulaire qui donne aux fidèles toute facilité de satisfaire leur dévotion, au moyen d'un long bâton qu'ils font toucher à la colonne et qu'ils retirent ensuite pour se signer.

Mais comment concilier l'existence de cette colonne avec celle d'une autre de même nom que l'on vénère à Rome dans l'église de Sainte-Praxède ? C'est une difficulté que la tradition permet de résoudre d'un mot, en nous apprenant que le Sauveur a deux fois subi l'affreux supplice de la flagellation : d'a-

bord, dans la maison de Caïphe ; puis, près du palais de Pilate. Et de là deux colonnes de la flagellation ; l'une, qui se
conserve à Jérusalem ; l'autre, qui paraît avoir été apportée à
Rome en 1223, par le cardinal Jean Colonne, légat du Saint-
Siége en Orient. « On croit communément, dit Mgr Mislin,
que la première est celle du prétoire, et la seconde celle de
la maison de Caïphe. »

Avant de quitter la petite chapelle des Franciscains, disons
encore qu'elle a de nos jours le privilége exclusif de servir à
la réception des chevaliers pacifiques du Saint-Sépulcre, cérémonie toujours si imposante et si pleine d'un pieux intérêt.
L'ordre religieux et militaire du Saint-Sépulcre, l'un des plus
anciens qui existent, fut fondé par Godefroy de Bouillon ou
par son père Baudouin Ier, et eut dès le principe pour grand-
maître le patriarche de Jérusalem. A la chute du patriarchat,
après les croisades, les Souverains-Pontifes, tout en se réser-
vant le titre de grand-maître, donnèrent au Révérendissime
Gardien de Terre-Sainte le pouvoir de conférer cet ordre. Et
voilà que dernièrement, après un laps de cinq siècles et demi,
Sa Sainteté Pie IX relevant l'illustre siége de Jérusalem, a
voulu restituer au nouveau patriarche le pouvoir qu'avaient
ses prédécesseurs de créer des chevaliers du Saint-Sépulcre.
Nous croyons savoir que Mgr Valerga s'occupe sérieusement,
de concert avec Rome, de modifier les statuts de l'ordre et de
lui donner une plus grande extension.

Pour la cérémonie de sa réception dans l'ordre, l'élu, à genoux devant le patriarche revêtu de ses habits pontificaux,
reçoit de ses mains l'épée de Godefroy et ses éperons, insignes
des chevaliers. Il brandit l'épée par trois fois et chausse les
éperons ; puis le Pontife appelle sur lui le secours d'en haut,
et l'embrasse en lui adressant ce souhait : « Que la paix soit
avec vous ! »

La décoration que portent les chevaliers du Saint-Sépulcre
est *une croix rouge potencée et contournée de quatre croisillons*, suspendue à un ruban noir. C'est la croix quintuple
de Jérusalem, laquelle, selon les historiens, rappelle les cinq
plaies de Notre-Seigneur.

Cette décoration qu'a reçue, dans son récent pèlerinage,
l'un de nos compatriotes, M. le vicomte L. de Bélizal, n'a plus
sans doute les mêmes conséquences et n'impose plus les mêmes devoirs qu'autrefois, mais ne laisse pas cependant d'avoir
encore aujourd'hui une signification noble et touchante. « Souvenir des siècles passés, dit M. l'abbé Azaïs, elle est pour

(180)

celui qui la porte un signe de dévouement à la cause des Saints-
Lieux. Cette croix rouge potencée, contournée de quatre croisillons, rappelle au chevalier les souvenirs de la croix du Calvaire, dont il se constitue le généreux défenseur. Il fait partie
de cette courageuse milice qui veillait autrefois à la garde du
Saint Tombeau ; il le défendra, lui aussi, sinon par l'épée,
du moins par l'aumône, par la prière et par la parole, pour
éveiller dans tous les cœurs d'ardentes sympathies en faveur
de la Terre-Sainte. »

En descendant de la pieuse chapelle que nous venons de
visiter, au pied des trois marches qui la séparent de la grande
église, on trouve à gauche la sacristie des Franciscains. C'est
là que nos bons religieux conservent avec une respectueuse
sollicitude la redoutable épée de Godefroy de Bouillon, ses
éperons dorés et sa grande croix décrite ci-dessus. Avec quelle
vive et religieuse émotion nous avons vu de nos yeux, pris de
nos mains et porté à nos lèvres ces souvenirs de l'immortel
héros qui sut arracher le tombeau du Sauveur à la domination
des infidèles, surtout « cette terrible épée, qui tour à tour
abattait les têtes des chameaux et pourfendait les géants Sarrasins ! »

Godefroy faisait le siége d'une ville maritime nommée Arsur
ou Arsouf, entre Jaffa et Césarée, lorsque des émirs de Naplouse et de Samarie, qui avaient entendu parler de ses hauts
faits, descendirent des montagnes pour venir le saluer et lui
offrir des présents. Ils avaient ouï dire que l'illustre roi de
Jérusalem pouvait abattre d'un seul coup la tête des plus
grands chameaux, et ils s'avisèrent de lui exprimer le désir
qu'il daignât les rendre témoins d'un pareil prodige. Godefroy
s'étant prêté de bonne grâce à ce qu'on lui demandait, les
Arabes se retirèrent émerveillés et proclamant que jamais
homme n'avait été plus digne de commander aux nations.

Entre la sacristie des Franciscains et l'autel de sainte Marie-
Madeleine, adossé, comme nous l'avons dit, à la colonnade des
arceaux de la Vierge, une des deux ailes qui règnent au nord
du grand chœur des Grecs vous conduit jusqu'au chevet de
l'église, à un petit sanctuaire dont les Grecs ont la propriété.
C'est ce que l'on nomme *la prison de Notre-Seigneur,* d'après
une pieuse croyance qui veut que Jésus-Christ ait été quelques
instants renfermé dans cet enfoncement de rocher, pendant
que l'on faisait, au sommet du Calvaire, les derniers apprêts
de son supplice.

De *la prison de Notre-Seigneur,* revenons un peu sur nos

pas, et, à la hauteur des deux entrées supérieures du chœur des Grecs, passons dans l'aile la plus rapprochée de ce chœur. Avançons vers le chevet de l'église, à l'Orient, et nous voyons bientôt à gauche une petite chapelle où deux colonnes forment trois arcades sur le devant. Cette chapelle appartient aux Grecs et s'appelle du *Titre de la Croix*, ou plus communément de *Saint-Longin*.

Lorsque sainte Hélène, en 326, retrouva la Vraie-Croix sous le Calvaire, elle « trouva séparément, dit Sozomène, un autre morceau de bois en forme de tablette, portant une inscription en lettres hébraïques, grecques et latines, laquelle inscription était ainsi conçue : *Jésus de Nazareth, roi des Juifs*. » C'est exactement ce que nous lisons dans l'Evangile : « Pilate fit » mettre en haut de la croix une inscription conçue en ces » termes : *Jésus de Nazareth, roi des Juifs...* Or, cette ins- » cription était en hébreu, en grec et en latin. » L'inscription hébraïque, ainsi qu'on le peut constater encore, était au-dessus de deux autres ; puis venait l'inscription grecque, et en troi- sième ligne l'inscription latine. Cette inscription en trois lan- gues fut quelque temps conservée dans la petite chapelle qui en a retenu le nom de *Titre de la Croix*. Sainte Hélène l'ayant ensuite fait porter à Rome, elle fut placée dans la basilique de Sainte-Croix-de-Jérusalem, où l'on peut voir encore ce qui en reste.

« Jésus étant déjà mort, dit l'Evangile, un des soldats lui » ouvrit le côté avec une lance, et aussitôt il en sortit du sang » et de l'eau. » Le Martyrologe romain, au 15ᵉ jour de mars, nous donne le nom de ce soldat, le genre et le lieu de sa mort : « A Césarée en Cappadoce, le martyre de saint Longin soldat, qui ouvrit de sa lance le côté du Sauveur. » On croit que ce bienheureux soldat, frappé des prodiges qui s'opérèrent à la mort de Jésus-Christ, et touché de la grâce, vint pleurer sa faute au lieu même où il a maintenant un autel, tout près de celui où mourut le Sauveur. Métaphraste raconte que les Juifs ne pouvant l'empêcher de rendre témoignage de la glorieuse résurrection de Notre-Seigneur, mirent sa tête à prix, et qu'a- lors il se retira en Cappadoce où il opéra de nombreuses con- versions et où des envoyés de Pilate le firent mourir.

Rome possède aujourd'hui la sainte lance qui ouvrit le côté de Jésus-Christ, et qui a depuis longtemps perdu sa pointe. C'est, dit-on, le sultan Bajazet qui la fit envoyer, en 1492, au pape Innocent VIII. Elle se trouve dans le trésor de la basili- que de Saint-Pierre.

A quelques pas plus loin, au chevet même de l'église, derrière le grand chœur des Grecs, se voit une autre chapelle de
même forme et de mêmes dimensions que la précédente. Cette
chapelle, commune aux Grecs et aux Arméniens, est celle du
dépouillement de Notre-Seigneur et de la *Division des vête-*
ments. « Les soldats, dit l'Evangile, après avoir crucifié Jésus,
» prirent ses vêtements et sa tunique. Des vêtements, ils fi-
» rent quatre parts, une pour chaque soldat ; mais comme la
» tunique était sans couture, et d'un seul tissu depuis le haut
» jusqu'au bas, ils se dirent entre eux : Ne la coupons pas ,
» mais tirons au sort à qui l'aura. C'était l'accomplissement
» de cette parole de l'Ecriture : Ils ont partagé entre eux mes
» vêtements, et ils ont jeté ma robe au sort. Et en effet, c'est
» ce que firent les soldats. » Ils se tenaient au lieu même où
nous sommes, tout auprès de la croix du Sauveur, à quelques
pas seulement sur la droite ou au nord.

L'église d'Argenteuil, près de Paris, se fait gloire de posséder un des vêtements de Jésus-Christ, envoyé de Constantinople à Charlemagne, et donné par Charlemagne au monastère d'Argenteuil, lorsque sa fille Théodrade alla s'y consacrer
à Dieu.

Selon une pieuse tradition, la robe sans couture du Sauveur
était l'ouvrage de la sainte Vierge, qui l'avait tissée de ses
propres mains et en avait revêtu son divin Fils encore enfant,
avec lequel on la vit croître sans jamais s'user. Sainte Hélène
en fit don à l'église de Trèves, où elle se conserve encore de
nos jours et où des millions d'hommes ont été attirés par la
dernière exposition solennelle qui en a été faite en 1844.

La chapelle de la *Division des vêtements*, au chevet de
l'église du Saint-Sépulcre, est à égale distance, environ huit
ou dix pas, de celle de *Saint-Longin*, qui s'ouvre sur l'aile
droite de l'abside, et celle de la *Colonne d'Impropère*, qui
s'ouvre sur l'aile gauche, au midi.

Avant de parler de cette dernière, disons qu'à égale distance
entre elle et la précédente, on trouve à gauche un escalier de
vingt-huit marches taillées dans le roc, par lequel on descend
sous le Calvaire, à la *Chapelle de Sainte-Hélène*, creusée à
plus de huit mètres au-dessous du pavé de l'église. C'est ici
une chapelle à part et tout en dehors de l'église du Saint-
Sépulcre , mais à laquelle on n'arrive que par l'escalier
mentionné ci-dessus. Elle n'a pas moins de treize mètres de
long, sur onze de large. La petite coupole qui lui donne le
jour est soutenue par quatre piliers à chapiteaux formant

quatre arcades. Aux murailles sont appendus plusieurs tableaux de mauvais goût. La chapelle appartient aux Arméniens et « porte, dit Mgr Mislin, le caractère évident de la première architecture chrétienne. » A l'extrémité orientale, en face des larges degrés de l'escalier, s'élève l'autel principal dédié à sainte Hélène. A droite de cet autel, ou au nord, se voit un autel plus petit dédié au bon Larron ; et à gauche, un couloir étroit terminé par une espèce de siége, que surmonte une fenêtre d'où l'œil plonge dans une seconde chapelle qui se trouve encore à trois ou quatre mètres au-dessous du niveau de la *Chapelle* de *Sainte-Hélène.*

C'est à cette fenêtre que se tenait la pieuse impératrice, pendant les fouilles qui se faisaient plus bas, sous ses yeux et par son ordre, au lieu même que lui indiquaient à la fois le ciel et les souvenirs des habitants. Avec quel intérêt toujours croissant elle devait suivre la marche des travaux, et avec quelle ferveur elle devait prier Dieu de les couronner de succès ! Ecoutons les sublimes accents que saint Ambroise lui met à la bouche en ce moment solennel : « Voici la place du combat, mais où donc gît le signe de la victoire ? Je cherche l'étendard du salut et ne le trouve point. Quoi ! je suis sur le trône, et la croix du Seigneur est couchée dans la poussière ! Je demeure dans les palais, et l'instrument du triomphe du Christ est enseveli sous les ruines ! Comment me croirai-je rachetée, si le signe de la rédemption est scellé à tous les yeux ? Démon, esprit malheureux, c'est toi qui caches la puissante épée qui t'a frappé ; mais Isaac a bien su débarrasser des sources que des étrangers avaient obstruées, et n'a pas permis qu'elles demeurassent dans l'oubli. Qu'on enlève donc ces ruines, afin que la source de vie apparaisse ; qu'on mette au grand jour le cimeterre qui a coupé la tête du véritable Goliath ; que le sein de la terre s'ouvre, afin que l'instrument du salut brille à tous les yeux ! Père du mensonge, tu nous caches le bois très-saint dans l'espoir de nous vaincre encore ; mais Marie t'a renversé, elle a donné le jour au triomphateur, et, sans cesser d'être vierge, elle est devenue mère de Celui qui t'a subjugué du haut de la croix. Tu seras vaincu de même aujourd'hui, et une autre femme dévoilera tes embûches. »

Cependant les ouvriers travaillaient avec une sainte ardeur, et l'on sait que ce ne fut pas en vain ; au fond d'une grotte profonde, trois croix, le titre, la lance et les clous s'offrirent enfin à leurs regards et les ravirent d'une joie inexprimable.

Cette joie pourtant n'était pas pleine encore, vu que, le titre se
trouvant à part, il n'était guère possible de savoir à laquelle
des croix il avait été attaché. L'évêque Macaire ordonna donc
à cette effet des prières publiques, et Dieu daigna les exaucer, en faisant connaître la croix du Sauveur par une série
de miracles qu'il serait trop long de rapporter ici.

Un escalier de treize degrés fort larges et fort haut, pratiqué dans le côté midi de la chapelle de Sainte-Hélène, conduit à un sanctuaire plus bas et très-irrégulier qui n'est éclairé
que par la lumière de quelques lampes. C'est le sanctuaire de
l'*Invention de la Sainte-Croix*, ainsi appelé parce que c'est
là même que fut retrouvée la croix du Sauveur. En face de
l'escalier, au fond du sanctuaire, s'élève un petit autel très-
simple et très-pauvre, auquel j'ai eu le privilége de célébrer,
le vendredi 5 et le samedi 20 septembre, la messe du 3 mai,
de l'Invention de la Sainte-Croix. C'est ici l'un des trop rares
sanctuaires qui appartiennent aux catholiques, et jusqu'à ces
derniers temps c'était sans contredit le moins orné de tous ceux
qui leur appartiennent. Un auguste pèlerin, l'archiduc d'Autriche, s'en est ému, écrit-on de Jérusalem, et sa pieuse
générosité vient d'y opérer une transformation complète en y
faisant placer un bel autel et d'autres riches décorations.

Dès le principe, ainsi que cela se pratiquait chez les Juifs,
la croix du Sauveur, avec tout ce qui avait servi au crucifiement, avait dû être enfoui au bas du Calvaire, à une faible
distance du lieu de l'exécution. Outre l'usage du pays, on
comprend assez les raisons particulières qui obligeaient ici le
peuple déicide à enfouir ces objets sacrés ; et les maîtres de
la Judée, les Romains persécuteurs, n'avaient-ils pas eux-
mêmes le plus grand intérêt à les tenir enfouis ? Ce qui étonne,
c'est que l'idée ne leur soit pas venue de les détruire ; mais
Dieu sans doute ne le permit pas, et c'est lui encore qui
les conserva miraculeusement pendant trois siècles dans le
sein de la terre, lui aussi qui les produisit miraculeusement
au grand jour sous Constantin.

Les plus anciens monuments représentent Jésus-Christ attaché à la croix avec quatre clous. Nous savons que ces clous
furent enfouis avec le bois de la croix et retrouvés par sainte
Hélène; mais que sont-ils devenus ensuite ? Il paraît qu'il y en
a un à Rome, dans l'église de Sainte-Croix ; un second à Mon-
za, près de Milan; un troisième dans le trésor de la cathédrale
de Trèves; et dans le trésor de la cathédrale de Paris, un quatrième plus précieux que les autres, en ce qu'une parcelle de

bois de la croix y est restée engagée. Il est encore d'autres églises qui se flattent de posséder des clous de la Passion ; mais ce ne sont que des clous ordinaires , faits pareils aux *vrais clous* et contenant quelque limaille de ces derniers ou y ayant touché simplement.

Quant à la *Vraie-Croix* , sainte Hélène en envoya un fragment à son fils , qui le reçut à Constantinople avec beaucoup de respect et le fit porter devant lui à la guerre. Un autre fragment fut par elle envoyé à Rome pour l'église qu'elle y fonda sous le nom de *Sainte-Croix-de-Jérusalem*, et se trouve encore dans le trésor de cette basilique. Mais la partie la plus considérable du bois sacré fut enchâssée dans un étui d'argent, et conservée à Jérusalem dans l'église de la *Résurrection* ou du *Saint-Sépulcre* , appelé encore basilique de la *Sainte-Croix*.

Chosroës II , roi des Perses, ayant pris Jérusalem, emporta la précieuse relique de la *Vraie-Croix;* mais elle ne tarda pas à être recouvrée par l'empereur Héraclius, qui la replaça lui-même dans l'église du Calvaire avec une solennité qui a donné lieu à la fête de l'Exaltation de la Sainte-Croix , que l'Eglise célèbre chaque année le quatorzième jour de septembre. Les Croisés, qui la firent souvent porter devant eux dans les combats, la laissèrent tomber au pouvoir de Saladin, à la désastreuse journée d'Hittin , près du lac de Tibériade. Elle fut rendue aux chrétiens peu d'années après , à la prise de Damiette; mais déjà plusieurs fragments en avaient été détachés, et dès ce moment elle fut divisée à l'infini. Ainsi en fut-il du reste du fragment envoyé à Rome; et tel est le nombre de parcelles qui en ont été ou qui en sont encore distribuées dans toutes les parties du monde, qu'on ne peut guère le comprendre autrement que par une prodigieuse multiplication de la sainte relique.

Quand on est sorti des deux chapelles souterraines de l'*Invention de la Sainte-Croix* et de *Sainte-Hélène*, on voit tout auprès sur la gauche et dans l'aile gauche de l'abside, ainsi que nous l'avons dit plus haut, la chapelle du couronnement d'épines et de la *Colonne d'Impropère*. Elle appartient encore aux Grecs et présente la même forme et les mêmes dimensions que les deux chapelles de la *Division des vêtements* et de *Saint-Longin*, c'est-à-dire qu'elle peut avoir de trois à quatre mètres de large et qu'elle offre sur le devant deux colonnes qui forment trois arcades. Sous la table de l'autel, une ouverture laisse voir un tronçon de la colonne de marbre

gris qui se trouvait au prêtoir, de Pilate, et sur laquelle, croit-
on, Notre-Seigneur fut placé pour recevoir la couronne d'é-
pines. Nul doute, suivant le texte sacré, que ce couronnement n'ait été accompagné de tous les genres d'outrages, et
que cette colonne n'ait été pour le divin Roi le trône de l'insulte et de la douleur : d'où le nom de colonne, de l'outrage
ou de l'*impropère, columna improperiorum.* « Les soldats
du gouverneur, dit l'Evangile, emmenant Jésus dans le pré-
» toire, assemblèrent autour de lui toute la cohorte. Ils lui ôtè-
» rent alors ses habits, le couvrirent d'un manteau de pourpre,
» entrelacèrent une couronne d'épines qu'ils lui placèrent sur
» la tête, et mirent un roseau dans sa main droite. Puis, ils
» fléchissaient le genou devant lui, et le raillaient en disant :
» Salut, Roi des Juifs. Et lui crachant au visage, ils prenaient
» le roseau et lui en frappaient la tête. »

L'Evangile ajoute : « Après s'être ainsi joués du Sauveur,
» ils lui ôtèrent le manteau, lui remirent ses habits et l'emme-
» nèrent pour le crucifier. Et Jésus portant sa croix, vint au
» lieu appelé le Calvaire, qui se nomme en hébreu Golgotha,
» où ils le crucifièrent, et deux autres avec lui, l'un d'un côté,
» l'autre de l'autre, et Jésus au milieu. » Depuis le sanctuaire
de l'*Invention de la Sainte Croix*, nous suivons le même
chemin qu'a dû parcourir Notre-Seigneur pour se rendre au
lieu du supplice. Faisons encore quelques pas à sa suite ;
montons à gauche un escalier de dix-huit marches fort hautes
et presque à pic, qui se trouve au point de jonction du transept et de l'aile gauche du chœur, et qui conduit à une chapelle supérieure élevée de seize pieds au-dessus du niveau de
l'église du Saint-Sépulcre.

Nous voici au sommet du Calvaire. Ce n'est plus la roche
primitive avec ses aspérités naturelles ; dès le principe, on y
fit des travaux qui la transformèrent, et nous savons que les
premiers architectes eux-mêmes ne se firent pas scrupule de
la découper pour y construire une chapelle. Mais ils le firent
du moins par esprit religieux, tandis que les Grecs modernes,
dans un tout autre esprit, se sont plu à la mutiler, ainsi que
nous le verrons bientôt. Pourquoi faut-il encore que la dévotion par trop dévastatrice des pèlerins ait rendu nécessaire
une autre mesure qui est loin de réunir les sympathies de tout
le monde ? Excepté le lieu où fut plantée la croix et deux endroits de la fente du rocher, l'on a dû faire disparaître tout le
Calvaire sous un vêtement de marbre. Ainsi modifié, il offre
aujourd'hui une plate-forme qui peut avoir douze mètres de

long sur dix de large et qui est divisée de l'est à l'ouest par deux gros pilastres formant deux arcades et soutenant la voûte. La chapelle méridionale, appelée *du Crucifiement*, occupe le lieu même où la croix ayant été couchée par terre, Jésus y fut étendu et cloué. L'autre chapelle, au nord, s'appelle de la *Plantation de la Croix*, et comprend la place où fut érigée la croix adorable sur laquelle mourut le Sauveur du monde.

C'est donc *ici* que s'est consommée l'œuvre de la Rédemption! et c'est ici surtout qu'il faut venir encore relire l'histoire si instructive et si attendrissante de la Passion de Jésus-Christ : où peut-on mieux la comprendre que sur le Golgotha ? Si, dans les jours de la Semaine-Sainte, nous ne pouvons entendre qu'avec une émotion profonde ces paroles du texte sacré : « Et poussant un grand cri, Jésus dit : Mon Père, je remets mon âme entre vos mains ; « et, à ces mots, il expira ; » que ne doit on pas éprouver quand on se trouve au lieu même où ce cri fut entendu, où la terre trembla, où les morts sortirent du tombeau, où la nature entière prit le deuil pour l'Homme-Dieu expirant sur la croix ; et quand, l'Evangile à la main, il semble qu'on y assiste réellement encore à cette scène incomparable de laquelle, au rapport de saint Luc, « toute la multitude se retirait en se frappant la poitrine ? »

La chapelle du *Crucifiement*, propriété des catholiques, se termine à l'orient par un bel et riche autel auquel j'ai eu le bonheur de célébrer le vendredi 19 septembre. Le dimanche précédent, 14 septembre, jour glorieux de l'Exaltation de la Sainte-Croix, tous les membres de notre caravane, pieusement agenouillés dans cette chapelle, assistaient au saint sacrifice offert par M. notre aumônier pour l'OEuvre des Pèlerinages en Terre-Sainte ; et pour que rien ne manquât à la touchante fête, nos quatre excellents laïques y recevaient de sa main la sainte communion. Le samedi suivant, 20 septembre, veille de notre départ de Jérusalem, une fête plus imposante encore nous réunissait de nouveau dans cette même chapelle : Mgr Valerga élevait à la prêtrise deux jeunes Français, nos compatriotes, et nous avait fait l'honneur de nous convoquer pour la cérémonie solennelle de l'ordination. Cette solennité de la consécration des ministres de nos autels, qui n'est jamais chose vulgaire, que l'Eglise fait toujours avec grande pompe, et pour laquelle sa sollicitude ne manque pas de réclamer les prières de tous ses enfants, présente, on le sent bien, un intérêt de plus et revêt un caractère tout particulier, sur la sainte montagne où s'offrit le sacrifice sanglant que le prêtre a l'honneur redoutable de renouveler chaque jour d'une manière non sanglante.

En avant de l'autel, le marbre du pavé dessine une large mosaïque circulaire, où le pèlerin colle amoureusement ses lèvres et qu'il arrose de ses larmes. C'est le lieu même ou, pour notre salut, l'Agneau de Dieu, innocente victime, s'est laissé clouer brutalement sur la croix, sans proférer la moindre plainte, ainsi que le prophète l'annonçait des siècles d'avance : « Nous nous étions tous égarés comme des brebis errantes ; chacun s'était détourné pour suivre sa propre voie ; et Dieu l'a chargé lui seul de l'iniquité de nous tous. Il a été offert, par ce que lui-même l'a voulu, et il n'a point ouvert la bouche : il sera mené à la mort comme une brebis que l'on va égorger ; il demeurera dans le silence sans ouvrir la bouche, comme un agneau est muet devant celui qui le tond. »

Vers le milieu de la chapelle, dans le mur du midi, une fenêtre à grillage de fer laisse voir, un peu plus bas et tout en dehors de l'église, le pieux sanctuaire déjà mentionné de *Notre-Dame-des-Douleurs*. C'est là, on se le rappelle, que se tenait la Sainte-Vierge avec saint Jean et les saintes femmes, pendant que l'on crucifiait Notre-Seigneur à quelques pas seulement et sous ses yeux ; et c'est de là qu'elle se porta jusque sous la croix de son divin Fils, au lieu que nous indiquerons bientôt, lorsque les bourreaux se furent éloignés. Cette situation, dit Mgr Mislin, la plus douloureuse qu'il soit donné à l'âme de concevoir, a inspiré les hymnes les plus sublimes des poètes chrétiens. Qui peut redire en ce lieu, sans être ému jusqu'aux larmes, le *Stabat Mater dolorosa*? « Le petit sanctuaire de *Notre-Dame-des-Douleurs* appartenant aux catholiques, j'y ai pu dire la sainte messe le mardi 9 septembre ; et après la messe, ainsi qu'il est d'usage, alternant avec la pieuse assistance, j'ai récité sur les marches de l'autel ce divin cantique de la douleur : *Stabat Mater...*, « dans lequel, dit un pieux auteur, l'Eglise a fait passer toutes les larmes et toutes les tristesses de Marie, » et dont l'effet, en pareille circonstance, est plus facile à concevoir qu'à rendre.

La chapelle septentrionale du Calvaire, celle de la *Plantation de la Croix*, est la propriété des Grecs et communique avec leur couvent par une double porte qui s'ouvre à droite de l'autel. Le fond de la chapelle est surchargé de ces riches ornements dont on sait que nos schismatiques sont prodigues.

Au-dessus de l'autel on voit un Christ , et , debout à ses côtés, la Sainte-Vierge et saint Jean. La table de l'autel repose directement au-dessus du *trou* qui reçut la croix du Sauveur. L'espace vide qui les séparé permet au pèlerin d'arriver , en se traînant sous l'autel, jusqu'à cette ouverture du rocher dont la partie supérieure est aujourd'hui revêtue d'une lame de cuivre circulaire et à rayons. Quel dommage que ce ne soit plus le *vrai trou* , qui a disparu depuis l'incendie de 1808 , lequel , on le sait , a si bien servi la cause des Grecs! Au rapport de M. Enault , « la cavité dans laquelle la croix fut plantée resta béante jusqu'au xvie siècle ; on la recouvrit alors d'une plaque d'argent , ciselée avec des bas-reliefs représentant *le crucifiement , la descente de croix , la résurrection , les saintes femmes au tombeau*. On remarquait , entre de gracieuses arabesques , les glands , les raisins et autres emblèmes empruntés à la flore symbolique du moyen-âge. Longtemps on n'osa pas placer d'autel sur la cime du rocher où la victime volontaire s'était elle-même immolée : une terreur sainte en éloignait les pontifes les plus saints. Un jour les Grecs ont brisé le rocher et placé un autel de marbre au lieu où la croix fut dressée. Le fragment enlevé était destiné à Constantinople : on l'embarqua au port de Jaffa ; le navire fit nauffrage , et Constantinople n'a pas gagné ce que Jérusalem a perdu. »

Entre l'autel du *Crucifiement* et celui de la *Plantation de la Croix*, en ligne directe des deux gros pilastres qui soutiennent la voûte de la grande plate-forme du Calvaire, s'élève un 3e autel plus petit que les autres et rappelant une circonstance bien attendrissante de la Passion de Jésus-Christ : c'est l'autel de la *Transfixion* , qui appartient aux catholiques et auquel j'ai pu célébrer dès le lendemain de mon arrivée à Jérusalem , le mercredi 3 septembre. Ce petit autel semble respirer encore les ineffables angoisses de la plus affligée des mères , et s'élève au lieu même où s'accomplit si cruellement pour Marie la terrible prédiction du saint vieillard Siméon : « Cet enfant sera un objet de contradiction , et votre âme à vous-même sera transpercée d'un glaive », *et tuam ipsius animam pertransibit gladius*. Les saintes et charitables femmes qui étaient venues de Galilée à la suite du Sauveur , n'avaient pu d'abord assister que *de loin* au crucifiement , ainsi qu'on le comprend sans peine et que le racontent du reste nos trois premiers Evangelistes. Héroïques de courage , et d'autant plus admirables que les hommes étaient loin de leur dou-

ner l'exemple , elles s'approchèrent peu à peu et ne tardèrent pas à se trouver tout près de la croix. Du lieu où nous
venons de les voir et qui est devenu le sanctuaire de *Notre-
Dame des Douleurs*, elles avancèrent encore , avec la même
intrépidité, jusque sous la croix de Jésus , au lieu qu'indique
l'autel de la *Transfixion : Stabant autem juxta crucem Je-
su*..... Et alors, ajoute saint Jean : « Jésus ayant vu sa mère ,
et près d'elle le disciple qu'il aimait, dit à sa mère : Femme ,
voilà votre fils. Puis , il dit au disciple : voilà votre mère.»
Paroles infiniment consolantes pour nous , puisque , d'après
les SS. Pères , tous les enfants de l'Eglise sont ici représentés
par saint Jean, et que Jésus, dans la personne de cet Apôtre,
a donné à tous les fidèles Marie pour mère. Mais, d'un autre
côté, paroles infiniment cruelles pour l'auguste Vierge, ainsi
que le lui exprime saint Bernard : « Ne furent-elles pas pour
vous plus pénétrantes que le glaive , ces paroles : *Femme ,
voilà votre fils ?* Quel échange !..... Et comment de telles paroles n'auraient-elles pas blessé jusqu'au vif votre tendresse,
quand, à leur seul souvenir , se déchirent encore nos cœurs ,
aussi durs pourtant que la pierre et le bronze ? »

Nous savons, d'après l'Evangile , que la mort du Sauveur
fut accompagnée de tels prodiges que le Centenier et ceux
qui étaient avec lui pour garder Jésus , ne purent s'empêcher
de proclamer qu'il *était vraiment Fils de Dieu.* « Poussant
» de nouveau un grand cri, Jésus rendit l'esprit. Et au même
« instant, le voile du temple se déchira en deux , depuis le
» haut jusqu'au bas; la terre trembla; les pierres se fendirent;
» les sépulcres s'ouvrirent , et plusieurs corps des saints qui
» étaient dans le sommeil, ressuscitèrent; et sortant de leurs
» tombeaux après sa résurrection , ils vinrent dans la ville
» sainte et se firent voir à plusieurs personnes. »

Pour ne parler que d'un seul de ces prodiges, parfaitement
incontestable et que nul chrétien du moins ne peut révoquer
en doute, l'on vit se fendre des rochers au moment où mourut le Sauveur : *Et petræ scissæ sunt.* Mais si ces rochers se
fendirent alors, dit très-bien Mgr Mislin, tout ne porte-t-il
pas à croire que ce furent principalement ceux du Golgotha?
Et si tout porte à le croire, ajoutons qu'une tradition constante l'affirme. Soulevez une grille mobile, de bronze doré,
pouvant avoir quatre-vingt centimètres de long sur dix de large, et placée entre l'autel de la *Transfixion* et celui de la
Plantation de la croix. Elle recouvre une fente large et
profonde, qui descend dans les entrailles de la terre, et que

l'on voit encore à cinq mètres plus bas , dans la chapelle d'A-
dam. Et cette fente , que ni l'art, ni la nature ne pouvaient
produire, devant laquelle la science est réduite à se déclarer
impuissante , et dont la sérieuse inspection a suffi pour convertir des incrédules, la tradition porte qu'elle a été détermi-
née par le violent tremblement de terre qui accompagna la
mort de Jésus-Christ. Écoutons là-dessus le célèbre protestant Addison :

« Un gentilhomme anglais , homme très-estimable , qui
avait voyagé dans la Palestine , m'a assuré que son compagnon de voyage , déiste plein d'esprit , cherchait , chemin
faisant, à tourner en ridicule les récits que les prêtres catholiques leur faisaient sur les lieux sacrés. Ce fut dans ces
dispositions qu'il alla visiter les fentes du rocher que l'on
montre sur le mont Calvaire, comme l'effet du tremblement de
terre arrivé à la mort de Jésus-Christ , et que l'on voit aujourd'hui renfermé dans le vaste dôme construit par l'empereur Constantin. Mais , lorsqu'il vint à examiner ces ouvertures avec l'exactitude et l'attention d'un naturaliste , il dit à
son ami: *Je commence à être chrétien.* J'ai fait, continua-t-il,
une longue étude de la physique et des mathématiques , et je
suis assuré que les ruptures du rocher n'ont jamais été produites par un tremblement de terre ordinaire et naturel. Un
ébranlement pareil eût, à la vérité, séparé les divers lits dont
la masse est composée ; mais c'eût été en suivant les veines
qui les distinguent, et en rompant leur liaison par les endroits
les plus faibles. — J'ai observé qu'il en est ainsi dans les rochers que les tremblements de terre ont soulevés, et la raison
ne nous apprend rien qui n'y soit conforme.

» Ici, c'est tout autre chose : le roc est partagé transversa-
lement , la rupture croise les veines d'une façon étrange et
surnaturelle. Je vois donc clairement et démonstrativement
que c'est le pur effet d'un miracle, que ni l'art , ni la nature
ne pouvaient produire. C'est pourquoi je rends grâce à Dieu
de m'avoir conduit ici pour contempler ce monument de son
merveilleux pouvoir , monument qui met dans un si grand
jour la divinité de Jésus-Christ. »

Deux escaliers font communiquer le Calvaire avec l'église
du Saint-Sépulcre. L'un dont nous n'avons encore dit mot et
qu'on nomme *Escalier des Latins*, donne dans la chapelle du
Crucifiement, et commence tout auprès de la porte d'entrée
de la grande église ; à droite de cette porte , en face du divan où se tiennent accroupis les gardiens turcs. L'autre dit

Escalier des Grecs. et donnant dans la chapelle de la *Plantation de la croix*, a son origine au point de jonction du transept et de l'aile gauche du grand chœur de l'Eglise. En descendant du Calvaire par le dernier, l'on voit immédiatement la *Pierre de l'Onction*, propriété commune des Latins, des Grecs et des Arméniens. Cette pierre, qui se trouve dans le vestibule de l'église, en avant de la porte d'entrée, tout près du grand chœur, est celle-là même où le corps de Notre-Seigneur, descendu de la croix, fut oint et enseveli par Joseph d'Arimathie et Nicodème. « Et le soir étant venu
» (comme c'était le jour de la préparation, c'est-à-dire, la
» veille du sabbat de la Pâque, lequel sabbat était un jour so-
» lennel), Joseph d'Arimathie, sénateur distingué, homme ri-
» che et disciple secret de Jésus, s'en vint hardiment trouver
» Pilate, et lui demanda la permission d'enlever le corps de
» Jésus. Et Pilate le lui permit. Il vint donc et enleva le corps
» de Jésus. Nicodème, qui était venu trouver Jésus la première
» fois durant la nuit, y vint aussi avec environ cent livres d'u-
» ne mixtion de myrrhe et d'aloès. Ils prirent donc le corps
» de Jésus, et l'enveloppèrent dans des linceuls avec des aro-
» mates, selon que les Juifs ont coutume d'ensevelir. »

La *vraie pierre* sur laquelle ces deux hommes pieux oignirent le corps de Jésus, est aujourd'hui recouverte d'une table de marbre rougeâtre, un peu élevée au-dessus du sol et pouvant avoir huit pieds de long sur trois de large et quelques pouces d'épaisseur. Aux quatre coins se voient d'énormes candélabres et des pommeaux de cuivre doré ; plusieurs lampes sont suspendues tout autour. C'est ce marbre qui reçoit le premier baiser du pèlerin qui entre dans l'église du Saint-Sépulcre ; et le pèlerin peut y gagner chaque jour une indulgence plenière, en récitant le *Pater* et l'*Ave*.

A quelques pas de la *Pierre de l'Onction*, entre les deux escaliers du Calvaire, s'ouvre un enfoncement où l'on pénètre de plain-pied et qui se prolonge de dix mètres sous le Calvaire, jusque sous le lieu de la plantation de la Croix, où l'on voit parfaitement encore la fente mystérieuse du rocher qui descend de haut en bas. C'est ce qu'on nomme la *Chapelle d'Adam* ; les Grecs en ont la propriété.

L'origine de cette chapelle souterraine se rattache à une tradition antique et singulièrement touchante, d'après laquelle le corps du premier homme, ou du moins sa tête, aurait reçu la sépulture dans une grotte du rocher qui s'est par suite appelé, comme il s'appelle encore, *Golgotha, Cranion, Cal-*

variæ locus, *Calvaire*, c'est-à-dire , lieu du crâne. « Sa tête, dit saint Basile, fut enterrée en un lieu qu'on appela tout naturellement *Cranion*, *Calvaire* (ou lieu du crâne) ;... et ce fut là, sur le Calvaire, que Notre-Seigneur souffrit pour frapper la mort dans son origine même.— Et réellement, continue saint Augustin, il est bien permis de croire que le médecin est allé là où était couché le malade. Et il était raisonnable que là où était tombé l'orgueil humain, là aussi descendît la miséricorde divine ; et que ce sang précieux, qui a daigné couler pour effacer le péché, vînt racheter, en se répandant sur elle, la poussière du premier pécheur. Je plains, ajoute M. l'abbé Azaïs, ceux qui sourient à cette croyance et qui la traitent de *fable chrétienne*. Ils ne comprennent pas l'idée sublime qu'elle renferme.» La coutume si générale, et pour cela même si peu remarquée, de peindre ou de sculpter une tête de mort au pied du crucifix , a pris naissance dans cette tradition qui place la tête du vieil Adam, en qui nous avons tous péché, au lieu même où a été immolé le nouvel Adam, en qui nous sommes tous sauvés. Enfin , Mgr Mislin , qui traite si bien toutes les questions qu'il aborde, se résume ainsi touchant celle qui nous occupe en ce moment :« Après avoir lu une foule de documents relatifs à cette tradition , je crois qu'on peut admettre avec beaucoup de vraisemblance qu'Adam a été enterré, à Hébron à 8 lieues de Jérusalem, et que sa tête longtemps conservée dans la famille des patriarches, a été ensevelie sur le Calvaire.

A l'intérieur de la chapelle d'Adam, aux deux côtés de la porte d'entrée, l'on voyait encore au commencement de ce siècle deux tombes illustres qui formaient comme une garde d'honneur auprès du Saint-Sépulcre : la tombe de Godefroy de Bouillon, duc de Lorraine, ce héros de la première croisade, qui fonda le royaume chrétien de Jérusalem, et qui refusa humblement de ceindre son front d'une couronne d'or dans une ville où le Sauveur du monde avait été couronné d'épines; et la tombe de Baudouin, son frère et son successeur sur le trône de Jérusalem. Sur les tombes glorieuses de ces deux héros chrétiens, notre ambassadeur Deshayes lisait encore en 1621, et Châteaubriand, qui le cite, donne à entendre qu'il a lui-même lu en 1806 les deux inscriptions suivantes écrites en langue latine :

Ici repose l'illustre duc Godefroy de Bouillon, lequel conquit toute cette terre à la religion chrétienne. Que son âme règne avec le Christ. Ainsi soit-il.

Le roi Baudouin, autre Judas Machabée, espoir de la patrie, appui de l'Eglise, vaillant soutien de l'une et de l'autre, devant lequel tremblaient, en lui payant tribut, Cédar et l'Egypte, Dan et l'homicide Damas, est renfermé dans cette étroite tombe.

Les Musulmans avaient respecté ces tombes et ces inscriptions, qui étaient aux yeux du monde comme le témoignage de notre sang et qui proclamaient si haut nos titres à la possession des Lieux-Saints ; l'incendie de 1808 sut également les épargner, au grand dépit des Grecs, ces éternels ennemis des croisades et de tout ce qui rappelle la gloire de notre patrie, ces dignes successeurs de ceux qui trahirent nos pères dans les plaines de l'Asie et qui mirent tout en œuvre pour les empêcher d'approcher de Jérusalem. Devenus les maîtres, ainsi que nous l'avons dit, à la faveur de l'incendie de 1808 qu'on leur attribue, les Grecs violèrent ces deux tombes glorieuses que les siècles et la barbarie avaient respectées ; ils en détruisirent les inscriptions, ils en brisèrent le marbre et en jetèrent au vent la royale poussière.

Et la protectrice séculaire des Lieux-Saints, la France, a vu tout cela d'un œil indifférent, on n'a présenté que de ces réclamations timides que le succès ne couronne jamais en Orient. Et les Grecs, on le pense bien, en sont naturellement devenus plus audacieux ; depuis ce jour, leurs persécutions et leurs empiétements n'ont plus connu de bornes, grâce encore aux puissants auxiliaires qu'ils sentent derrière eux et que nous signalerons bientôt pour les stigmatiser. Et les choses en sont venues à ce point que l'un de nos pèlerins a pu dire naguère : « La question des Lieux-Saints, telle que l'a faite le fanatisme grec, n'est plus de nos jours que la grande lutte de l'erreur contre la vérité, du schisme contre l'unité catholique. Ce que veulent nos adversaires, c'est chasser le catholicisme de tous les lieux qu'il occupe encore en Terre-Sainte. On enlève un jour un sanctuaire ; encouragé par ce premier succès, on en enlèvera bientôt un autre ; et les pauvres catholiques, victimes de ce système d'usurpations continuelles, croissantes, habilement déguisées, voient tomber un à un tous leurs privilèges les plus anciens, jusqu'au jour où on ne leur laissera pas même une pierre pour la célébration des saints mystères. » Et c'est dans de telles circonstances que le czar de toutes les Russies, feu Nicolas, qui voulait faire la guerre à la Turquie, met en avant les criantes injustices dont seraient victimes ses coreligionnaires, les Grecs schismatiques, eux qui sont les tyrans de toutes les autres communions chrétiennes ! Le prétexte est assez mal choisi, l'on en conviendra, et c'est presque à n'y pas croire. Mais, pour certaines gens, *la raison du plus fort est toujours la meilleure*, et toute manœuvre est bonne, quand par elle venant le succès, *le tour est joué*.

Si, grâce à Dieu, le succès n'a pas ici répondu à l'attente et si le *tour* n'a pas été *joué*, du moins est-il que des évènements ressort pour nous une grande vérité qu'il ne faudrait pas oublier de si tôt. Pendant que notre indifférence ou notre légèreté, à nous autres Français, nous aveugle même sur nos intérêts les plus chers, il est donc vrai que d'autres, comprenant mieux le parti qu'on peut tirer du patronage des chrétiens en Orient, se démènent et s'agitent bel et bien dans ce pays. L'intervention des Russes dans la question des Lieux-Saints ne saurait s'appuyer ni sur les traités conclus, puisqu'il n'y est jamais fait mention d'eux, ni sur le sang versé pour la délivrance du Saint-Sépulcre, puisqu'ils n'étaient point aux croisades. Non, parmi toutes les nations que le généreux exemple de notre patrie entraîna aux champs de la Palestine, on ne trouve point ces Russes qui viennent aujourd'hui nous disputer l'héritage du St-Sépulcre, comme on n'y trouve pas davantage ces Grecs dont ils se chargent de soutenir les prétentions. Ils n'étaient point avec nous au jour du combat, ils ne mêlèrent point leurs armes à celles de nos pères dans cette lutte héroïque, et de ce noble sang qui a coulé sous les murs de Jérusalem il n'est pas une goutte qui appartienne à la Russie. Et voilà pourtant les Russes à Jérusalem. On sait ce qu'ils y font, puisque l'on voit à l'œuvre les Grecs, auxquels leur appui seul peut donner tant d'audace ; et l'on sait également ce qu'ils y cherchent. « Ils l'avouent eux-mêmes, dit M. l'abbé Azaïs, et leur conduite le trahit assez : c'est de faire de la Ville-Sainte un centre schismatique, d'où la Russie étendra son influence sur tout l'Orient ; c'est de jeter du haut du Calvaire un défi à l'unité catholique, d'élever la suprématie du successeur de Photius en face de celle du successeur de saint Pierre ; c'est d'opposer l'Orient à l'Occident, Jérusalem à Rome. Pour atteindre ce but, il faut que le catholicisme ne possède plus de sanctuaire en Terre-Sainte, qu'il ne soit plus lui-même qu'une ruine ; et c'est là que tendent tous les efforts, toutes les manœuvres du schisme. Or, le triomphe des Grecs, ce serait, avec l'oppression des catholiques, l'abaissement de l'influence française, la suprématie de la puissance russe, et

peut-être une menace pour la liberté religieuse et nationale
de l'Occident. » Sans doute, nos récentes et immortelles victoires ont un peu amélioré la position ; mais l'influence de la
Russie n'est qu'amoindrie, ses ambitieux projets ne sont qu'a-
journés, et la marche envahissante des Grecs, qui s'en sont
faits les aveugles instruments, n'est que ralentie. Les faits
abondent à l'appui de cette assertion. Pour abréger notre
récit, nous renvoyons le lecteur à ceux que nous avons déjà
fait passer sous ses yeux. Il nous paraît indubitable que pour
déconcerter sérieusement les plans du schisme, et pour conjurer une bonne fois les périls sans cesse renaissants qui nous
menacent de ce côté, il faudrait que la France sût rendre plus
réel et plus efficace le protectorat qu'elle a la gloire d'exercer
depuis des siècles sur les Lieux-Saints.

On ne trouvera point déplacée cette courte digression que
nous a inspirée l'indigne profanation de deux tombes illustres,
éminemment chères à l'Eglise et à la France. Nous n'y ajouterons que peu de chose, pour compléter les divers détails
que nous avons peut-être prodigués sur la vénérable église du
Saint-Sépulcre, à la grande satisfaction toutefois de nos lecteurs, s'il e n faut croire les nombreux témoignages que l'on
veut bien nous en donner chaque jour.

Dans une pensée facile à comprendre, nous avons eu soin
de désigner, en temps et lieu, les dimensions matérielles de
chacun des principaux sanctuaires de ladite église. Terminons, dans le même but, par les chiffres suivants qui mesu-
rent, au rapport de M. Bonjour, la grandeur totale de l'édifice : de l'extrémité méridionale du parvis, au fond du petit couvent des Franciscains, 110 mètres ; de l'extrémité orientale de
la chapelle souterraine de l'Invention de la Sainte-Croix au
tombeau de Joseph d'Arimathie, 145 mètres.

La belle tour qui décorait autrefois la façade de l'église a
été rasée aux deux tiers par les Musulmans, qui en ont encore fait fondre les cloches. On sait combien la voix des cloches
est chère au vrai chrétien; et ce n'est pas sans raison, dit Mgr
le cardinal Giraud dans sa célèbre Instruction pastorale sur
les cloches. « Voix à l'Orient, voix à l'Occident, voix du Midi et du Septentrion, voix des peuples et voix de Dieu,
voix de la vie, voix de la mort, voix du danger et voix du
secours, voix de la prière et de l'action de grâces. Dites-
nous auquel de nos sentiments la cloche ne s'adresse, auquel
de nos devoirs publics ou privés elle ne s'associe, quels actes,
importants de notre existence elle ne consacre, quelle fibre de

notre cœur elle ne fait vibrer, soit qu'elle anime l'air de ses gais carillons, soit qu'elle l'attriste de ses glas funèbres , soit qu'elle donne le signal d'alarme par ses tintements lugubres, soit que, déployant ses ailes, elle porte jusqu'aux nues l'annonce de nos fêtes par ses brillantes volées.» A tous ces titres, les persécuteurs commencent toujours par étouffer la voix des cloches, quand ils veulent faire une guerre impie au christianisme. A tous ces titres aussi, apparemment, mais surtout parce que, «voix du danger et du secours,» la cloche appelait nos pères à la guerre sainte et les précipitait sur les bataillons des Musulmans, ceux-ci, une fois devenus les maîtres, confisquèrent à leur profit toutes les cloches des chrétiens, et interdirent tout usage des cloches dans Jérusalem et dans toute la Syrie.

Chez eux, les clochers sont encore aujourd'hui remplacés par les minarets, et la voix des cloches par le chant aérien de leurs prêtres, jugé incomparablement supérieur par M. de Lamartine, qui se donne la licence poétique de voir bien des choses à rebours. Ecoutons-le : « C'était l'heure de midi , l'heure où le muetzlin épie le soleil sur la plus haute galerie du minaret , et chante l'heure et la prière de toutes les heures ; voix vivante, animée , qui sait ce qu'elle dit et ce qu'elle chante, bien supérieure, à mon avis, à la voix sans conscience de la cloche de nos cathédrales. » C'est charmant, surtout dans la bouche d'un homme qui avait précédemment chanté l'excellence de la cloche chrétienne. Ce qui fait dire spirituellement à Mgr Mislin : «Hélas ! il y a bien des *voix vivantes* qui sont sans conscience, et qui ne savent ni ce qu'elles disent ni ce qu'elles chantent, puisqu'un jour elles disent le contraire de ce qu'elles avaient chanté la veille.»

Dans le même esprit, M. de Lamartine a dû trouver encore un grand mérite à la sonnerie des Grecs et des Arméniens. Chez ces schismatiques, la cloche est remplacée par le *simanterion* , qui se compose de deux larges bandes, l'une de bois et toute droite, l'autre de fer recourbé ; ces deux bandes, suspendues à des cordes, se trouvent sur le même plan , à une faible distance l'une de l'autre , et rendent certains sons au moyen d'un maillet que l'on fait jouer dans l'entre-deux.

Nous doutons fort que la prohibition concernant l'usage des cloches ait été levée officiellement par un arrêté quelconque de l'autorité musulmane ; mais, en fait, il semble que l'on commence à laisser un peu de liberté sur ce point. Il est constant que les Franciscains ont, dans leur couvent du Saint-Sépulcre, de petites cloches pour annoncer leurs offices, et qu'ils en ont de plus grandes, à même destination, dans leur couvent de Saint-Sauveur. Pendant notre séjour même dans la Ville-Sainte, nos oreilles ont été réjouies et nos cœurs délicieusement émus par les premiers sons, véritablement beaux et majestueux, d'une nouvelle cloche que nos religieux venaient de recevoir de la munificence de S. M. le roi de Naples.

Les trois principales communions chrétiennes, les Latins, les Grecs et les Arméniens ont de petits couvents installés dans les bâtiments mêmes de l'église du Saint-Sépulcre, et toujours habités par un nombre suffisant de religieux pour veiller à la garde de leurs sanctuaires respectifs et y célébrer régulièrement l'office tant de nuit que de jour. Dans la-nuit du 5 au 6 septembre, consacrée tout entière à la vénérable église, où je me suis constitué pour quelques heures le prisonnier de Jésus-Christ, j'ai vu de près ces divers offices qui ne m'ont pas également édifié, il s'en faut bien. Celui des Grecs, démesurément long, commence vers minuit pour ne finir qu'après 3 heures. Leurs *caloyers* ou religieux, sans dignité ni tenue, exécutent machinalement, sur des notes extrêmement aiguës et nasales, un chant qui paraît faux comme leur croyance. Ils font des signes de croix sans nombre, et toujours à l'envers, c'est-à-dire en portant la main de l'épaule droite à l'épaule gauche ; et bien plus souvent encore, avec une volubilité toujours croissante ; ils répètent le *Kyrie eleison*, *Seigneur ayez pitié de nous*, qui devient ainsi peut-être la partie la plus saillante de leur office, et qu'après tout ils ne répéteront jamais assez. Oui, que le *Seigneur* en *ait pitié*, qu'il leur ouvre les yeux, qu'il touche et brise leur cœur, ils en ont bonne affaire.

La comparaison n'est pas possible entre les Grecs et les Arméniens. L'office de ces derniers, commencé vers trois heures, finit à quatre heures et demie. Ici, du moins, il y a de la dignité dans le maintien, de la noblesse et de la gravité dans le chant. Mais ce sont encore les chants du schisme et de l'erreur, et c'est bien dommage assurément. Quoiqu'il en soit, dit M. l'abbé Azaïs, « il y a quelque chose d'admirable et de touchant dans ce concert d'hymnes et de prières qui s'échappent des lèvres de l'erreur comme de celles de la vérité, et qui retentissent nuit et jour autour du Saint-Sépulcre, dans toutes les langues, comme une louange permanente. »

On sent bien que la comparaison n'est pas davantage possible entre les enfants de l'erreur et ceux de la vérité. Les Franciscains commencent matines à minuit, et, le jour venu, ils célèbrent solennellement la messe conventuelle. Leur psalmodie grave et mesurée , leur chant que le sentiment catholique inspire et que rélèvent les sons de l'orgue, le profond respect et le saint recueillement que dénotent leurs traits , les imposantes cérémonies de la liturgie latine, tout charme, tout édifie , tout va au cœur dans cet office de nos bons religieux.

Le 8 septembre, auquel jour l'Eglise fête la Nativité de la B. V. Marie, la liturgie latine déployait toutes ses pompes dans la chapelle du couvent de Saint-Sauveur , qui sert de cathédrale à Mgr Valerga. Le vénérable patriarche officiait, entouré de ses prêtres, des jeunes élèves de son séminaire et des RR. PP. de Terre-Sainte. Le digne consul de France , M. de Barrère, s'y trouvait en grande tenue et à une place d'honneur , ainsi que tous les membres de la caravane française. Donno Eugénio, que déjà nos lecteurs connaissent, dirigeait à la fois, et avec une rare habileté , le chant et les cérémonies. C'était vraiment beau, solennel et attrayant , de l'aveu de tous ; c'étaient les belles cérémonies de nos cathédrales, moins la longueur interminable qui trop souvent les gâte.

En quittant l'église du Saint-Sépulcre, où pourrions-nous mieux porter nos pas que sur cette *Voie Douloureuse*, encore nommée *Via Crucis*, ou *Chemin de la Croix* , que Jésus-Christ parcourut en portant l'instrument de son supplice , et qui commence à sa condamnation dans le prétoire de Pilate , pour finir au Calvaire, dans l'église même du Saint-Sépulcre ? Elle est partagée en plusieurs stations , que l'on a placées à ses points les plus remarquables par les touchants souvenirs qu'ils offrent à la piété chrétienne. Ces stations , en y comprenant la descente de la croix et le transport au sépulcre, sont au nombre de quatorze , dont neuf mentionnées par les évangélistes , et les cinq autres garanties par une tradition constante.

Mais si la tradition a pu conserver fidèlement le souvenir de diverses scènes de la Passion que ne mentionne pas l'Evangile , et en particulier des scènes que rappellent les stations de la *Voie douloureuse*, se peut-il qu'après les incroyables bouleversements de la Ville-Sainte elle assigne encore avec quelque précision les théâtres de ces mêmes scènes ? Oui, assurément, et sans peine on le croira, pour peu que l'on connaisse le culte des souvenirs, que l'on songe à la grandeur des faits accomplis en ces lieux, et que l'on se reporte à ce que nous avons dit précédemment de l'exactitude des traditions chrétiennes à Jérusalem. Puis, ajouterons-nous avec l'un de nos pèlerins, « qu'importe que chaque station doive être

rapprochée ou éloignée de quelques pas , qu'il faille un peu
dévier à gauche ou à droite ? Ce qui est certain , ce qui est
constaté par l'étude de l'ancienne et de la nouvelle topographie
de Jérusalem , c'est que les différentes scènes de la Passion
se sont passées là , sur cette ligne , dans un espace assez restreint pour qu'on puisse, sans courir risque de s'égarer , en
fixer les points essentiels. » Et n'est-ce pas bien tout ce qu'il
faut pour satisfaire amplement le pèlerin? Ces lieux qu'il visite
avec la simplicité de sa foi , il les voit donc avec leurs souvenirs et avec son cœur , et là où d'autres chercheraient peut-
être à critiquer , il s'émeut et adore. C'est ce que nous avons
fait.

Selon une pieuse et constante tradition, rapportée par Adrichomius et confirmée par de graves témoignages , la T. S.
Vierge ne se contenta point de suivre son divin Fils au Calvaire. Maintes fois, après la glorieuse Ascension de ce cher
Fils , elle parcourut une voie qu'il avait sanctifiée par ses pas
et arrosée de son sang , nous donnant ainsi la première idée
de cette pratique admirable que le B. Léonard du Port-Mau-
rice ne craint pas d'appeler la plus excellente, la mère et la
reine de toutes les dévotions, et par là , justifiant d'avance
l'invocation que nous avons coutume de placer au commencement de ce saint exercice : « Et vous , ô divine Marie ! qui, la
première, nous avez enseigné à faire le Chemin de la Croix...»
*Pia habet traditio majorum, B. Virginem.... primam Viam
Crucis ex devotione calcâsse.*

Quel bonheur de s'attacher aux pas de Marie, de parcourir
à sa suite ce Chemin royal de la Croix , d'entrer dans les sentiments qui la guidèrent tant de fois en ces lieux mêmes , de
compatir avec elle aux indicibles souffrances de Jésus ! Ce
bonheur qui fait palpiter tout cœur vraiment chrétien et que
pas un pèlerin ne voudrait se refuser, il a souvent fallu le payer
cher, n'étant point rare, au dire d'un ancien auteur, que « les
infidèles couronnent la piété des pèlerins d'une guirlande d'injures et de malédictions. » Une pareille intolérance n'était plus
de mode, qu'il y avait encore lieu d'en craindre le retour et
qu'un pèlerin des derniers temps écrivait : « A cause de certaines avanies arrivées de temps en temps , on conseille de
rester debout aux lieux des diverses stations et de faire sa
prière mentalement. » Nous avons tenté mieux, et avec plein
succès, il faut le dire. C'était le 5 septembre, premier vendredi que nous passions à Jérusalem. M. l'abbé Poyet, vice-
chancelier de S. E. le patriarche, avait eu l'obligeance de

nous servir de guide et daignait, à chaque station, nous adresser quelques paroles chaleureuses, après lesquelles, tombant à genoux au milieu de la rue, nous faisions à haute voix notre prière et nous collions pieusement nos lèvres au sol sacré de la *Voie Douloureuse*, trop heureux de donner en face des Musulmans et des Juifs incrédules ce témoignage public de notre foi qui a su commander leur respect.

En coupant la ville à peu près par le milieu, de l'orient à l'occident, et en laissant à une faible distance derrière soi la porte de Saint-Etienne, qui conduit à la vallée de Josaphat et au mont des Oliviers, on se trouve au palais de Pilate, où commence, la *Voie Douloureuse*. Ce palais, qui avait été celui d'Hérode l'ancien ou l'Ascalonite, et dont le gouverneur romain Ponce-Pilate avait fait sa demeure et son prétoire, c'est-à-dire le lieu où il rendait la justice, était situé au coin nord-ouest de la grande enceinte extérieure du temple et se trouve aujourd'hui partagé en deux par la voie publique. A gauche ou au midi, l'on voit une caserne turque, des écuries et un couvent de derviches indiens musulmans, lequel touche à l'arcade connue à Jérusalem sous le nom d'*Arc-de-Pilate* ou de l'*Eccè-Homo*. A droite ou au nord, en face du couvent des derviches, un terrain de trente mètres de longueur dans le sens de la *Voie Douloureuse*, offre des monceaux de ruines que M. Alphonse-Marie Ratisbonne vient d'acheter en vue d'y construire une maison religieuse pour ses chères *Filles de Sion* que, depuis bientôt deux ans, il a installées aux environs de la porte de Damas. A droite encore, vers l'orient, plus bas que ces ruines et en face de la caserne turque, s'élève le sanctuaire de la Flagellation ; et au-delà de ce sanctuaire et de ces ruines, à quatre-vingts pas environ au nord de la *Voie Douloureuse* et de l'*Arc* de l'*Eccè-Homo*, s'étalent les ruines du palais d'Hérode Antipas, fils de l'Ascalonite et tétraque de Galilée, chez lequel Pilate envoya Jésus Christ. Quel lieu que celui où se sont accomplis de si grands mystères, et où s'accumulent tant de touchants souvenirs de la Passion !

Le prétoire de Pilate était vers la partie orientale du palais. On y arrivait par un escalier de vingt-huit marches de marbre blanc, où le Sauveur passa et repassa jusqu'à six fois pendant sa Passion : d'abord, pour son interrogatoire ; puis, en revenant de chez Hérode ; enfin, après sa flagellation. Cet escalier arrosé du sang de Jésus-Christ et connu sous le nom de *Scala Sancta*, fut transporté à Rome par ordre de Constantin et s'y voit encore près de la basilique de St-Jean-de-Latran. Telle est l'affluence des pieux fidèles qui le montent à genoux, pour gagner les indulgences, qu'il a fallu le revêtir d'épaisses tables de noyer qu'on a déjà renouvelées plusieurs fois. En avant du prétoire, vers l'ouest, s'étendait cette cour de lugubre mémoire, où Jésus, après sa cruelle flagellation, fut assailli par la cohorte entière des soldats romains, couvert d'un lambeau de pourpre, couronné d'épines et abreuvé d'outrages ; — où Pilate le présenta au peuple dans cet état si digne de larmes, en disant : « Voilà l'Homme ! » *Eccè Homo* ! — où la foule vociférait contre lui ses cris de mort : *Tolle* ! *Tolle* ! *Crucifige* ? *Crucifige eum* ! et contre elle-même ses imprécations : « Que son sang retombe sur nous et sur nos enfants ! » — où le Fils de Dieu se vit préférer, dans la personne de Barabbas, le *fils de la confusion*, à la fois voleur, séditieux et meurtrier ; — où enfin Pilate, pour complaire au peuple, condamna l'innocence même et livra Jésus pour être crucifié.

Toute cette scène déchirante se passait en dehors du prétoire, nous dit l'Evangile, et Pilate était assis dans son tribunal, au lieu appelé chez les Grecs *Lithostrotos*, et chez les Hébreux *Gabbatha*. Or, suivant M. le docteur d'Allioli, le mot grec *Lithostrotos* signifie un espace de terrain pavé de petites pierres de couleur, c'est-à-dire une mosaïque ; et tels devaient être, en effet, les abords du tribunal en plein air de Pilate, d'après le luxe de ce temps-là, luxe tellement répandu alors que César, jusque dans les camps, faisait paver en mosaïque le lieu où il plaçait son tribunal. Le mot hébreu *Gabbatha* signifiant de son côté, place haute, arcade, exprime bien encore ce que devait être ce célèbre tribunal de Pilate : c'était, dit M. le docteur Sepp, comme les rostres de Jérusalem, la loi romaine voulant, d'après Suétone, que, dans les procès criminels, la sentence fût toujours portée d'un lieu élevé ; c'était, au rapport du savant M. de Saulcy, une arcade servant de tribune aux harangues, du haut de laquelle Pilate présenta le Sauveur aux Juifs et prononça l'inique sentence qui l'abandonnait à leur volonté. Disons le mot, c'était cette arcade même, providentiellement conservée à travers les âges, que l'on vous montre aujourd'hui à l'ouest du palais de Pilate, et que tous les chrétiens du pays, catholiques ou dissidents, appellent encore de concert *Arc-de-Pilate* ou de l'*Eccè-Homo*.

Hérode, au tribunal duquel Pilate avait renvoyé Jésus, ayant à son tour renvoyé le Sauveur devant Pilate, ce dernier dit aux Juifs : « Vous m'avez amené cet homme comme un » factieux, et voilà que l'interrogeant en votre présence, je

» n'ai rien trouvé en lui de ce dont vous l'accusez. Ni Hérode
» non plus ; car je vous ai renvoyés à lui, et vous voyez qu'on
» ne l'a convaincu de rien qui mérite la mort. *Je l'élargirai*
» *donc, après l'avoir fait châtier.* » Quelle détestable logique ! Mais aucune énormité ne devait manquer à la passion
de Jésus-Christ. Pilate, qui vient de proclamer son innocence,
ne laisse pas de formuler ainsi, d'après Adrichomius, l'arrêt
qui le condamne à la flagellation : « Jesum Nazarenum, virum
seditiosum, et Mosaïcæ legis contemptorem, per Pontifices et
Principes suæ gentis accusatum, expoliate, ligate et virgis
cædite. I, lictor, expedi virgas. Dépouillez de ses vêtements,
attachez à la colonne et frappez de verges Jésus de Nazareth,
coupable de sédition, plein de mépris pour la loi de Moïse,
accusé par les prêtres et les chefs de sa nation. Va, licteur,
prépare les verges. »

Ainsi qu'il était d'usage et que le fait d'ailleurs entendre
l'Evangile, Jésus-Christ fut flagellé hors de l'enceinte du palais. Les soldats le traitèrent avec tant de barbarie et de cruauté, dit le R. P. Nau, « qu'on ne voyait plus sur lui que des
plaies, ou plutôt une seule plaie étendue depuis la tête jusqu'aux
pieds, faite de six mille six cent soixante-six coups, comme on
l'a su de diverses révélations. Il en serait mort, s'il n'avait conservé sa vie par un miracle. » Les fidèles élevèrent en ce lieu
une chapelle consacrée à la mémoire de la douloureuse flagellation du Sauveur. Quaresmius raconte que pendant qu'il
était à Jérusalem, en 1618, le fils du gouverneur turc en voulut faire une écurie pour ses chevaux, mais qu'ils y moururent
tous dès la première nuit. Le R. P. de Géramb n'y a trouvé
« qu'un endroit immonde », offrant à peine une place pour
poser le genou. Enfin, le duc Maximilien de Bavière, témoin
de cette désolation qui l'affligea profondément, fit réparer le
sanctuaire en 1838, et le mit dans l'état de propreté qu'il présente aujourd'hui. On y voit cinq autels, deux à l'est, deux à
l'ouest, et l'autel principal au midi, vers le milieu de la chapelle, à la place même de la colonne à laquelle fut attaché le
Sauveur. Cette place qui se voit sous la table de l'autel et que
le pèlerin baise avec attendrissement, est marquée par une incrustation de marbre où sont gravées ces paroles du prophète :
« *Fui flagellatus totâ die, et castigatio mea in matutinis ;*
j'ai été affligé durant tout le jour et châtié dès le matin. » Que
l'on juge du bonheur que j'ai goûté à célébrer la sainte messe
en pareil lieu, le lundi 8 septembre.

Le sanctuaire de la flagellation, propriété des Franciscains,

est toujours gardé par un de leurs religieux, chargé de le desservir. Il est séparé de la rue par une cour bien close et à
porte très-basse. La première station de la *voie douloureuse*
ou du *chemin de la croix* se fait de l'autre côté de la rue, sous
les murs de la caserne turque, un peu à l'est des onze marches qui conduisent à la grande porte d'entrée, aux environs
du lieu où Jésus-Christ fut chargé de sa croix.

Une ancienne tradition donne, en ces termes, l'arrêt par
lequel Pilate condamna Jésus-Christ à être crucifié : « Jesum
Nazarenum, seductorem gentis, contemptorem Cæsaris, et fal-
sum Messiam, ut majorum suæ gentis testimonio probatum est,
ducite ad communis supplicii locum, et cum ludibriis regiæ
majestatis in medio duorum latronum cruci affigite. I, lictor,
expedi cruces. — Conduisez au lieu ordinaire du supplice Jésus de Nazareth convaincu, par le témoignage des principaux
de sa nation, d'avoir soulevé le peuple, méprisé César et de
s'être faussement donné pour le Messie ; crucifiez-le entre
deux voleurs, en dérision de sa prétendue royauté. Va, licteur, prépare les croix. » Les Juifs, comptant sur le succès,
avaient dû tout préparer d'avance pour le supplice, et le licteur dut trouver sous la main tout ce qu'il fallait, puisque Jésus, à peine livré à ses ennemis, nous est montré portant sa
croix et traîné au Calvaire : « Et bajulans sibi crucem,
exivit..... »

La deuxième station se fait à l'ouest et à une centaine de
pas de la première, au pied de l'*Arc de l'Eccè-Homo*, sous
lequel passe la voie publique. Une tradition constante et bien
respectable, que viennent confirmer toutes les données de la
science moderne, porte que c'est là réellement l'arcade primitive de l'*Eccè-Homo*, dont il a déjà été parlé. Elle peut avoir
six mètres d'ouverture au-dessus de la rue, et, aux deux côtés
parallèles à la rue, deux mètres quarante centimètres de largeur. Elle est construite en belles et grosses pierres, semblables à celles que l'on retrouve dans les ruines des autres
monuments antiques de Jérusalem. Malheureusement, elle
disparaît presque tout entière sous une épaisse croûte ou re-
vêtement de chaux, outre qu'elle est surmontée d'une ignoble
et récente construction arabe, c'est-à-dire, d'une galerie couverte, offrant une double fenêtre à treillis serrés qui donne à
l'est et à l'ouest, et servant d'habitation aërienne à un santon
ou derviche musulman.

Nous passons avec émotion, à la suite du Sauveur, sous cette
arcade du haut de laquelle il avait été présenté au peuple après

sa flagellation, et nous suivons une pente d'environ deux cents pas, presque perpendiculaire à la rue qui vient de la porte de Damas. La rencontre de ces deux rues forme, à main gauche, un angle où se voient deux bouts de colonne couchés le long du mur. C'est la 3ᵉ station de la *Voie Douloureuse*, et la première dont ne parle pas l'Evangile : *Jésus tombe une première fois.*

Ici l'on tourne de l'ouest au sud, et après quelques pas dans cette rue qui vient de la porte de Damas, on trouve à gauche la ivᵉ station, que l'Evangile passe encore sous silence : *Jésus rencontre sa Très-Sainte Mère.* Une église bâtie sous le nom de *Notre-Dame-de-Pamoison*, rappelait autrefois ce douloureux souvenir de la plus affligée des mères. La sainte Vierge, qui s'était tenue pendant la cruelle matinée aux environs du prétoire, accourait par un chemin détourné pour se placer une dernière fois sur le passage de son divin Fils quand, au débouché de cette petite rue qui tombe dans celle que nous suivons, elle se trouva en face de Jésus qui la salua du nom de Mère: *Salve, Mater !* douceur qui remplit toute son âme d'amertume, n'y ayant rien de plus pénétrant et de plus sensible que la douleur causée par l'amour. Telle est la tradition, que confirme au reste le récit de tous les Pères, et qui montre, dit Châteaubriand, « à quel point la merveilleuse et sublime histoire de la Passion s'est gravée dans la mémoire des hommes. Dix-huit siècles écoulés, des persécutions sans fin, des révolutions éternelles, des ruines toujours croissantes, n'ont pu effacer ou cacher la trace d'une mère qui vint pleurer sur son fils. »

Encore quelques pas vers le midi, dans cette même rue où viennent de s'offrir à nous la 3ᵉ et la 4ᵉ station, et nous voyons à droite une nouvelle rue qui descend du Calvaire et donne perpendiculairement sur celle que nous allons quitter; une entaille pratiquée dans le mur, à l'angle que forme sur notre droite la rencontre des deux rues, marque la 5ᵉ station : *Simon le Cyrénéen aide Jésus à porter sa croix.* Rendu au pied de la colline du Calvaire, Jésus paraissait à bout de forces, quand vint à passer cet homme du peuple qui revenait des champs par la porte de Damas. Les soldats le saisirent au passage, lui mirent la croix sur les épaules et le forcèrent à la porter derrière Jésus, sans qu'il dût oser se plaindre d'une telle brutalité, d'après ces paroles d'Arrien:« Si un soldat t'impose une corvée, ne résiste ni murmure, sinon tu seras roué de coups. » Au reste, ce que les Juifs et les soldats romains regardaient comme un opprobre pour Simon, était de fait pour lui un insigne honneur et détermina sa conversion.

Un peu plus bas que la rue du Calvaire, dans le prolongement de celle de Damas, on vous montre à gauche les ruines de ce qui fut la maison du mauvais riche, que la tradition appelle Nabal. Ce que l'Evangile raconte de ce mauvais riche et de Lazare le pauvre est trop connu pour que nous le rapportions ici. Disons seulement que la plupart des SS. Pères le tiennent pour vraie histoire et fait réel; et l'une des raisons qu'ils en donnent, après saint Jean-Chrysostôme, c'est que si ce n'était qu'une parabole, un simple exemple, on n'exprimerait pas le nom des personnes : « *Parabola est ubi exemplum ponitur, et tacentur nomina.* »

Revenons maintenant du sud à l'ouest, et commençons à gravir la sainte colline du Calvaire. Au bout d'une centaine de pas dans la rue droite et rapide que nous montons, s'offre à notre gauche à la 6ᵉ station qui est la 3ᵉ non mentionnée dans l'Evangile : *Une femme pieuse essuie la face de Jésus-Christ.* Trois marches s'avancent dans la rue et conduisent à une porte basse, que l'on croit être au lieu même où se trouvait la maison de cette femme, que la tradition appelle Bérénice. Comme Jésus montait péniblement au Calvaire, Bérénice se précipita courageusement au-devant de lui, pour essuyer respectueusement avec le linge qui lui servait de voile, sa divine face souillée de sueur et de sang. Et Jésus lui donnant sur l'heure sa récompense, laissa miraculeusement sur ce voile ses véritables traits, sa *vraie image*, *vera icon*, d'où l'on a fait, par la seule transposition de deux lettres, *Veronica*, *Véronique*, nom sous lequel Bérénice a depuis lors été connue. La sainte face empreinte sur son voile se garde précieusement à St-Pierre sous le nom de *Volto Santo*.

A cinquante pas plus loin, une seconde entaille dans le mur indique la 7ᵉ station, sur laquelle l'Evangile se tait encore : *Jésus tombe une seconde fois.*

Au haut de la rue se trouvait la *porte judiciaire*, où finissait la ville du temps de Jésus-Christ, et par où sortaient les condamnés pour se rendre au lieu du supplice. En dehors de cette porte, dont il existe encore des restes, se trouve la 8ᵉ station, la première qui fut hors de la ville à cette époque : *Jésus console les filles de Jérusalem.* Là, Jésus rencontra un groupe de pieuses femmes à qui sa seule vue arracha des larmes. Et c'est alors qu'oubliant ses propres souffrances, pour compatir à la douleur de ces saintes femmes, il se tourna vers elles et leur dit : « Filles de Jérusalem, ne pleurez point sur moi; » pleurez plutôt sur vous-mêmes et sur vos enfants... »

A peu de distance, est la 9ᵉ station, la 5ᵉ et dernière que l'Evangile ne mentionne point : *Jésus tombe une troisième fois.* Des constructions interceptant aujourd'hui le passage, on ne peut plus arriver que par un long détour à cette 9ᵉ station, indiquée par une colonne renversée entre la citerne de Sainte-Hélène et le couvent des Cophtes.

Ici, nous sommes tout près des murs de l'église du Saint-Sépulcre, qui renferme le sommet du Calvaire, à mille ou douze cents pas du prétoire, et où nous avons précédemment signalé les cinq dernières stations de la *Voie Douloureuse.*

Pour passer de la 9ᵉ station à la 10ᵉ, il faut rebrousser chemin et revenir à la 8ᵉ par le même détour que l'on a suivi pour arriver à la 9ᵉ ; puis, on s'engage dans une petite rue affreusement sale qui aboutit au coin sud-est du parvis de l'église du Saint-Sépulcre. Là, il eût fallu nous arrêter tout court, sans avoir la consolation d'achever le chemin de la croix, faute de pouvoir pénétrer dans la vénérable église, si les RR. PP. de Terre-Sainte n'avaient eu l'attention de réclamer pour nous une *ouverture* spéciale dont nous fûmes trop heureux de profiter. Par une nouvelle déférence qui ne pouvait que nous flatter grandement, ces bons religieux avaient voulu attendre notre arrivée pour faire avec nous leur procession quotidienne du soir, laquelle compte précisément au nombre de ses stations les cinq dernières de la *Voie Douloureuse.*

Ces stations que nos lecteurs connaissent assez pour qu'il nous suffise de les indiquer ici, se font dans l'ordre et aux sanctuaires suivants : la 10ᵉ, *Jésus est dépouillé de ses vêtements,* au chevet de l'église, derrière le grand chœur des Grecs, à la chapelle du dépouillement de Notre-Seigneur et de la *Division des vêtements* ; la 11ᵉ, *Jésus est attaché à la croix,* sur le Calvaire, à la chapelle méridionale, dite *du Crucifiement* ; la 12ᵉ, *Jésus meurt sur la croix,* sur le Calvaire encore, à la chapelle septentrionale, dite *de la Plantation de la Croix* ; la 13ᵉ, *Jésus est déposé de la croix et remis à sa Mère,* à la *Pierre de l'Onction,* dans le vestibule qui court de la porte d'entrée de l'église au grand chœur des Grecs ; la 14ᵉ et dernière, *Jésus est mis dans le sépulcre,* au Saint-Sépulcre même, sous la grande coupole.

Le couvent des Cophtes, à la porte duquel nous avons fait la 9ᵉ station, occupe l'ancien préau des chanoines du Saint-Sépulcre; il est assez étendu et n'a guère que cela de remarquable. Pourtant, au dire de ces religieux, que la tradition malheureusement ne semble pas confirmer, leur couvent renfermerait le lieu même du *sacrifice d'Isaac*, marqué par un olivier qu'ils ont pour cela en grande vénération. L'église est petite et singulièrement pauvre. Nous y voyons, sur des pupîtres, de gros volumes dans lesquels ils font leurs longues prières, et sur les murs des béquilles qui leur servent d'appui pendant ce temps. Cet usage des béquilles, qui peut nous sembler assez bizarre, vient de ce que dans les églises des Cophtes, il n'est permis ni de s'asseoir comme chez nous, ni de s'accroupir à la mode des Orientaux. « Ils veulent, dit l'un de nos pèlerins, que l'homme soit toujours debout devant Dieu dans la prière. Ce doit être un souvenir de la Thébaïde.»

Entre le couvent des Cophtes et l'église du Saint-Sépulcre, dans ce quartier sale et immonde, que nous avons signalé plus haut, les ruines d'une église bâtie par les premiers fidèles et rebâtie par les Croisés, recouvrent le lieu où se trouvait la *Prison de saint Pierre* dont il est parlé au chap. xii° des *Actes des Apôtres*. Hérode-Agrippa, petit-fils d'Hérode-le-Grand, voyant qu'il avait été agréable aux Juifs en faisant trancher la tête à saint Jacques-le-Majeur, crut qu'il leur serait plus agréable encore en mettant la main sur le prince des Apôtres lui-même, pour le faire mourir publiquement après la fête de Pâques. Saint Pierre fut donc jeté en prison, avec quatre soldats qui ne devaient jamais le perdre de vue, et à deux desquels il était attaché avec des chaînes, suivant la coutume des Romains. Mais que peuvent contre Dieu les mesures les plus habiles de la sagesse humaine ? L'église naissante priait avec ferveur pour son chef, et l'Apôtre captif sommeillait paisiblement sur le sein de la divine Providence, dans la nuit même qui précédait le jour où Hérode voulait l'envoyer au supplice ; lorsque l'ange du Seigneur vint miraculeusement faire tomber ses chaînes, le délivrer de cette prison qui était hors des murs aussi bien que l'emplacement du Saint-Sépulcre, et l'introduire dans la ville par la *Porte-de-Fer* qui s'ouvrit d'elle-même devant eux.

Avant d'aller plus loin, disons que l'Eglise de Jérusalem conserva comme le plus précieux trésor la double chaîne de son père, et qu'elle l'environna toujours d'une vénération et d'une tendresse filiale. Elle en fit don, l'an 436, à l'impératrice Eudoxie, femme de Théodose-le-Jeune, qui était venue à Jérusalem ; et cette princesse faisant déposer l'une des chaînes de l'Apôtre à Constantinople, dans une superbe basilique construite exprès pour la recevoir, envoya l'autre à Rome, à sa fille Eudoxie, femme de l'Empereur Valentinien III.

Le Souverain-Pontife, à qui cette dernière fut présentée, voulut la comparer avec celle dont saint Pierre avait été lié dans la prison Mamertine par ordre de Néron ; et voilà qu'au moment où il rapprochait les deux chaînes, elles s'attachèrent l'une à l'autre de manière à n'en plus former qu'une seule dont toutes les parties semblaient faites par le même ouvrier. En mémoire de ce prodige, la basilique eudoxienne du mont Esquilin fut dédiée sous l'invocation de *Saint Pierre-ès-Liens*, et le premier jour du mois d'août fut consacré à en solenniser la dédicace. On y déposa les saintes chaînes, lesquelles se voient encore dans ce sanctuaire, où elles ont reçu les hommages de toutes les générations qui se sont succédé depuis le v° siècle jusqu'à nos jours. La légende du Bréviaire romain, qui nous a fourni la plupart des détails qui précèdent, ajoute que la simple application de ces chaînes sacrées a maintes fois guéri les malades et chassé les démons. Et faisant la preuve de ce qu'elle avance, elle cite le trait suivant. • L'an 969 de l'ère chrétienne, un comte de la cour de l'Empereur Othon, qui était possédé du démon, se déchirait lui-même avec les dents. L'Empereur ordonna de le conduire au pape Jean, qui fit toucher la sainte relique au cou de l'énergumène ; et aussitôt l'esprit mauvais quittant le corps de sa victime, le comte se trouva guéri. •

Vers le sud, à quelques pas de la Prison *de Saint-Pierre*, et dans la direction où cet apôtre devait marcher à la suite de l'Ange, marchant nous-mêmes à leur suite, nous voyons les ruines imposantes du palais des *Hospitaliers* ou des *Chevaliers de Saint-Jean de Jérusalem*, qu'il ne faut pas confondre avec les *Templiers*, encore nommés *Chevaliers du Temple* ou *de la milice du Temple*. On fixe généralement à la première année du règne de Baudoin II, en 1118, l'origine de ces deux ordres religieux et militaires des Hospitaliers et des Templiers. Dès le milieu du XI° siècle, en 1042, l'on voit les négociants d'Amalfi, au royaume de Naples, fonder à Jérusalem deux hospices pour recevoir les pèlerins latins de l'un et de l'autre sexe qui viendraient visiter le Saint-Sépulcre. L'hospice de Saint-Jean, attribué aux hommes, avait pour administrateur un Français, le Provençal Gérard Tunq, lorsque les Croisés vinrent mettre le siége devant Jérusalem. Après la conquête, le pieux Gérard agrandit considérablement son hospice, fit prendre à ses compagnons l'habit régulier, simple robe noire ayant au côté gauche une croix blanche à huit pointes, et leur persuada de prononcer entre les mains du patriarche les trois vœux solennels de religion : d'où l'on a pu l'appeler à juste titre le fondateur de l'ordre religieux des Hospitaliers. Il mourut en 1118, quelques jours après l'élection de Baudoin II. Son successeur, Raymond Dupuy, modifiant dès l'origine les statuts de l'ordre, ajouta aux devoirs de l'hospitalité l'obligation de prendre les armes pour la défense des Lieux-Saints : d'où les Hospitaliers s'appelèrent Chevaliers de Saint-Jean de Jérusalem. — L'année même où les Hospitaliers devinrent un ordre militaire, Hugues de Payens ou de Paios (de Paganis), Geoffroy ou Godefroy de Saint-Aldemar et sept autres gentilshommes français, fondèrent une sorte de confrérie militaire ayant pour mission spéciale de défendre les pèlerins et de tenir les chemins libres pour ceux qui entreprendraient le voyage de Jérusalem. Ce fut même là pour eux l'objet d'un quatrième vœu, qu'ils ajoutèrent à ceux de pauvreté, de chasteté et d'obéissance. Leur premier asile fut une maison située tout près de l'emplacement qu'avait occupé le temple de Salomon ; et c'est de là qu'ils prirent le nom de Templiers, de Chevaliers du Temple ou de la milice du Temple. Moins de deux siècles plus tard, en 1291, après d'incontestables services rendus à la cause des Lieux - Saints, les Templiers quittaient la Palestine envahie par le sultan d'Egypte, et venaient s'établir en Occident, surtout en France, où ils devaient dans peu trouver leur tombeau. On connaît le célèbre procès intenté par Philippe-le-Bel à Jacques de Molay, leur 22ᵉ et dernier grand-maître, et l'abolition de l'ordre prononcée par Clément V au concile de Vienne, le 22 mai 1312. — Deux ans auparavant, en 1310, les Chevaliers de Saint-Jean de Jérusalem, qui avaient eux-mêmes dû quitter la Palestine enlevée aux Chrétiens, s'emparaient de l'importante île de Rhodes et prenaient le nom de Chevalier de Rhodes. En 1530, la trahison ayant livré cette île à Soliman II, les Chevaliers de Rhodes reçurent de Charles-Quint l'île également importante de Malte et s'appelèrent Chevaliers de Malte. Enfin, en 1798, la trahison vint encore livrer l'île de Malte à Bonaparte, qui allait à l'expédition d'Egypte, et qui eut en passant le triste honneur de chasser de leur dernier asile ces intrépides défenseurs du christianisme. S. S. Pie VII accueillit généreusement à Rome les Chevaliers et le conseil de l'Ordre, et plaça sous la haute protection du Saint-Siége cette noble institution religieuse et chevaleresque, à la tête de laquelle se trouve aujourd'hui S. Em. Mgr le cardinal Gabriel Ferretti. La correspondance de Rome, publiée dans l'*Univers* du 15 mars dernier , nous annonce en effet que, le dimanche 28 février , le cardinal Ferreti a pris possession du titre de Grand-Prieur commandataire de l'Ordre de Malte, titre laissé vacant par la mort récente du cardinal Adrien Fieschi ; et que la cérémonie, à laquelle assistait M. le général comte de Goyon , en sa qualité de Chevalier de l'Ordre , a eu lieu dans l'église du Grand-Prieuré des Chevaliers de Malte , dédiée à la sainte Vierge et bâtie sur les ruines du temple de la déesse Fauna , au Mont-Aventin. La correspondance ajoute que la commanderie , à laquelle est attaché le Grand-Prieuré de Rome, est ordinairement donnée à un dignitaire ecclésiastique ; qu'il y est affecté une somme de 4,000 écus , équivalente au *Piato* cardinalice et prélevée sur les revenus encore importants de la commanderie , qui sont administrés par la Propagande et servent à payer des pensions aux chevaliers , à soulager les malheureux , à venir en aide aux diocèses pauvres ,....; et que le Souverain-Pontife Pie IX , en disposant du Grand-Prieuré en faveur du cardinal Ferretti, a voulu élever la rente cardinalice de 4,000 écus à 5,800.

Aujourd'hui que l'ordre illustre de Saint-Jean de Jérusalem, replié en Italie depuis la perte de Malte', n'a plus besoin comme autrefois de tirer l'épée contre les infidèles persécuteurs de l'Eglise, on parle de lui donner une résidence nouvelle et de le rétablir sur le Calvaire, au lieu même de son origine où nous venons d'arrêter nos lecteurs. Il irait ainsi , d'après une note insérée dans la *Gazette du Midi*, et reproduite par l'*Univers* du 4 Décembre 1857 , reprendre en Orient le caractère hospitalier que lui donna son glorieux fondateur , et qui après tout, ne s'effaça jamais , pas même aux temps de la plus grande splendeur militaire de l'Ordre ; il irait, comme à ses premiers jours , assister près du tombeau de Jésus-Christ , les malades indigènes et les pèlerins des Etats européens : projet bien digne assurément d'un Ordre dont l'histoire est si riche en actes de dévouement et d'humanité; projet auquel l'Europe catholique devrait applaudir, auquel la Porte elle-même aurait intérêt à ne pas se refuser , et auquel il faudrait se hâter de donner suite , pour ne pas se laisser devancer par les schismatiques , dont le zèle bien connu se signale chaque jour à Jérusalem par de nouvelles entreprises.

Mais revenons à saint Pierre et à sa délivrance miraculeuse. La *Porte-de-Fer*, qui s'ouvrit d'elle-même pour le laisser entrer en ville avec l'Ange, devait être à une faible distance du lieu où viennent de s'offrir à nos regards les beaux restes de l'ancien palais des Hospitaliers. On nous en montre la place présumée, dans la direction de la maison de Marie, mère de Jean, surnommé Marc ; et, un peu plus loin, au lieu où se voit ajourd'hui l'église des Syriens schismatiques, l'emplacement de cette maison de Marie, vers laquelle se dirigea saint Pierre en sortant de prison. D'après les Actes des Apôtres, l'Ange le conduisit le long d'une première rue, à l'extrémité de laquelle il disparut à ses yeux ; et alors, l'Apôtre laissé à lui-même, alla droit à la maison de Marie, où plusieurs étaient en prière, et où se passa la scène admirable de naturel, que l'écrivain sacré décrit en ces termes :

« Comme il eut frappé à la porte, une jeune fille nommée
» Rhode, vint pour écouter. Et ayant reconnu la voix de Pier-
» re, elle en eut si grande joie qu'au lieu de lui ouvrir, elle
» courut annoncer dans la maison que Pierre était à la porte.
» On lui dit : Vous avez perdu l'esprit. Mais elle persistait à
» soutenir que c'était lui. Alors on dit : C'est son Ange. Ce-
» pendant Pierre continuait à frapper. On ouvrit donc, et, à sa
» vue, tous furent saisis d'un extrême étonnnement. Mais lui,
» leur faisant signe de la main qu'ils se tussent, leur raconta
» comment le Seigneur l'avait tiré de la prison, et ajouta :
» Faites-le savoir à Jacques (le-Mineur, évêque de Jérusa-
» lem) et aux frères. Puis il sortit et s'en alla dans un autre
» lieu. »

Ici, nous sommes déjà dans le *quartier arménien*, oc-cupant les hauteurs du mont Sion, et comprenant bien des lieux et des choses de grand intérêt dont nous parlerons avec toute la brièveté possible.

Sion ! c'est ce que l'Ecriture célèbre sous les noms glo-rieux de *Cité de Dieu*, *Citadelle du Roi*, *Maison de David*, *Trône de David*, *Palais* ou *Maison du Roi*.... C'est ce que David célèbre avec tant d'amour et sur tous les tons ; et c'est là même qu'il a chanté la gloire de l'Eternel, la magnificence de ses œuvres, sa bonté infinie pour les hommes, les op-probres et la gloire du Messie ; là même qu'il a composé ses cantiques sacrés que l'Eglise ramène dans tous ses offices, et que les captifs de Babylone se refusaient à redire sur la terre étrangère : « *Hymnum cantate nobis de canticis Sion. —*
» *Quomodò cantabimus....* ? »

Ce qui attire d'abord nos regards, et ce qui nous avait frappés dès le jour de notre arrivée à Jérusalem, c'est la ci-tadelle, *el Kal'ah*, cette antique tour de David, « à laquelle
« dit l'Ecriture, pendent mille boucliers et toutes les armes

» des plus vaillants.»On la voit tout auprès , sur la droite , en entrant à Jérusalem par la porte de Jaffa. Elle est majestueusement assise sur ses fondations juives , au lieu même où se trouvait autrefois la ville haute ou la citadelle de Jébus, que la brillante valeur de Joab livra au pouvoir de David.Le grand roi fit exécuter d'importants travaux dans la forteresse conquise, laquelle devint son séjour favori, et s'appela dès lors la *Cité de David.*Une tradition constante fait remonter à ce monarque la tour qui porte encore aujourd'hui son nom, et dont la base , composée d'énormes blocs en bossage, porte bien , d'ailleurs , le caractère évident de l'architecture de cette époque reculée. Hérode l'ayant fait restaurer, lui donna le nom de son ami Hippicus. Pendant les Croisades, elle s'appela tour ou château de Pisans , peut-être parce qu'elle était défendue par ces guerriers.

Cette tour carrée , entourée de fossés et protégée par de hautes murailles , est encore de nos jours le point le plus fort de Jérusalem, ce qui n'est pas beaucoup dire. Elle abrite une partie de la garnison turque, l'autre étant confinée dans l'ancien prétoire de Pilate ; mais, ni ces soldats à figures assez peu guerrières , ni les mauvais canons que nous y avons vus à leur disposition , ne nous semblent de force à présenter une résistance quelque peu sérieuse. A la tour de David devait s'appuyer le palais que l'illustre monarque avait bâti sur le mont Sion ; ce palais, où l'Arche d'alliance , qu'il avait fait venir avec tant de pompe de la maison d'Obédédom , resta quarante-quatre ans dans un tabernacle dressé tout exprès pour elle , ce palais des terrasses , duquel il eut le malheur d'apercevoir la trop célèbre Bethsabée se baignant sur les terrasses de la sienne , qui apparemment n'était pas éloignée. A côté, devaient se trouver encore ces édifices royaux que Salomon ne put achever qu'en treize ans , et surtout ce palais de cèdre , où resplendissait toute la magnificence orientale , où il rendit le célèbre jugement qui porte encore son nom, et où il reçut la reine de Saba qui s'en montra toute ravie : « *Non* » *habebat ultra spiritum.* »

En face de la tour de David, Hérode-le-Grand, nommé *l'Ascalonite*, parce qu'il était d'Ascalon, et devenu roi de Judée par la grâce des Romains, avait fait construire un palais, célèbre dans tout l'Univers et dont rien , au rapport de Josèphe , ne surpassait la magnificence. Tout différent, comme on le voit , de celui qui fut plus tard le palais de Pilate, au nord-ouest du temple, ce nouveau palais, bâti sur les hau-

teurs de Sion , devint la résidence d'Hérode et le théâtre de
ses cruautés inouïes. Indépendamment de tous les autres crimes, c'est de là qu'a dû partir l'ordre barbare de faire mourir
l'Enfant Jésus avec tous les SS. Innocents de Bethléem ; et
c'est là-même, dans ce lieu souillé de sang et de honte, sur la
demeure du plus vil et du plus cruel des hommes, sur des ruines auxquelles demeure attachée depuis tant de siècles une malédiction bien méritée, que le protestantisme anglo-prussien est
venu s'implanter tardivement en 1840 , non pas pour se prosterner au pied du calvaire et pour adorer le Sauveur du monde sur la terre qu'il a baignée de son sang , mais sous le prétexte de travailler à la conversion des juifs „ et en réalité pour
entraver dans ce pays l'œuvre de l'Eglise catholique. Il y a
bâti à grands frais un beau temple à côté des vastes constructions du consulat anglais , et derrière ce temple , une école et
un hôpital. Le premier évêque mixte établi à Jérusalem par
la Prusse et l'Angleterre était un juif converti à l'anglicanisme
et nommé Alexandre ; on s'est bien moqué , dans le temps , de
son évêché amphibie et du long cortége de progéniture épiscopale qui le suivait à son entrée dans la Ville Sainte. Après
lui est venu l'évêque actuel, M. Gobat , qui commence à obtenir, s'il en faut croire un journal ami , le *Morning Adverti-
ser*, un des résultats les plus certains de la mission protestan-
te à Jérusalem, c'est-à-dire du scandale et des dissensions. «Il
y a longtemps , dit ce journal , cité par *l'Univers* du 28 mars
dernier, que des démêlés désagréables existaient entre l'é-
vêque et le consul d'Angleterre, qui a épousé une femme dont
le père, à ce qu'il paraît, avait été candidat à l'évêché de Jérusalem. Les choses en sont venues à ce point que le consul a
fini par mander l'évêque à la barre de son tribunal. L'évêque,
mécontent de ce manque de respect et redoutant quelque insulte personnelle , n'a pas obéi. Le consul a pensé alors que
l'évêque était en son pouvoir , et, sous prétexte de manque
de respect pour le tribunal, il l'a fait arrêter... »
L'établissement protestant est assez près de l'emplacement
de la maison du grand-prêtre Anne, beau-père du grand-prêtre Caïphe. Jésus-Christ , arrêté au jardin des Oliviers , à l'est
de Jérusalem , et traîné au midi par ses bourreaux , était entré dans la ville par la porte Sterquiline, qui n'était pas loin
de la maison d'Anne , à côté de laquelle on devait passer pour
arriver chez Caïphe. Depuis longtemps versé dans toutes les
ruses de la politique , Anne avait eu la principale part au coup
de main que l'on venait d'exécuter ; c'était lui d'ailleurs qui

menait tout le collége des prêtres, et qui gouvernait véritablement sous le couvert de son gendre Caïphe, docile instrument
de ses volontés : toutes considérations pour lesquelles sans
doute, quoiqu'il ne fût plus grand-prêtre , et qu'il n'eût ainsi
aucune autorité sur Jésus, on ne laissa point de le lui amener,
d'autant que par là on gagnait le temps nécessaire pour
réunir le conseil chez Caïphe. Sur l'emplacement de la maison d'Anne , s'élève aujourd'hui un couvent de religieuses arméniennes schismatiques. Dans leur église qui est petite mais
bien propre , on nous fait voir à gauche un réduit étroit et
obscur où le Sauveur se serait arrêté avant d'être traduit devant Anne. Au dehors , un petit terrain muré qui donne sur la
rue , nous offre encore un olivier que la tradition dit être le
même ou plutôt un rejeton de celui auquel Jésus aurait été
attaché dans ce lieu.

Plus loin s'étend devant nous un espace considérable et
couvert de bâtiments, une espèce de petite ville dans la grande ville : c'est l'immense couvent des Arméniens schismatiques, le plus vaste et le plus riche de Jérusalem ; on dirait
plutôt un palais qu'une simple demeure de religieux. La belle
église à trois nefs , ornée de peintures murales et surmontée
d'une haute coupole , est dédiée à Saint-Jacques-le-Majeur,
frère aîné de saint Jean l'Evangéliste, apôtre de l'Espagne, et
la première victime qu'Hérode-Agrippa sacrifia politiquement
à la haine furieuse des Juifs, dont il voulait gagner le cœur en
persécutant les chrétiens. Une petite chapelle à gauche, dans
laquelle on ne pénètre qu'avec une vive émotion , renferme le
lieu même où tomba la tête du saint martyr sur la place du
marché public. A quelques années de là , ses précieuses reliques furent transportées de Jérusalem en Espagne, et l'on sait
qu'elles s'y vénèrent encore à Compostelle en Galice. On sait
également que le pèlerinage de Saint-Jacques en Galice , auquel elles ont donné naissance , est le plus célèbre de la chrétienté, après celui des Lieux-Saints à Jérusalem et celui du
tombeau des SS. Apôtres à Rome, et que les vœux de ces trois
pèlerinages sont réservés au Souverain Pontife. Ajoutons que
l'Espagne fière à si bon droit de posséder chez elle les reliques
de son apôtre et de son père, avait voulu élever à Jérusalem
un beau monument pour honorer sa mémoire : c'est l'église
même dont nous venons de parler, et qui est devenue par usurpation la propriété des Arméniens.

Ces schismatiques , à qui la violence ne paraît pas déplaire
en toute occasion , nous ont semblé d'une grande douceur de

caractère. Les religieux du couvent ont mis un empressement plein de bienveillance à nous faire les honneurs de leur chapelle et à nous présenter au patriarche de leur nation, vénérable vieillard qui nous a fait lui-même un accueil dont nous avons gardé bon souvenir. Pendant la conversation qui s'engage à l'aide d'interprètes, il nous fait servir, sur de beaux plateaux d'argent, des confitures, de l'eau fraîche et du café ; puis, sur un signe connu, l'un de ses prêtres lui apporte d'un air mystérieux le portrait de notre Empereur Napoléon III, qu'il nous présente avec une visible satisfaction et qu'il prend plaisir à voir circuler dans nos rangs. C'est une attention délicate à laquelle chacun de nous se montre sensible, mais qui perd immensément de son prix par la raison suivante qu'allèguent de concert les diverses relations du pèlerinage. Les mauvaises langues de Jérusalem affirment que l'accommodant prélat possède la collection des portraits de tous les Souverains de l'Europe, et qu'il en profite pour ménager pareille surprise aux pèlerins de chaque nation. Et ce qui est malheureusement plus significatif, elles affirment encore qu'il y a dans cette collection un portrait plus riche que tous les autres, orné de brillants et entouré d'une sorte de culte : le portrait de l'empereur de Russie, que les seuls pèlerins schismatiques sont admis à voir, et qu'on leur présente comme celui du protecteur des Lieux-Saints et du futur maître de Jérusalem. Rêve qui pourra bien se réaliser, si l'on n'y prend garde : *caveant consules*.

A quelques pas au midi du grand couvent des Arméniens, se trouve la porte de Sion, en avant de laquelle se voient les huttes des lépreux, terminant de ce côté le *quartier juif*, qui descend à l'est sur la pente du mont Sion vers le mont Moriach. C'est ici le spectacle le plus nâvrant que présente Jérusalem. Rien n'est triste et ne fait mal comme cette étroite enceinte où sont entassées, au pied des murailles de la ville, les misérables petites cabanes de boue qui servent de retraite aux lépreux. Rien n'est triste et ne fait mal comme la vue de ces infortunés, à la voix rauque, aux yeux enflammés, au visage horriblement défiguré, aux mains rongées par les ulcères ; que des guenilles recouvrent à peine, et qui sont parqués là, loin de la société qui les repousse. Autrefois des lois sévères obligeaient les lépreux à demeurer hors des villes et leur interdisaient l'approche des personnes saines ; et c'est hors ville que nous les avons encore trouvés à Naplouse, à Djennin et ailleurs ; seulement, en ces divers lieux, ils se sont donné toute licence de nous poursuivre et de nous serrer de près , en nous demandant l'aumône qui les fait vivre. La lèpre , toujours bien connue en Orient , d'où elle n'a jamais disparu , a fait jadis de terribles apparitions dans notre Europe elle-même. Qui n'a ouï parler de nos *ladres* et de nos *ladreries*, noms surannés dont ceux de *lépreux* et de *léproserie* ont pris la place ? Au rapport du bénédictin anglais Matthieu Pâris, qui vivait dans la première moitié du XIIIe siècle, l'Europe ne comptait pas moins de dix-neuf mille ladreries de son temps. Bénissons Dieu d'avoir refoulé au lieu de son origine une maladie si cruelle , si implacable et qui se communique si facilement ; et prions-le de fournir au vénérable patriarche de Jérusalem les moyens de réaliser l'un de ses vœux les plus chers , par la construction d'un vaste hôpital où la charité catholique , en soulageant les misères de toute nature et de tous , puisse donner à celle-ci des secours particuliers

Le lecteur n'a pas oublié qu'une partie du mont Sion se trouve en dehors de l'enceinte actuelle des fortifications de Jérusalem. Cette partie de la sainte montagne vous offre, tout auprès de la porte de Sion , un nouveau couvent d'Arméniens bâti sur l'emplacement de la maison de Caïphe. « Or Caïphe , nous dit l'Evangile, était grand-prêtre » l'année de la mort du Sauveur , et « c'est lui-même qui avait fait entendre aux Juifs qu'il était expédient qu'un seul homme mourût pour tout le peuple. » Jésus-Christ avait d'abord été conduit lié chez Anne ; mais il n'y resta pas longtemps, et nous le voyons bientôt traîné dans le même état chez Caïphe , qui avait réuni à la hâte le collége des prêtres ou le conseil des 23. Il ne paraît pas que rien de grave se soit passé chez Anne, quoique saint Jean ait l'air d'y placer le soufflet donné au Sauveur et le premier reniement de saint Pierre. En effet , dit très-bien le P. de Ligny, « ces deux évènements sont placés par saint Jean dans la maison de celui qu'il appelle simplement *le pontife* (ou le grand prêtre) , après s'être contenté de dire d'Anne qu'il était beau-père du pontife. Or, appeler un homme *le pontife*, immédiatement après avoir parlé de celui que l'on a appelé *le beau-père du pontife* , c'est évidemment parler du gendre , après avoir parlé du beau-père. Saint Jean place donc luimême ces évènements chez Caïphe ; et s'il dit ensuite qu'Anne envoya Jésus chez Caïphe , c'est pour faire entendre comment Jésus était allé chez ce dernier, après avoir été conduit chez Anne. Il fallait qu'il le dît ; et s'il l'avait dit auparavant, il n'y aurait nulle difficulté ; mais il n'y a nul inconvénient qu'il l'ait dit après. »

C'est donc bien chez Caïphe, où nous sommes, qu'eut lieu ce premier reniement du prince des Apôtres, que suivirent de si près deux autres reniements plus affreux encore : « N'êtes-« vous pas aussi des disciples de cet homme ? — Je n'en suis « point…. Celui-ci était aussi avec Jésus de Nazareth. — Et « Pierre niant cette fois avec serment : Je ne connais point cet « homme…. Assurément, vous êtes aussi de ces gens-là ; car « vous êtes Galiléen comme eux, votre accent le dit assez. — « Alors il se mit à faire des imprécations, et à jurer qu'il ne con-« naissait point cet homme. »

C'est chez Caïphe, où nous sommes, que Jésus-Christ, pour une réponse pleine de convenance, reçut d'une espèce d'appariteur cet indigne soufflet que les circonstances l'obli-gèrent à ne point laisser passer sans une noble protestation : « Si j'ai mal parlé, prouvez-le ; mais si j'ai bien parlé, pour-« quoi me frappez-vous ? »

C'est chez Caïphe que Jésus-Christ, sommé de répondre touchant sa divinité, et confessant la vérité dont il devait être le premier martyr, s'entendit traiter de blasphémateur et con-damner à mort : « Il a blasphémé !…. Que vous en semble ? — Il mérite la mort. » Et là-dessus, il est remis aux mains de valets insolents, qui s'en font leur jouet pendant le reste de la nuit. L'Évangile nous apprend qu'ils lui crachèrent au vi-sage, qu'il lui bandèrent les yeux, qu'ils lui donnèrent des soufflets, qu'ils le frappèrent à coups de poings, en disant : « Christ, prophétise-nous, qui t'a frappé ? » et qu'ils profé-rèrent contre lui beaucoup d'autres blasphèmes. La tradition porte même que ces misérables allant encore plus loin, lui firent subir une première fois en ce lieu le cruel supplice de la flagellation. Toutes choses qui ont fait dire à saint Jérôme « qu'on ne saura qu'au jour du jugement tout ce qu'il y en-dura d'opprobres et de peines. »

Quels souvenirs ! Et avec quelle émotion le pèlerin traverse cette cour du couvent arménien, se prosterne dans cette église du couvent, et pénètre dans ce réduit obscur, appelé *la prison du Christ*, par ce que le Sauveur y fut jeté après toutes les inhumanités qui suivirent son premier interrogatoire chez Caïphe ! C'était alors un étroit et sale cachot ; de nos jours, c'est un tout petit oratoire où s'élève un modeste autel et où deux personnes pourraient tenir à peine ; une porte fort basse y donne accès, ouvrant sur le sanctuaire de l'église, à gau-che du grand autel ou du côté de l'épître.

Dans l'interrogatoire de la nuit, le collége des prêtres avait condamné Jésus à mort pour cause de prétendu blasphême. Dès la première aube du jour suivant , commença un second interrogatoire plus solennel et dont le résultat ne pouvait être douteux. La synagogue , le sanhédrin ou le grand conseil des 71 , était au complet chez Caïphe. Les trois états de la nation , à savoir, les prêtres , les docteurs de la loi et les anciens , s'étaient réunis dans le but avoué de faire mourir le Sauveur : *ut eum morti traderent,* dit l'Évangéliste. Pour atteindre ce but, ils renouvelèrent du premier coup , et sous le même prétexte de blasphème, la sentence portée contre Jésus; puis , comme cette sentence ne pouvait obtenir son effet qu'après avoir été confirmée par le gouverneur romain , ils traversèrent la ville en tumulte , entraînant leur victime au tribunal de Pilate , d'où elle ne devait partir que pour être immolée sur le calvaire.

Au delà du couvent des Arméniens, se voient les différents cimetières des catholiques et des sectes dissidentes. Peu de jours après notre arrivée à Jérusalem, dans l'après-midi du lundi 8 septembre, une cérémonie funèbre et tristement imposante conduisait nos pas au cimetière catholique du mont Sion. Unis au vénérable clergé du patriarchat latin et aux RR. PP. de la Terre-Sainte , nous rendions les derniers devoirs à un bon prêtre wurtembergeois plus que sexagénaire , M. l'abbé Kœrim , venu en Palestine pour se perfectionner dans la science de l'hébreu, et mort du typhus après un séjour de six semaines à Casa-Nova. Le convoi s'avance gravement dans les rues de la Ville-Sainte, le défunt paraissant à visage découvert sur un brancard que quatre hommes soutiennent de leurs robustes épaules. En arrivant à la fosse , nous y voyons descendre par avance un cercueil que l'on ne remonte un instant que pour aussitôt l'y redescendre à vide. Alors se poursuivent les rites ordinaires de la sépulture , pendant lesquels nous tenons à la main de petits cierges allumés. Enfin le corps , simplement revêtu de la soutane et de l'étole , est enlevé du brancard ; deux hommes le prenant par la tête et par les pieds, le descendent dans le cercueil qu'ils referment au fond de la fosse , et qui bientôt disparaît dans la terre que l'on y renvoie de tous côtés.

Tout auprès , une pierre tumulaire attire nos regards et nous indique la tombe d'un noble pèlerin français, dont la mémoire est particulièrement chère à la Lorraine et à la Bretagne , où demeurent les différentes branches de sa bonne et vertueuse famille, m'offre à moi-même un intérêt spécial, par la raison que des membres de la famille habitent comme moi Saint-Brieuc. C'est la tombe du comte Charles du Coëtlosquet, qui, réalisant à un âge avancé le rêve de toute sa vie, partit pour la Terre-Sainte, en compagnie du digne et vénérable M. Wonner, curé de Notre-Dame de Metz; et qui, après son pèlerinage heureusement accompli, mourut à Jérusalem le 2 novembre 1852. Nous tombons à genoux pour recommander à Dieu son âme dans une fervente prière, et nous répétons volontiers avec l'un de nos premiers pèlerins : « Qu'il repose en paix sur la colline de Sion, non loin du sépulcre de David, à l'ombre du Cénacle, à côté de la demeure de la Vierge sainte qui a béni son dernier soupir ! » Telle est en effet, l'heureuse position du cimetière catholique de Jérusalem. Pourquoi faut-il que la jalousie musulmane ait toujours empêché d'y faire une clôture, et que par suite les tombes en soient encore chaque jour foulées sous les pieds des passants ? C'est une chose, on le sent bien, que nous n'avons pu voir d'un œil indifférent ; peut-être aussi nous aura-t-il été donné d'y mettre un terme. Il en fut naturellement question le mardi 9 septembre, comme le bureau de la caravane avait l'honneur de dîner au consulat de France, et dès la première ouverture, M. de Barrère prenant sur lui d'autoriser les RR. PP. de Terre-Sainte à commencer immédiatement les travaux de clôture du cimetière, daigna le signifier à l'un de ces religieux qui se trouvait présent.

A quelques pas vers le midi, entre le cimetière catholique et le Cénacle, s'étalent des ruines informes qui recouvrent un lieu bien cher à la piété chrétienne. Là s'élevait, suivant la tradition, une petite chapelle où saint Jean, l'heureux chapelain et le fils adoptif de la sainte Vierge, avait coutume de célébrer pour elle les saints mystères. Et tout auprès de cette chapelle, était la maison du disciple bien-aimé, à qui Jésus mourant avait recommandé sa Mère, et qui parut aussi heureux qu'empressé de la prendre chez lui : « *Et ex illâ horâ accepit eam discipulus in domo sua;* » la maison, par conséquent, où vécut la sainte Vierge après la descente du Saint-Esprit, et où elle mourut dans un âge avancé, du moins d'après la tradition la plus accréditée, sur laquelle s'exprime ainsi M. l'abbé Azaïs : « J'aime cette tradition pieuse qui fait mourir la Mère aux lieux consacrés par la mort de son divin Fils. Le cœur de Marie ne pouvait s'éloigner du Calvaire ni du mont des Oliviers, et sa demeure devait être près du Cénacle, à côté de ce berceau de l'Eglise naissante ; car la place d'une mère est toujours auprès du berceau du nouveau-né....... Le disciple bien-aimé demeura auprès d'elle sur la montagne de Sion , comme un Fils dévoué , l'entourant des soins respectueux d'une affection pieuse ; et c'est après avoir rendu au ciel ce précieux dépôt, qu'il alla fonder cette belle Eglise d'Ephèse , où sa charité féconde fit éclore une école illustre de docteurs et de saints.

Ici, nous touchons au lieu le plus vénérable , sans contredit, de la sainte colline de Sion : le Cénacle , où les touchants souvenirs abondent et où les pèlerins se sentent si doucement attirés. C'est là , dans une chambre haute, spacieuse et toute meublée , *Cœnaculum magnum stratum* , que Jésus-Christ, le soir du Jeudi-Saint , la veille de sa mort, célébra la dernière cène avec ses disciples et institua l'adorable Eucharistie , changeant le pain en son corps et le vin en son sang par ces paroles mystérieuses et toutes puissantes : « Prenez et mangez : *Ceci est mon corps....* Buvez tous de ceci, *Car ceci est mon sang* , le sang de la nouvelle alliance....... » C'est là que , sur le soir du jour de la Résurrection, les Apôtres étant assemblés et les portes bien closes , de peur des Juifs, Jésus-Christ leur apparut soudain, pour leur annoncer et leur donner la paix : « *Pax vobis.* » C'est là que , huit jours après, leur apparaissant encore de la même manière , il dit à Thomas , qui refusait de croire à sa résurrection : « Portez ici votre doigt , et considérez mes mains ; approchez aussi votre main, et la mettez dans mon côté; et ne soyez plus incrédule, mais soyez homme de foi. »

C'est là , qu'environ cent vingt disciples, réunis après l'Ascension du Sauveur, se préparèrent pendant dix jours à recevoir le Saint-Esprit , et que Dieu même, par la voix du sort , désigna Mathias pour remplacer Judas dans le collége des Apôtres : « Tu , Domine ,... ostende quem elegeris.... Et cécidit sors super Mathiam. » C'est là que , le cinquantième jour après la Résurrection, un grand bruit se faisant entendre , et de petites flammes de feu , en formes de langues, venant se reposer sur la tête de chacun des disciples , « ils furent tous aussitôt remplis du Saint-Esprit, et commencèrent à parler diverses langues.» C'est là que se fit la promulgation de l'Evangile , et que saint Pierre , parlant à la foule qui se pressait à la porte du Cénacle , gagna trois mille âmes à Jésus-Christ par la première de ses prédications. C'est là que saint Jacques-le-Mineur fut établi premier évêque de Jérusalem, et que les sept premiers diacres reçurent des Apôtres l'imposition des mains. C'est là que l'Eglise tint son premier concile, dont saint Pierre eut la présidence, et dont les définitions furent autant d'oracles de l'Esprit-Saint : *Visum est Spiritu Sancto, et nobis....*

Il ne fallut pas de consécration plus particulière au Cénacle pour en faire une église et la première église chrétienne. Cette église, qui était à deux étages, au rapport de saint Cyrille de Jérusalem, fut ornée splendidement par sainte Hélène, et même enfermée par ses soins dans un temple immense, au portique duquel se voyait la colonne de marbre qui avait servi à la flagellation du Sauveur chez Caïphe. Selon Guillaume de Tyr, elle fut concédée par Godefroy de Bouillon à des religieux Augustins, à la charge de fournir un certain nombre de chevaliers à la défense de la Terre-Sainte. Ces religieux ayant disparu avec le royaume franc ou latin de Jérusalem, les Franciscains prirent leur place, à la fin du xiiiᵉ siècle, pour être, à leur tour, brutalement expulsés par les Turcs en 1561. A cette époque, leur couvent fut envahi par des *derviches*, que l'on y a vus jusqu'à ces derniers temps, et le Cénacle devint une mosquée, comme il l'est encore aujourd'hui.

Figurez-vous une agglomération de maisons que précèdent des ruines informes. Un passage voûté donne accès dans une cour intérieure, à l'entrée de laquelle, sur la gauche, un escalier de dix-huit degrés conduit à un appartement supérieur. C'est le Cénacle. Quatre colonnes, dont deux encastrées dans le mur, y forment trois arcades qui le partagent en deux parties égales, dans le sens de sa largeur. Il est éclairé d'un seul côté, au midi, par trois fenêtres pratiquées dans le mur. Les colonnes, la voûte, les arceaux et les fenêtres en ogives, sont en bon état, quoique tout annonce que le monument remonte au moins à l'époque latine. Il a 14 mètres 95 cent. de long., sur 9 mètres 15 cent. de large. Une seconde salle, plus petite, se voit à l'est de la première, et communique avec elle par le dehors. Au-dessus s'élève une coupole de médiocre grandeur ; et au-dessous, la tradition place les tombeaux de David et de Salomon : d'où le nom de *Mosquée du tombeau de David*, donné par les Turcs au Cénacle.

Le tombeau de David, construit en ce lieu par Salomon, était d'une rare magnificence. « Son sépulcre est parmi nous jusqu'à ce jour, » disait saint Pierre aux Juifs. Nous voyons dans saint Jérôme que les fidèles de son temps avaient la dévotion d'y aller prier. Quaresmius, qui l'a vu lorsqu'il était encore au pouvoir des Franciscains, affirme qu'il n'y reste plus

que ce qui se voit au-dessus du caveau, lequel paraît être entièrement comblé. Mgr Misselin raconte qu'ayant demandé à
y pénétrer, il reçut pour réponse « que cela n'était permis à
personne, pas même aux Mahométans. » Quant à nous, le
factionnaire turc n'a jamais voulu nous permettre d'en approcher, malgré toutes nos instances : ici, paraît-il, on est inexo-
rable, et la clef d'or même n'ouvre pas.

Longtemps il en fut de même du Cénacle ; combien ne nous
est-il pas doux de proclamer que là dessus du moins le fanatisme turc a fléchi ! Dès le vendredi 5 septembre, nous y faisons une courte apparition, que rien ne vient troubler, et
que nous nous promettons en conséquence de renouveler au
premier jour. Mais ce qu'il nous faut désormais, ce n'est plus
seulement la permission d'y pénétrer, ce n'est plus même seulement la faculté d'y tomber à genoux et d'y coller nos lèvres,
en murmurant le *Pange lingua* et le *Veni Creator*, deux
hymnes qui ont tant de charmes en ce lieu.

Lorsque tout nous réussit à merveille, pourquoi nous arrêter en si beau chemin et borner là nos désirs, au lieu de tenter mieux encore? Quel bonheur si l'on pouvait offrir le sacrifice eucharistique à la place même où Jésus-Christ l'institua !
C'est un privilége qui, depuis des siècles, nous assure-t-on,
n'a été accordé qu'à de rares dignitaires ecclésiastiques, et
que n'a obtenu, avant nous, l'aucune de nos caravanes. Que
l'on juge donc de notre joie, lorsque notre bien-aimé patriarche, à sa table même où il nous a fait l'insigne honneur de
nous réunir, le lundi 8 septembre, daigne nous donner l'espoir d'obtenir ce privilége, et nous promettre à cet effet son
intervention bienveillante auprès des Scheicks du mont Sion ;
lorsque surtout, le vendredi 12 septembre, à notre retour de
Bethléem, il nous envoie dire par son chancelier que nous
avons la faculté d'aller, par petits groupes, *faire notre prière
au Cénacle.*

Pas plus tard que le lendemain matin, trois ecclésiastiques
de la caravane, conduits par le premier drogman de Mgr Valerga, se rendaient au sanctuaire du mont Sion, avec un autel portatif gracieusement prêté par le vice-chancelier du patriarchat. Il était bien convenu que, sitôt entrés dans le Cénacle, ils en refermeraient la porte à clef, pour ne pas s'exposer à une curiosité malveillante qui pourrait donner l'éveil
dans le quartier. Mais tout entiers aux émotions de la journée, nos bons pèlerins oublièrent cette sage recommandation,
au grand risque de tout compromettre. Grâce à Dieu, cepen-

dant, rien ne fut compromis, et ce qui était une véritable imprudence devint une excellente affaire : les trois messes purent se dire successivement en présence d'une vingtaine de Turcs, dont pas un ne se montra hostile.

Le mercredi suivant, 17 septembre, la même cérémonie se renouvela, mais avec plus d'éclat encore. Un religieux franciscain voulut absolument se rendre sur les lieux, et servir la messe aux deux prêtres qui la célébrèrent ce jour-là au Cénacle. La porte fut, cette fois, laissée ouverte à dessein, et nous n'eûmes qu'à nous en féliciter. Il est vrai que tout d'abord, au moment où j'aidais mon compagnon à disposer l'autel pour la *prière*, certain musulman se prit à faire du bruit à la porte et voulut chercher querelle à notre drogman. Mais nous fîmes bonne contenance, et le drogman n'eut pas de peine à calmer cette petite affaire.

Depuis ce moment, tout alla bien ; nous pûmes, sans être le moins du monde inquiétés, célébrer successivement nos deux messes, et les Turcs, en plus grand nombre encore que la première fois, y assistèrent avcc toute la convenance que nous pouvions désirer. Bien mieux, nous finîmes par trouver chez eux de la sympathie et de la bienveillance. Comme nous descendions les degrés du Cénacle, les gardiens de la mosquée, satisfaits, apparemment, du backchich qu'ils avaient reçu, nous rappelèrent pour nous faire voir plus complètement ces lieux dont certains détails nous avaient échappé.

Maintenant, est-il besoin d'ajouter que nos cinq messes dites au Cénacle, outre le bonheur ineffable qu'elles nous ont causé, sont encore un véritable service rendu aux futures caravanes ? Le difficile était d'ouvrir ce sanctuaire à la prière catholique, et nous avons été assez heureux pour le faire. Que les pèlerins qui viendront après nous soient fidèles à profiter du fait accompli, et peu à peu, tout cédant à l'habitude, la messe pourra se dire au Cénacle sans plus de difficulté qu'à la mosquée de l'Ascension.

Au-delà du Cénacle, à l'extrémité orientale du mont Sion, une petite grotte solitaire d'où l'œil plonge à la jonction des deux profondes vallées de la Géhenne et de Josaphat, nous reporte au triple reniement de saint Pierre chez Caïphe. « Comme il parlait encore, nous dit le texte sacré, le coq « chanta pour la seconde fois. Et le Seigneur se retournant, « jeta sur Pierre un regard. Et Pierre se ressouvint de la pa- « role que Jésus lui avait dite : Avant que le coq ait chanté « deux fois, vous me renoncerez trois fois. Et Pierre étant

« sorti dehors, pleura amèrement. » A peine le Sauveur eut-il laissé tomber sur lui ce regard mystérieux qui le toucha, que l'apôtre coupable s'éloignant des lieux maudits où il avait trouvé sa perte, vint pleurer son péché, dans la petite grotte cachée où nous sommes et qui était si bien faite pour les larmes du repentir. Cette grotte fut plus tard enfermée dans une église appelée de *Saint-Pierre en Galiceinte* (chant du coq) *ecclesia dicta vulgariter Gallicantus,* laquelle église existait encore au XIIIe siècle, mais dont il ne reste plus rien aujourd'hui.

Avançons à l'est, en nous rapprochant des murs de la ville ; entrons par la porte Sterquiline ou des Ordures, et nous voilà entre le mont Sion et le mont Moriah. A notre gauche, descend le quartier des Juifs, sur la pente du mont Sion. Là sont entassées, dans de chétives maisons qui s'élèvent au milieu des ruines, sept mille de ces malheureux, la plupart étrangers, venus de tous les coins du monde pour mourir dans la cité de leurs pères et se creuser un tombeau dans la vallée de Josaphat. Là subsiste encore, toujours vivace et fanatique, cette race proscrite, abandonnée de tous et disséminée sur toute la terre. « Ses lois, ses institutions, ses mœurs, rien n'a changé, dit un voyageur moderne, et tout le reste a été emporté comme par le vent. Des nations entières ont disparu, leur langue est oubliée ; et c'est toujours en hébreu que le juif maudit ses oppresseurs et prie son Dieu. »

Sur notre droite, le petit quartier des Maugrabins ou Barbaresques, à l'est de celui des Juifs et plus misérable encore, touche à un énorme pan de mur Salomonien, appartenant à l'enceinte extérieure du vieux temple et resté parfaitement intact jusqu'à nos jours. Ce pan de mur peut avoir trente mètres de longueur ; les blocs dont il est formé en ont jusqu'à six et sept, et sont tous entourés d'une petite bande qui les encadre ; la construction est d'un remarquable travail et d'un effet vraiment grandiose : « Ni les Grecs ni les Romains, dit un savant, ne nous ont rien laissé de pareil. » Au pied de cette construction hébraïque, est la *Place des Pleurs ou des Lamentations* : espace étroit et long, entièrement pavé, fermé de tous côtés, où les Juifs aveugles qui s'obstinent à vouloir toujours attendre le Messie depuis longtemps venu, se rendent chaque vendredi soir pour pleurer et se lamenter sur les ruines de Jérusalem et du temple. Ce spectacle que nous avons eu la curiosité de voir de nos yeux, le vendredi 19 septembre, a quelque chose à la fois qui touche et qui navre le

—cœur. Figurez-vous cinquante ou soixante personnes qui lisent la Bible, sans doute les *Lamentations de Jérémie*, d'un ton plaintif, avec force balancements et contorsions de toutes sortes, suivant l'usage bien connu de la synagogue ; en essuyant aussi des larmes qui trop souvent se refusent à couler, tout le monde n'ayant pas le privilége de pouvoir ainsi pleurer sérieusement chaque semaine à jour et à heures fixes. Peut-être trois ou quatre tout au plus semblent-ils le faire tout de bon ; la plupart laissent là leurs lamentations, pour ne s'occuper que de notre visite inattendue, par laquelle cependant nous n'avions nulle intention de les distraire ; plusieurs nous tendent piteusement la main, comme pour nous faire payer notre curiosité ; l'un d'eux s'avise même, à notre départ, de nous poursuivre assez longtemps, malgré notre refus et nos menaces, nous donnant ainsi un spectacle qui nous empêche de dire avec le R. P. de Géramb : « Jamais je n'ai vu parmi les Juifs un homme demandant l'aumône. »

Le mont Moriah où nous sommes désormais, et où s'accumulent tant de souvenirs, s'élève dans la partie orientale de la ville, au bord de la vallée de Josaphat. C'est là, suivant la tradition, qu'Abraham voulut immoler son fils, d'après l'ordre formel qu'il en avait reçu du Seigneur : « Prenez Isaac, ce fils » unique si cher à votre cœur, et vous en allez dans la terre » de Moriah (ou de vision) pour me l'offrir en holocauste... » C'est là qu'était l'aire du Jebuséen Ornan, où David, cruellement puni de la vanité qui l'avait poussé à faire le dénombrement de son peuple, dressa un autel, offrit des sacrifices, et cria vers le Seigneur : « Et le Seigneur apaisé fit descendre » le feu du ciel sur l'autel de l'holocauste ; et par l'ordre du » Seigneur, l'ange remit son glaive dans le fourreau. » C'est là que s'éleva ce temple incomparable dont David « s'était employé de toutes ses forces à rassembler les matériaux, » et dont Salomon fit la merveille du monde. On sait que le Liban fournit les cèdres nécessaires pour l'érection de ce temple et pour les autres constructions Salomoniennes. Quant aux pierres qui servirent à ces mêmes constructions, M. Salzmann établit qu'elles durent être extraites des immenses carrières situées sous la colline de Bezetha, au nord de la ville, où il a pu s'introduire encore en 1854.

Sous le règne de Sédécias, Nabuchodonosor II détruisit le temple de Salomon, dont les grosses œuvres pourtant durent traverser cette épreuve et rester debout. Après la captivité de Babylone, Zorobabel, encouragé par les prophètes Aggée et Zacharie, releva le temple de ses ruines. A son tour, Hérode-le-Grand fit reconstruire, avec une incroyable magnificence, le temple de Zorobabel, qui ne lui semblait ni assez riche, ni assez spacieux, ni assez élevé. C'est de ce temple d'Hérode que Jésus-Christ sortait un jour, quand ses disciples s'écrièrent émerveillés : « Maître, regardez quelles pierres « et quels bâtiments. — Et Jésus leur répondit : Voyez-vous « toutes ces grandes constructions ? Je vous le dis en vérité , « elles seront tellement détruites, qu'il n'y restera point pier- « re sur pierre. » Et voilà que, moins de quarante ans après cette prédiction, Titus se chargea de l'accomplir à son insu , ou plutôt malgré lui, puisque, lors de la prise de Jérusalem, il donna vainement des ordres pour que le temple fût conservé. Trois siècles plus tard, Julien l'Apostat voulut faire mentir la prophétie, en rebâtissant le temple, et il ne fit que mieux l'accomplir encore par l'échec le plus éclatant que raconte ainsi Ammien Marcellin , auteur païen et officier de son armée : « Tandis qu'Alypius pressait vivement les travaux, avec l'aide du gouvernement de la province , il sortit des fondements de terribles tourbillons de flammes qui dévorèrent à plusieurs reprises les ouvriers et rendirent ce lieu inabordable; et l'entreprise continuant d'être ainsi entravée par cet élément, finit par être abandonnée. »

Devenu maître de Jérusalem , en 636 , et résolu de bâtir au même lieu une mosquée digne , par sa magnificence , de rappeler les temples d'Hérode et de Salomon , le calife Omar fit déblayer les terres et découvrir une grande roche que la tradition disait être celle nommée Béthel par Jacob et consacrée par lui au Seigneur. La mosquée, qui ne fut achevée qu'après sa mort, prit le nom de cette roche, *El-Sakhrah*, et devint pour les Musulmans presque aussi sacrée que celles de la Mecque et de Médine. Les Croisés la convertirent en église chrétienne , et un légat du pape Innocent II en fit la dédicace vers le milieu du XII° siècle. Mais lorsque Saladin reprit Jérusalem , en 1187 , il la rendit à sa destination primitive qu'elle conserve encore, et l'accès en fut , depuis cette époque, rigoureusement interdit aux *infidèles*. Châteaubriand écrit qu'il fut bien tenté de tout risquer pour s'y introduire, mais que « la crainte de causer la perte des chrétiens de Jérusalem l'arrêta. » Jusqu'à ces derniers temps , il était de notoriété à Jérusalem , que tout chrétien trouvé dans El Sakhrah ou dans le parvis qui l'environne, eût été mis en pièces par les nègres commis à sa garde, s'il n'eût immédiatement consenti à embrasser l'Islamisme. C'est que , suivant les Turcs , si un chrétien entrait dans ce lieu , quelques prières qu'il y fît , Dieu ne manquerait pas de l'exaucer , quand même ce serait de mettre Jérusalem entre les mains des chrétiens. »

Cependant la mystérieuse mosquée a dû récemment ouvrir ses portes au prince de Joinville, au prince Maximilien d'Autriche, au duc et à la duchesse de Brabant. De simples voyageurs , en très-petit nombre et à diverses époques , ont été assez heureux pour obtenir la même faveur ; M. de Barrère a su la procurer encore tout dernièrement à l'équipage du vapeur français le *Mercure*, et sa bienveillante intervention auprès de Kiamil-Pacha nous l'a procurée à nous-mêmes dans des conditions toutes nouvelles et on ne peut plus favorables. Ce n'est plus sous le prestige d'un titre royal ni d'un autre titre quelconque , ce n'est plus à l'abri d'un déguisement ni à la faveur des ombres de la nuit, c'est en plein jour , les laïques dans leur costume européen , et les prêtres en soutane , que nous nous sommes rendus à El-Sakhrah , conduits par le grand sacristain de la mosquée, accompagnés de nos drogmans et de nos domestiques , protégés par les janissaires du consulat de France et par un piquet d'honneur de soldats turcs.

Le samedi 13 septembre , jour fixé pour cette visite solennelle , M. de Barrère daigne nous présenter lui-même à Kiamil , qui nous reçoit avec une distinction et une aisance dont nous sommes tous émerveillés. En même temps qu'il donne ses ordres d'un ton de maître que tempère une grande bonté, Kiamil nous fait servir splendidement tout ce qu'il est d'étiquette orientale d'offrir à des visiteurs que l'on veut honorer, et s'entretient longuement avec nous par l'intermédiaire de M. Lequeux , chancelier du consulat de France et polyglotte distingué. Nous lui disons combien nous sommes heureux de la haute faveur dont il nous fait jouir en ce jour, et de la glorieuse décoration que ses sympathies pour la France viennent de lui obtenir de notre gouvernement , ce qui nous semble surtout lui aller droit au cœur. Enfin, toutes les mesures étant prises, nous nous dirigeons vers la célèbre mosquée , dans l'ordre et avec la solennité indiqués ci-dessus.

Le parvis qui l'environne est un vaste parallélagromme fermé à l'est et au sud par les murailles de la ville ; à l'ouest , par le pan de mur salomonien décrit plus haut et par une longue ligne de maisons turques; au nord, par les ruines du prétoire de Pilate et par l'épaisse muraille de la piscine probatique.

Ce parvis mesure environ cinq cents mètres du nord au sud et trois cents mètres de l'est à l'ouest; il présente une surface unie, légèrement inclinée vers l'est ; quelques arbres isolés, des cyprès surtout, y donnent à peine un peu d'ombre. Un second parvis, au milieu du précédent qu'il domine de deux à trois mètres, offre une plate-forme d'environ cent trente-cinq mètres carrés, dont la surface est toute pavée de marbre blanc veiné de bleu. Huit perrons, au bas desquels on dépose sa chaussure, pour prendre si l'on veut des babouches, sont adaptés aux quatre côtés, aboutissent à autant de propylées, percés de trois ou quatre arcades, et conduisent à ce parvis supérieur au centre duquel Omar a construit sa célèbre mosquée d'El-Sakhrah ou de la Roche.

En avant de la porte orientale de la mosquée, s'élève un petit dôme appuyé sur de belles et nombreuses colonnes de marbre d'ordre corinthien : c'est, au dire des Turcs, le lieu même où David rendait la justice. La grande mosquée est un octogone régulier dont chaque côté peut avoir vingt mètres de largeur sur quinze d'élévation. La partie inférieure du monument, jusqu'à plus de deux mètres au-dessus de la plate-forme sur laquelle il repose, est formée à l'extérieur de blocs de marbre bleu et blanc ; et la partie supérieure est recouverte de tuiles peintes et vernies, où des arabesques se dessinent en couleurs variées sur un fond bleu. Cette même partie supérieure est percée, sur ses huit faces, de grandes fenêtres en nombre inégal, mais toutes garnies de vitraux de couleur. On entre dans la mosquée par quatre portes qui regardent les quatre points cardinaux, et dont chacune est surmontée d'un porche en saillie ; ce porche s'élevant aux deux tiers de la hauteur des murs de l'édifice, empiète ainsi sur l'étage supérieur où il remplace la fenêtre du milieu, et il en résulte qu'il n'y a que six fenêtres sur ces quatre faces de l'octogone, au lieu qu'il y en a sept sur les quatre autres faces qui n'ont pas de porte. A deux mètres cinquante plus bas que le faîte des murs extérieurs, commence le toit, recouvert de plomb qui s'élève par une légère inclinaison jusqu'au mur circulaire formant la base de la coupole. Ce nouveau mur est revêtu de tuiles peintes et percé de nombreuses fenêtres à vitraux de couleur, comme les tuiles et les fenêtres qui se voient aux murs de l'octogone; et au-dessus du mur circulaire, qui peut avoir dix mètres de hauteur, s'arrondit l'immense dôme, élevé lui-même d'environ quinze mètres, couvert de feuilles de cuivre et surmonté d'un croissant doré.

Il nous tardait bien de pénétrer dans la célèbre mosquée, qui renferme, au dire des Turcs, des choses si merveilleuses, en grande partie malheureusement invisibles et sans réalité pour tous autres que les *croyants*. La porte s'ouvre, et voici tout simplement ce qui nous apparaît. La mosquée présente à l'intérieur un octogone régulier. Les parties pleines de la muraille sont entièrement revêtues de marbre blanc ; les dalles du pavé sont de larges tablettes de marbre de diverses couleurs que recouvrent partout des nattes ; le plafond, divisé en compartiments octogones, et orné de riches dorures, et l'on y voit suspendus quantité d'énormes lustres de bois grossièrement travaillés, qui portent de petits godets pour servir aux illuminations des jours de solennité. Tout autour de la mosquée règnent deux bas-côtés concentriques : l'un plus spacieux, que termine une première ligne de seize colonnes et de huit piliers de marbre gris, reliés entre eux par vingt-quatre arceaux, et disposés de telle sorte que chaque pilier, correspond à un angle de l'édifice, et que chacun des espaces qui séparent les piliers, est occupé par deux colonnes ; l'autre plus étroit, qui termine une seconde ligne de douze colonnes et quatre piliers, qui reposent sur un massif plus élevé que le dallage des bas-côtés, et sont disposés de façon à ce que trois colonnes s'élèvent dans chaque intervalle des piliers. Ces douze colonnes et ces quatre piliers sont reliés entre eux, par seize arceaux qui supportent le mur circulaire au-dessus duquel s'élance le dôme. Une petite balustrade fort simple, élevée sur le massif où ils reposent, les relie encore, à leur base, et protége ainsi l'enceinte mystérieuse contenant la fameuse Roche à laquelle la mosquée doit son existence et son nom. Dans le bas-côté qui touche à cette enceinte, en avant de la porte orientale, une dalle du pavé présente une empreinte qui, d'après les Turcs, ne serait autre que le vestige du pied droit de Jésus-Christ, enlevé par eux du Mont des Oliviers où se voit encore le vestige du pied gauche. Dans l'autre bas-côté, près de la porte de l'ouest, un morceau de marbre vert, faisant partie du dallage, portait autrefois dix-huit clous : quatorze ont disparu d'eux-mêmes, suivant les Turcs, aux grandes époques de l'histoire ; les quatre autres s'en iront à leur tour, et après la disparition du dernier, le monde finira.

Ce qu'il y a, sans contredit, de plus sacré dans la grande mosquée, c'est la Roche même qui en occupe le centre et qui se voit dans la mystérieuse enceinte, sous l'immense dôme.

On arrive à cette enceinte en montant deux ou trois degrés qui regardent la porte orientale, et l'on se trouve immédiatement en face de la Roche, autour de laquelle circule une petite galerie. La Roche est de forme irrégulière et peut avoir vingt mètres de long sur dix-sept de large. C'est un énorme calcaire qui s'élève à plus d'un mètre au-dessus du niveau de la gallerie, et qui n'a d'extraordinaire que ses prodigieuses dimensions, étant parfaitement identique au calcaire sur lequel repose la ville. La Roche se présente avec ses aspérités naturelles, que ni le ciseau, ni le marteau n'ont jamais touchées; elle est surmontée d'une immense draperie bariolée de rouge et de vert, et d'un antique drapeau que l'on dit être celui d'Omar. Au rapport des Turcs, les divers prophètes qui ont paru dans le monde sont venus prophétiser et prier sur cette Roche sainte, et aujourd'hui même, leurs âmes y reviennent encore en troupes invisibles qu'accompagnent les anges, dont soixante-dix mille sont préposés à sa garde et se relèvent chaque jour. Les empreintes grossières que l'œil y aperçoit sont des vestiges, au nombre de douze, du pied glorieux de Mahomet, et la marque des cinq doigts de l'ange Gabriel. La Roche était à fleur de terre lorsque le prophète y vint prier avant de monter au ciel; mais au moment où il s'éleva dans les airs, la terre se souleva et la Roche s'élança pour le suivre; heureusement que l'ange Gabriel y mit la main et arrêta cet élan désordonné. En jaillissant ainsi à la suite de Mahomet et en s'arrêtant sous la pression des doigts de l'ange Gabriel, le Roche merveilleuse a formé une grotte à laquelle on arrive en descendant les neuf ou dix marches d'un escalier qui s'ouvre entre la porte méridionale de l'édifice et l'enceinte sacrée. Au-dessus de cette grotte, où nous ne pouvons pénétrer, la Roche demeure suspendue toute seule et par une intervention miraculeuse, ainsi que le prouve ce bruit sonore que produisent au-dedans les coups de baguette que l'on applique devant nous sur les parois extérieures. « Il est vrai, disons-nous avec M. Berlou, que l'excavation étant moins grande que la pierre n'est large à sa base, on pourrait trouver la démonstration insuffisante; mais qui voudrait soulever une telle objection, et à quoi bon ? »

Pour parler sérieusement, une ancienne tradition désigne ce rocher comme étant celui nommé Béthel par Jacob et consacré par lui au Seigneur; et la même tradition ajoute que la présence de ce Rocher, déjà consacré, avait déterminé Salomon à construire son temple en ce lieu. Ce fut sur cette pierre, dit Guillaume de Tyr, que s'assit l'ange qui, en punition du dénombrement du peuple, fait inconsidérément par David, frappa ce peuple jusqu'à ce que Dieu lui ordonnât de remettre son épée dans le fourreau. Au dire de plusieurs, cette pierre aurait encore servi d'autel des holocaustes dans le temple de Salomon. Enfin, il est positif que les Latins, devenus maîtres de Jérusalem, témoignèrent un grand respect pour une pierre que leur recommandaient ces diverses traditions. « Avant l'arrivée de nos armées, dit le même Guillaume de Tyr, cette Roche était exposée nue et découverte, et elle demeura encore en cet état pendant quinze années ; mais ceux qui dans la suite furent commis à la garde de ce lieu, la recouvrirent, et construisirent dessus un chœur et un autel, pour y célébrer l'office divin. »

Telle est la célèbre mosquée d'Omar, l'une des plus vénérées de l'Islamisme, et de toutes peut-être la plus belle, puisque celle de Sainte-Sophie de Constantinople était dans le principe une église chrétienne. Nous n'avons aucune raison de la déprécier ; bien au contraire, il semble qu'après l'avoir visitée par une faveur si exceptionnelle, nous ayons tout intérêt à l'exalter outre mesure ; mais comme nous voulons avant tout rendre hommage à la vérité, nous devons reconnaître avec M. le comte de Letourville, qui en parle d'après un témoin oculaire comme nous, « que le mystère n'a pas peu contribué à sa fabuleuse renommée. »

Un fait, minime en apparence, mais qui ne laisse pas de nous paraître fort significatif, devait signaler notre sortie de la mosquée d'Omar. L'un des imans de la mosquée osa bien, pour la bagatelle de quelques piastres, vendre à notre guide une tablette de marbre qu'il avait enlevée des parois de l'édifice et qui portait le nom d'*Allah* gravé en lettres d'or. Ainsi, avons-nous vu plus tard, les riches mosaïques de Sainte-Sophie indignement dégradées par d'autres imans, qui nous poursuivaient à outrance pour nous faire acheter à vil prix leurs petits cubes de verre. Voilà où est descendu l'islamisme !

Un des plus beaux ornements de la mosquée d'Omar, que nous venons de décrire, est la chaire en plein air du haut de laquelle, aux jours de solennité, les imans de la mosquée font entendre leur voix aux *croyants* de Jérusalem et leur expliquent les versets du Coran. Nous la trouvons à quelques pas de la porte du sud appelée *Porte de la Prière* : elle est toute de marbre blanc, ainsi que la rampe qui y conduit ; elle est surmontée d'une espèce de petit dôme qui repose sur des piliers de vert antique ; l'aspect en est assez pittoresque, de quelque côté qu'on le regarde.

Tout auprès de cette chaire, sur la gauche, un autre monument attire notre attention : c'est la belle et grande fontaine dite des Orangers, où aboutissait jadis l'eau de la célèbre fontaine scellée, *fons signatus*, que l'on voit encore à quelques kilomètres au-delà de Bethléem. La fontaine des Orangers est aujourd'hui à sec, et la fontaine scellée n'y envoie plus ses eaux limpides qui seraient pourtant si précieuses pour Jérusalem, où il ne coule pas une seule goutte d'eau, où toutes les fontaines sont taries, et où l'on n'a pour se désaltérer que les eaux pluviales recueillies dans des citernes. Les eaux de la fontaine scellée arrivaient autrefois à Jérusalem par un aqueduc qui existe bien encore à l'heure qu'il est, et qui porte le nom d'*aqueduc de Pilate*, sans doute à cause des réparations importantes que Pilate y fit faire ; mais il y faudrait des réparations nouvelles et nombreuses, et les Turcs ne savent rien réparer.

En continuant d'avancer au sud de la mosquée d'Omar nous trouvons, un peu plus loin que la fontaine des Orangers, une autre mosquée bien digne de tout notre intérêt. Elle est située tout près des murs de la ville, à l'extrémité méridionale de l'immense parvis où s'élève la mosquée d'Omar : d'où peut-être le nom d'*El-Aksa* (le plus éloigné) donné par les Turcs à ce sanctuaire. Les chrétiens y vénèrent une magnifique église bâtie par la foi de leurs pères et, comme tant d'autres, convertie en mosquée depuis l'occupation musulmane. C'est l'ancienne église de la *Présentation*, élevée en l'honneur de la sainte Vierge sur l'emplacement même de cette partie du temple où Marie, bien jeune encore et n'ayant que trois ans, d'après la tradition, fut présentée par ses parents et se consacra tout entière au Seigneur. Avec quel charme on se rappelle, en pareil lieu, les suaves détails donnés par Catherine Emmerich sur cette touchante cérémonie ! Marie était déjà douée de la plénitude de ses facultés et fit à Dieu dès ce moment le vœu de virginité, levant ainsi la première cet étendard sacré qui depuis a rallié des légions de vierges. Elle fut élevée à l'ombre du sanctuaire, avec d'autres jeunes vierges, ou *halmah*, vouées comme elle au service du temple, et elle ne quitta ces lieux bénis qu'à l'âge de quinze ans, époque de ses fiançailles avec saint Joseph. Après avoir décrit la petite chambre qu'elle y habitait, Catherine Emmerich ajoute :

« Je vis entrer la prophétesse Anne. » Marie put bien, en effet,
y compter au nombre de ses maîtresses une si sainte veuve
dont l'Evangile dit « qu'elle ne s'éloignait point du temple
» servant Dieu jour et nuit dans le jeûne et la prière, et que,
» survenant à l'heure où Jésus-Christ y fut présenté, elle se
» mit aussi à louer le Seigneur et à parler de lui à tous ceux
» qui attendaient la rédemption d'Israël. »

Au lieu même que recommandaient de tels souvenirs, l'empereur Justinien Ier fit élever à la gloire de Marie une église
magnifique et incomparable, au rapport de saint Cyrille :
« *cui nullum planè aliud (templum) æquiparari potest.* »
Cette église fut sans doute ruinée par le malheur des temps,
et les croisés durent la rebâtir, non sans lui rendre quelque
chose de sa première splendeur, ainsi qu'il apparaît encore
de nos jours.

Avant de nous introduire dans cette belle et antique église
de la *Présentation*, devenue la mosquée d'*El-Aksa*, l'on
nous en fait voir les substructions, qui ne sont pas du tout
choses indifférentes. En descendant quelques marches, nous
pénétrons dans une crypte à peine éclairée qui va du nord au
sud et qui règne sous le chevet de l'édifice. La voûte en est
soutenue par des arcades, s'appuyant elle-même sur d'énormes piliers, dont chacun nous semble offrir un seul bloc de
quatre ou cinq mètres de hauteur sur cinq ou six mètres de
circonférence. Le sol est recouvert de nattes, et la crypte
mystérieuse est pour les Turcs un lieu sacré qu'ils révèrent à
l'egal de la mosquée supérieure. Ces substructions de la
mosquée d'*El-Aksa* sont d'un effet grandiose et vraiment
imposant, et rappellent bien les travaux gigantesques de
Salomon dont il se trouve encore, d'après l'opinion commune, des restes considérables sous le sol du parvis de la
mosquée d'Omar. C'est que l'on n'a point coutume de prendre
au pied de la lettre la terrible menace du Sauveur contre le
temple : « Je vous le dis en vérité,... il n'y restera point pierre
sur pierre ; » laquelle menace d'ailleurs a été faite contre la
ville elle-même, dont il subsiste encore pourtant bien des
restes qui ne manquent ni d'importance ni d'authenticité :
« Il viendra des jours où les ennemis... te renverseront par
» terre, toi et les enfants qui sont dans ton sein, et ils ne lais-
» seront pas en toi pierre sur pierre, parce que tu n'as pas
connu le temps où tu as été visitée. »

On entre dans la mosquée d'*El-Aksa* par un porche servant de façade, divisé en sept compartiments et percé de sept

portes. Celle du milieu, la seule dont on se serve, correspond
à la grande nef, au bas de laquelle un marbre, élevé de quelques centimètres au-dessus du dallage et protégé par une
petite balustrade, recouvre, suivant les Turcs, le tombeau
d'Aaron. C'est tout simplement une erreur grossière, la même
au reste qu'ils renouvellent au sujet du tombeau de Moïse, et
qui fait dire à M. le baron de Guiraud : Les musulmans s'occupent plus d'exciter la piété ou le respect des fidèles par un
nom pompeux, que de consacrer par la critique la justesse de
ces appellations. Tout le monde sait, d'après le témoignage
formel de l'Ecriture, qu'Aaron mourut et fut enseveli sur le
mont Hor, à l'extrémité du pays d'Edom, au sud de la mer
Morte ; et que Moïse étant mort plus tard sur la montagne de
Nébo, fut inhumé dans une vallée du pays de Moale, au-delà
du Jourdain.

La mosquée d'El-Aksa, au style byzantin pur, présente un
bel ensemble de sept nefs, que forment six rangs de huit colonnes surmontées d'arcades en ogive légèrement accusée.
Au-dessus de ces arcades, règne le plafond, dans les nefs latérales, et dans la grande nef, deux rangées de vingt-et-une fenêtres. Quatre énormes piliers s'élèvent au point d'intersection
de la grande nef et du transept, et, au-dessus de ces piliers,
des arceaux qui supportent le dôme orné d'arabesques et percé
de fenêtres à vitraux de couleur. Ces verrières, qui se remarquent dans tout l'édifice, ne présentent ni de simples verres co-
loriés, ni de ces beaux vitraux à sujets, dont il semble réservé à
notre siècle de retrouver entièrement le secret, si longtemps perdu qu'on le croyait à jamais enseveli avec le moyen-âge; ce sont
des vitraux d'un genre à part et à heureux effet, de ces «mosaïques opaques, si riches en couleurs et d'un dessin si large
qui appartiennent au style byzantin, » et qui ne sont pas la
moindre de ses décorations. Sur les colonnes de la grande nef
principale se lisent, en gros caractères, les noms des divers
prophètes que vénère l'Islamisme. Une belle chaire, ornée de
marbre de différentes couleurs, s'élève dans l'abside. Enfin, la
partie du transept qui regarde le nord, conduit à un petit sanctuaire voûté où, suivant la tradition musulmane, le calife Omar
aimait à se retirer pour faire ses dévotions.

En dehors de la mosquée d'El-Aksa, vers l'angle sud-est du
grand parvis de la mosquée d'Omar, nous descendons quelques marches, au bas desquelles nous trouvons une petite
chambre carrée que les Turcs nomment *la grotte du Seigneur
Jésus.* Cette chambre nous offre, pour toutes curiosités, quatre

pierres longues, étroites, creusées comme des auges peu profondes, et dont la principale, qui porte à chacun de ses quatre
angles une colonnette de marbre, soutenant un baldaquin de
pierre, est appelée par les Turcs *la couche du Seigneur Jésus.*

A partir de ce point, nous nous dirigeons vers le nord, en
suivant le pied de l'enceinte orientale où l'appareil Salomonien
se voit si fréquemment et sur une si large échelle. A une faible
distance, on nous fait remarquer un tronçon de colonne engagée dans la muraille comme une pièce de canon braquée.
Les Turcs l'appellent la colonne du Prophète ou du Jugement,
parce que, disent-ils, Mahomet viendra s'y asseoir au jour du
jugement dernier. Ils lui donnent encore le nom de *chemin*,
pour la raison que voici. Au jour du jugement, Dieu y ratta-
chera un cheveu, ou un fil aussi délié, qui la joindra au sommet du mont des Oliviers, par-dessus la vallée de Josaphat, et
sur ce fil ou ce cheveu, tous les hommes devront passer : les
prédestinés y passeront sans difficulté ; mais les réprouvés
ne le pourront faire et tomberont dans la vallée de Josaphat,
où rouleront alors des torrents de feu qui les entraîneront
dans l'enfer.

Assez loin de la colonne du Prophète, vers le nord, se voit la fameuse porte Dorée, située dans le mur oriental, en face du mont
des Oliviers, et ainsi nommée à cause des dorures dont elle était
couverte dans le principe. Cette porte, vraiment magnifique,
est à double voie et présente un péristyle orné de belles et
hautes colonnes de marbre. Elle accuse une incontestable antiquité ; la science, par la bouche de M. de Saulcy, en fait
remonter la construction au règne d'Hérode-le-Grand. Suivant la tradition chrétienne, bien constante sur ce point, c'est
par là que Notre-Seigneur, humblement monté sur un ânon,
fit son entrée à Jérusalem, le jour de son triomphe à la fois si
pauvre et si glorieux. C'est encore par là, nous dit l'histoire,
qu'Héraclius rentra triomphant dans la Ville-Sainte, avec la
Vraie-Croix qu'il avait reprise aux Perses. Les croisés appelaient cette porte à double voie, *les portes Oires*, par altéra-
tion probablement du mot grec *Horaia* employé par saint
Luc ; et aussi sans doute par erreur, car l'on tient à Jérusalem que la porte ainsi désignée par saint Luc, et appelée dans
la Vulgate *Speciosa*, la Belle, était différente de la porte *Dorée.* Quoi qu'il en soit, pendant la domination des rois latins,
la porte Dorée, en souvenir du double triomphe indiqué plus
haut, s'ouvrait chaque année le dimanche des Rameaux et le

jour de la fête de l'Exaltation de la Sainte-Croix. Les Turcs
l'ont murée, par suite d'une tradition répandue parmi eux,
au rapport de laquelle cette porte qui a déjà donné passage
aux croisés, doit encore un jour laisser entrer les chrétiens
qui reprendront Jérusalem. Sans nous arrêter à une semblable tradition, ne pourrions-nous pas voir en cet état de choses
l'accomplissement d'une prophétie d'Ezéchiel ? « Et le Sei-
« gneur me fit retourner vers le chemin de la porte extérieure
« du sanctuaire qui regardait l'Orient ; et elle était fermée. Et
« le Seigneur me dit : Cette porte demeurera fermée ; elle ne
« s'ouvrira point, et nul homme n'y passera, parce que par
« elle est entré le Seigneur, le Dieu d'Israël, et elle demeu-
« rera fermée. »

En quittant la porte Dorée, nous laissons tout auprès, sur
la droite ou au nord, la piscine Probatique dont nous voyons
seulement les murs ; et plus loin, continuant l'enceinte septentrionale, les ruines du prétoire de Pilate, suffisamment
connues de nos lecteurs. C'était bientôt pour les Turcs l'heure
de la prière, et la prudence ne permettait pas à des *infidèles*
de se trouver à cette heure aux environs de la grande mosquée où allaient se rendre les *croyants*. Traversant donc le
parvis dans toute sa largeur, de l'est à l'ouest, nous retournons solennellement auprès de Kiamil-Pacha pour lui exprimer notre entière satisfaction et notre vive gratitude ; pour lui
dire aussi avec quelle précision, quelle intelligence et quel
air de sympathie ses gens ont rempli leur mandat auprès de
nous.

Nos caravanes sont unanimes à rendre hommage à la noblesse, aux manières distinguées et à la bienveillance de ce
gouverneur. Ses sympathies pour la France, que son grand
cœur ne savait point assez dissimuler et que notre gouvernement a eu la justice de reconnaître, devenaient chaque jour
plus profondes et ont fini par lui être fatales. Sa disgrâce,
pour ce motif, nous était déjà donnée comme chose certaine
et qui ne devait point se faire attendre. Elle n'a point tardé en
effet, et Kiamil a bientôt reçu l'ordre de céder la place à Sur-
reya-Pacha, non suspect de trop d'amitié pour la France. Nous
tenons de bonne source que l'un des considérants imaginaires
du décret qui l'*appelait à d'autres fonctions*, c'était la profanation qu'il avait autorisée en laissant introduire les hadjis
(pèlerins) français dans la sainte mosquée d'Omar. La Su-
blime-Porte, si une telle mesure ne suffisait pas encore à sa
tranquillité, peut désormais du moins respirer à l'aise, puis-

que l'ami de la France vient de périr dans une rencontre des Turcs avec les Monténégrins, suivant cette dépêche de Raguse que nous lisons dans l'*Univers* du 16 mai dernier : « Les Turcs ont été complètement défaits à Grahovo ; Kiamil-Pacha est resté sur-le-champ de bataille. »

La piscine *Probatique*, mentionnée plus haut, se trouve tout près de la porte Saint-Etienne, et n'est séparée du mur oriental de la ville que par un petit chemin qui conduit au parvis de la mosquée d'Omar. Du côté de ce chemin, d'où on la regarde, elle n'offre qu'un simple parapet de deux ou trois pieds d'élévation. De hautes murailles la bornent au midi, bornant en même temps la partie septentrionale du parvis de la grande mosquée. Au nord, sont entassées des ruines qui en défendent l'accès ; et à l'ouest, se voient deux ouvertures voûtées par lesquelles sans doute elle communiquait jadis avec une piscine supérieure, depuis longtemps détruite et maintenant couverte par les constructions d'une caserne turque. Elle peut avoir cent cinquante pieds de long sur quarante de large, avec une profondeur qu'il serait difficile de préciser aujourd'hui, mais qui a dû être jadis fort considérable.

On attribue cette piscine à Salomon, qui l'aurait fait creuser pour l'usage du temple : d'où Josèphe la nomme *Stagnum Salomonis*. Au rapport de l'Evangile, elle s'appelait en Hébreux *Béthesda* (maison de miséricorde, lieu de salut), sans doute à cause des guérisons miraculeuses qui s'y opéraient ; ou *Bethsaïda*, maison de pêche, « peut-être dit le P. Nau, parce qu'on y mettait du poisson qu'on y pêchait de temps en temps. » La Vulgate lui donne le nom de piscine *Probatique*, ou des brebis, par ce qu'on y purifiait les brebis destinées aux sacrifices : « Nam hostias in eo (lacu) lavari à sacerdotibus solitas ferunt, dit Saint Jérôme, undé et nomen accepit. « Elle avait cinq portiques où l'Evangile nous montre » une grande multitude de malades, d'aveugles, de boiteux, de paralytiques, « qui attendaient le mouvement de l'eau. Car l'Ange du Seigneur descendait à certains mo-« ments dans la piscine et en agitait l'eau ; et quiconque y en-« trait le premier après que l'eau avait été agitée, y trouvait « la guérison, de quelque maladie qu'il fût atteint. » C'est là un fait incontestable et que tous les SS. Pères regardent comme miraculeux : le Seigneur, par le ministère de ses anges, daignant communiquer aux eaux de la piscine cette vertu admirable de guérir toutes sortes de maladies, et le faisant à des temps indéterminés et inconnus, pour tenir

les malades toujours en attente et les rendre diligents à la recherche de cette faveur; pour nous apprendre aussi par cette
figure que la grâce nous vient à des moments inconnus, et que
celui qui la désire doit être toujours sur ses gardes et disposé
à la recevoir.

Sous l'un des portiques de cette piscine gissait le paralytique de trente-huit ans auquel un jour le Sauveur adressa ces
douces et puissantes paroles : « Levez-vous, emportez votre
lit, et marchez. Et à l'instant cet homme fut guéri; et prenant
son lit, il se mit à marcher. »

Cette piscine aujourd'hui n'a plus de portiques , et l'eau
n'y vient plus des réservoirs du temple , qui ne la reçoivent
plus eux-mêmes de la fontaine scellée. Ajoutons qu'elle est en
partie comblée , depuis que Tajar-Pacha y a fait jeter en
1842 les décombres enlevés des alentours de l'église Sainte-
Anne. Les Turcs la nomment *Birket-Israël*, et la font servir
à recevoir les immondices du quartier; il est permis de
croire qu'elle ne doit sa conservation qu'à sa position particulière et à la force prodigieuse de ses murailles. Elle a son
orifice au niveau du sol , où elle s'enfonce à une grande
profondeur. L'appareil qui a servi à sa construction est à la
fois très-curieux et très-solide , et porte le cachet évident de
l'architecture primitive des Juifs. Il se compose de quatre lits
perpendiculaires au sol et combinés dans l'ordre suivant : de
grosses pierres de taille qui s'appuient contre la terre;de forts
moëlons qui s'engagent en partie dans les rainures pratiquées aux joints de ses grosses pierres ; un cailloutage con-
solidé par un ciment très-dur ; enfin, un enduit imperméa-
ble d'un centimètre d'épaisseur.

En face de la piscine Probatique, dont elle est séparée par
la voie publique allant de la porte Saint-Etienne à l'arc de
l'Ecce-Homo , s'élève une remarquable construction romane
offrant , dit M. le comte de Vogué, « un type complet de l'architecture des croisés en Palestine : » c'est l'ancienne église
sainte Anne, qui recouvre le lieu même où fut la maison de
sainte Anne et de saint Joachim , lesquels y moururent de la
mort des justes et furent ensevelis tout auprès, dans la vallée
de Josaphat. Cette sainte maison qui dut recevoir les pieux
hommages des premiers fidèles, fut remplacée, au VIe siècle,
par une petite chapelle dédiée à sainte Anne et que nous
voyons reconstruire au XIe siècle, un peu avant les croisades.
Dans la première moitié du siècle suivant , les croisés fondèrent un beau couvent de bénédictines au sud de la chapelle ,

dans le vaste terrain qui la séparait de la voie publique ; et par leurs soins encore, la chapelle elle-même, de nouveau reconstruite, devint cette basilique romane qu'il a plu à la divine Providence de conserver jusqu'à nos jours. Lorsque Saladin reprit Jérusalem sur les croisés, l'église et le couvent de sainte Anne changèrent de maître et de destination. Le couvent fut transformé en une école musulmane qui ne prospéra point et qui n'existait déjà plus au XVe siècle ; bientôt les bâtiments eux-mêmes s'écroulèrent, et ces lieux n'offrirent plus qu'un vaste amas de décombres que le gouverneur a fait dernièrement jeter dans la piscine Probatique ; aujourd'hui, c'est à peine si quelques ruines informes en marquent la place. Quant à l'église, elle devint la mosquée de Saladin, *El Salahieh*, comme l'appellent encore aujourd'hui les Turcs, et ainsi doit-elle sa conservation à la religion même qui a tant fait de ruines autour d'elle.

Nos lecteurs savent que le sultan Abdul-Medjid en a récemment fait donation à l'empereur Napoléon III, en considération des grands services que lui a rendus la France pendant la guerre d'Orient. Une lettre du 8 novembre 1856, adressée de Jérusalem au *Moniteur* et reproduite dans l'*Univers* du 29, donnait là-dessus les détails suivants : Le firman et la lettre vizirielle qui concèdent à la France les terrains formant l'emplacement de l'ancienne église sainte Anne, sont arrivés le 29 octobre à Jérusalem. Trois jours après, le 1er novembre, jour de la Toussaint, le consul de France, accompagné du gouverneur Kiamil-Pacha, et de tous les membres musulmans et chrétiens du conseil de la province, s'est rendu à l'antique sanctuaire et a déclaré solennellement en prendre possession au nom de l'empereur, pour le relever de ses ruines et le restituer au culte chrétien. Après cette cérémonie et la remise publique des clefs du lieu saint entre les mains du représentant de la France, les autorités judiciaires, en présence de toute l'assistance et avec le concours des officiers du consulat, ont procédé à la délimitation de la nouvelle propriété française, que le consul de France a fait enclore sur le champ. « Cet évènement a rempli de joie tous les chrétiens de la Ville-Sainte, qui bénissent le nom de la France et celui de son auguste souverain. Les musulmans eux-mêmes, parmi lesquels le nom de la Vierge Marie est d'ailleurs en grand respect, et l'église sainte Anne un lieu de vénération, n'ont montré aucun mécontentement d'une concession qu'ils considèrent comme une preuve de la reconnaissance de leur souverain pour les grands services rendus récemment par la France à leur patrie. »

A vrai dire, cette propriété musulmane était depuis longtemps abandonnée, peut-être à cause d'un fait assez extraordinaire dont tout le monde convient encore aujourd'hui à Jérusalem, et que le P. Nau signalait déjà au XVII° siècle, en le restreignant au couvent de Sainte-Anne : « Les infidèles ont souvent tenté d'y mettre des femmes de leur secte ; mais elles n'ont jamais pu y demeurer, à ce qu'on m'a dit, la pureté de cette sainte maison ne pouvant souffrir l'impureté de leur religion et de leurs mœurs. Elles s'y sont senties invisiblement persécutées et tourmentées, mais d'une manière si insupportable qu'elles ont toujours été obligées de déserter. » Quoi qu'il en soit, si l'on veut bien prendre garde que l'église Sainte-Anne était pour les Turcs un lieu de vénération particulière, et même une mosquée dont le nom seul leur rappelait un de leurs plus grands souverains, l'on ne contestera point qu'ils aient eu grand mérite à nous en faire la cession, et l'on s'étonnera plutôt qu'ils aient pu s'y résoudre. Il paraît qu'on s'en étonne bien en Orient, puisque le P. Badour, de la Compagnie de Jésus, dont je m'estime heureux d'avoir fait la connaissance à Beyrouth, m'écrivait de cette ville, le 4 octobre dernier : « C'est peut-être le seul exemple d'un temple chrétien rendu à sa première destination, après avoir été converti en mosquée ; nos catholiques de Beyrouth en ont été singulièrement surpris. » Puis, il faut bien reconnaître qu'aux yeux des schismatiques de l'empire et aux yeux des Russes, l'aliénation de ce domaine religieux au profit des catholiques est une cruelle faveur accordée à leurs adversaires, et par conséquent, dans les idées orientales, un grave échec pour eux-mêmes. Aussi voyons-nous qu'ils font l'impossible pour se relever de cet échec et faire oublier le succès que nous avons obtenu. Dès le 13 mars 1857, l'*Univers* empruntait au *Moniteur de l'Armée* une correspondance particulière de Constantinople, du 25 février, annonçant que les Grecs se démenaient fort pour acquérir les ruines de l'ancienne maison des chevaliers de Saint-Jean-de-Jérusalem, et qu'il avait même été question de leur concéder ces ruines importantes et glorieuses qui appartiennent de droit à la France ; mais que toutes leurs intrigues à cet effet semblaient heureusement déjouées pour le moment, sinon pour toujours. Et, le 14 janvier dernier, l'*Univers* ajoutait, d'après sa correspondance de Jérusalem, du 28 octobre 1857 : « Le patriarcat grec fait en ce moment d'importantes acquisitions de maisons et de terrains au dedans et au dehors de Jérusalem.... Depuis quelques mois, les Grecs emploient toutes sortes de moyens pour devenir propriétaires en partie ou en totalité des ruines de l'ancienne habitation des chevaliers de Saint-Jean-de Jérusalem, sises à une faible distance de l'église du Saint-Sépulcre. » Dans la même correspondance, on lisait que la Russie faisait faire des acquisitions plus considérables encore, dans l'intention de construire à Jérusalem des établissements religieux de divers genres. Suivant le *Pays*, cité par l'*Univers* du 21 mars dernier, c'est le 17 février précédent que Mgr Cyrille, évêque de Mélitopolis, aurait pris officiellement possession du vaste terrain où vont s'élever ces établissements religieux de la Russie ; et une lettre de Jérusalem, du 18 mars, nous parle à ce propos de plans grandioses concernant un palais pour l'évêque et 24 prêtres, un hospice pour 600 pèlerins, un hôpital, une église pour 800 personnes.

Ces faits et ces projets divers ; auxquels doit avoir donné lieu la cession faite à la France de l'église Sainte-Anne, ne sont ils pas de nature à faire voir toute l'importance qu'il faut attacher à la cession d'un tel sanctuaire ? Mais combien encore doivent ajouter à cette importance la haute antiquité du sanctuaire, l'état de conservation dans lequel il a plu à la divine Providence de nous le transmettre et les glorieux souvenirs qui s'y rattachent !

L'église Sainte-Anne se présente à nous aujourd'hui telle à peu près que la firent nos pères dans la première moitié du XIIᵉ siècle. Elle offre à l'extérieur la forme d'un carré long, allant de l'est a l'ouest, ayant 34 mètres sur 19ᵐ50, et terminé par trois absides polygonales. L'ornementation de la façade principale, à l'occident, se rapporte à celle de la façade de l'église du Saint-Sépulcre. Les murs sont soutenus, aux deux étages, par des contre-forts peu saillants, et l'église est recouverte d'une terrasse plate au-dessus de laquelle s'élève la coupole. « Je ne saurais mieux la comparer, dit M. de Vogué, qu'à l'église Saint-Germain des Prés, dont on aurait supprimé la tour et le chœur, et remplacé les toits par des terrasses horizontales. A l'intérieur, elle présente trois nefs aboutissant à un transept et correspondant aux trois absides. La grande nef, beaucoup plus élevée que chacune des deux autres, dont elle est séparée par trois piliers, a de petites fenêtres qui l'éclairent dans sa partie supérieure. Les arcades qui ornent ces fenêtres, et en général toutes celles qui se voient dans les diverses parties de l'édifice, ont l'ogive large, ouverte et caractéristique, dont les Arabes faisaient usage depuis le IXe siècle. A l'intersection du transept et de la grande nef s'élève la coupole sur pendentifs, que l'on croit postérieure à la construction de l'église, mais qui ne doit guère pourtant différer de la coupole primitive. Enfin, sous le sol du transept, élevé de trois marches au-dessus du reste de l'église, s'ouvre une excavation naturelle divisée en deux parties par un mur de construction judaïque : c'est la crypte mystérieuse que la tradition considère comme ayant fait partie de cette maison bénie où la sainte Vierge fut conçue et enfantée, où elle fut plus tard fiancée à saint Joseph, et où elle dut encore fermer les yeux à sainte Anne et à saint Joachim.

Huit jours après la cérémonie de la remise officielle de l'église Sainte-Anne au gouvernement français, la sainte grotte que nous visitons était témoin d'une nouvelle cérémonie bien touchante, sur laquelle l'*Univers* du 28 décembre 1856 donnait les détails suivants adressés de Jérusalem au *Moniteur* : «Aujourd'hui, 8 décembre, deux religieux pèlerins ont, sur un autel portatif, célébré dans la grotte souterraine les deux premières messes qui y eussent été dites depuis plus de six siècles. A cette cérémonie, d'ailleurs toute secrète, assistaient les quelques pèlerins français alors présents dans la Ville-Sainte : Mme la princesse de la Tour d'Auvergne, duchesse de Bouillon, et sa suite ; M. le consul de France Ed. de Barrère; M. des Michels, auditeur au Conseil d'Etat; M. le vicomte Philippe Danger, etc. L'ordre de Saint-François, qui depuis sept cents ans a planté ses tentes dans la Ville-Sainte, s'y trouvait également représenté par des religieux de toutes ses branches. La première messe a été célébrée par le R. P. Léon des Avenches, capucin, qui n'oublia pas, en priant pour toute l'Eglise, d'implorer des bénédictions spéciales sur la France et l'Empereur Napoléon III. La deuxième messe a été dite par le R. P. Badour, de la compagnie de Jésus, missionnaire en Syrie, qui, par quelques paroles pleines d'émotion et d'enseignement, se rendit l'interprète éloquent des sentiments de l'auditoire.»

Au mois de mai suivant, la caravane de Pâques 1857, dont faisait partie notre compatriote M. le vicomte de Bélizal, avait le bonheur d'assister dans la même grotte à une messe plus solennelle et d'y faire entendre, pour la première fois depuis des siècles, les chants si beaux de la liturgie latine. M. de Barrère, avec tout le personnel du consulat de France, avait

bien voulu se rendre à cette messe célébrée par l'aumônier de
la caravane, M. l'abbé Martin, curé de Courtes (Ain); et Mgr
Valerga lui-même avait daigné envoyer son séminaire pour
rehausser la solennité par l'exécution de plusieurs morceaux
de musique religieuse.

Le 8 septembre dernier, la caravane des vacances 1857 a
pu faire les choses avec plus d'éclat encore, d'après le Bulletin de l'OEuvre des Pèlerinages. « Sur le désir exprimé par M.
Saintine, gérant du consulat de France en l'absence de M. de
Barrère, il fut décidé que la célébration de la Nativité de la
sainte Vierge, qui se fait habituellement avec beaucoup de
pompe dans l'église de Saint-Sauveur, aurait lieu cette année
dans la vénérable enceinte de l'église Sainte-Anne. Dès la
veille, on disposa le saint-lieu aussi bien que possible. Les
RR. Pères de Terre-Sainte y firent transporter un orgue; de
nombreux enfants de chœur furent convoqués, et le lendemain le concours des assistants était tel, qu'il fut impossible
de se tenir dans la crypte où seulement jusqu'à ce jour on avait
offert le saint sacrifice, et ce fut dans les nefs de l'église supérieure que, malgré l'état de délabrement des voûtes, en
partie ruinées, on fut obligé de transporter l'autel portatif et
l'orgue des RR. Pères Franciscains. »

M. Saintine et tout le personnel du consulat de France, unis
à nos pèlerins, entouraient l'autel, où l'aumônier de la caravane, M. l'abbé Lamblot, vicaire de Sainte-Marie-Majeure,
à Marseille, offrait le saint sacrifice. Après le chant solennel
de l'Evangile, M. Lamblot se tourna vers la nombreuse assemblée des fidèles émus et surpris de se trouver à pareil jour
en un tel lieu, et dans une improvisation chaleureuse, il leur
fit comprendre que leur joie devait être bien grande et sur-
passer celle de leurs frères d'Europe, puisque c'était au lieu
même de l'Immaculée-Conception de la très-sainte Vierge,
au lieu même où elle vint au monde et passa les premières
années de son enfance, qu'ils avaient le bonheur de célébrer
la fête de sa glorieuse nativité, aurore de cette autre naissance
qui devait s'opérer un jour non loin de cette ville où leur foi
et leur piété les avaient conduits.

Le 22 novembre 1857, l'*Univers* annonçait, d'après la
Presse d'Orient, le retour à Constantinople de M. Giove, architecte du palais de France, qui « avait été envoyé en mission à Jérusalem pour examiner l'état de l'église Sainte-Anne,
en étudier les réparations et dresser un plan des travaux à
exécuter pour rétablir ce sanctuaire. »

Le 22 février dernier, le même journal citant sa correspondance particulière de Jérusalem , montrait les choses toujours dans le même état, et les fidèles de la Ville-Sainte toujours réduits à se bercer d'espérances qui ne se réalisaient point. « Je ne vous parle pas de l'église Sainte-Anne ; elle est toujours dans sa ruine et sa désolation.... Mais cet état de choses qui est l'objet des railleries des Grecs et même de nos amis les Autrichiens, cessera bientôt. Dernièrement un architecte est venu de Constantinople visiter la pauvre église , et prendre tous les renseignements nécessaires, afin que l'on puisse procéder de la manière la plus convenable à sa restauration. L'Empereur en fera un temple digne des souvenirs qui consacrent ce saint lieu, de la grandeur de Celle qu'on y invoque et de la nation très-chrétienne dont il est le chef. »

Si les dernières nouvelles sont exactes , l'on serait enfin , après deux longues années d'attente, à la veille de donner un sérieux commencement d'exécution aux travaux de complète restauration de la vénérable basilique , et il ne nous resterait ainsi qu'à dire avec M. de Vogué : « Nous nous plaisons à croire que l'architecte distingué auquel cette importante mission a été confiée saura comprendre les graves devoirs qu'elle lui impose ; qu'il aura le courage peu ordinaire de s'effacer lui-même, de dissimuler autant que possible ses propres travaux ; qu'il s'efforcera enfin de conserver, de consolider le monument tel qu'il est , sans changer ni altérer en rien son caractère primitif. En agissant ainsi , il s'attirera l'estime et la reconnaissance de tous ceux qui ont le culte des arts et des gloires de la patrie. La vieille église des croisés est une précieuse relique , à laquelle il faut toucher avec le respect dû à son ancienneté, à sa valeur archéologique et aux souvenirs glorieux qu'elle rappelle. Pour nous , nous le disons franchement , et en le disant, nous exprimons l'opinion du plus grand nombre , nous l'aimons mieux pauvre et délabrée que défigurée. »

En terminant ce que nous avions à dire de l'église Sainte-Anne , nous devons reconnaître que les auteurs sont bien loin d'être unanimes à lui attribuer la gloire d'occuper l'emplacement du lieu de la Nativité de Marie. Plusieurs croient la sainte maison de Nazareth , devenue le sanctuaire de Lorette , en possession de ce glorieux privilège, et c'est l'opinion qui paraît la plus probable à Mgr Mislin. C'est aussi l'opinion qu'embrassait une correspondance de l'*Univers* à laquelle Mgr Valerga , patriarche de Jérusalem , a fait répondre par la lettre suivante , reproduite dans ce journal le 14 janvier 1857 , et que nous croyons devoir reproduire à notre tour.

(246)

« Jérusalem , le 15 décembre 1856.

« Monsieur , le Rédacteur ,

« Nous avions cru , en recouvrant l'église de Sainte-Anne , rentrer en possession d'un sanctuaire où naquit notre bienheureuse mère la Vierge Marie ; et voilà qu'un article de votre numéro du 24 octobre vient nous dépouiller de cette précieuse prérogative, en assignant à la sainte maison de Lorette le privilége dont nous croyions l'église de Sainte-Anne en possession. Or , la chose nous a paru assez importante pour être relevée et examinée de plus près. C'est pourquoi nous avons pensé que vos lecteurs verraient avec plaisir rassemblés et résumés en peu de mots les raisons et les motifs qui nous portent à croire que c'est bien à Jérusalem et dans la grotte que recouvre aujourd'hui l'église de Sainte-Anne , que fut conçue et mise au monde l'auguste et immaculée fille de Joachim.

« Nous n'ignorons cependant pas , et nous nous hâtons de le dire, que plusieurs villes disputent à la Cité-Sainte ce glorieux privilége ; mais parmi elles Nazareth seule élève des prétentions raisonnables; encore ne sauraient-elles subsister en face des solides fondements qui appuient l'opiuion en faveur de Jérusalem.

« Si l'Ecriture nous avait marqué le lieu de la naissance de Marie , un seul mot eût dissipé tous nos doutes ou plutôt les eût prévenus. Mais puisque l'Esprit-Saint n'a pas jugé à propos de nous éclairer sur ce point, c'est dans les traditions que nous devons chercher la lumière qu'il nous refuse. Or, la tradition constante et universelle , en Orient du moins , place à Jérusalem le berceau de la Bienheureuse Vierge , et cette tradition nous paraîtra extrêmement respectable si nous voulons remonter à sa source et en étudier les fondements. Dès le VIII° siècle , nous la trouvons constatée de la manière la plus formelle dans les œuvres de saint Jean Damascène. Or , quel n'est pas le poids d'un pareil témoignage ? Qui ne sait que ce saint et savant docteur a vécu et écrit sur les lieux ; que par conséquent il a pu s'informer par lui-même , interroger les peuples et s'assurer de la légitimité de leur croyance aussi bien que de son ancienneté ? Voici donc comment il s'exprime dans un sermon sur la Nativité de la Sainte Vierge :

*Fausta tibi sunt omnia, ô Probatica reginæ domicilium !
Fausta tibi sunt omnia , ô Probatica ! seminum Joachimi
vetus fanum, nunc autem ovilis ratione præditi , Ecclesia*

cœlum imitans atque olim semel quotannis angelum Dei accipiens aquam turbantem et unum valetudini restituentem... Et dans son livre admirable de la foi orthodoxe : *In lucem editur Virgo in domo probaticâ Joachimi* (1). Certes, pour prononcer et écrire des paroles si décisives, il fallait qu'il fût bien persuadé de la vérité qu'elles expriment ; car on ne saurait accuser de légéreté un auteur qu'on a décoré du titre de saint Thomas de l'Orient, un auteur dont les ouvrages ont obtenu une si juste et si universelle approbation, à tel point qu'un savant ne craint pas de refuser le titre d'homme judicieux à quiconque n'admire pas dans saint Jean Damascène une érudition extraordinaire, une grande justesse et précision dans les idées et une force non commune dans le raisonnement. Tel est l'homme qui, le premier, a constaté notre tradition. Faut-il s'étonner de voir après lui une foule d'auteurs l'étudier et le copier ? Nous n'en citerons que quelques-uns, et pour abréger plus encore, nous nous contenterons de citer leurs noms et la date de leur pélerinage : Guillaume de Tyr, dont Jérusalem fut le berceau et qui y passa une partie de sa vie, vient en premier lieu ; après lui, Boniface, Jacques de Vitry, Guillaume de Baldensel, Roger (1634), Doubdan (1651), Nau (1670), Biagio (1695), Morison (1704), Piétro de La Vallée.

« Telles sont les autorités qui appuient et rendent au moins bien respectable l'opinion qui assigne à Jérusalem le lieu de la conception et de la naissance de la Reine des cieux. Tellement que nous ne craignons pas d'avancer que ceux qui combattent cette opinion n'en auront pas bien étudié les fondements ; car qu'ont-ils de véritablement solide à opposer à des témoins si dignes de foi ? Diront-ils, avec l'auteur de l'article de votre numéro du 24 octobre, que l'Eglise a consacré l'opinion favorable à Nazareth en la faisant sienne ? Cette objection nous donnera lieu de faire remarquer que l'autorité si respectable qu'ils invoquent nous est plus favorable qu'à eux ; car si l'Eglise a approuvé l'office de la Translation de la maison de Lorette, où ils trouvent un mot qui leur semble si concluant en leur faveur, elle n'a pas moins approuvé celui de la Présentation, d'où nous avons tiré la leçon de S. Jean Damascène (2) ; or, ce

(1) Cette maison est appelée Probatique par ce qu'elle se trouvait en face de la piscine de ce nom.

(2) On lit à la première leçon du second nocturne de cet office : « Ex libro sancti Joannis Damasceni de *fide orthodoxâ* : .... Verè etenim rerum omnium conditarum Domina facta est, cum Creatoris mater extitit. In lucem autem editur in domo probatica Joachim.... »

dernier office fut fait pour toute l'Eglise , tandis que le premier ne fut d'abord accordé qu'à un petit nombre de chapelles particulières.

« Mais Joachim et Anne étaient de Séphoris , ils habitaient Nazareth, comment peut-il se faire que la Vierge Marie, leur fille, ait été conçue et mise au monde à Jérusalem? Il est vrai, Anne et Joachim n'habitaient pas habituellement Jérusalem ; mais Marie habitait - elle Bethléem ? Et cependant n'est-ce pas là que naquit son divin Fils? Est-il donc si absurde de croire que Joachim et son épouse, qui avaient une maison à Jérusalem , aient voulu de temps en temps demeurer dans la Cité-Sainte , près de l'unique temple où Dieu voulait être adoré et recevoir les sacrifices des hommes ?

« Ceux qui veulent placer le mystère de la conception immaculée de Marie dans la sainte maison de Nazareth , ne font pas attention que leur opinion est tout-à fait contraire à une coutume bien établie chez les Juifs et à laquelle on trouve encore peu d'exemples de dérogation dans ce pays, qui conserve la plupart des usages des anciens Hébreux. Quand on saura que chez ce peuple, jamais l'épouse ne recevait chez elle son époux, on ne dira plus , je pense, que Marie est née dans la maison de Lorette; cette maison , d'ailleurs , était aux parents de saint Joseph et non aux parents de la Ste-Vierge.

« Nous ne saurions , en terminant , nous interdire une remarque qui nous a frappé. Il n'y a pas deux ans que par la bouche de l'immortel Pie IX, Marie a été solennellement et en face de tout l'univers proclamée immaculée ; et aujourd'hui , la protection de l'auguste Empereur Napoléon nous ouvre le sanctuaire où cette bienheureuse reine reçut un si grand privilége. Et maintenant , pieux enfants de Marie , rivalisez de zèle et d'émulation pour bâtir à votre Mère conçue sans péché de riches et brillants sanctuaires ; plus heureuse que vous, l'Eglise de Jérusalem pourra maintenant honorer ce mystère dans le lieu même où il s'est accompli. Injustement expulsés de tant d'autres sanctuaires , nous recevons avec reconnaissance celui-ci de la main de notre puissant protecteur, espérant que cet acte de haute et singulière protection ne sera que le prélude de ceux que nous osons encore espérer de sa noble générosité. Il y a encore des injustices à réparer à Jérusalem ; longtemps la main de l'impiété s'est appesantie sur le juste innocent , et la raison du plus fort a été la meilleure ; ne serait-il pas temps que la raison la meilleure devînt la plus forte et triomphât ? Le catholique est dans l'atlente d'un pareil jour, et le schismatique lui-même s'étonne de ne l'avoir pas déjà vu luire.

Veuillez agréer, etc.

AM. CODERC, *prêtre missionnaire.* »

A quelques pas de l'église Sainte-Anne, la porte Saint-Etienne donne passage dans la vallée du Cédron, qui commence près du tombeau des Juges au nord-ouest de Jérusalem, sépare le mont Moriah du mont des Oliviers à l'est, rejoint au sud la vallée de la Géhenne et descend jusqu'à la mer Morte. Cette vallée reçoit son nom du torrent qui la traverse dans toute sa longueur et qui s'appelle Cédron, d'un mot hébreu signifiant *noirceur*, *obscurité*, *tristesse* : le torrent de Cédron, toujours sans eau, excepté dans la saison des pluies, a son cours dans des lieux profonds, obscurs et affreux au possible. Jusqu'à sa jonction avec la vallée de la Géhenne, on la nomme vallée de Josaphat; près du couvent de Saint-Sabas, elle prend le nom de vallée des Moines, et elle s'appelle vallée de feu, aux approches de la mer Morte.

La vallée de Josaphat, la seule dont nous ayons à parler ici, est d'abord nommée dans l'Ecriture vallée de Savé, ou vallée du Roi, du Roi Melchisédech, ajoutent les Septantes, peut-être parce que ce prêtre-roi y avait ses jardins, ou parce qu'il bénit là même Abraham revenant de la defaite de Chodorlahomor. Elle s'appelait encore vallée du Roi, au temps de David, puisqu'il est écrit que « Absalon, lorsqu'il vivait » encore, s'était fait élever dans la vallée du Roi une colonne» ou monument, qui s'est conservé jusqu'à nos jours et que nous retrouverons bientôt dans la vallée de Josaphat.

Depuis des siècles, elle n'est connue que sous ce nom de vallée de Josaphat, qui lui a été donné on ne sait pas au juste pour qu'elle raison, peut-être cependant parce que le vertueux roi Josaphat y aurait fait creuser le tombeau monumental qui y porte encore son nom; peut-être aussi parce que Josaphat, en hebreu, signifie *jugement du Seigneur*, et que tous les hommes, à la fin du monde, comparaîtront là pour être jugés. C'est du moins, dit le P. Nau, le sentiment commun de l'Eglise et des SS. Pères, fondé sur ces paroles du Seigneur dans le prophète Joël: « J'assemblerai tous les peu-« ples, et je les amènerai dans la vallée de Josaphat, où « j'entrerai en jugement avec eux..... Qu'ils se lèvent pour « monter à la vallée de Josaphat, j'y serai assis pour les juger « tous. »

Assurément, ajoute M. l'abbé Azaïs, ces paroles peuvent

se prendre ici dans un sens métaphorique, et en quelque vallée que Jésus-Christ convoque les hommes pour les juger ; ce
sera toujours la vallée de Josaphat, c'est-à-dire du Jugement.
Cependant, « pour moi, j'accepte l'interprétation littérale
comme plus en rapport avec la sombre désolation de ces
lieux. » Ne semble-t-elle pas aussi plus en rapport avec le
texte sacré ? Les deux anges qui viennent dire aux disciples,
après l'ascension du Sauveur: « Ce Jésus qui, en se séparant de
« vous, s'est élevé au ciel, reviendra de la même manière que
« vous l'y avez vu monter, » ont bien l'air de leur faire entendre qu'ils le reverront sur cette même montagne des Oliviers, lors de son second avènement. » Puis, continue le P. Nau,
le jugement se devant faire sur la terre, y peut-on trouver un
lieu plus propre à cette action que celui-là ? Il est raisonnable
que l'honneur de Jésus-Christ soit réparé publiquement dans
le lieu même où il lui a été ravi par tant d'opprobres et d'i-
gnominies ; qu'il juge justement les hommes où ils l'ont jugé si
injustement ; et qu'enfin il mette le sceau au grand mystère
du salut des âmes, où il le leur a mérité et où il a voulu l'a-
chever. »

Écoutons maintenant le prophète Zacharie. « En ce jour-là
« le Seigneur se tiendra debout sur la montagne des Oliviers
« qui est en face de Jérusalem du côté de l'orient ; et la mon-
« tagne des Oliviers, se fendant par le milieu, de l'orient à
« l'occident, formera une immense ouverture, et moitié de là
« montagne se jettera vers l'aquilon, moitié vers le midi..... Et
« vous fuirez à la vallée enfermée entre ces montagnes..... Et
« le Seigneur mon Dieu viendra, et tous les saints avec lui. »
La vallée de Josaphat s'élargirait donc, sous le doigt de
Dieu, pour ces suprêmes et solennelles assises. Elle peut,
après tout, dit le P. Nau, rester telle que nous la voyons :
Que tous les hommes soient là, ou qu'ils soient répandus dans
toute la Judée, c'est là que le Juge sera placé, là qu'ils le
verront, là que sa voix se fera entendre, là qu'il prononce-
ra l'arrêt irrévocable. »

Aux yeux des musulmans et des juifs, comme aux yeux
des chrétiens, la vallée de Josaphat est celle où se passera la
scène du jugement dernier. On n'a pas oublié ce que nous di-
sions naguère de la colonne du Prophète ou du jugement, engagée dans les murs de la ville, au-dessus de la vallée de Josaphat. Qu'il nous suffise d'ajouter ici que les Turcs ont leur
cimetière précisément de ce côté, sous les murs mêmes de la
ville, sur la pente du mont Moriah. Le cimetière juif est de

l'autre côté de la vallée, sur la pente du mont des Oliviers, au lieu même, dit le P. Nau, « où seront assemblés les réprouvés au jour du jugement universel ; car Jésus-Christ ayant le visage tourné vers Jérusalem et le Calvaire, ce sera là sa gauche. » Les pauvres Juifs ont une telle passion d'y venir reposer à côté de leurs pères, qu'ils y accourent de tous les points du monde où ils sont dispersés et qu'ils achètent fort cher ce privilége. Leurs dalles funéraires y sont entassées par milliers, faisant au loin le triste effet d'un immense amas de débris.

Il y a quelques années, au rapport de M. Poujoulat, qui le tenait de son drogman Michaëli, cette vallée des tombeaux et du jugement était témoin d'une scène étrange et vraiment digne de l'excentricité anglaise.

Un *touriste* de la Grande-Bretagne vint à Jérusalem, accompagné d'un guide chrétien, avec lequel il visita les Saints-Lieux. Arrivé sur le bord du torrent de Cédron, le cicerone dit à l'Anglais :

« Nous voilà, Monsieur, dans la vallée de Josaphat.

— Oh ! *Yes !* » dit le voyageur étonné.

Les bras croisés sur sa poitrine, les yeux fixés vers la terre, l'Anglais paraissait plongé dans de sérieuses réflexions. Puis il prononça ces paroles :

« C'est ici la vallée de Josaphat ! la vallée où tous les humains, au dernier jour du monde, comparaîtront devant le juge éternel ! Il me faudrait donc aller d'ici à Londres, et, de Londres, revenir encore ici ? Je n'en ferai rien ! »

Et prenant un pistolet pendu à sa ceinture, l'Anglais se brûla la cervelle.

« Cet homme n'était pas fou, ajouta Michaëli.

— Mais qu'était-il alors ?

— *Ça l'ennuyait de repasser deux fois par un même chemin.* »

En descendant de la porte Saint-Etienne au torrent de Cédron, l'on trouve, aux deux tiers de la route, le rocher sur lequel fut lapidé le premier des sept diacres, qui devint ainsi le premier martyr de l'Eglise naissante. « Etienne étant plein « de grâce et de force, dit le texte sacré, faisait de grands pro- « diges et de grands miracles parmi le peuple. » Les conversions qui en étaient la suite le signalèrent à la haine des Juifs, qui résolurent sa mort et le traduisirent devant le sanhédrin, où de faux témoins l'accusèrent « d'avoir blasphémé contre « Moïse et contre Dieu,... de parler sans cesse contre le lieu

saint et contre la loi. » Interrogé là-dessus par le Grand-Prêtre , Etienne répondit par ce magnifique discours , l'un des
plus beaux monuments de l'antiquité chrétienne, où il retrace
le double tableau des innombrables merveilles de Dieu en faveur des Juifs , et de l'opiniâtre ingratitude de ce peuple endurci. Les juges accueillirent avec des grincements de dents
ces reproches à la fois si durs et si mérités ; et bientôt le saint
diacre ayant ajouté qu'il voyait les cieux ouverts, et le Fils de
l'homme debout à la droite de Dieu , tous se mirent à crier ,
en se bouchant les oreilles , pour ne point entendre ce prétendu blasphème et n'être point obligés à déchirer leurs vêtements. Car , suivant la remarque du D\r Sepp , « ceux qui
entendaient un blasphème , juges ou témoins , étaient obligés
de déchirer leurs habits , qui ne pouvaient plus être recousus
ensuite , pour indiquer que ce péché , étant contre le Saint-
Esprit , ne méritait aucun pardon. » D'après le même auteur,
Saul , devenu depuis saint Paul , avait voté la mort d'Etienne,
et assistait à son supplice comme commissaire du sanhédrin ;
et c'est pour cela que les témoins, transformés en exécuteurs,
déposèrent leurs manteaux à ses pieds , exprimant par là que
c'était de lui , comme représentant du sanhédrin , qu'ils tenaient le droit de lapider leur victime.

Quoiqu'il en soit, le saint martyr fut traîné au lieu où nous
sommes et mourut , comme son divin maître , en priant pour
ses persécuteurs : « Seigneur , ne leur imputez point ce péché ; » prière admirable à laquelle , selon saint Augustin , se
rattache la conversion de saint Paul : *Si Stephanus non orâs-
set, Ecclesia Paulum non haberet.* Cette bienheureuse mort
dut arriver vers la fin de l'année même où Jésus-Christ fut crucifié. Gamaliel enleva de nuit le saint corps et le fit transporter à vingt milles de Jérusalem, dans sa terre de Caphargama-
la , où les précieuses reliques demeurèrent cachées jusqu'au
V° siècle. Découverte miraculeusement, l'an 415, elles furent
cédées à Constantinople , qui les posséda jusque dans la seconde moitié du siècle suivant, sous le pontificat de Pélage I\r.
A cette époque, nous les voyons transporter à Rome, en grande partie , du moins , et déposer dans la basilique de Saint-
Laurent , *hors des murs*, où un même tombeau réunit encore
de nos jours les deux illustres diacres , Etienne , la gloire de
Jérusalem, et Laurent , la gloire de Rome.

Le P. Nau raconte, sans l'affirmer, que lorsque saint Etienne y fut mis, « les os de saint Laurent se retirèrent d'eux-
mêmes à la gauche, pour lui céder la droite. » Suivant Mgr

Mislin, le chef glorieux de saint Etienne se trouverait, depuis la Réforme, dans l'église métropolitaine de Vienne, placée sous l'invocation du saint martyr.

A une faible distance, au fond de la vallée, se présente à nous le lit desséché du torrent de Cédron. Un jour, en ce lieu même ou aux environs du moins, David le traversait les larmes aux yeux, les pieds nus et la tête voilée, s'éloignant de Jérusalem qui ouvrait ses portes au rebelle Absalon, et fuyant au désert avec un petit nombre de fidèles serviteurs. Que de fois aussi, pendant sa vie publique, Jésus-Christ n'eut-il pas à le traverser pour aller au Jourdain, à Jéricho, à Béthanie, ou simplement au mont des Oliviers ! En passant un petit pont d'une seule arche qui en rejoint les deux rives, on se trouve au pied de cette sainte montagne des Oliviers, véritablement parsemée depuis la base jusqu'au sommet, de souvenirs évangéliques, ainsi que nous allons le voir.

C'est d'abord, à quelques pas, sur la gauche, l'église souterraine dite du Tombeau de la Sainte Vierge. En avant de la porte d'entrée, qui est au sud, s'ouvre un grand carré, pavé de belles pierres, où l'on descend par trois marches et qui sert de parvis à l'église. A l'intérieur, tous près de la porte, commence un large escalier de quarante-sept marches, où dix à douze personnes pourraient tenir de front ; il est recouvert d'une belle voûte et descend tout droit du sud au nord. Au bas de l'escalier, l'on se trouve dans une église en forme de croix, qui peut avoir 95 pieds de long, de l'est à l'ouest, sur une largeur de 20 pieds. Cette église ne recevant de lumière que par l'escalier et par une ouverture pratiquée dans la voûte, derrière le tombeau de la sainte Vierge, il y règne une certaine obscurité mystérieuse qui dispose admirablement aux impressions que doit produire un tel sanctuaire. Le saint tombeau est à droite de l'escalier, du côté de l'orient, aux deux tiers de la longueur de l'édifice ; il avait été taillé dans le rocher, comme le tombeau de Notre-Seigneur ; de nos jours, il est enclavé dans un petit monument où l'on arrive par le couchant et par le nord, et recouvert d'un marbre sur lequel les Grecs font leurs offices.

C'est là que la Mère des vivants et de la vie même a semblé reconnaître l'empire de la mort, et c'est là, de fait, qu'elle en a glorieusement triomphé. Parvenue à un âge avancé, à l'âge de 72 ans, suivant une tradition ancienne et bien respectable, déjà connue de nos lecteurs, la sainte Vierge expira sur le mont Sion, près du Cénacle, dans la maison de son fils adoptif, le disciple bien-aimé. De toutes les parties du monde où ils étaient dispersés pour la prédication de l'Evangile, les Apôtres se trouvèrent miraculeusement réunis auprès de leur Mère mourante, qui laissa tomber sur eux un dernier regard d'amour et leur fit ces adieux d'ineffable consolation : « Soyez bénis, mes enfants, jamais je ne cesserai de penser à vous ! » Ils célébrèrent pieusement ses funérailles et l'enterrèrent en la vallée de Josaphat, dans ce tombeau vide que nous vénérons. Trois jours durant, les anges y firent entendre une harmonieuse et divine musique, laquelle ayant cessé, l'on vit arriver l'un des apôtres, qui ne s'était pas trouvé avec les autres à la mort de Marie, Dieu sans doute l'ayant ainsi permis pour notre instruction. Saint Thomas voulut du moins contempler une dernière fois les traits de sa divine Mère, et obtint du Sacré Collége qu'on ouvrît son tombeau ; mais, ô prodige ! le saint corps n'y était plus, il n'y restait que le suaire dont on l'avait enveloppé, le même que l'impératrice Pulchérie reçut au Ve siècle des mains de Juvénal, évêque de Jérusalem, et pour lequel elle fit construire sa célèbre église des Blaquernes, à Constantinople.

Le Seigneur n'avait pas voulu que le corps de sa Mère subît la corruption du tombeau, et il l'avait fait transporter au ciel sur les ailes de ses anges. C'est l'objet de la grande fête que l'Eglise universelle célèbre le 15 août. Instruite par les Apôtres, l'Eglise a toujours cru que Marie, ressuscitée peu après sa mort, avait été élevée au ciel en corps et en âme; et si cette croyance n'est pas un article de foi, il y aurait pourtant, dit Suarez, témérité souveraine à la rejeter aujourd'hui : *Summæ temeritatis reus crederetur, qui tàm piam religiosamque sententiam hodiè impugnaret.*

Le tombeau glorieux de la sainte Vierge, reçut dès le principe les hommages empressés des fidèles, et fut de bonne heure enfermé dans une église que Chosroës II fit saccager en 614. Les croisés la trouvant ruinée une seconde fois, la reconstruisirent avec magnificence. La conquête musulmane la laissa aux catholiques, dont elle resta longtemps la propriété exclusive, et les Franciscains la réparaient encore à grands frais vers la fin du siècle dernier ; mais les Grecs schismatiques ont su nous l'enlever depuis, et nous en sommes aujourd'hui exclus, quand tous les autres cultes, voire même les musulmans, y ont une place pour la prière.

Vers le milieu du grand escalier, à la 20e marche en remontant, l'on trouve à droite un petit enfoncement qui renferme le tombeau de saint Joseph, l'époux vierge de la Reine des vierges, le père putatif et adoptif du Fils de Dieu. Ce grand saint, dans l'un des voyages que la Sainte-Famille faisait si régulièrement à Jérusalem pour y célébrer les fêtes de Pâques, eut la consolation d'y mourir entre les bras de Jésus et de Marie, grâce précieuse pour laquelle il est invoqué par l'Eglise comme le patron de la bonne mort. On ne saurait dire l'année précise de cette mort bienheureuse ; il est incontestable seulement qu'elle dut arriver avant la vie publique du Sauveur, et par conséquent avant qu'il eût atteint lui-même une vieillesse avancée. C'est donc à tort que les peintres nous en font si souvent une espèce de Mathusalem, et qu'ils se croient obligés de lui entasser des siècles sur la figure, comme on l'a fait dans ce tableau de la Sainte-Famille, si remarquable qu'on voudra par ailleurs, que l'on me faisait admirer naguère au musée de Rennes. Saint Joseph n'avait pas plus de trente à quarante ans lorsque Jésus Christ vint au monde, la tradition est formelle sur ce point, et le simple bon sens lui-même la confirme : ne devait-il pas être dans la force de l'âge, pour conduire Jésus et Marie en Egypte, pour les préserver des dangers de la route, et pour subvenir pendant de longues années à leurs besoins par un travail pénible de chaque jour ?

De ce qui précède il faut conclure que saint Joseph mourut à l'âge d'environ soixante ans. Au rapport de la tradition, Jésus daigna le mettre en terre de ses propres mains, au lieu même où nous vénérons son tombeau, et ce ne fut pas pour l'y laisser longtemps. Joseph fut du nombre de ces justes qui, après la résurrection du Fils de Dieu, sortirent vivants de leurs sépulcres et apparurent à un grand nombre de personnes dans la ville Sainte ; et comme il en était le plus grand par le mérite et la dignité, il en fut aussi le plus privilégié. Son saint corps ne rentra point dans ce sépulcre que Jésus venait de rendre à jamais glorieux, et qu'il a voulu que depuis lors on aille vénérer de toutes les parties du monde, aussi bien que le sien et celui de sa sainte Mère. Il monta au ciel en même temps que son âme, à la tête de toutes les âmes justes qui y furent élevées avec Jésus-Christ le jour de l'Ascension. Comme Jésus et Marie, saint Joseph est donc au ciel en corps et en âme, c'est du moins une pieuse croyance, dit saint Bernard : *Piè credendum est quòd piissimus filius Dei Jesus, sicut matrem assumpsit in cælum, corpore et animâ gloriosam, sic etiam in die resurrectionis suæ, sanctissimum*

Joseph. S'il en était autrement, dit très-bien le P. Nau « Dieu aurait-il laissé ses saintes Reliques sans honneur ? Nous n'en avons de reste que le lieu de la sépulture qu'il nous a fait connaître ? »

En remontant quatre nouvelles marches, on voit à gauche, de l'autre côté de l'escalier, un second enfoncement plus considérable où se trouvent les tombeaux de saint Joachim et de sainte Anne. Ainsi la vénérable église du *Tombeau de la Sainte-Vierge* est bien, suivant la remarque de M. l'abbé Azaïs, « un véritable tombeau de famille, réunissant après la mort, dans une même demeure, ceux qui avaient été si saintement unis pendant leur vie. » Le tombeau de saint Joachim est tourné à l'orient, et celui de sainte Anne au nord. Ces deux bienheureux personnages, auxquels toutes les créatures sont infiniment redevables, comme le dit avec tant de raison saint Jean Damascène, moururent pleins d'années et de mérites, quelque temps après la présentation de la sainte Vierge au temple, et furent ensevelis dans la vallée de Josaphat, en ces mêmes tombeaux que nous venons révérer. Leurs saints corps n'y sont plus, et l'on ne saurait dire ce qu'est devenu celui de saint Joachim ; quant à celui de sainte Anne, le P. Nau écrivait à la fin du XVIIe siècle, qu'il était en la possession de la ville d'Apt, au midi de la France.

Enfin, de ce même côté, mais plus haut encore, tout près de la porte d'entrée, se voit une porte, aujourd'hui murée, qui conduisait jadis dans la grotte de l'agonie de Notre-Seigneur.

Il faut aujourd'hui sortir de l'église, traverser le parvis et suivre à gauche une ruelle de quinze à vingt pas, pour arriver à la sainte grotte, qui est la propriété des catholiques. Une lourde porte, bardée de fer et donnant sur un escalier de sept ou huit marches, conduit au pieux sanctuaire, creusé dans les flancs du mont des Oliviers, soutenu par trois pilastres grossièrement taillés dans le roc, et recevant d'une petite ouverture de la voûte un demi-jour mystérieux. Le sol est sans pavé, les parois sans ornements, et l'ensemble de la grotte dans le même état qu'au temps de Jésus-Christ. A droite et à gauche on a dressé deux modestes autels ; et derrière l'autel principal, qui s'élève au fond de la grotte, à peu près vis-à-vis de la porte, un étroit espace renferme le lieu traditionnel où le Sauveur du monde eut sa cruelle agonie, que rappelle cette inscription latine gravée sur le marbre : *Hic factus est sudor ejus sicut guttæ sanguinis decurrentis in ter-*

ram. Ici même lui vint une sueur comme des gouttes de sang ruisselant jusqu'à terre. « Arrivé au terme de sa carrière, dit le Dr Sepp, il est accablé et comme inondé par les péchés du genre humain tout entier ; et son corps, succombant sous ce poids humiliant, laisse couler sur la terre une sueur de sang. Au reste, la possibilité de ce phénomène ne peut plus être contestée, depuis que des exemples récents et nombreux l'ont mis hors de doute. Mais de même qu'après avoir vaincu le démon dans le désert, Jésus fut servi par les anges du Seigneur, ainsi, après qu'il eut lutté trois fois contre la mort, un ange descendit vers lui pour le fortifier. »

C'est donc ici que s'accomplirent ces mystères de douleur par lesquels Jésus-Christ voulut commencer sa passion proprement dite : ici que, la veille de sa mort, il se laissa tomber la face contre terre : « Procidit in faciem suam, orans ; » — ici que, dans cette posture humiliée, il adressa trois fois la même prière à son Père céleste qui allait l'abandonner pour quelques heures : « Oravit tertiò, eumdem sermonem dicens ; » — ici qu'il accepta de boire jusqu'à la lie le calice de toutes les amertumes : « Pater mî, si non potest hìc calix transire nisi bibam illum, fiat voluntas tua ; » — ici que, prenant la place de tous les pécheurs et se chargeant de toutes leurs iniquités, il en ressentit cette sueur étrange qui fit couler le sang par tous ses pores : « Et factus est sudor ejus sicut guttæ sanguinis decurrentis in terram ; » — ici, enfin, qu'un Ange du ciel dut venir le soutenir et le fortifier : « Apparuit autem illi Angelus de cœlo, confortans eum. » Quels souvenirs ! Aussi le pèlerin aime-t-il à venir prier dans cette grotte bénie, et le prêtre a-t-il à cœur d'y célébrer au moins une fois, comme il m'a été donné de le faire dès le dimanche 7 septembre.

Jésus-Christ avait voulu prier seul et à l'écart ; il n'eut que les anges pour témoins des scènes douloureuses que rappelle la grotte de l'agonie. Plus bas, vers le sud, à la métairie de Gethsémani, qui était peut-être la villa de quelqu'un de ses disciples, il avait arrêté ceux qui le suivaient, en leur disant : « Asseyez-vous ici, pendant que je vais prier là-haut un peu « plus loin. » Si les trois apôtres devant lesquels il s'était déjà transfiguré sur le Thabor, pour les affermir contre le scandale de ses futures humiliations, eurent encore ici le privilége d'être choisis pour accompagner plus loin leur divin Maître, et de le voir « saisi de frayeur, de dégoût, de tristesse et « d'angoisse, » il les arrêta bientôt eux-mêmes par ces paroles : « Attendez ici et veillez avec moi. » Puis, il s'avança un peu plus au nord, à la portée d'un jet de pierre, dit le texte sacré, « Et ipse avulsus est ab eis *quantùm jactus est la-* » *pidis* .... et procidit in faciem suam, orans. » Et précisément à cette distance, au sud de la grotte de l'agonie, se voit le rocher traditionnel où Pierre, Jacques et Jean se laissèrent aller au sommeil, quand ils avaient ordre de veiller avec Jésus-Christ ; et sur ce rocher accusateur, qui semble se dresser toujours là pour dénoncer leur lâcheté, se dessinent encore trois grossières empreintes, comme de personnes couchées.

Ce même rocher fait face, du côté de l'Orient, au *Jardin des Oliviers*, dans lequel il était autrefois compris, et dont il est aujourd'hui séparé par un petit sentier qui mène de la grotte de l'agonie au lieu de la trahison de Judas. La grotte de l'agonie qui faisait elle-même, dans le principe, partie de ce jardin, en est séparée de nos jours par la voie publique allant du torrent de Cédron au sommet du mont des Oliviers. C'est que tout ce bas de la montagne ne devait être, au temps du Sauveur, qu'un espace ouvert et libre, auquel sa fertilité ou ses frais ombrages avaient fait donner le nom de jardin ; au lieu que ce qui porte aujourd'hui ce nom est un véritable jardin, entouré d'un mur de huit à neuf pieds de hauteur, n'offrant qu'une surface d'environ cent soixante pieds de long sur cent cinquante de large, et appartenant aux Pères de Terre-Sainte qui le cultivent avec soin. Le mur qui le ferme et qui ne remonte qu'à quelques années, est l'ouvrage de ces bons religieux qui ont par là voulu le mettre à l'abri des visiteurs indiscrets ; et c'est bien encore à cette même idée de défense qu'est due la porte à la fois si solide, si étroite et si basse, qui y donne accès du côté de l'Orient. Nous avons déjà dit que l'Eglise a cru devoir y ajouter ses foudres, en défendant, sous peine d'excommunication, de rien dégrader en ce lieu.

Le jardin des Oliviers était jadis tout couvert de ces arbres qui lui ont donné leur nom, comme ils l'ont donné à la montagne même, et c'est à l'ombre de ces oliviers que J.-C. aimait à se retirer avec ses disciples : c'était sa coutume, dit saint Luc, *secundùm consuetudinem.* Ce jardin, le plus saint qui soit au monde, a conservé jusqu'à nos jours huit de ces vénérables oliviers qui abritèrent si souvent le Sauveur, et qui furent les muets confidents de ses prières et de ses angoisses. Une constante tradition nous autorise à leur attribuer cette haute antiquité , qu'accusent d'ailleurs leurs troncs énormes et leurs immenses racines, et c'est à ce titre que tous les siècles les ont vénérés , comme les vénèrent encore aujourd'hui les pèlerins de toutes les religions. Suivant un auteur cité par Mgr Mislin , il se trouverait en Angleterre des *ifs* ayant de 1,000 à 3,000 ans ; près de Nerbudda dans l'Inde , un *figuier* n'ayant pas moins de 2,500 ; et les *baobab* mesurés par Adanson auraient au-delà de 5,000 ans. D'après l'*Univers* du 8 juin dernier, M. Elie de Beaumont, dans son cours au Collége de France , a cru lui-même pouvoir signaler en Amérique un *baobab* qui aurait 5,150 ans , et un *plaxoria* qui compterait plus de 6,000 ans. Ces supputations dont nous n'entendons point garantir l'exactitude , ne laissent pas de nous sembler assez favorables à la cause de nos huit oliviers. Leur âge de 19 siècles n'a rien qui doive surprendre , dit M. l'abbé Wonner, quand les naturalistes affirment que les oliviers vivent sans âge , et qu'ils se reproduisent sans interruption si l'on a soin d'y veiller. Nos vénérables oliviers étant creux en partie , on les a remplis de pierres; on a encore amoncelé tout autour des pierres et de la terre végétale , dans le double but de les protéger contre la tempête et de contribuer à leur fécondité. Grâce à ces soins, ils poussent constamment de nouvelles branches et donnent quelquefois des olives dont nos religieux font de l'huile et des chapelets précieux et recherchés. J'ai eu le bonheur d'obtenir de cette huile , de ces chapelets et de ces branches , et de les partager avec mes amis, qui ont bien le droit d'en être fiers, quand M. de Lamartine lui-même n'a pu s'empêcher « d'apporter en reliques » de ces pieux objets , et de dire : « Je conçois qu'il est doux pour l'âme chrétienne de prier en roulant dans ses doigts les noyaux d'olives de ces arbres. » Enfin , si l'on ne veut pas admettre que ce soient les mêmes arbres et les mêmes troncs qui existaient au temps de Notre-Seigneur , on ne peut guère du moins se refuser à y voir des rejetons de ces arbres sacrés. « Rien ne prouve, dit encore M. de Lamartine , que ce ne soient pas identiquement les mêmes souches. J'ai parcouru toutes les parties du monde où croît l'olivier : cet arbre vit des siècles , et nulle part je n'en ai trouvé de plus gros. »

Les huit oliviers occupent la partie du jardin la plus rapprochée du torrent de Cédron. La partie supérieure offre un parterre où se cultivent diverses fleurs; j'ai encore eu le bonheur d'en obtenir quelques-unes , grâce à l'obligeance du religieux qui sert chaque jour la messe dans la grotte de l'agonie, et qui

se rend ensuite au jardin des oliviers qu'il a mission de culti-
ver et de faire voir aux pèlerins.

Au sortir du jardin des Oliviers, laissons à gauche le rocher sur lequel dormaient les apôtres, et reprenons à droite,
en avançant au midi, le petit sentier qui règne à l'orient du
jardin. A quelques pas, le sentier aboutit à une impasse que
forment deux petits murs de pierres sèches, et qui n'a guère
plus d'un mètre de large sur sept ou huit de profondeur. Au
point de jonction de ces deux murs, au fond de l'impasse, le
pèlerin ému se prosterne et colle amoureusement ses lèvres au
rocher, offrant à Dieu ses plus profondes adorations en réparation du crime affreux qui s'y commit il y a dix-huit siècles :
c'est le lieu de la trahison de Judas.

Jésus avait achevé sa triple prière et se retrouvait pour la
troisième fois auprès de ses apôtres, que ceux-ci dormaient
toujours. Mais ce n'était plus le temps de dormir, et Jésus
leur dit : « Levez-vous, allons : voici venir celui qui doit me
livrer. » Et faisant quelques pas, il se trouva au lieu même
où nous sommes, lorsque Judas y arrivait d'un autre côté avec
sa hideuse escorte, armée d'épées et de bâtons, munie de lan-
ternes et de torches. A sa vue, le traître se détachant de la
foule qui le suivait, se porta seul en avant, pour donner au
divin Maître le baiser perfide qui devait le signaler à ses ennemis : « Accedens ad Jesum, dixit : Ave, Rabbi. Et osculatus
« est eum. » On sait le reste. Après avoir montré à ses ennemis, en les terrassant d'un mot, qu'ils n'ont sur lui que le
pouvoir qu'il veut bien leur donner, il leur permet de porter
leurs mains sacriléges sur sa personne adorable et de l'entraîner brutalement chez Anne.

Le bon Sauveur qui a jusqu'ici parcouru librement la terre
d'Israël, est désormais entre les mains de ses ennemis qui l'ont
indignement lié, « et ligaverunt eum. » C'est donc ici que
commence la *Voie de la Captivité*, qu'il ne faut pas confondre
avec la *Voie douloureuse* ou le *Chemin de la Croix*. La Voie
de la Captivité comprend les six stations suivantes : arrestation de Jésus au Jardin des Oliviers, 1ᵉʳ interrogatoire chez
Anne, 2° chez Caïphe, 3° chez Pilate, 4ᵉ chez Hérode, 5ᵉ chez
Pilate qui le condamne à mort. Au lieu même où elle se termine, chez Pilate, commence la Voie Douloureuse, sur laquelle
nous n'avons pas à revenir. Nous ne reviendrons pas davantage sur la Voie de la Captivité, que nos lecteurs connaissent
également, et que notre caravane a voulu parcourir le vendredi 19 septembre, comme elle avait déjà parcouru la Voie

Douloureuse. Faisons seulement quelques pas à la suite de Jésus captif et lié. Prenons avec lui le petit sentier qui descend au midi de l'enceinte actuelle du Jardin des Oliviers, et tombons à genoux sur les bords du Cédron pour baiser avec respect la pierre du torrent. C'est là que le Sauveur, brutalement poussé par ses bourreaux, tomba sur ses genoux, qui laissèrent miraculeusement leur empreinte dans le roc où elles se voient encore à demi-effacées. Douloureuse circonstance qui venait accomplir à la lettre cette parole de David prophétisant les humiliations et les souffrances du Messie : « *De torrente in viâ bibet* : Il boira dans le chemin de l'eau du torrent ; » et au sujet de laquelle Quaresmius ne craint pas de dire : « Je n'ignore pas que certains auteurs n'ont vu là qu'un fait apocryphe qu'ils ont tourné en ridicule ; mais c'est bien plutôt à eux que le ridicule appartient, puisque l'impression de ces vestiges n'est nullement opposée à la raison, et qu'elle a même pour elle une certaine convenance, l'autorité, et d'autres faits semblables. »

Si maintenant nous gravissons la sainte montagne, nous trouvons, au-delà du jardin des Oliviers, le lieu où Jésus pleura sur Jérusalem, au moment d'y faire son entrée solennelle, en ce jour triomphal que rappelle notre dimanche des Rameaux. Parti le jour même de Béthanie, à l'orient et à cinq kilomètres environ de Jérusalem, il s'avançait résolument, dit l'Evangile, à la tête de ses disciples : « Præcedebat ascendens Jerosolimam. » A la hauteur du village de Bethphagé, sur le versant méridional du mont des Oliviers, il se fait amener un ânon qui, n'ayant encore été monté par personne, était ainsi de ceux que les anciens avaient coutume de choisir pour des usages sacrés. Les disciples mettent leurs vêtements sur l'humble et pacifique monture, et y font asseoir leur divin Maître, qui continue sa route en cet équipage, simple et modeste assurément, dit le P. de Ligny, mais, suivant les mœurs du temps et du pays, nullement bizarre et ridicule, comme nous serions tentés de le croire. De son côté, la foule accourue de Jérusalem à sa rencontre, le reçoit, dit le Dr Sepp, « ainsi que l'on recevait en général les rois en Orient : » les uns jettent des branches d'arbres, les autres étendent leurs vêtements sur son passage ; tous ont des palmes à la main et s'écrient avec transport : « Hosanna !..... » Vers la descente du mont des Oliviers, du côté de Jérusalem, les disciples, ravis de joie, reprennent plus haut encore les louanges de leur Maître ; et c'est au milieu de ces acclamations que Jésus arrive au lieu où nous sommes, en face de Jérusalem, sur laquelle il ne peut jeter un dernier regard plein de tristesse et d'amour , sans donner des larmes au sort affreux qui lui est bientôt réservé. « Quand il en fut proche, il regarda la ville et pleura sur elle, « en disant : Ah ! si tu reconnaissais , au moins en ce jour qui « t'est encore donné, ce qui te peut apporter la paix ! Mais , « c'est chose maintenant voilée à tes yeux. Il viendra pour « toi des jours où tes ennemis t'environneront d'un mur de « circonvallation..... et ne laisseront pas en toi pierre sur « pierre , par ce que tu n'as point su connaître le temps où tu « as été visitée. » Or, quarante ans ne s'étaient pas écoulés depuis la terrible prédiction , que déjà les mauvais jours étaient venus : Titus faisait camper ici même une de ses légions , et le siége de la ville déicide aboutissait à une ruine sans pareille dans l'histoire.

Non loin du lieu où Jésus pleura sur Jérusalem et lui prédit cette suprême destruction , s'ouvrent dans la montagne les souterrains connus sous le nom de *tombeaux des Prophètes*, dont les nombreuses niches servirent de demeures aux anachorètes des premiers siècles. On ne sait trop quels prophètes auraient pu recevoir la sépulture dans ces tombeaux , quand les Juifs avaient si peu l'habitude d'honorer leurs prophètes, ainsi que saint Etienne le leur reprochait en face, peu d'instants avant d'être lapidé par eux : « Ce qu'ont été vos pè« res, vous l'êtes vous-mêmes. Est-il un seul d'entre les pro« phètes que vos pères n'aient persécuté ? Ils ont fait mourir « ceux qui leur prédisaient l'avénement du Juste que vous-« mêmes venez de trahir et dont vous avez été les meurtriers. » Il est vrai cependant, comme le fait observer Mgr Mislin , qu'après les avoir mis à mort , ils leur élevaient quelquefois des monuments, et nous avons peut-être devant nous ceux qui donnèrent lieu à ces foudroyantes paroles de Jésus-Christ : « Malheur à vous, scribes et pharisiens hypocrites, qui bâ« tissez des tombeaux aux prophètes et qui ornez les monu-« ments des justes !... Malheur à vous , qui bâtissez des tom-» beaux aux prophètes ; et ce sont vos pères qui les ont fait « mourir ! »

A quelque distance , au-dessus de ces tombeaux , le pèlerin tombe à genoux et récite le *Credo* avec une émotion qu'il n'avait encore jamais éprouvée. Ces ruines sont celles d'une ancienne *église des douze Apôtres* , et ce lieu est celui où , avant de se disperser dans le monde, ils se réunirent pour composer le Symbole qui s'est appelé de leur nom *Symbole des Apôtres.* On sait les admirables paroles inspirées à Châteaubriand par un tel souvenir. « Tandis que le monde entier adorait à la face du soleil mille divinités honteuses, douze pêcheurs, cachés dans les entrailles de la terre, dressaient la profession de foi du genre humain, et reconnaissaient l'unité du Dieu créateur de ces astres à la lumière desquels on n'osait encore proclamer son existence. Si quelque Romain de la cour d'Auguste, passant auprès de ce souterrain, eût aperçu les douze Juifs qui composaient cette œuvre sublime, quel mépris il eût témoigné pour cette troupe superstitieuse ! Avec quel dédain il eût parlé de ces premiers fidèles ! Et pourtant ils allaient renverser les temples de ce Romain, détruire la religion de ses pères, changer les lois, la politique, la morale, la raison, et jusqu'aux pensées des hommes. »

Avançons encore un peu, et de nouveau tombons à genoux, pour réciter cette fois la prière du Seigneur lui-même, l'*Oraison Dominicale.* C'est le lieu traditionnel où Jésus-Christ, à la demande expresse de l'un de ses disciples, daigna leur enseigner le *Pater*, ainsi que nous le voyons dans saint Luc. « Un jour, comme il était en prière en un certain lieu, après « qu'il eut cessé de prier, l'un de ses disciples lui dit : Sei- « gneur, apprenez-nous à prier, comme saint Jean l'a lui- « même appris à ses disciples. — Et il leur dit : Lorsque vous « prierez, dites : Père, que votre nom soit sanctifié... » Ainsi furent composées sur la même montagne, et presque au même lieu, la profession de foi de tous les hommes et la prière de tous les hommes. Il est vrai que saint Matthieu nous donnant déjà cette prière dans le *Sermon sur la Montagne*, certains auteurs en voudraient conclure que J.-C. l'avait enseignée dès le début de sa prédication, et qu'il la répéta plus tard dans les circonstances que nous venons de rappeler. Mais il en faudrait plutôt conclure, dit Cornelius à Lapide, que saint Matthieu l'a reproduite par anticipation : « Vel potiùs illam, uti et alia, Matthæus eo loco posuit per prolepsin vel anticipationem, ut simul quasi synopsin totius doctrinæ christianæ proponeret. »

A quelques pas se voyaient la grotte et l'église de Sainte-Pélagie, dont il reste encore une chambre basse et obscure. L'illustre pénitente du Ve siècle que l'Eglise honore sous le nom de sainte Pélagie, avait été la principale comédienne de la ville d'Antioche, où on l'avait surnommée Marguerite, « à cause, nous dit le P. Ribadénéira, de la quantité de perles précieuses qu'elle portait sur soi, servant de filets à Satan pour attraper beaucoup d'âmes. » La grâce ayant touché son cœur, elle reçut le baptême et se retira sur le mont des Oliviers, au lieu même où nous sommes. Elle y vécut sous le nom de Pélage, y mena la vie la plus austère et y reçut la sépulture.

Ici nous touchons à l'une des stations les plus intéressantes du mont des Oliviers. Pour mieux la faire connaître à nos lecteurs, disons d'abord que la sainte montagne offre trois sommets ou collines parallèles dans la direction du nord au sud. Celui du sud est appelé mont de l'*Offense* ou du *Scandale*, à cause des temples que Salomon, vers la fin de ses jours, y fit construire aux idoles de ses femmes, en face du temple du vrai Dieu sur le mont Moriah. — Celui du nord s'appelle *Viri Galilœi*, sans doute par ce qu'il servait autrefois de retraite aux habitants de la Galilée, quand ils venaient à Jérusalem pour les solennités religieuses, et non, comme quelques-uns l'ont pensé, parce que ce serait l'endroit où les deux anges s'adressèrent aux disciples, après l'Ascension du Sauveur, et leur dirent : « *Viri Galilœi*, hommes de Galilée, » n'étant guère probable que les disciples se soient écartés à cette distance d'environ trois cents pas du rocher autour duquel ils étaient ravis en admiration. Les ruines qu'on y voit aujourd'hui recouvrent une grande citerne assez bien conservée. — Enfin, le sommet du milieu que nous continuons de gravir et qui est le plus élevé des trois, se nomme le mont de l'*Ascension*, parce que ce fut de ses hauteurs que Jésus-Christ, le quarantième jour après sa résurrection, voulut monter au ciel en présence de sa mère et de cent vingt disciples. Après les avoir conduits sur la montagne des Oliviers, disent nos saintes Lettres, et leur avoir fait ses dernières recommandations, il lève les mains pour les bénir ; et pendant que ses mains divines laissaient tomber sur eux sa douce bénédiction, il s'éleva dans les airs, et disparut dans une nuée à laquelle ils attachèrent leurs regards jusqu'à ce que deux anges vinrent leur dire : « Hommes de Galilée, pourquoi vous arrêter ainsi à regarder « au ciel ? Ce Jésus qui vous a quittés pour s'élever au ciel, « en reviendra de la même manière que vous l'y avez vu « monter. »

En quittant la terre, J.-C. laissa sur le rocher l'empreinte visible de ses pieds. « C'est une de s traditions les plus appuyées, dit M. l'abbé Wonner, et les Pères en parlent fréquemment. » Mgr Mislin affirme lui-même que cette croyance repose sur les plus anciennes et les plus respectables autorités, quoiqu'elle ne soit ni un dogme de foi, ni même un dogme historique. On sait que les Turcs se vantent de posséder, dans leur célèbre mosquée d'Omar, l'empreinte du pied droit qui aurait été détachée à cet effet de la sainte montagne. Mais « il est difficile de comprendre, dit le Père Nau, comment on a pu couper la pierre du mont des Olives pour en enlever ce sacré vestige, et pourquoi les Mahométans y ont laissé celui du pied gauche. » La difficulté disparaît pour ceux qui croient que Jésus-Christ ne laissa sur le rocher que l'empreinte d'un pied, suivant une opinion respectable à laquelle nos peintres, sans trop y songer peut-être, semblent généralement obéir, puisqu'ils nous représentent toujours le Sauveur foulant d'un pied la terre quand il s'élève au ciel. Quoi qu'il en soit, le lieu de l'Ascension n'offre aujourd'hui que l'empreinte du pied gauche : elle est engagée dans un rocher fort dur et de couleur blanche jaunâtre, et demeure assez reconnaissable, malgré les ravages des siècles. Au reste, suivant l'observation si juste de Mgr Mislin, pour être en partie effacée, elle n'en doit paraître que plus ancienne et plus vénérable, et il y aurait lieu de s'en défier si elle était plus distincte. « En examinant cette trace, dit Châteaubriand, on en a conclu que le Sauveur avait le visage tourné vers le Nord au moment de son Ascension, comme pour renier ce Midi infesté d'erreurs, pour appeler à la foi les barbares qui devaient renverser les temples des faux dieux, créer de nouvelles nations, et planter l'étendard de la croix sur les murs de Jérusalem. » Saint Bernardin raconte qu'un gentilhomme provençal, après avoir visité avec une dévotion extraordinaire les lieux consacrés par la vie, la mort et la résurrection de Jésus-Christ, mourut d'amour la bouche collée sur cette empreinte miraculeuse. Il nous a été bien doux de la baiser comme lui avec respect, et plus doux encore d'y célébrer la sainte messe.

Sainte Hélène avait fait bâtir en ce lieu une grande et magnifique église, appelée *basilique* de l'*Ascension*. Au rapport de Saint Jérôme et de plusieurs autres Pères, les architectes ne purent jamais réussir à couvrir de marbre l'empreinte des pieds du Sauveur, ni à fermer la coupole à l'endroit par où il s'était élevé dans les airs; ce qui fait dire au P. Nau que si Jésus imprima sur la pierre des marques sensibles de sa gloire, «il en laissa aussi dans l'air, et il y marqua le chemin qu'il avait tenu pour aller au ciel. »Ce prodige, continue le même auteur, dut cesser aux premiers temps de l'occupation musulmane, « et cette cessation de miracle en fut un nouveau, par lequel Dieu faisait voir que Mahomet fermait par sa religion le chemin du ciel, que Jésus-Christ avait ouvert par la sienne. » Rebâtie au commencement du VIIe siècle, et « divinement restaurée par les croisés, » dit l'un de nos pélerins, l'église de l'Ascension fut en partie détruite par les infidèles, à la fin du XIIe siècle, et ne devait plus se relever de ses ruines. Il n'en reste aujourd'hui que le pavé, quelques pans de murs, et les traces du double rang de colonnes qui l'ornait à l'intérieur. L'Arabe qui en est propriétaire se montre facile à l'égard des pélerins, et, moyennant un faible backchick, leur permet de tout visiter à loisir.

En détruisant la vénérable église de l'Ascension, les infidèles du XIIe siècle avaient conservé, pour la convertir en mosquée, la chapelle intérieure qui renfermait l'empreinte des pieds de Jésus-Christ. Cette petite chapelle, ou plutôt cette mosquée, rebâtie plus tard, existe encore au milieu des ruines de l'église. C'est un édicule octogone qui a son entrée au couchant et qui est pavé de larges dalles. La miraculeuse empreinte se trouve à droite et assez près de l'entrée, dans une petite cavité où le dallage la laisse à découvert. Au-dessus de cette cavité l'on dresse au besoin un autel portatif, et c'est ainsi que j'ai dû faire pour y célébrer la sainte messe, le jeudi 18 septembre.

Des hauteurs du mont de l'Ascension redescendons dans la vallée de Josaphat, sur les bords du Cédron, au-dessous du jardin des Oliviers, et faisant quelques pas au midi, arrêtons-nous pour considérer, sur notre gauche, adossés aux flancs de la montagne, les antiques monuments de Josaphat, d'Absalon, de saint Jacques et de Zacharie. Le premier, appelé *Tombeau de Josaphat*, offre plusieurs chambres sépulcrales creusées dans le roc et en grande partie enfouies sous des monceaux de pierres. On ne saurait dire s'il est bien réellement l'œuvre de l'excellent roi dont il porte le nom, mais on peut affirmer que ce prince n'y a point reçu la sépulture, puisque nous lisons au IIIe Livre des Rois : « Josaphat s'endormit avec « ses pères, et fut enseveli avec eux dans la cité de David. » — Tout auprès se voit le second monument, également taillé dans le roc et à demi enfoui sous les pierres. « Jusqu'à ce jour, dit M. le comte de Létourville, la tradition et le vulgaire ignorant l'ont nommé le *Tombeau d'Absalon.* S'il en était ainsi, nous aurions sous les yeux un monument d'une bien haute antiquité, puisqu'il serait antérieur au temple, et bien curieux en même temps, puisqu'il nous donnerait un spécimen de l'art judaïque, si longtemps inconnu. Or, voilà que l'histoire et la science semblent enfin se mettre d'accord pour donner raison à la tradition et aux ignorants. C'est donc ici le monument dont il est parlé au II° Livre des Rois : « Or, Ab- « salon, lorsqu'il vivait encore, s'était fait ériger un monu- « ment dans la vallée du Roi. Je n'ai point de fils, disait-il, « et ceci rappellera le souvenir de mon nom. Il donna donc « son nom au monument, et on l'appelle encore aujourd'hui « la *Main d'Absalon.* » Le monument a reçu plus tard et porte encore de nos jours le nom de *Tombeau d'Absalon*, quoiqu'il n'ait jamais possédé la dépouille mortelle de ce prin- ce. L'Ecriture nous apprend, en effet, qu'Absalon périt mi- sérablement, lors de la déroute de son armée dans la forêt d'Ephraïm, au-delà du Jourdain, et qu'on le jeta dans une fosse profonde de la forêt, sur laquelle on éleva un grand « monceau de pierres, » en signe d'opprobre. Ajoutons avec le P. Nau, que son monument de la vallée de Josaphat, des- tiné à « immortaliser son honneur, n'a immortalisé, par un juste jugement de Dieu, que la mémoire de ses crimes... On a coutume, en passant près de ce mausolée, de prendre une pierre, de la jeter contre ; et ne passe pas pour bon fils, qui manque à le faire, et à lapider en effigie ce fils détestable qui osa lever les armes contre son père. » — Le troisième monu- ment est à quelques pas plus loin et porte le nom de *Tom- beau de Saint-Jacques.* C'est une grotte taillée dans le ro- cher, postérieure au tombeau d'Absalon, et toutefois portant elle-même, d'après la science, le cachet de l'architecture hé- braïque. Suivant la tradition, c'est là que se cachèrent les apôtres, quand ils abandonnèrent leur divin Maître après la trahison de Judas ; là que saint Jacques-le-Mineur voulut res- ter, sans prendre de nourriture, depuis l'arrestation de Jé- sus-Christ jusqu'à sa glorieuse résurrection ; là que le bon Sauveur daigna le favoriser de cette apparition particulière que saint Paul signale aux Corinthiens ; « Deindè visus est Ja- cobo ; » là enfin que le même apôtre, devenu le premier évê- que de Jérusalem, fut enseveli après avoir été précipité du haut du temple. — A quelques pas encore, se présente un qua- trième monument hébraïque, le *Tombeau de Zacharie*, le même, au rapport de la tradition, que les Juifs avaient mas- sacré dans le lieu saint, et dont Jésus-Christ leur reprocha si vivement le meurtre : « Sur vous retombera tout le sang inno- « cent qui a été répandu sur la terre, depuis le sang du juste « Abel jusqu'au sang de Zacharie, fils de Barachie, que vous « avez tué entre le temple et l'autel. »

Ici nous sommes au pied du mont du Scandale, un des trois sommets de la montagne des Oliviers, et devant nous les mille tombes du cimetière des juifs, recouvertes de simples et petites dalles, montent en désordre, comme un vaste amas de débris, jusqu'au village de *Siloan*, se confondant presque avec les masures de ce gros village arabe. C'est l'aspect sévère de ces lieux qui a inspiré les lignes suivantes à Châteaubriand : « A la tristesse de Jérusalem, dont il ne s'élève aucune fumée, dont il ne sort aucun bruit ; à la solitude des montagnes où l'on n'aperçoit pas un être vivant, au désordre de toutes ces tombes fracassées, brisées, demi-ouvertes, on dirait que la trompette du jugement s'est déjà fait entendre, et que les morts vont se lever dans la vallée de Josaphat. »

A quelque distance du village, sur la pente de la montagne, au-dessus des tombeaux des juifs, vers le chemin qui mène à Béthanie, l'on montre le lieu où *Judas se pendit* à un figuier, au pied duquel se répandirent ses entrailles maudites, ainsi que nous l'affirme le prince des apôtres: *Et suspensus crepuit medius, et diffusa sunt omnia viscera ejus.* Et c'est auprès d'un tel lieu que les juifs ont établi leur cimetière ! Après tout, s'envient le P. Nau, il y a de la providence particulière de Dieu, que les juifs s'étant rendus les imitateurs de Judas, en rejetant comme lui le Messie, aient leur sépulture sous le lieu de son désespoir. Il n'y en a pas moins qu'ils l'aient au pied de cette montagne fameuse de l'Achoppement et du Scandale, parce que, comme le dit saint Paul, ils ont fait de Jésus-Christ, qui est la pierre angulaire de l'Eglise, une pierre d'achoppement contre laquelle ils se sont blessés et perdus. Et n'est-ce pas, ajouterons-nous, un trait de cette même providence, que le malheureux disciple qui avait trahi son divin maître soit venu, lui aussi, mourir sur cette montagne du Scandale.

En descendant du tombeau de Zacharie au village de Siloan, nous avons laissé à droite la *Fontaine de la Vierge Marie*, ainsi nommée parce que, suivant la tradition, la sainte Vierge y venait puiser de l'eau quand elle était à Jérusalem. La source est sous terre, à une assez grande profondeur, où l'on arrive par une double rampe, et où se trouve un bassin qui peut avoir quinze pieds de long sur six de large. Un canal souterrain et tortueux, auquel on donne 1750 pieds de longueur, la fait communiquer avec la *Fontaine de Siloé*, qui se voit plus bas dans la vallée, en face du village de Siloan, sur la montagne du Scandale.

Siloé est un mot hébreu qui signifie *envoyé*, ainsi que nous l'apprend l'Evangile :«*Siloë*, quod interpretatur *Missus.* » Les pieux auteurs nous donnent diverses raisons plausibles de cette dénomination de la mystérieuse fontaine, qui était surtout, d'après Cornélius à Lapide, l'une des nombreuses figures de Jésus-Christ: « Siloë erat typus Christi. » Elle le figurait par son nom même, Jésus-Christ étant l'*Envoyé* par excellence, aux termes de la prophétie de Jacob :«Donec veniat « *qui mittendus est ;* » ce qui fait ajouter au savant commentateur : « Proprium officii et dignitatis ejus nomen fuit Siloë, « id est missus. » Mais l'eau de Siloé était encore, suivant le Dr D'allioli, une figure bien connue du salut à venir, et c'est en signe de l'effusion de la grâce qui devait signaler l'avènement du Messie, que les lévites, à la fête des tabernacles, répandaient de cette eau sur l'autel, en chantant avec le prophète Isaïe :«Haurietis aquas in gaudio de fontibus salvatoris.» Auprès de la fontaine de Siloé s'élevait cette tour qui écrasa dix-huit personnes dans sa chûte, au temps de Notre-Seigneur, lequel en prit occasion de dire aux juifs : « Ces dix-huit que « la tour de Siloé a écrasés en tombant sur eux, croyez-vous « qu'ils fussent plus redevables à la justice divine que tous « les autres habitants de Jérusalem? Non, je vous l'assure ; « et si vous ne faites pénitence, vous périrez tous, aussi bien « qu'eux.» En avant de la fontaine et communiquant avec elle, se voit aujourd'hui une piscine qui peut avoir 53 pieds de long sur dix-huit de large et 19 de profondeur. Une piscine y existait déjà au temps de Jésus-Christ, et c'est là qu'il opéra cette guérison miraculeuse de l'aveugle-né, au sujet de laquelle la Synagogue en émoi se montra si ridicule. « Comme Jésus « passait, dit l'écrivain sacré, il vit un homme qui était aveu-« gle de naissance ; et ses disciples lui demandèrent: Maître, « quel est celui, de cet homme ou de ses parents, dont les « péchés sont la cause qu'il est né aveugle? — Jésus répon-« dit : Ni lui ni ses parents n'ont attiré ce mal par leur péché; « mais ceci est arrivé pour que les œuvres de Dieu éclatent « en lui...... Et crachant à terre, il fit de la boue avec sa sali-« ve, en frotta les yeux de l'aveugle et lui dit: Allez vous laver « dans la piscine de Siloé (qui signifie Envoyé).Il y alla donc, « il s'y lava, et il en revint voyant clair...... »

La fontaine de Siloé, comme celle de Marie, est du nombre des sources intermittentes et irrégulières, ce que ne comprennent pas, il le paraît, tous les habitants du pays, et ce qui donna lieu, il y a quelques années, à une scène assez piquante que raconte M. l'abbé Azaïs. Un jour, l'eau ne paraissant pas aussi promptement qu'à l'ordinaire, les Turcs alarmés s'attroupèrent autour de la piscine. « Tout à coup quelque chose d'animé, ayant une forme humaine, s'agite à l'ouverture de la fontaine et s'avance vers le groupe de spectateurs. C'était le bon abbé Desmazures, cet infatigable pélerin qui a si longtemps vécu à Jérusalem, et qui n'a pas laissé dans cette ville et dans le voisinage une pierre qu'il n'eût remuée, un trou où il n'eût fureté. Il avait exploré le souterrain qui met en communication la fontaine de Marie avec la source de Siloé et il s'était hardiment engagé tout seul dans l'étroit conduit qui traverse la colline.... Quant il sortit, il était couvert de boue de la tête aux pieds, et avec sa barbe limoneuse, sa robe traînée dans la vase, sa tête coiffée de toiles d'araignées, il était affreux à voir. Les Turcs effrayés le prirent pour un mauvais génie qui avait tari la source, et ils commençaient, à fuir. Mais revenus bientôt de leur première frayeur, ils se saisirent du pauvre M. Desmazures. Le Père, surpris de cet accueil dont il ignore la cause, s'agite et se démène avec une étrange énergie pour se soustraire au danger. Vains efforts ! On s'ameute contre lui avec d'horribles vociférations et des menaces. Déjà les pierres et les coups commençaient à pleuvoir, lorsque son bonheur voulut que l'eau reparût aussitôt et reprît son cours ordinaire. A l'instant la reconnaissance succède à l'emportement; ces hommes ne voient plus en lui qu'un génie bienfaisant, et ils s'empressent autour du bon Père pour lui baiser les mains et les vêtements en signe de gratitude. »

L'Ecriture nous apprend que la piscine de Siloé donnait sur les jardins du Roi, lesquels devaient puiser dans ses eaux une admirable fécondité. Ces jardins occupaient le fond de la vallée de Josaphat, sous la montagne du Scandale, où nous les retrouvons encore aujourd'hui, toujours arrosés par les eaux de Siloé, mais entièrement déchus de leur ancienne splendeur, et n'offrant plus guère à l'œil que de rares légumes, « au milieu desquels, dit l'un de nos pélerins, gens, chevaux et chameaux passent sans scrupule, comme sans opposition de la part des propriétaires indolents. »

Au rapport de saint Epiphane, une source aurait jailli subitement, à la prière du prophète Isaïe, pour étancher la soif qui le dévorait dans son affreux martyre, et c'est de l'envoi que Dieu lui fit de cette eau miraculeuse que serait venue la dénomination de *Siloé* : « Fontem quippè Deus Siloam causâ Prophetæ effecit : quoniam priusquam moreretur, pusillum

precatus est, uti undas illinc erumpere dignaretur, et confes-
tim dimisit illi cœlitus aquam viventem , undè sortitus est locus ille appellationem *Siloam* : quod si quis interpretetur ,
sonat *demissum.* » Quoi qu'il en soit , l'on nous montre au
midi , à une petite distance de la fontaine de Siloé , le lieu
traditionnel du martyre du saint prophète Isaïe. D'après la
croyance commune , Isaïe était neveu de roi , cousin de roi
et beau-père de roi : fils d'Amos, le frère du roi Amasias, cousin et beau-père du roi Manassès. Mais qu'importe l'illustra-
tion de sa race à celui que l'Eternel daigne établir le dépositaire de ses pensées de miséricorde et de justice ? Isaïe est le
premier des grands prophètes , et « son nom seul , dit le P.
Nau , est l'abrégé de toutes les prophéties ; car *Isaïe,* dans la
langue sainte , signifie *Jésus est Dieu* , comme l'a remarqué
un savant interprète. » L'Esprit-Saint , au livre de l'*Eccle-*
siastique , en fait ainsi l'éloge : « Isaïe fut un prophète grand
« et fidèle aux yeux de Dieu. » Il fit rétrograder la lumière du
« soleil , et il ajouta plusieurs années à la vie du roi. Le grand
« esprit qui l'animait lui fit voir les choses les plus éloignées,
« et il consola ceux qui pleuraient dans Sion. Il prédit ce qui
« devait arriver jusqu'à la fin des temps, et découvrit les cho-
« ses secrètes avant qu'elles arrivassent. » Ajoutons qu'il y a
tant de précision dans ses prophéties , que saint Jérôme veut
qu'on l'appelle plutôt un évangéliste qu'un prophète. Il nous
apprend lui-même qu'il prophétisa sous les règnes d'Ozias, de
Joathan,d'Achaz et d'Ezéchias,roi de Juda; d'où il faut conclure
qu'il parvint à une très-grande vieillesse et qu'il dut mourir
centenaire. C'est une tradition constante, venue des Juifs aux
chrétiens, que son gendre, le roi Manassès, successeur d'E-
zéchias , furieux de ses avis et de ses reproches salutaires ,
le fit *scier avec une scie de bois.* Il fut enterré sous un chêne,
au lieu même de son martyre , que rappelle encore aujour-
d'hui un arbre antique , s'élevant au milieu d'un petit tertre
où les Musulmans se réunissent pour la prière.

A quelques pas vers le midi , un peu au-dessous de la jonction des deux vallées de Josaphat et de la Géhenne , se voit la
célèbre *Fontaine de Rogel* (ou du Foulon), aujourd'hui nommée *Puits de Job* (Bir-Ayoub) , sans doute par corruption du
mot *Joab* , nom du général en chef des armées de David, avec
le concours duquel Adonias se fit proclamer roi en ce lieu,
pendant que le grand-prêtre Sadoc et le prophète Nathan sa-
craient Salomon dans la vallée de Gihon, au-dessus de la vallée de la Géhenne. La même fontaine s'appelle encore *Puits*

de Néhémie et *Puits du Feu*, pour des raisons que l'on nous saura gré de développer ici.

Lorsque Dieu eut réglé tout ce qui concernait les sacrifices que devait lui offrir son peuple, et qu'Aaron remplit pour la première fois les fonctions de grand-prêtre, un feux miraculeux vint consumer l'holocauste, ainsi que nous le voyons au livre du *Lévitique* : « La gloire du Seigneur apparut à toute « la multitude, et un feu sorti du Seigneur dévora l'holo- « causte et les graisses qui étaient sur l'autel. » C'est le *feu sacré*, qui va devenir le *feu perpétuel*, d'après cet ordre formel du Seigneur : « Le feu brûlera toujours sur l'autel, « et le prêtre aura soin de l'entretenir en y mettant du bois « chaque matin... C'est là le feu qui brûlera toujours sur l'au- « tel, sans qu'on le laisse jamais s'éteindre. » Ce feu était le seul dont la loi permît de se servir à l'autel des holocaustes et à l'autel des parfums ; aussi voyons-nous Nadab et Abiu, fils d'Aaron, frappés de mort, parce qu'ils avaient eu la témérité de prendre du feu commun pour offrir de l'encens. A la veille de la captivité de Babylone, après la prise de Jérusalem par Nabuchodonosor II, le prophète Jérémie trouva le moyen de faire cacher l'arche d'alliance et l'autel des parfums dans une caverne du mont Nébo, et le feu sacré dans un puits desséché de la vallée de Josaphat. Le IIe Livre des Machabées, qui nous donne ces renseignements, se charge encore de nous apprendre comment le feu sacré fut miraculeusement retrouvé, au retour de la captivité. « A plusieurs années de là, Dieu ayant « permis que le roi de Perse envoyât Néhémie en Judée, « celui-ci fit rechercher le feu par les petits-fils des prêtres « qui l'avaient caché ; mais ils ne le retrouvèrent point, com- « me ils nous l'ont dit eux-mêmes, ils trouvèrent seulement « une eau épaisse. Le prêtre Néhémie ordonna de puiser cette « eau, de la lui apporter et d'en faire des aspersions sur le « bois et sur les sacrifices. Et à ce moment, le soleil se dé- « gageant des nuages pour briller dans tout son éclat, il s'al- « luma un grand feu qui remplit d'admiration tous ceux qui « étaient présents..... Et le sacrifice étant consumé, Néhé- « mie commanda que l'on répandît (sur les grandes dalles ce « qui restait de cette eau. Ce qu'on n'eut pas plutôt fait, qu'il « s'y alluma une grande flamme, laquelle fut absorbée par la « lumière qui brillait au-dessus de l'autel. La chose étant de- « venue publique, on rapporta au roi de Perse qu'au même « lieu où les prêtres avaient caché le feu, avant de partir « pour la captivité, s'était retrouvée une eau avec laquelle

« Néhémie et ses compagnons avaient purifié les sacrifices.
« Le roi y réfléchit, et après avoir constaté l'exactitude par-
« faite de la chose, il fit bâtir en ce même lieu un temple.
« Et se tenant assuré du prodige, il donna aux prêtres de
« grands biens, et leur fit divers présents qu'il leur distribuait
« de sa propre main. Néhémie appela ce lieu *Nephtar*, c'est-
« à-dire, *purification* ; mais le vulgaire l'appela *Néphi*. »

Le lecteur sait maintenant pour quoi les noms de *Puits de
Néhémie* et *Puits du Feu* ont été donnés à la célèbre source
que nous visitons, et que les Arabes de nos jours appellent
Puits de Job. Ce puits est taillé dans le roc, à cent vingt-deux
pieds de profondeur, suivant Pococke, et porte les caractères
d'une construction très-ancienne. Quelquefois dans l'hiver,
l'eau en franchit l'orifice et inonde la vallée ; c'est présage
d'une année d'abondance, et l'on s'aborde joyeusement dans
les rues de Jérusalem en s'annonçant la bonne nouvelle. L'eau
n'y manque pas dans les fortes chaleurs, ainsi que nous avons
pu nous en convaincre ; mais alors elle est très-basse, et on la
tire péniblement au moyen de mauvaises poulies. Les Arabes
s'y succèdent tout le jour avec de longues files d'ânes chargés
d'outres, pour alimenter le commerce d'eau qui se fait à Jérusalem, et il y a un vrai mouvement autour de ce puits. Au
surplus, dit un auteur, « les femmes de Siloan sont là en
nombre suffisant pour ôter à ce lieu le caractère de solitude,
et le silence est loin d'y régner ! »

Du puits de Néhémie, au sud-est de Jérusalem, retournons
à la jonction des deux vallées, et prenons à gauche celle qui
règne au sud et au sud-ouest de la ville. C'est la *vallée d'Hennom* ou *d'Hinom* (Gehenom, d'où l'on aura facilement fait
Géhenne), ou *de Benhennom*, c'est-à-dire du fils d'Hennom.
Elle a dû être ainsi appelée, ou du nom de celui qui en était
d'abord propriétaire, ou d'un mot hébreu rappelant les horribles scènes dont elle fut témoin : « Car dit le P. Nau, *Gehen-
nom*, dans la langue sainte, signifie *vallée de gémissements.* »
Cette vallée est tristement célèbre par l'idolâtrie des Juifs, qui
venaient s'y prostituer à Béelphégor et offrir à Moloch des
sacrifices humains. Le lieu spécial destiné à ces abominables
sacrifices était au fond de la vallée, au lieu même ou nous la
prenons, et s'appelait *Topheth*, ou tambour, par ce que
l'on battait du tambour et l'on faisait un bruit effroyable, pendant que les innocentes victimes brûlaient dans les bras de
l'idole, afin que leurs cris ne vinssent pas attendrir le cœur
de leurs parents. Telles étaient les tortures de ces victimes,

qu'on a pu les comparer aux tourments des damnés, et que, du nom même de cette vallée, l'enfer s'est appelé *Géhenne*, ainsi que nous le voyons dans l'Evangile.

Le saint roi Josias renversa les infâmes idoles de Topheth, et sut ainsi mériter ce bel éloge qu'en a fait l'Esprit-Saint au livre de *l'Ecclésiastique*: « La mémoire de Josias est comme « un parfum délicieux composé par un excellent parfumeur. « Son souvenir sera doux à la bouche comme le miel, et « comme un harmonieux concert dans un festin splendide. Il « a reçu mission d'enhaut de faire rentrer le peuple dans la « pénitence, et il a exterminé les abominations de l'impié-« té.... » Le prophète Jérémie annonça que la vallée du fils d'Hinnom serait appelée vallée de carnage, et que Topheth deviendrait un lieu de sépulture. Ce qui fait dire à Mgr Mislin : « Après avoir lu ces paroles, je levai les yeux, et, ne voyant autour de moi que des sépulcres entr'ouverts et des collines couvertes encore des tombes brisées de tout un peuple brisé lui-même, je frissonnai de terreur, comme si les accents du prophète eussent retenti sur ma tête au milieu de cette vallée de mort. »

En remontant la vallée de la Géhenne, nous avons constamment à droite la sainte montagne de Sion, et à gauche une autre montagne, que l'on dirait une vaste nécropole, à cause des nombreux tombeaux creusés dans ses flancs. Au milieu de ces tombeaux, dit l'un de nos pèlerins, vers le fond de la vallée, « s'élève encore, comme la basilique de cette cité de la mort, un charnier en ruine : » c'est *Haceldama*, le champ du sang, le lieu de sépulture des étrangers. Après nous avoir montré Jésus traîné devant Pilate, l'Evangile ajoute : » Ce-« pendant Judas qui l'avait trahi, voyant qu'il était condam-« né, fut touché de repentir, et reporta les trente pièces d'ar-« gent aux princes des prêtres et aux anciens, disant : J'ai « péché en livrant le sang innocent. — Ils répondirent : Que « nous importe? c'est ton affaire. — Alors ayant jeté cet ar-« gent dans le temple, il se retira pour aller se pendre. Mais « les princes des prêtres ayant pris l'argent, dirent : Il n'est « pas permis de le mettre dans le trésor, parce que c'est le « prix du sang. Et ayant délibéré là-dessus, ils en achetè-« rent le champ d'un potier, pour la sépulture des étrangers. « C'est pourquoi ce champ est appelé encore aujourd'hui Ha-« celdama, c'est-à dire le champ du sang. Ainsi fut accom-« plie cette parole du prophète Jérémie : Ils ont reçu les « trente pièces d'argent qui étaient le prix de celui qui a été

« mis à prix , et dont ils avaient fait le marché avec les en-
« fants d'Israël ; et ils les ont donnés pour le champ d'un po-
« tier. » On donne à ce champ vingt-six pas de long sur
vingt de large. Plusieurs auteurs veulent que Judas y ait été
enterré le premier , et leur sentiment, remarque le P. Nau ,
« n'est pas mal fondé » sur ce passage des actes des apôtres où il est dit de Judas: *Et hic quidem possedit agrum de
mercede iniquitatis.* Par les soins de sainte Hélène, le champ
fut entouré de murailles et couvert d'une voûte,lesquelles,re-
nouvelées sans doute plus tard , se sont en partie conservées
jusqu'à nos jours. Destiné , dans le principe , à la sépulture
des étrangers, il paraît avoir toujours été affecté à cet usage:
pendant l'occupation chrétienne, on y ensevelissait les pèlerins qui mouraient à Jérusalem; et les Arméniens qui en sont
depuis longtemps propriétaires, ont eux-mêmes continué jusqu'à nos jours à y ensevelir leurs pèlerins, non toutefois sans
leur faire souvent payer bien cher cette consolation. Haceldama, dit-on, a la vertu de consumer les corps en 24 heures.
Nous y avons trouvé , comme tous les pèlerins , une grande
quantité de têts ou fragments de vases de terre , indiquant
bien la profession de celui qui en avait d'abord la propriété.

Au-dessus de Haceldama , sur le sommet de cette montagne qui fait face au mont Sion, se voit le lieu où Pompée plaça son camp , lorsque , pour la première fois , les aigles romaines se trouvèrent en présence de la cité coupable qu'elles
avaient mission de châtier. On y voit aussi , marqué par des
ruines, l'emplacement de la maison de campagne de Caïphe ,
où le sanhédrin se réunit, le lendemain de la résurrection de
Lazare , pour excommunier Jésus-Christ et voter sa mort.
L'évangile raconte ainsi le fait : « Les princes des prêtres et
« les pharisiens assemblèrent donc le conseil, et dirent: Que
« faisons-nous? Voilà que cet homme opère beaucoup de pro-
« diges. Si nous le laissons continuer , tous croiront en lui ;
« et les Romains viendront, et ils ruineront notre ville et no-
« tre nation. Mais l'un d'eux, nommé Caïphe,qui était grand-
« prêtre cette année-là , leur dit : Vous n'y entendez rien.
« Ne voyez-vous pas qu'il vous est avantageux qu'un seul
« homme meure pour le peuple , et que toute la nation ne
« périsse point ?.... De ce jour donc , ils ne songèrent plus
« qu'à trouver le moyen de le faire mourir. » En mémoire de
ce détestable conseil,la montagne s'est appelée depuis et s'appelle encore montagne du *Mauvais Conseil,* mons Mali con-
silii.

Autour de cette montagne on voit serpenter l'*aqueduc de Pilate*, qui amenait autrefois jusque dans le temple de Jérusalem l'eau des étangs de Salomon et de la fontaine scellée, que nous retrouverons au-delà de Bethléem, à trois ou quatre lieues de la Ville-Sainte. Le gouverneur romain qui lui a laissé son nom, pour l'avoir construit ou réparé sur une large échelle, souleva le peuple en payant les travaux avec l'argent du temple. L'émeute éclata au temps de la Pâque, et fut bientôt comprimée par la ruse et la violence, ainsi que le rapporte l'historien Josèphe. Des soldats de Pilate déguisés en simples citoyens, avec des armes sous leurs habits, se mêlèrent à la foule des sacrificateurs et, outrepassant de beaucoup la mission qu'ils avaient de bâtonner les séditieux, y firent de nombreuses victimes, aussi bien parmi les innocents que parmi les coupables : *longè atrociùs ac jusserat Pilatus quietos æquè ac seditiosos castigârunt.* Des Galiléens furent pris dans ce guet-apens, et leurs compatriotes allèrent le raconter au Sauveur, qui profita de l'occasion pour exhorter la multitude à la pénitence, comme nous l'apprend ce passage de Saint-Luc : « En ce temps-là, quelques-uns vinrent dire à Jesus de qui « s'était passé touchant les Galiléens, dont Pilate avait mêlé « le sang avec celui de leurs sacrifices. Et Jésus leur repondit: « Pensez-vous que ces Galiléens fussent les plus grands pé- « cheurs de toute la Galilée, par ce qu'ils ont été traités de la sor- « te? Non, je vous l'assure; et si vous ne faites pénitence, vous « périrez tous, aussi bien qu'eux. » Le fameux aqueduc, réparé à la fin du XIIIe siècle, aurait grand besoin de nouvelles réparations, à défaut desquelles il est depuis longtemps inutile et continue à se détériorer tous les jours. Il remonte jusqu'au haut de la vallée de la Géhenne, la traverse en cet endroit sur une chaussée soutenue par des arches, et court le long de la montagne de Sion pour arriver à l'angle sud-ouest de l'esplanade du temple.

Un peu au-dessous du point où il traverse la vallée, se voit la grande *Piscine Inférieure* ou *Nouvelle*, ainsi nommée par opposition à une piscine plus ancienne que l'on trouve plus haut. Les Allemands ont dû l'agrandir au moyen-âge, et on ne lui donne pas moins de 240 pas de long sur 105 de large.

Au-dessus de ce même point où l'aqueduc traverse la vallée de la Géhenne, commence la *vallée de Gihon* (vallée de la grâce). Elle monte un peu vers le nord, jusqu'à la porte de Jaffa, où elle prend à gauche et s'avance assez loin vers l'ouest. A quelques centaines de pas, dans cette direction, nous trouvons, près d'un cimetière turc, la *Piscine Ancienne* ou *Supérieure*, qui communiquait par un aqueduc avec la piscine Inférieure ou Nouvelle.

La partie de la vallée de Gihon comprise entre la piscine Supérieure et les murs de la ville, se nommait le *Champ du Foulon* et rappelle plus d'un souvenir de grand intérêt. C'est là que David fit sacrer Salomon, aux applaudissements de tout le peuple. Ce prince avait dit : « Faites-moi venir le grand-
« prêtre Sadoc, le prophète Nathan, et Banaïas, fils de Joïda.
« Ceux-ci s'étant présentés devant le roi, il leur dit : Prenez
« avec vous les serviteurs de votre maître, faites monter sur
« ma mule mon fils Salomon, et menez-le à Gihon. Que le
« grand-prêtre Sadoc et le prophète Nathan le sacrent en
« ce lieu, pour être roi sur Israël. Puis vous sonnerez de la
« trompette, et vous crierez : Vive le roi Salomon ! Vous re-
« tournerez en le suivant, et il viendra s'asseoir sur mon
« trône ; il règnera en ma place, et je lui ordonnerai d'être
« le chef sur Israël et sur Juda...... En conséquence, le grand-
« prêtre Sadoc, le prophète Nathan, et Banaïas, fils de Joïada,
« descendirent avec les Céréthiens et les Phélétiens ; ils firent
« monter Salomon sur la mule du roi David, et le menèrent
« à Gihon. Le grand-prêtre Sadoc prit du tabernacle une cor-
« ne pleine d'huile et sacra Salomon ; après quoi, l'on sonna
« de la trompette, et tout le peuple s'écria : Vive le roi Salo-
« mon ! et toute la foule vint après lui, plusieurs jouant de
« la flûte, donnant des marques d'une grande joie et faisant
« retentir la terre de leurs acclamations. » — C'est là que, plus tard, sous le règne d'Achaz, Isaïe faisant la plus célèbre de ses prophéties et découvrant l'événement le plus prodigieux de l'avenir, annonça que le Messie naîtrait d'une Vierge.
« Alors le Seigneur dit à Isaïe : Allez, vous et votre fils Jasub
« qui vous est resté, allez à la rencontre d'Achaz, au bout de
« l'aqueduc de la piscine Supérieure, sur le chemin du Champ
« du Foulon...... Et Isaïe dit :.... Le Seigneur vous donnera
« lui même un signe. Voici qu'une Vierge concevra, et elle
« enfantera un fils qu'elle nommera *Emmanuel.* »

C'est là que, plus tard encore, sous Ezéchias, fils et succes-
seur d'Achaz, l'ange du Seigneur anéantit cette nombreuse et brillante armée de Sennachérib qui menaçait Jérusalem. « Le
« roi des Assyriens envoya Tharian, Rabsaris et Rabsacès,
« de Lachis à Jérusalem, vers le roi Ezéchias, avec un grand
« nombre de gens de guerre ; et ceux-ci étant venus à Jéru-
« salem, s'arrêtèrent près de l'aqueduc de la piscine supé-

«rieure, qui est sur le chemin du Champ du Foulon.» A la suite
de ces paroles du IVe Livre des Rois, l'auteur sacré nous fait
connaître les blasphèmes de Rabsacès et de Sennachérib contre le vrai Dieu, les prières du saint roi Ezéchias et sa touchante confiance dans le Seigneur, la double prédiction d'I-
saïe concernant l'extermination des Assyriens et la délivrance miraculeuse de la ville, enfin le prompt accomplissement
que Dieu donne à la parole de son prophète. «Alors Isaïe, fils
« d'Amos, envoya dire à Ezéchias : Voici ce que dit le Sei-
« gneur le Dieu d'Israël : J'ai entendu la prière que vous
« m'avez faite touchant Sennachérib, roi des Assyriens. Voici
« ce qu'a dit de lui le Seigneur : La fille de Sion t'a jeté le
« mépris et l'insulte ; derrière toi la fille de Jérusalem a se-
« coué la tête. Qui as-tu insulté ? Qui as-tu blasphémé ? Con-
« tre qui as-tu haussé la voix et levé des yeux insolents? C'est
« contre le saint d'Israël...... Tu as bien osé m'attaquer avec
« fureur, et le bruit de ton orgueil est monté jusqu'à mon
« oreille. C'est pourquoi je te mettrai un cercle au nez et un
« mors à la bouche, et je te ferai retourner par le même che-
« min par lequel tu es venu...... Voici ce que le Seigneur,
« dit du roi des Assyriens : Il n'entrera point dans cette ville
« et il ne lancera point de flèche contre ses murailles; elle ne
« sera ni forcée par le bouclier ni environnée de retranche-
« ments...... Je protégerai cette ville, et je la sauverai en con-
« sidération de mon serviteur David. Cette même nuit donc,
« l'ange du Seigneur vint dans le camp des Assyriens et y tua
« cent quatre-vingt mille hommes. Et Sennachérib, roi des
« Assyriens, s'étant levé au point du jour, vit tous ces corps
« morts ; et il s'éloigna au plus vîte, pour rentrer à Ninive
« où il demeura. Et comme il adorait dans le temple son Dieu
« Nesroch, ses deux fils, Adramélech et Sarasar, le tuèrent
« à coups d'épée, ainsi que Dieu l'avait encore annoncé par
son prophète : « Il retournera en son pays, et je l'y ferai périr
« par l'épée. »

Maintes fois, dans les âges postérieurs, d'autres armées
sont venues fouler ce même sol où la vengeance divine avait
fait trouver son tombeau à celle de Sennachérib. Jérusalem
formant une sorte de presqu'île, avec les profonds ravins qui
la défendent à l'est, au sud et à l'ouest, et n'ayant d'accès
que par le nord-ouest et le nord, où elle touche à un vaste plateau qui la domine, c'est naturellement de ce côté, seul abor-
dable, que les divers conquérants ont dû camper et attaquer
la ville. Ainsi, c'est là que l'on a vu se presser tour à tour les

redoutables bataillons des Assyriens, des Romains, des Sarrasins et des Croisés : là, que Nabuchodonosor II revint jusqu'à trois fois, pour châtier Joakim , Jéchonias et Sédécias , dont les persévérantes infidélités aboutirent à la fameuse captivité de Babylone ; — là, que Titus, peu d'années après la mort du Sauveur , dirigea les opérations de ce siége sans pareil dans l'histoire pour les horreurs qui s'y commirent ; — là , que se ruèrent en 636 les hordes du calife Omar , auquel remonte le joug honteux que la Ville-Sainte subit encore de nos jours; — là , que les armées chrétiennes de 1099 s'immortalisèrent par tant de prodiges de foi et de valeur, qu'a si bien célébrés le chantre de la *Jérusalem délivrée* ; — là, que les infidèles, sous la conduite de Saladin, reparurent victorieux en l'année 1187 , et reprirent le Saint-Tombeau , que notre indifférence leur permet de retenir encore à l'heure qu'il est.

A ces mêmes lieux où s'accumulent tant de grands souvenirs , se rattache celui du prophète des malheurs qui fondirent sur Jérusalem au temps de Nabuchodonosor II. Jérémie, le 2ᵉ des 4 grands prophètes, exerça le ministère prophétique sous les rois Josias, Joachaz, Joachim, Jéchonias et Sédécias. On sait toutes les persécutions que lui valut la sainte audace de ses avertissements salutaires et de ses prédictions contre Jérusalem. Plusieurs fois il fut jeté dans les prisons , et un jour on le descendit avec des cordes dans une citerne pleine de boue, en vue de l'y laisser mourir de faim, comme nous le voyons au livre de ses prophéties. Après la destruction de la ville , il se trouva d'abord confondu avec les captifs que le vainqueur traînait à Babylone ; mais, reconnu à Rama, il recouvra sa liberté reçut divers présents et revint à Jérusalem où il composa ses poétiques *lamentations.* Sur ces entrefaites, eut lieu le meurtre du gouverneur que Nabuchodonosor avait établi sur la Judée conquise, et les juifs restés dans le pays se réfugièrent en Egypte, pour échapper au juste courroux du roi de Babylone. Ils entraînèrent Jérémie lui-même, et s'y adonnèrent plus que jamais à l'idolâtrie ; ce dont le prophète ne cessant de les reprendre avec sévérité ; ils finirent par le mettre à mort, suivant une ancienne tradition. D'après une autre tradition, la *Grotte de Jérémie,* que le pèlerin visite au nord de Jérusalem, en dehors des murs, presque en face et à quelques minutes de la porte de Damas, serait la même où le prophète composa ses lamentations ; et la *Citerne de Jérémie,* à une petite distance de la grotte, serait la même aussi où le prophète fut descendu dans un si noir dessein : « Mittentes eum in lacum, *ut moriatur ibi fame.* » La grotte s'ouvre au midi, et n'a pas moins de 70 pieds de long sur 40 de haut. L'on y arrive avec la permission d'un santon qui s'en est constitué le gardien, et qui a trouvé bon d'en fermer l'entrée afin de vivre aux dépens des visiteurs. Au reste, content de peu, il nous introduit pour quelques paras et nous offre même d'entrer les pieds nus dans son modeste oratoire, simple petit espace entouré de murs en avant de la grotte. Du fond de cette retraite sombre et mystérieuse, qui convenait si bien à ses lamentations, « le prophète, suivant la remarque de M. l'abbé Azaïs, voyait Jérusalem renversée, son temple devenu la proie des flammes, ses habitants chargés de fers et chassés par le vainqueur, comme un vil troupeau, vers des contrées étrangères, et il faisait entendre ces accents plaintifs, qui sont restés comme le cri le plus sublime et le plus touchant de la douleur. » Ces mêmes accents que nous connaissons, et qui nous émeuvent si profondément chaque année, quand l'Eglise en deuil les reprend aux jours de la Semaine-Sainte, combien plus ne vont-ils pas au cœur du pèlerin qui les redit au fond de la grotte de Jérémie, où la voix du prophète lui semble gémir encore au milieu des ruines et raconter en pleurant les malheurs de Sion ; en face de Jérusalem, toujours désolée, à laquelle on peut appliquer encore ces paroles des anciens jours : « *Quomodò sede sola civitas plena populo ?*... Comment cette ville pleine de peuple est-« elle maintenant solitaire ? La maîtresse des nations est de-« venue comme veuve ; la reine des provinces a été assujétie « au tribut. Elle n'a point cessé de pleurer pendant la nuit, « et ses joues sont trempées de ses larmes... Les rues de Sion « pleurent, parce qu'il n'y a plus personne qui vienne à ses « solennités..... »

Il nous reste à dire quelques mots des *Tombeaux des Rois* et des *Tombeaux des Juges*, que l'on trouve au-delà de la grotte de Jérémie.

Le monument qui est depuis si longtemps connu sous le nom de *Tombeaux des Rois*, et que l'historien Josèph, au commencement de l'ère chrétienne, appelait les *Caves* ou *Grottes royales*, se voit au nord et à dix minutes environ de Jérusalem, à gauche du chemin qui conduit à Naplouse. Ce monument, isolé dans la campagne, est complètement souterrain et taillé dans le roc. Il est précédé d'une enceinte carrée, à parois verticales également taillées dans le roc, à ciel ouvert et à demi remplie de décombres. Chacune des faces de cette enceinte, au rapport de Châteaubriand, peut avoir trente pieds de longueur sur douze ou quinze pieds d'élévation. Au centre de la face du midi, où le même auteur voudrait placer l'entrée des tombeaux, se trouve seulement une porte cintrée par laquelle on arrive dans l'enceinte. L'entrée des tombeaux est au centre de la face occidentale, où s'ouvre un beau vestibule, jadis soutenu par deux colonnes prises dans le rocher, et sous le vestibule, à gauche, une porte basse qui donne passage dans les caveaux. Le premier et le plus grand de ces caveaux est une chambre carrée qui a dix-huit pieds en tous sens, et dans les parois de laquelle on a creusé des niches ou fours à cercueils, comme dans les chambres sépulcrales de la vallée de la Géhenne et du mont des Oliviers. Deux couloirs voûtés, prenant au sud, et un troisième prenant à l'ouest de cette première chambre, conduisent à autant de caveaux plus reculés où se remarquent les mêmes dispositions, et qui renferment de plus des sarcophages de pierre ornés de riches ciselures. Enfin, du caveau de l'ouest on descend par six degrés dans un dernier couloir, qui conduit à une dernière chambre construite avec un soin particulier, espèce de caveau d'honneur où un seul cercueil devait trouver place, et où M. de Saulcy a pris le curieux sarcophage qui figure au Louvre, dit M. le Baron de Guiraud, « sous le nom problématique de *Sépulcre du roi David*. » De fait, on ne sait pas au juste à qui attribuer ce sarcophage, non plus que les remarquables souterrains où il a été recueilli. « On les nomme *sépulcres des rois*, dit le P. Nau, sans pouvoir dire quels rois les ont fait faire et y ont été mis.... La plupart des savants jugent que l'on ne donne le nom *des rois* à ces sépulcres, que par ce que ces princes n'en peuvent avoir de plus magnifiques, et qu'il semble que des rois seuls méritent un si auguste monument. » Plusieurs savants toutefois en font honneur à Hérode le Tétrarque, lequel aurait préparé ces demeures funèbres pour la sépulture des princes de sa famille. Ce qui fait dire à Châteaubriand : « Ces sépulcres étaient très-nombreux, et la postérité d'Hérode finit assez vîte, de sorte que plusieurs cercueils auront attendu vainement leurs maîtres : il ne manquait plus, pour connaître toute la vanité de notre nature, que de voir les tombeaux d'hommes qui ne sont pas nés. » D'autre part, un membre éminent de l'Institut, M. de Saulcy, après une étude sérieuse et récemment faite du monument que nous visitons, n'hésite pas à y voir un très-beau type de l'art hébraïque et à l'attribuer à l'époque salomonienne. Bien mieux, il établit, dit M. l'abbé Ajaïs, « avec une déduction de preuves qui séduit, » que ce monument nous offre les tombeaux mêmes de David et des rois de sa dynastie. Cependant les conclusions du savant voyageur n'obtiennent pas l'assentiment de Mgr Mislin, dont l'autorité a tant de poids en tout ce qui touche la Terre-Sainte, et qui persiste à dire : « On ne saurait contester raisonnablement que David, Salomon et leurs successeurs n'aient été ensevelis dans la ville de David, sur le mont Sion. Assurément on ne peut considérer le sépulcre appelé aujourd'hui Tombeau des Rois, où a été pris le sarcophage qu'on montre au Louvre comme étant le tombeau de David, pour le lieu de sépulture des anciens rois de Judée ; ce qui est contraire à l'opinion de tous ceux qui se sont occupés avec le plus de soin de la topographie de l'ancienne Jérusalem. » Quoi qu'il en soit, nous avons sous les yeux un incontestable chef-d'œuvre d'architecture souterraine ; et quant à l'incertitude qui règne encore sur ce chef-d'œuvre, nous pourrions dire, avec un de nos pèlerins, qu'elle « donne un charme de plus à l'étude du moment. » Un dernier détail que nous signalerons ici, et qui n'est pas assurément le moindre que l'on admire dans ce « palais de la Mort, » ainsi que l'appelle Châteaubriand, ce sont les portes de pierre qui servaient à fermer l'entrée des chambres sépulcrales. Ces portes, dont l'une est encore entière et demeure en place, étaient du même rocher que les caveaux et roulaient sur deux pivots également de pierre. Un tel art y avait présidé, qu'elles formaient des panneaux et des moulures, dit le P. Nau, « comme si elles étaient de menuiserie. » Elles s'adaptaient d'ailleurs si hermétiquement à l'étroite ouverture des caveaux, qu'elles la dissimulaient pour ainsi dire, et qu'elles semblaient avoir été taillées sur place et isolées du rocher par un travail d'une énorme difficulté.

Passons aux *Tombeaux des Juges*, encore plus avancés dans la campagne, au nord-ouest et à une demi-heure environ de la ville. C'est une excavation sépulcrale fort remarquable et de haute antiquité, où M. de Saulcy croit retrouver un nouveau spécimen de l'art hébraïque. Les chambres y occupent deux étages, et présentent dans leurs parois un grand nombre de niches, parfois disposées sur deux rangs. On ne saurait dire quels sont les juges qui ont donné leur nom à ces tombeaux et qui ont pu y recevoir la sépulture.

C'est le lundi 8 septembre, après l'office solennel de la Nativité de la sainte Vierge célébré à Saint-Sauveur par Mgr Valerga, que nous avons fait cette intéressante promenade au nord et au nord-ouest de Jérusalem , dont nous venons d'entretenir nos lecteurs. Le lendemain nous assistons , dans les bâtiments du patriarcat latin , à la distribution des prix décernés aux élèves du séminaire. Les jeunes lévites, au nombre de ving-cinq ou trente, ont un costume du meilleur effet : la soutane noire avec boutons rouges, et le tarbouche rouge pour coiffure. Ils récitent des morceaux en français , en latin , en italien , en arabe , et chantent des chœurs avec un égal succès qui provoque les applaudissements réitérés de l'auditoire. Le vénérable Patriarche se montre heureux et fier à juste titre de présider une telle cérémonie , à laquelle prennent eux-mêmes le plus vif intérêt les honorables invités de Jérusalem et les membres de la caravane française. Enfin , le mercredi 10 septembre , dès l'ouverture des portes de la ville , nous partons pour une première excursion lointaine,où nous prions maintenant nos lecteurs de nous suivre avec la même bienveillance qu'à Jérusalem et dans ses environs,

Tous les pèlerins sont à cheval, ayant les guides à leur tête, et à l'arrière-garde les domestiques chargés du soin de nos montures. Nous sortons par la porte de Jaffa, et nous remontons la vallée de Gihon, laissant à droite la piscine supérieure. A une lieue de Jérusalem , nous mettons pied à terre pour visiter le couvent grec de *Sainte-Croix* , ainsi appelé par ce qu'il renferme le lieu traditionnel où fut coupé l'olivier qui servit, avec le palmier, le cèdre et le cyprès , à faire la croix du Sauveur. On nous montre ce lieu dans la belle église du couvent , derrière l'autel ; il y est indiqué par une ouverture circulaire , que les caloyers grecs ont en grande vénération. Je n'aime point cette précision mathématique , dit M. l'abbé Azaïs. L'arbre peut avoir été coupé dans ces champs d'oliviers ; mais il me paraît difficile qu'on puisse indiquer avec vérité la place qu'il occupait. » Le couvent schismatique est assis au milieu des montagnes et présente bien l'aspect d'une forteresse. C'est, dit-on, l'œuvre de la Russie, laquelle y a jeté son or à profusion, dans un but que révèle assez tout ce qu'elle tente à Jérusalem. Après une courte halte, nous reprenons les sentiers à peine praticables de la montagne , et, vers 8 heures , nous arrivons sur les hauteurs qui dominent le village de Saint-Jean-du-Désert.

Ce petit village arabe, encore nommé Saint-Jean-de-la-Montagne ou Saint-Jean in Montana , nous apparaît dans un site austère , au milieu des montagnes , à l'extrémité d'un étroit vallon qui court au nord-ouest et va rejoindre la vallée

de Térébinthe. Il est tourné à l'ouest , bâti en amphithéâtre ,
et composé de chétives maisons qui se groupent en désordre
autour du couvent latin. Nous y arrivons par une pente si
rapide et que les aspérités du rocher rendent si dangereuse ,
même pour les chevaux du pays, que la plupart des pèlerins
n'osent la descendre qu'à pied. L'on nous attendait au couvent , où nous pénétrons par une porte épaisse , étroite et
basse , et l'on nous y reçoit avec une touchante cordialité.
Nous avons la joie d'y retrouver l'un des bons franciscains
de Jérúsalem , qu'une délicate attention de ses supérieurs
avait envoyé devant nous avec des provisions. Mais ce n'est
pas le moment de nous livrer à tout l'empressement qu'on
nous témoigne ; dans une pensée commune et pour satisfaire
un premier besoin de nos cœurs, nous accourons à l'église.
Les Turcs , après leur conquête, avaient fait de cette église
une étable ; plus tard , sur les instances de Louis XIV , ils la
restituèrent aux catholiques, et les Pères de Terre-Sainte la
rebâtirent à grands frais telle que nous la retrouvons aujour-
d'hui. Sans offrir de vastes dimensions, elle ne laisse pas d'ê-
tre plus que suffisante pour les rares catholiques du village ;
elle est régulière , d'une propreté remarquable et richement
décorée. C'est l'une des plus belles églises de la Terre-Sainte, en même temps que l'un des rares sanctuaires où nos religieux soient seuls maîtres et n'aient pas à compter avec les
schismatiques. Mais la principale gloire de cette église, et
ce qui nous y attire sur toutes choses, c'est qu'elle occupe
l'emplacement de la maison de Zacharie et d'Elisabeth où
vint au monde le saint Précurseur Jean-Baptiste, le plus grand
de tous ceux qui sont nés de femmes , au rapport de l'éternelle Vérité : « *Non surrexit inter natos mulierum major
Joanne Baptistâ ;* » et, suivant l'admirable langage de saint
Augustin , « la trompette du ciel, le héraut de Jésus-Christ ,
le dépositaire du secret du Père, le messager du Fils, le por-
te-enseigne du souverain Monarque du monde, l'ambassadeur
de la paix entre Dieu et les hommes, la correction des juifs,
la vocation des gentils, la jonction de l'ancien et du nouveau
testament, l'intermédiaire qui unit les prophètes aux apôtres,
la liaison de la grâce avec la loi, l'accomplissement des promesses, la fin des figures, le commencement de la vérité, et,
pour tout dire, en un mot, l'abrégé , le sommaire et comme
la quintessence de tout ce qu'il y a de plus admirable dans
la loi, dans les prophètes et dans l'Evangile. »

C'est donc ici la patrie du glorieux saint Jean-Baptiste ; et tout y rappelle encore son souvenir, et même tout y porte encore son nom : et l'église, et le couvent, et les montagnes, et le désert. C'est ici le lieu qui le vit naître, lieu si cher à la piété chrétienne, et que la foi de nos pères transforma de bonne heure en chapelle. Au chevet de l'église actuelle, qui regarde l'orient, à droite du maître-autel, si du moins l'on prend pour la droite ce que l'on nomme le côté de l'évangile, descendons les sept degrés d'un bel escalier de marbre conduisant à un sanctuaire mystérieux qu'éclaire la seule lumière des lampes : c'est la chapelle de la Nativité de saint Jean-Baptiste. Autour de cette petite chapelle sont disposés en demi-cercle cinq bas-reliefs de marbre blanc, représentant la naissance du saint Précurseur, sa prédication dans le désert, son martyre, la visitation de la B. V. Marie et le baptême de Jésus-Christ. Au fond du sanctuaire, en face de l'escalier, sous une table de marbre qui sert d'autel, le pèlerin se prosterne pour vénérer la place même où la tradition porte qu'est né saint Jean ; et sur cet autel, en vertu du privilége spécial déjà mentionné, j'ai le bonheur de renouveler, le 10 septembre, la fête du 24 juin, et de dire la messe de la Nativité de saint Jean-Baptiste.

Avec quel charme on recueille en pareil lieu les touchants souvenirs qui s'y rattachent, et l'on relit ce chapitre de l'Evangile où saint Luc raconte les circonstances merveilleuses de la naissance du Précurseur ! Un des princes de la cour céleste, l'archange Gabriel, est envoyé vers Zacharie au moment où ce dernier exerçait, dans le temple de Jérusalem, les fonctions les plus solennelles de sa dignité de prêtre, ou même de grand-prêtre, au dire de plusieurs Pères de l'Eglise. Il lui annonce un fils qu'il devra nommer Jean, et dont la naissance miraculeuse sera partout accueillie avec des transports de joie. Zacharie hésite, et demande au messager céleste, en preuve de sa mission divine et de la vérité de sa parole, un prodige actuel comme assurance et garantie du miracle futur ; et ce prodige, à l'instant même, lui étant donné à ses dépens, il devient sourd et muet jusqu'au jour où se réalisa la prophétie. Cependant Elisabeth, malgré son âge et sa stérilité, ne tarde pas à concevoir, après le retour de Zacharie ; ce que voyant, et parce que «les grandes grâces, dit Bossuet, demandent un grand recueillement pour être goûtées à loisir et dans le silence, » elle se tient cachée pendant l'espace de cinq mois, sans doute au lieu même où nous sommes, puisqu'elle y faisait sa demeure habituelle. Au sixième mois de sa

grossesse, étant allée à sa maison des champs , à quelques
pas du village, elle y reçoit cette précieuse visite que l'Eglise
célèbre sous le nom de *Visitation de la B. V. Marie*, et sur
laquelle nous aurons à donner bientôt de plus amples détails.
Son neuvième mois la retrouve au village, en sa résidence
ordinaire, ici même ; et c'est ici que, l'heureux terme étant
venu, elle met au monde le saint Précurseur ; ici, que toutes
les femmes de la famille et du voisinage entourant la nouvelle
mère, viennent se réjouir avec elle de son bonheur ; ici, que,
le huitième jour après sa naissance , l'enfant reçoit, avec la
circoncision, ce nom mystérieux de *Jean*, ou *plein de grâce*,
qui lui est venu d'en-haut ; ici, qu'à l'heure même Zacharie
recouvre l'usage de l'ouïe et de la parole, et, rempli du Saint-
Esprit, entonne ce cantique admirable que l'Eglise fait redire
chaque jour à ses ministres , et qu'il nous est si doux de répéter au lieu même qui l'entendit la première fois : « *Bene-*
» *dictus Dominus Deus Israël..* Béni soit le Seigneur, le Dieu
« d'Israël , parce qu'il a daigné visiter et racheter son peu-
« ple.... Et le bruit de ces merveilles , ajoute le texte sacré,
« se répandit dans tout le pays des montagnes de Judée ; et
« tous ceux qui en ouïrent le récit le mirent dans leur cœur,
« en disant : Quel pensez-vous que sera cet enfant ? Car la
« main du Seigneur était avec lui.» De son côté, la tradition,
suppléant au silence de l'Evangile, nous apprend que la sainte Vierge , restée sous le toit de Zacharie jusqu'à ce que sa
cousine se trouvât hors de danger, fut ainsi témoin des merveilles et des fêtes qui accompagnèrent la naissance de Jean-
Baptiste ; et l'Eglise elle-même , qui ne fait rien sans motif,
semble bien favoriser ce commun sentiment des commentateurs, en célébrant la fête de la Visitation , et en consacrant
le souvenir de la présence de Marie chez Elisabeth , le deux
juillet, jour qui coïncide avec le lendemain de la Circoncision
de saint-Jean. « La raison de ce choix se devine facilement ,
nous dit M. l'abbé Barret : c'est parce que la mère du Sauveur fit ce jour-là ses adieux au père et à la mère du Précurseur. »

Vers 11 heures , toutes les messes étant dites , et chacun
des pèlerins ayant pu satisfaire amplement sa dévotion , l'é-
glise rentre dans le silence et la solitude, et l'appétit nous
rassemble autour d'une table bien servie qu'a dressée l'hospitalité la plus affectueuse. Après le déjeuner vient la sieste,
dont la fatigue et la chaleur , sans compter la coutume du
pays, nous font une sorte d'obligation. Mais l'ordre du jour

n'est pas encore épuisé. Nos montures sont commandées pour une heure précise, et, suivant un usage oriental qui parait avoir force de loi, les monkres nous les amènent avec deux heures de retard. A 3 heures, enfin, tout le monde est à cheval ; nous descendons la pente du village et nous traversons la vallée, pour prendre le chemin qui conduit à la grotte de saint Jean-Baptiste.

A l'origine de ce chemin, ou mieux de ces sentiers, que nous allons suivre, une grande et belle fontaine attire nos regards et arrête nos pas. C'est la fontaine de la sainte Vierge, ainsi appelée parce que Marie, pendant son séjour de trois mois chez sa cousine Elisabeth, a dû se servir de son eau, qu'elle y venait souvent puiser elle-même, s'il en faut croire la tradition. Après plusieurs mois de chaleurs et de sécheresse, la précieuse fontaine continue de fournir aux habitants du village et aux jardins de la vallée une eau abondante qui devient pour eux un véritable trésor. Nous y voulons puiser nous-mêmes, à l'exemple et en souvenir de Marie, mais en faisant bien notre choix ; car plus d'une femme se tient plantée sans façon au milieu du réservoir où elle est venue remplir sa cruche, et plus d'une autre s'avise de laver sur ses bords, outre que nos chevaux trouvent moyen d'y boire en même temps à longs traits. Au reste, ce n'est pas la seule fois que pareille scène se soit produite à nos yeux sur cette terre de l'Orient, et vraiment nous avons vu mieux encore : des gens qui descendaient dans une fontaine pour y puiser de l'eau, et qui commençaient par y laver la mauvaise chemise destinée à couvrir tant bien que mal leur nudité.

Faisons quelques pas vers l'ouest, dans la direction de la grotte Saint-Jean, et voici, sur notre gauche, des ruines considérables et vénérées qui sont pour nous du plus grand intérêt. Nous sommes au lieu même de la *Visitation*. C'est là qu'était, d'après la tradition, la maison des champs, ou villa, de Zacharie et d'Elisabeth, ces deux illustres personnages distingués par leur naissance, du commun aveu des juifs et des chrétiens ; plus distingués encore par leurs vertus, dit l'Ecriture, et si éminemment favorisés du ciel. C'est là aussi que résidait Elisabeth, lorsque son auguste cousine, partie de Nazareth, se rendit auprès d'elle, ainsi que le raconte l'Evangile. « En ces jours-là, Marie se levant s'en alla en grande hâte au pays des montagnes, dans une ville de Juda ; et « entrant dans la maison de Zacharie, elle salua Elisabeth. « Or, dès qu'Elisabeth s'entendit saluer par Marie, son en-

« fant tressaillit dans son sein, et elle-même, remplie du St-
« Esprit, s'en vint à haute voix : Vous êtes bénie entre les
« femmes, et le fruit de vos entrailles est béni. Et d'où me
« vient ce bonheur, que la mère de mon Seigneur vienne
« vers moi ? Car votre voix n'a pas plus tôt frappé mes oreil-
« les, quand vous m'avez saluée, que mon enfant a tressailli
« de joie dans mon sein. Vous êtes heureuse d'avoir cru, par-
« ce que les choses qui vous ont été dites de la part du Sei-
« gneur auront leur accomplissement. Et Marie s'en vint
« alors : Mon âme glorifie le Seigneur, et mon esprit est ra-
« vi de joie en Dieu mon Sauveur... Magnificat anima mea
« Dominum. »

Marie était dans l'acception propre du mot, cousine d'Eliza
beth, puisque leurs deux mères étaient sœurs. Toutefois Elizabeth ayant résolu de goûter dans le silence et la retraite la grâce ineffable qu'elle avait reçue du ciel, n'en avait pas fait part
à Marie, et il fallut que l'archange Gabriel se chargeât de lui
en donner connaissance, en même temps qu'il lui proposa la
faveur plus haute encore de la Mère de Dieu : « Et voilà
» qu'Elizabeth votre cousine a elle-même conçu un fils dans sa
» vieillesse, et c'est ici le sixième mois de celle qui est appe-
» lée stérile. » A la voix du messager céleste se joignit sans
doute l'inspiration d'en-Haut, à laquelle Marie se hâta d'obéir,
en volant à travers tous les obstacles pour aller porter le feu
divin dans la maison de Zacharie, et verser dans l'âme du
Précurseur les grâces dont elle possédait en elle-même la
source intarissable. L'Evangile ne dit pas si Saint-Joseph accompagna Marie dans ce voyage de vingt-cinq à trente lieues;
mais tout porte à le croire, suivant l'observation judicieuse
de Mgr Mislin : « De tout temps ce voyage dans les montagnes
a du être fort pénible, et en Orient, moins que partout ailleurs,
les femmes ne voyagent jamais seules. » Si donc Saint-Joseph
ne connut que plus tard, à Nazareth, l'auguste mystère de
l'Incarnation, si hautement proclamé dans la réponse d'Elizabeth à Marie, cela prouverait seulement qu'il n'a pas assisté
à la première entrevue des deux saintes femmes. Et « quelle
entrevue touchante ! s'écrie un pieux auteur. Deux femmes
les plus augustes de la Judée et du monde, toutes deux l'objet
des plus insignes faveurs du ciel, l'une déjà avancée en âge,
représentant la loi ancienne, l'autre jeune et remplie d'une
grâce ineffable, représentant la loi nouvelle, qui se saluent
avec transport et se communiquent les grandes choses que
Dieu a opérées en elles ! »

Trop de précieux souvenirs se rattachaient à la maison de Zacharie et d'Elisabeth, pour qu'elle pût être chose indifférente aux yeux de la piété chrétienne. Toujours vénérée des fidèles, et, dès que les temps le permirent, transformée en double sanctuaire superposé, la sainte maison subsista jusqu'aux jours néfastes de l'invasion musulmane. Des femmes chrétiennes, trop heureuses d'habiter des lieux consacrés par le séjour de Marie et d'Elisabeth, s'étaient fait construire tout auprès un couvent qui disparut à la même époque, à laquelle il faut attribuer toutes ces ruines dont la vue nous attriste, et qui attendent vainement depuis lors que des mains pieuses les veuillent relever. Chaque année, au jour de la Visitation, les Pères de Terre-Sainte viennent célébrer la messe dans une crypte, ou chambre basse, qui se conserve encore, avec quelques pans de murs, au milieu de ces vastes ruines, que nous voulons du moins visiter avec respect et vénération. Il nous est bien doux de pouvoir déposer en ce même lieu, avec un humble et affectueux baiser, une courte et fervente prière; et notre émotion est grande, lorsque tous les pèlerins chantent à deux chœurs, et de toute la puissance de leurs voix, le plus beau cantique de nos livres saints, le *Magnificat*, là-même où le fit entendre la première fois celle que tous les siècles ont proclamée bienheureuse, suivant sa parole prophétique : « Eccè enim ex hoc beatam me dicent omnes generationes. »

A peine sortis de la grande cour extérieure où nous avons laissé nos chevaux pendant l'intéressante visite que nous venons de faire, nous touchons à la maison de campagne du consulat français de Jérusalem, œuvre de M. Botta, prédécesseur immédiat de M. de Barrère. Elle s'élève à notre gauche, dans un site pittoresque et bien choisi, au milieu des montagnes qui la protégent, et sur les bords de la vallée, qu'elle domine. Nous saluons avec bonheur la croix qui la surmonte, et nous passons outre, le gardien ayant la consigne de n'ouvrir que sur un ordre formel émané du consulat. Bientôt nous voyons disparaître à droite la fertile vallée que nous côtoyons depuis notre départ du village, et nous continuons d'avancer à l'ouest, à travers un pays accidenté, de bel aspect et assez bien cultivé, au milieu duquel, arrivant au terme de notre course, nous trouvons enfin le *Désert* et la *Grotte de Saint-Jean*.

Ici, nous sommes à six kilomètres environ du village où naquit le saint Précurseur, ce village étant lui-même à huit ou

dix kilomètres de Jérusalem. Après avoir raconté les merveilles qui éclatèrent à la naissance de Jean Baptiste, l'E-
vangile ajoute : «Or l'enfant croissait, et se fortifiait en esprit,
« *et il demeurait dans le désert* jusqu'au jour de sa manifes-
« tation en Israël. » Et voici précisément ce désert où le plus
grand des enfants des hommes se réfugia dès ses plus tendres
années, puisqu'il n'avait pas encore sept ans, suivant les uns,
pas même encore trois ans, suivant les autres, lorsqu'il y fut
conduit par le Seigneur et confié à la garde spéciale de ses
anges ; ce désert où il vécut seul avec Dieu, et loin du commerce des hommes, jusqu'à l'âge de plus de trente ans, pour
se préparer à la carrière publique dans laquelle nous le
voyons ensuite débuter sur les bords du Jourdain ; ce désert
où il mena la vie la plus mortifiée, n'ayant que des vêtements
faits du poil grossier des chameaux , ne buvant ni vin ni aucune liqueur énivrante, se contentant d'une nourriture si vile
et la prenant en si petite quantité, que le Sauveur a pu dire
de lui qu'il ne mangeait ni ne buvait : « Venit enim Joannes
neque manducans neque bibens. » Toutefois , dirons-nous
avec le P. Nau, « il ne faut pas , entendant ce mot de *désert*,
s'imaginer des terres stériles et abandonnées , ou quelque
grande forêt inhabitée et inaccessible.Celui-ci est un des plus
agréables qui se voient dans la Judée. Toutes les terres qui
l'environnent sont bien cultivées , même aujourd'hui que ce
pays est dépeuplé, et on y sème de bon blé. Il y a beaucoup
de vignes, et elles paraissent de grand rapport. Ce désert n'est
guère plus désert que les hermitages de nos solitaires d'Europe, qui sont seulement un peu écartés du chemin, en quelque endroit de difficile accès et peu fréquenté. »

La grotte qui offrit un asile au saint Précurseur, pendant
les longues années qu'il passa dans ce désert , est admirablement située à mi-côte d'une montagne escarpée , au pied
de laquelle se déroule la célèbre vallée de Térébinthe, ici plus
large et plus profonde qu'à l'endroit où nous l'avons passée
en allant à Jérusalem. En face, de l'autre côté de la vallée ,
se dresse une nouvelle montagne qui porte sur ses flancs le
village arabe de Sâaf ; et au-delà, une montagne plus haute
encore qui domine tout le pays, et que couronne Modin, patrie des Machabées. Ainsi, la majestueuse grandeur du site
et les plus glorieux souvenirs de victoires viennent s'ajouter
heureusement aux souvenirs de sainteté que nous voulons
surtout recueillir en ces lieux , et que l'Eglise célèbre avec
transport dans l'une de ses hymnes à la gloire du Précurseur :

Antra deserti teneris sub annis,
Civium turmas fugiens, petîsti,
Ne levi posses maculare vîtam
Crimine linguæ.

Cet antre du désert était, dans ces derniers temps , l'objet
des convoitises bien connues des Grecs , et il serait déjà sans
doute en leur pouvoir si Mgr Valerga ne s'était hâté d'en faire
l'acquisition. C'est une excavation naturelle du rocher , que
l'on dirait faite de main d'homme , et qui peut bien en effet
devoir sa forme actuelle aux religieux d'un ancien couvent
dont les ruines se voient encore un peut plus haut, sur le penchant de la montagne. Il faut se cramponner aux saillies du
rocher et s'en servir comme de degrés, pour arriver à l'entrée
de la grotte, qui s'ouvre au nord est, à quatre ou cinq mètres
au-dessus du sol. Une seconde ouverture plus petite, qui tient
lieu de fenêtre , se voit au nord-ouest et donne sur la vallée.
L'intérieur de la grotte peut avoir douze pieds de long , sur
huit de large et six de haut. Une saillie du rocher, qui semble
avoir été taillée pour servir de siége et de couche , et qu'on
nomme le *lit de saint Jean* , se remarque tout au fond , du
côté opposé à la fenêtre. En dehors et tout auprès de la porte,
un petit bassin que l'art et la nature ont fait par moitié, reçoit
une eau fraîche et limpide qui descend d'une fente de la
montagne et s'épanche doucement dans la vallée. « C'était là,
dit un pieux auteur , le cellier et la cave de saint Jean-Baptiste , et son garde-manger était le creux des pierres et des
arbres , où les abeilles sauvages faisaient un miel de mauvais
goût. » L'Evangile ajoute un mot, et nous apprend que « sa
« nourriture était des sauterelles et du miel sauvage : Esca
« autem ejus erat locustœ, et mel silvestre. » On admet généralement que cette nourriture si vulgaire , et si commune en
Palestine, aujourd'hui comme alors , était bien réellement
celle du saint Précurseur. Pourtant les auteurs sont loin d'ê-
tre unanimes en ce qui regarde les sauterelles. Le mot grec
de l'Evangile *acrides* , dont la Vulgate a fait *locustœ* , ordinairement traduit par *sauterelles* , désignerait , suivant plusieurs, les jeunes pousses des arbres , et, suivant d'autres ,
le fruit du caroubier , cet *arbre du pain de saint Jean* , ainsi
qu'il s'appelle en allemand. Au rapport de M. l'abbé Barret,
dans son excellent ouvrage intitulé *le Précurseur*, « ceux
qui semblent avoir le mieux entendu et expliqué le mot de
l'Evangile, disent formellement que la nourriture de saint
Jean se composait de bourgeons des plantes et de jeunes ti-
ges des arbres. » D'autre part , ajoute le même auteur , « les

habitants du pays, fondés sur les traditions locales , toujours si vivaces en Orient, se font encore un plaisir de montrer aux pèlerins de Terre-Sainte un arbuste dont le saint Précurseur faisait autrefois sa nourriture : c'est le caroubier. » Rien de plus vrai ; l'on a eu grand soin de nous faire remarquer , entre les arbres divers qui ombragent la montagne, un caroubier de belle venue qui touche pour ainsi dire au chevet de la grotte , et qui doit avoir remplacé l'un de ceux dont les fruits servirent jadis à la nourriture de Jean-Baptiste.

Si bon qu'il fasse dans ce désert , encore tout embaumé du céleste parfum des vertus du Précurseur, il faut enfin s'en arracher pour reprendre la route du village. Nous y rentrons après six heures , assez peu fatigués de la journée pour pouvoir recommencer presque aussitôt, sur les magnifiques terrasses du couvent , une nouvelle et bien délicieuse promenade qui se termine vers huit heures , par un excellent dîner auquel pas un ne refuse de faire honneur. Les bons religieux , toujours plein d'égards et d'aimables attentions pour nous , veulent bien nous apprendre avec l'accent de la reconnaissance , que si la croix domine aujourd'hui leur belle église et si la cloche catholique peut librement s'y faire entendre , c'est grâce au nom français et à la prise de Sébastopol. Pourquoi faut-il que cette mémorable victoire de la France dont la seule annonce fut comme un coup de foudre pour leurs oppresseurs, n'ait pas profité davantage aux catholiques de Palestine? Mais il se montrèrent timides dans leur triomphe , étant d'ailleurs peu secondés , et ce qu'ils pouvaient oser alors ne leur est déjà plus possible.

Le jeudi 11 septembre , à six heures du matin, la caravane se remet en marche au chant du *Benedictus*, et s'engage dans les sentiers qui mènent de Saint-Jean à Bethléem. Nous marchons au midi, et la journée ne promet pas moins que la précédente. A une faible distance du village, nous devons tourner à droite pour aller à la *Fontaine de Saint-Philippe*. C'est allonger un peu la route , ce qui n'entre guère dans les idées de nos guides ; aussi nous faut-il leur parler haut et ferme , pour n'en obtenir encore , à ce prix, qu'un simulacre d'obéissance. Il nous font subir des marches et des contre-marches ; ils nous conduisent par des sentiers impossibles , de façon que les plus braves eux-mêmes sont par fois obligés de mettre pied à terre. Et comme cependant toute cette comédie doit avoir un terme , nous finissons par trouver le bon chemin, qui suit une étroite vallée traversée dans toute sa longueur par le

lit desséché d'un torrent ; et après deux heures d'une course qui n'est pas sans intérêt de plus d'une sorte, nous faisons halte à la fontaine désirée, la même, selon les traditions du pays et la plupart des auteurs modernes, qui rappelle ce charmant épisode des Actes des Apôtres. « Un ange du
« Seigneur s'adressant à Philippe, lui dit : Levez-vous, et
« vous-en allez vers le midi, au chemin qui descend de Jé-
« rusalem à Gaza, qui est déserte. Et se levant, il y alla. Or,
« voilà qu'un Éthiopien, eunuque, l'un des premiers officiers
« de Candace, reine d'Éthiopie, et surintendant de tous ses
« trésors, étant venu à Jérusalem pour adorer, s'en retournait
« assis dans son char, et lisant le prophète Isaïe. Alors l'Es-
« prit dit à Philippe : Avancez et approchez-vous de ce char.
« — Philippe accourut et lui entendant lire le prophète Isaïe,
« il lui dit : Croyez-vous comprendre ce que vous lisez ? —
« Comment le pourrai-je, répondit l'eunuque, si quelqu'un ne
« me l'explique ? Et il pria Philippe de monter et de s'asseoir
« auprès de lui. Or, voici le passage de l'écriture qu'il lisait :
« *Il a été mené comme une brebis à la boucherie, et il n'a*
« *point ouvert la bouche, non plus qu'un agneau qui de-*
« *meure muet devant celui qui le tond. Le jugement porté*
« *contre lui dans son abaissement a été aboli. Qui pourra*
« *compter sa génération, parce que sa vie sera retranchée*
« *de la terre?* L'eunuque dit donc à Philippe : Je vous prie
« de m'apprendre de qui le prophète entend parler de la sor-
« te ? si c'est de lui-même, ou de quelque autre ? Alors Philip-
« pe, prenant la parole, et commençant par ce passage de
« l'écriture, se mit à lui annoncer Jésus. — Après avoir mar-
« ché quelque temps, ils trouvèrent une fontaine et l'eunuque
« s'en vint : Voilà de l'eau, qui-est-ce qui empêche que je ne
« sois baptisé ? Philippe répondit : Vous pouvez l'être, si vous
« croyez de tout votre cœur. — Je crois, reprit-il, que Jésus-
« Christ est le Fils de Dieu. Sur quoi faisant arrêter son
« char, il descendit dans l'eau avec Philippe et celui-ci le
« baptisa. Lorsqu'ils furent remonté hors de l'eau l'Esprit du
« Seigneur enleva Philippe, et l'eunuque ne le voyant plus,
« continua son chemin avec grande joie. Quant à Philippe,
« il se trouva dans Azot... »

C'est de ce Philippe, l'un des sept premiers diacres, qu'est venu son nom à la célèbre fontaine qui nous attire en ces lieux. Elle se voit au pied de la colline, à gauche du chemin, offrant encore des ruines assez importantes pour attester l'antique splendeur qu'elle reçut de sainte Hélène, et continuant, après toute les chaleurs de l'été , à épancher dans la vallée ses eaux limpides et abondantes auxquelles nous sommes doublement heureux de nous désaltérer. L'histoire nous apprend que ces eaux salutaires ne firent pas seulement un chrétien de l'officier de la reine d'Ethiopie , mais qu'elles en firent encore un apôtre puisqu'il ne retourna dans son pays que pour y prêcher la foi. Ce n'est plus un char qui pourrait conduire aujourd'hui l'heureux officier à la même fontaine, quand nous y arrivons si difficilement à cheval; mais qui ne sait combien un laps de dix-huit siècles doit détériorer les chemins, dans un pays ruiné et abandonné comme la Palestine.

Pour reprendre maintenant la route de Bethléem , il nous faut retourner un peu sur nos pas et remonter la vallée. Elle s'avance au sud-est , profondément encaissée entre des collines où la vigne, en plusieurs endroits , donne encore les plus beaux fruits. D'après une opinion respectable, embrassée par bon nombres d'auteurs , et que « l'inspection des lieux favorise , » de l'aveu de Mgr Mislin lui-même, qui pourtant ne l'adopte pas, ce serait ici la *Vallée de la Grappe*, c'est-à-dire, ainsi que l'explique l'Ecriture , la vallée où les espions envoyés par Moïse pour reconnaître la Terre-Sainte , « coupè-« rent une branche de vigne avec sa grappe, que deux hom-« mes portèrent sur un levier; » ce qu'ils firent , observe le Dr d'Allioli « à cause de sa grosseur extraordinaire , et parce qu'ils voulaient porter ce raisin au camp sans l'endommager. »

Vers l'extrémité supérieure de cette vallée , à une heure du point de départ , une fontaine publique de fraîche date nous annonce le village grec de Beit-Djallah , l'un des plus considérables , que l'on trouve aux environs de Jérusalem. Le village est à droite, sur le penchant de la colline ; il compte deux ou trois mille habitants , presque tous schismatiques et très-peu tolérants , grâce aux mauvais conseils qu'ils sont habitués à recevoir des moines grecs de la Ville-Sainte. Ces fanatiques réussirent d'abord à chasser le P. Franciscain qui administrait la petite paroisse catholique, puis il continuèrent à poursuivre de leurs mille vexations les religieux que le couvent de Bethléem envoyait quelquefois pour les besoins des catholiques du village ; et tel était depuis longtemps le déplorable état des choses, lorsque, dans ces dernières années , Mgr Valerga voulut décidément y mettre un terme. Après avoir fait acheter dans le village une maison et un terrain pour une église , il y envoya un missionnaire , M. l'abbé Morétain , et, payant bravement de sa personne , il s'y rendit bientôt lui-même. Les plus graves insultes l'y accueillirent; on osa bien attenter à sa vie et à celle de son digne missionnaire; enfin , ils durent céder à l'orage et s'éloigner, en attendant des jours plus favorables. Pour comble de malheur, le gouverneur de Jérusalem , Yacoub-Pacha, vendu à l'iniquité , fit la sourde oreille aux réclamations du vénérable patriarche, qu'appuyait énergiquement le consul de France, M. Botta. Mais, à quelque chose malheur est bon. La cause fut portée à Constantinople , et, contre toute attente , la justice venant à prévaloir Mgr. Valerga se vit accorder entière satisfaction. Il en profita pour jeter au plus tôt les fondements de ce magnifique séminaire dont il veut bien aujourd'hui nous faire les honneurs avec une grâce si parfaite. Ce monument, qui est une merveille pour le pays , et qui pourrait faire bonne figure même dans nos villes de France, est un vaste édifice carré, tourné à l'est, offrant partout de solides voûtes à l'orientale et de grandes ouvertures à l'européenne. Du haut des terrasses la vue plane sur le village et sur la ceinture de collines qui l'environne , se portant plus loin , au nord-est, vers Jérusalem qui n'en est guère qu'à deux lieues , et au sud-est, jusqu'à Bethléem située à deux ou trois kilomètres. Une élégante chapelle gothique , dans le style du XIIIᵉ siècle, occupe l'enceinte intérieure des bâtiments, et complète le bel ensemble de ces constructions imposantes qu'à su diriger avec tant d'habileté l'un de nos compatriotes , M. l'abbé Morétain. Cet excellent et si modeste ecclésiastique , dont nous sommes heureux d'avoir fait la connaissance , a bien vîte conquis une position exceptionnelle dans le village , après y avoir vu tout d'abord sa vie exposée aux plus grands périls. Il est l'arbitre de tous les différends , même entre Grecs et Arabes , et il s'en faut bien que ce glorieux ascendant se borne aux habitants du village. Un jour , en 1855, Abou-Gosch approchant avec cinq cents cavaliers pour aller détruire un château ennemi presque aux portes de Jérusalem , où le gouverneur se tenait prudemment renfermé, l'intrépide missionnaire courut à sa rencontre , et ne lui permit de continuer sa route qu'à la condition de n'entrer point dans le village ; et si au retour de l'expédition, le redoutable scheick y vint passer une nuit avec ses cavaliers, ce ne fut qu'après avoir encore solennellement promis de ne leur laisser commettre aucun excès : et il tint parole.

Mgr Valerga , suivant l'usage oriental , avait eu l'attention

de nous offrir des rafraîchissements, qui n'étaient pas de refus dans la circonstance. Il voulut bien encore, peu avant
notre départ, nous présenter les élèves de son séminaire, qui
venaient d'arriver à Beit-Djallah, but ordinaire de leurs promenades du jeudi, depuis le commencement des constructions
que nous venons de visiter. Ces jeunes et intéressants lévites,
espoir de la sainte Eglise de Jérusalem, ont pu s'installer enfin quelques mois après notre passage, dans la demeure splendide que leur avait préparée la sollicitude paternelle de leur
bien-aimé patriarche, et nos dernières caravanes ont eu la
joie de voir cette installation heureusement accomplie. Daigne
maintenant la divine Providence faire abonder les sujets dans
ce premier séminaire catholique rétabli en Terre-Sainte depuis les Croisades.

Après une heure bien agréablement passée à Beit-Djallah,
nous remontons à cheval et nous traversons la vallée, pour
gagner les hauteurs qui nous séparent encore de Bethléem.
Vu de ces hauteurs, le séminaire apparaît dans son ensemble
majestueux et présente un coup-d'œil ravissant. Mais la route
de Bethléem a pour nous d'autres charmes encore, et d'autres
émotions nous y attendent. Les collines que nous foulons en
approchant de la cité de David ne sont-elles pas les mêmes où
ce pauvre petit gardait le modeste troupeau de son père,
« *adhuc reliquus est parvulus, et pascit oves*, » quand le
prophète Samuel fut envoyé de Dieu pour verser sur son
front l'huile sainte de la royauté? Saül ayant été rejeté, lisons-
nous au Ier livre des rois, « le Seigneur dit à Samuel : ... Em-
» plissez d'huile la corne que vous avez, et venez, afin que
» je vous envoie vers Isaï, de Bethléem ; car je me suis choisi
» un roi entre ses enfants... Vous prendrez avec vous un veau
» du troupeau, et vous direz : Je suis venu pour sacrifier au
» Seigneur. Vous appellerez Isaï au sacrifice, et je vous ferai
» savoir ce que vous aurez à faire, et vous sacrerez celui que
» je vous aurai montré. Samuel fit donc ce que lui avait dit le
» Seigneur. Il vint à Bethléem,... purifia Isaï et ses fils, et
» les appela au sacrifice.... Isaï ayant amené sept de ses fils
» en sa présence, Samuel lui dit : Ce n'est aucun de ceux-ci
» qu'a choisi le Seigneur. Sont-ce là tous vos enfants? — Il en
« reste encore un petit qui garde les brebis. — Envoyez-le
» quérir ; car nous ne nous mettrons point à table qu'il ne soit
» venu. — Isaï le fit donc appeler. Or, il était roux, d'une
» mine avantageuse et d'un fort beau visage. Et le Seigneur dit
» au prophète : C'est celui-là même, levez-vous et le sacrez.

» Prenant donc la corne d'huile, Samuel le sacra au milieu de
» ses frères ; et l'Esprit du Seigneur, à partir de ce moment,
» fut toujours avec David. »

Il nous tardait d'arriver à Bethléem, que nos yeux avaient
aperçue de loin sur sa haute colline, et que, d'aussi loin,
nos cœurs avaient saluée avec les accents du prophète : « Et
» toi, Bethléem, terre de Juda, tu n'es pas la moindre entre
» les principales villes de Juda ; car de toi sortira le chef qui
» conduira mon peuple d'Israël. » Vers dix heures et demie,
notre caravane y fait son entrée solennelle, à la grande joie de
la population catholique, toujours heureuse et fière de revoir
ses frères d'Occident, ceux de France en particulier. Il nous
faut traverser la ville pour arriver au couvent de Terre-Sainte,
situé à l'orient, tout près du lieu où vint s'arrêter l'étoile des
Mages et où daigna naître le Sauveur du monde. L'accueil le
plus aimable et le plus empressé nous est fait en ce couvent,
où du reste l'on nous attendait, grâce à l'obligeante préve-
nance des Franciscains de Jérusalem qui nous avaient annoncés. J'ai l'honneur d'y partager avec Mgr Hovanyi la belle et
agréable *chambre de Sainte-Hélène*, ainsi nommée parce
qu'elle occupe le lieu même où devaient se trouver les appartements de la pieuse impératrice pendant le séjour
qu'elle fit à Bethléem. Disons-le en passant, puisque c'est la
vérité, du commun aveu des divers membres de notre caravane, les admirables enfants de saint François, et qui sont
en Palestine la providence des pèlerins, savent donner ici à
leur hospitalité un charme tout particulier, et d'ailleurs bien
facile à comprendre en ces lieux bénis où la tendre charité de
Dieu pour les hommes s'est un jour personnifiée d'une manière
si touchante, suivant la remarque de saint Paul. « *Benignitas
et humanitas apparuit Salvatoris nostri Dei.* » Est-il besoin
d'ajouter que toutes les attentions dont nous sommes l'objet de
la part de ces bons religieux nous ont bientôt fait oublier nos
fatigues, et retrouver des forces pour visiter les pieux monuments de Bethléem et des environs ?

Cette petite ville qui brille encore de nos jours, dit M.
Azaïs, « comme une fleur mystérieuse, au sein des arides
montagnes de la Judée », remonte à une bien haute antiquité, puisqu'il en est déjà question au premier livre de nos
saintes Écritures. Elle est plusieurs fois mentionnée dans la
Genèse, où nous lisons que, dès l'origine, on lui donnait indifféremment le nom d'*Ephrata* ou celui de *Bethléem* : « Se-
» pulta est (Rachel) in viâ quæ ducit Ephratam, hæc est Be-

38

» thléem.…. Et sepelivi eam juxta viam Ephratæ , quæ alia
» nomine appellatur Bethleem. » Quelquefois même on lui
donna simultanément ces deux noms , ainsi que nous le
voyons dans la prophétie de Michée : « Et tu , *Bethleem E-
phrata….*» Mais le plus souvent on l'appelait *Bethléem de
Juda* , parce qu'elle était enclavée dans la tribu de ce nom,
et pour la distinguer d'une autre Bethléem que l'Ecriture nous
montre en Galilée , dans la tribu de Zabulon. Quant aux
noms d'Ephrata et de Bethléem , ils « lui viennent , dit Mgr
Mislin , de ceux de ses fondateurs » , sur lesquels nous
trouvons les détails suivants au premier livre des Paralipomènes.

Caleb ou Calubi , fils d'Hesron , petit-fils de Pharès , et ar-
rière-petit-fils de Juda,l'un des douze enfants de Jacob,épou-
sa en secondes noces Ephrata , dont le fils aîné , appelé Hur ,
devint père de Bethléem , lequel dût fonder , en lui donnant
son propre nom , la ville de Bethléem, « aussi appelée Ephrata , dit le Docteur d'Allioli , parce que l'aïeule de son fondateur portait ce nom. » Ajoutons que le mot hébreu de Bethléem signifie *maison de pain* , et le mot Ephrata , *fertilité;*
double signification mystérieuse que la divine Providence a
voulu réaliser d'une manière ineffable, suivant ces paroles de
saint Jérôme , dans l'éloge funèbre de sainte Paule : « Salve,
Bethleem domus panis , in quâ natus est ille panis qui de cœlo descendit. Salve, Ephrata , regio uberrima, cujus fertilitas
Deus est. »

On sait que Bethléem a eu la gloire de donner le jour aux
ancêtres de David : Booz, Ubed et Jessé ou Isaï ; et à David
lui-même , dont elle prit le nom, qu'elle conservait encore,
dit saint Luc , au temps du Sauveur : « Ascendit autem et
» Joseph à Galilæa de civitate Nazareth in Judæam , in *ci-
» vitatem David* , quæ vocatur Bethleem. » Roboam en fit
une place forte , d'après ce passage du onzième Livre des
Paralipomènes : «Extruxitque Bethleem, et Etam, et Thecue,
» civitates munitissimas.» Au rapport du premier Livre d'Es-
dras, Bethléem ne vit que cent vingt-trois de ses enfants revenir de la captivité de Babylone. Dans l'Evangile selon saint
Jean , les Juifs en parlent comme d'une ville sans importance
ou même d'un simple bourg : « De Bethleem castello ; ubi
» erat David, venit Christus. »

Après tout , que lui importe la gloire ou la grandeur humaine, quand elle a eu l'honneur incomparable d'être à jamais
consacrée par la naissance du Fils de Dieu fait homme? Enfin,

laissons passer encore sur elle les dix-huit siècles chrétiens ;
avec tout ce qu'ils lui apportent de vicissitudes et de cruelles
épreuves, et nous la retrouvons aujourd'hui , « par un phénomène assez singulier , dit Mgr Mislin , demeurée une ville
chrétienne au milieu de ces contrées musulmanes. » En effet,
sur une population qui peut s'élever à 3,000 âmes , elle ne
compte pas moins de 1,000 Grecs, une centaine d'Arméniens
et 1,500 catholiques, ces derniers vivant en grande partie des
objets de piété, chapelets, croix et médaillons , qu'ils confec-
tionnent tant bien que mal pour les vendre aux pèlerins.

Nous n'avons pas laissé ignorer à nos lecteurs que l'empereur Adrien, au commencement du iie siècle , fit dresser une
statue à Vénus sur le Calvaire , et une statue à Jupiter sur le
tombeau de Jésus-Christ, profanant ainsi d'une manière odieuse , et par un calcul que Dieu sut bien déjouer , les lieux du
monde les plus chers à la piété chrétienne. Ajoutons ici que ,
par une semblable profanation du berceau de Notre-Seigneur,
il y fit encore élever une statue et planter à l'entour un bois
sacré en l'honneur d'Adonis. Mais, grâce à Dieu , c'était tout
simplement une fois de plus que l'iniquité travaillait contre elle-même ; car , selon la remarque si juste de M. l'abbé Wonner, « en éloignant les chrétiens pour un temps , c'était providentiellement conserver et consacrer l'identité du lieu. »
Maintenant, comment dire la joie et l'allégresse des fidèles,
quand la pieuse mère du grand Constantin, après avoir soigneusement purifié la sainte grotte , la recouvrit d'une église
vraiment digne de sa munificence impériale , et aussi digne
que possible du mystère qui s'y était opéré ?

Au vi[e] siècle , Justinien Ier se fit le restaurateur de cette
église, qu'il voulut même , suivant quelques auteurs , remplacer par une autre encore plus belle et plus magnifique. A leur
tour les croisés restaurèrent celle que leur avait livrée la conquête, et ils s'y prirent assez bien, nous dit un pèlerin du xiii[e]
siècle, pour en faire une des plus belles églises du monde : «Ut
vix hodié inveniri possit locus sacer illo pulchrior.» Au xve siècle, l'église réclamant de nouveau des travaux importants, les
Pères de Terre-Sainte y pourvurent avec le concours de l'europe catholique. Mais, deux siècles après , leurs éternels ennemis, les Grecs schismatiques , ayant eu la sacrilége audace
de dégrader eux-mêmes l'édifice , obtenaient de la Sublime-
Porte d'y faire des réparations qu'ils avaient su rendre nécessaires, et sur lesquelles ils comptaient bien assseoir leur droit
de propriété. La France protesta d'abord avec dignité ; puis ,

comme toujours, elle laissa se consommer l'usurpation, qui reste encore malheureusement à l'état de fait accompli, même après toute la gloire que nos soldats ont naguère moissonnée en Orient.

L'antique église de sainte Hélène, « dont l'architecture, dit Chateaubriand, se mêle aujourd'hui aux différentes parties ajoutées par les princes chrétiens », est tournée à l'est et environnée de constructions qui lui donnent bien un peu l'air d'une forteresse. Elle commence à l'ouest par un beau vestibule de même largeur que l'édifice, et offrant sur la droite l'entrée du couvent des Arméniens schismatiques. A peine dans la grande nef, nous avons à gauche la petite porte qui donne passage dans le couvent des Franciscains. Quant à celui des Grecs, il communique par le transept méridional avec le grand chœur qui leur sert d'église. Dans son ensemble, le monument est une belle croix latine, ornée de quatre rangs de onze colonnes de marbre qui le divisent en cinq nefs, et qui « forment dans cette vaste enceinte comme une forêt mystérieuse », pour nous servir des expressions de M. l'abbé Azaïs. Les colonnes de ces diverses nefs peuvent avoir dix-huit ou vingt pieds de hauteur, sur deux pieds et demi de diamètre. La nef principale est sans voûte et laisse voir l'immense charpente, qui malheureusement n'est plus de cèdre, comme elle l'était avant les restaurations du xvᵉ siècle.

Toutes les parois intérieures du monument étaient jadis ornées de peintures, de mosaïques, d'inscriptions latines et grecques, dont nous ne voyons plus que de faibles restes échappés au vandalisme des schismatiques. Encore si les Grecs s'en étaient tenus là ! Croirait-on que ces profanateurs, qui, pour rien au monde, ne voudraient restituer aux catholiques la plus petite parcelle du magnifique sanctuaire dont ils les ont si injustement dépossédés, abandonnent de gaîté de cœur toute cette belle et vaste nef pour servir de taverne à leurs pèlerins et de bazar aux Turcs ? Et il leur suffit qu'une mauvaise clôture de planche, trop peu épaise et trop peu élevée pour écarter le plus petit bruit venant de la nef, soit tout ce qui la sépare du grand chœur dont ils ont fait leur église. Nous avons dit qu'ils occupent encore le transept méridional, et comme celui du nord sert d'église aux Arméniens, il en faut bien conclure que la part des catholiques est désormais nulle dans le précieux monument dont ils devraient être les seuls possesseurs.

Depuis que le schisme les a ainsi dépossédés, les catholiques de Bethléem n'ont pour église paroissiale que la chapelle même du couvent latin, située au nord-est de la grande basilique. Cette chapelle est propre et bien tenue, mais loin de suffire aux exigences de sa nouvelle destination. Ele est dédiée à sainte Catherine, illustre vierge du IV° siècle, qui souffrit en la ville d'Alexandrie, et dont le corps, nous dit la légende du Bréviaire, fut miraculeusement transporté par les anges sur la célèbre montagne de Sinaï, en Arabie : « Cujus corpus ab Angelis in Sinâ Arabiœ monte mirabiliter collocatum est. » Un passage souterrain, pratiqué dans la nef, du côté de l'épître, conduit de la chapelle à l'entrée occidentale de la grotte de la Nativité, sous le chœur qui sert d'église aux Grecs. Cette grotte, qui se trouve ainsi au chevet de la grande église, a deux autres entrées, l'une au nord, l'autre au midi, auxquelles on descend par deux escaliers qui s'ouvrent aux deux côtés du chœur supérieur. L'escalier du nord donne sur le transept devenu église arménienne, et par là communique avec la chapelle de Sainte-Catherine ; il continue à rester accessible aux catholiques, sans doute en attendant qu'il plaise encore au schisme de les dépouiller de ce dernier de leurs droits, et de les empêcher de passer par l'église supérieure pour se rendre à la grotte.

Nos lecteurs doivent être impatients de pénétrer avec nous dans cette grotte à jamais bénie qui a possédé le trésor du monde, et nous ne le sommes pas moins de les y conduire, bien que nous ayons cru devoir les arrêter d'abord aux quelques détails qui précèdent. La précieuse grotte est en partie l'œuvre de la nature, qui s'est chargée de la creuser dans le roc, et en partie l'œuvre de l'art, qui est ensuite venu y faire des modifications de plus d'une sorte et plus ou moins heureuses. Le pavé de la grotte est de marbre blanc; les parois du roc sont également revêtues de beau marbre, et jadis elles étaient tendues de riches draperies de soie rouge, aux armes de Terre-Sainte; mais hélas! depuis longtemps ces draperies sont en lambeaux, et toutes les tentatives des Franciscains, pour les renouveler, comme ils en ont le droit, échouent devant l'intolérance vraiment exorbitante des Grecs. La lumière du jour ne pénètre jamais dans cette enceinte qu'éclaire seulement la lueur mystérieuse d'un grand nombre de lampes. La grotte mesure au moins onze mètres de longueur, de l'ouest à l'est, cinq mètres dans sa plus grande largeur, à l'est, et trois mètres de hauteur. Catherine Emmerich, dans ses méditations si intéressantes et si détaillées sur le point qui nous occupe, la décrit assez bien : « une

chambre de forme irrégulière , moitié ronde, moitié triangu-
laire, laquelle s'étendait surtout du côté du midi , en sorte
que le plan de la grotte entière pouvait être comparé à une
tête reposant sur son cou. » Et elle ajoute avec non moins de
justesse et d'exactitude : « C'était dans la partie orientale de
cette grotte, en face de l'entrée , que se trouvait la sainte
Vierge lorsque la lumière du monde sortit d'elle. Dans la
partie qui s'étendait au midi se trouvait la crèche où l'on
adora l'Enfant-Jésus. » Telle est encore, en effet, la disposition des lieux.

La place traditionnelle où naquit le Sauveur du monde est
à l'orient, au fond de la grotte , en face de l'entrée occidentale, entre les deux entrées du nord et du midi. Elle est indiquée dans le marbre du pavé par une incrustation de jaspe
et de porphyre , autour de laquelle règne un cercle d'argent
qui projette des rayons imitant une étoile , et qui porte cette
inscription latine à la fois si simple et si éloquente : « *Hic de
Virgine Mariâ Jesus Christus natus est* : Ici même Jésus-
Christ est né de la Vierge Marie. »

Une table de marbre, qui sert d'autel , est appuyée contre
le flanc du rocher , et s'élève au-dessus du lieu de la Nativité. Avec quel saint empressement et quelle délicieuse émotion nous venons nous prosterner en ce lieu, y coller amoureusement nos lèvres, nous y anéantir et y déposer nos plus
humbles hommages, suivant la recommandation de saint Bernard : « Magnificetur à nobis parvulis magnus Dominus, qui
ut nos faceret magnos, factus est parvulus ! » Mgr Mislin a
bien raison de dire : « Exprimer l'ineffable douceur qui pénètre dans l'âme avec cette pensée: *C'est ici que Jésus-Christ
est né de la Vierge Marie,* c'est ce que ne pourra jamais
faire le langage de l'homme. » Et M. l'abbé Azaïs: «Les pèlerins adorent bien plus par le silence que par d'impuissantes
paroles. »

Il y a dix-huit siècles , Marie et Joseph se trouvant en ce
même lieu où nous sommes, « il arriva, dit l'évangéliste, que
« le temps auquel elle devait accoucher s'accomplit. Et elle
« mit au monde son premier né. » C'était à minuit, nous apprend l'Eglise dans son office : « Dùm medium silentium
tenerent omnia, et nox in suo cursu medium iter perageret.»
Maintenant laissons raconter à Catherine Emmerich les choses merveilleuses qui se passèrent en ce moment solennel :
« Je vis la lumière qui environnait la sainte Vierge devenir
de plus en plus éclatante ; la lueur de la lampe allumée par

Joseph n'était plus visible. Marie, sa large robe sans ceinture étalée autour d'elle , était à genoux sur sa couche , le visage tourné vers l'orient. Quand vint l'heure de minuit , elle fut ravie en extase. Je la vis élevée de terre à une certaine hauteur. Elle avait les mains croisées sur la poitrine. La splendeur allait croissant autour d'elle; tout semblait ressentir une émotion joyeuse, même les êtres inanimés. Le roc qui formait le sol et les parois de la grotte étaient comme vivants dans la lumière. Mais bientôt je ne vis plus la voûte ; une voie lumineuse , dont l'éclat augmentait sans cesse , allait de Marie jusqu'au plus haut des cieux. Il y avait là un mouvement merveilleux de gloires célestes, qui, s'approchant de plus en plus , se montrèrent distinctement sous la forme de chœurs angéliques. La sainte Vierge élevée de terre dans son extase, priait et abaissait ses regards sur son Dieu dont elle était devenue la mère; et qui, faible enfant nouveau-né, était couché sur la terre devant elle. »

En mémoire de ce prodige d'amour , l'Eglise a institué dès les premiers siècles, l'une de ces fêtes les plus célèbres et les plus populaires , la fête de *Noël* , ou de la naissance de notre Seigneur : *In Nativitate Domini* ; fête que ramène chaque année le vingt-cinq décembre , et qui revient toujours avec des joies et des émotions nouvelles. Eh ! « le moyen qu'il en soit autrement ! s'écrie un pieux auteur. Est-il jour plus beau que le jour de Noël? Jamais jour donna-t-il aux hommes ce que la nuit de Noël leur a apporté dans ses ombres? Cette nuit-là, un frère est venu aux malheureux, un libérateur aux esclaves, un ami aux enfants, un maître aux docteurs, un modèle aux rois, un vainqueur à la mort. »

Mais si la fête de Noël, si la messe de minuit surtout ne se passe jamais sans faire éprouver au vrai chrétien des émotions secrètes et des mouvements de tendresse pour l'Enfant Jésus; ici, dans la grotte de Bethléem , suivant l'expression de l'un de nos pèlerins , « c'est un Noël continuel », puisque chaque jour, à la sainte messe, le prêtre y reproduit sur l'autel le même Fils de Dieu qui daigna y naître de la Vierge Marie : et comment ce Noël ne dirait-il rien de particulier au cœur?

Toutefois, l'impression devait encore être plus vive et la jouissance plus grande, au temps où le prêtre catholique pouvait librement renouveler l'auguste mystère à l'autel même de la Nativité. Combien n'est-il pas à déplorer que les Grecs, dans leurs envahissements successifs et si ruineux pour notre cause, aient pu récemment nous enlever ce précieux sanctuaire, et que la gloire plus récente de nos armes en Orient n'ait pas su le remettre en notre pouvoir !

Non contents d'empêcher nos prêtres de monter à l'autel de la Nativité, les schismatiques ont voulu compléter leur usurpation en faisant disparaître l'étoile d'argent dont l'inscription latine était pour tous une preuve évidente de notre propriété séculaire. C'était en octobre 1847. L'étoile fut volée pendant une nuit, et les Grecs ne manquèrent pas de nous accuser de ce vol, que tout le monde, à plus juste titre, leur attribua par une application bien légitime de l'ancien adage : *Is fecit cui prodest.* De fait, on apprit bientôt que l'étoile était en leur possession et qu'ils l'avaient portée en triomphe dans leur couvent de Saint-Sabas, distant de quatre lieues.

Cependant, nos religieux réclamèrent, avec l'appui du consulat français de Jérusalem. Par malheur, l'or ennemi avait déjà gagné ceux à qui s'adressaient leurs réclamations, et justice ne devait pas leur être faite. L'étoile volée resta entre les mains des Grecs, les catholiques ne furent pas autorisés à la remplacer ; et si, en 1853, la Porte elle-même la fit remplacer par une nouvelle étoile semblable en tous points à l'ancienne, ce ne fut pas comme un acte de justice et de réparation, mais bien, suivant les expressions du sultan, *comme un souvenir solennel à la nation chrétienne de notre Part Impériale.* Ce qui fait dire à Mgr Mislin : «Je ne crois pas que depuis le temps où l'on venait ici célébrer les mystères d'Adonis, il s'y soit jamais rien passé de plus humiliant pour le nom chrétien que le jour où le sultan Abdul-Medjid y a fait replacer ce monument.»

L'Evangile raconte que Marie ayant mis au monde son divin Fils, « elle l'enveloppa de langes, et le coucha dans une » crèche, parce qu'il n'y avait point de place pour eux dans » une hôtellerie, *quia non erat eis locus in diversorio.* » Remarquons en passant que ces hôtelleries de Bethléem n'étaient rien moins que des auberges, avec lesquelles nos lecteurs auraient tort de les confondre. » A part deux ou trois, établies depuis peu d'années par des Européens, il n'y a pas d'auberges dans la Palestine, et il n'y en a jamais eu qu'à l'époque où elle était sous la domination chrétienne ; encore était-ce plutôt des hospices desservies par des religieux ou des chevaliers, que des auberges comme nous l'entendons en Europe. »

Mgr Mislin, dont nous venons de citer les paroles, ajoute : « Le *diversorium* était la partie de la maison destinée aux étrangers. C'est dans ce sens qu'autrefois, dans les grandes ab-

bayes, on appelait l'*hôtellerie* le corps de logis que l'on cédait aux hôtes. Toutes les hôtelleries de cette espèce étant
donc occupées à Bethléem, c'est-à-dire, toutes les maisons
étant pleines de ceux qui s'y étaient rendus à cause du recen-
sement ordonné par Auguste et activé par Hérode qui voulait
plaire à son maître, que devaient faire les parents de notre
Seigneur ? » La Providence, qui les met à une si rude épreuve, et qui ne peut cependant les délaisser, leur offre, aux portes de la ville, une grotte chaude, profonde et tranquille, où
s'établissaient souvent les bergers lorsqu'ils venaient à Bethléem, et que d'ailleurs Joseph connaissait bien depuis sa
jeunesse.

« Quand ses frères le tourmentaient, dit Catherine Emmerich, il s'y retirait souvent pour y prier à l'abri de leurs persécutions. » Une dure nécessité l'oblige encore cette fois de
s'y retirer avec Marie, et ils y trouvent un bœuf et un âne,
du moins d'après la tradition commune, donnée pour certaine par les Pères de l'Eglise le mieux en état d'en être instruits,
et confirmée par ces paroles de l'Eglise elle-même dans son
office : « O magnum mysterium, et admirabile sacramentum,
ut animalia viderent Dominum natum, jacentem in præsepio ! » Enfin, les mêmes Pères font ici l'application du passage
suivant d'Isaïe : « Cognovit bos possessorem suum, et asinus
præsepe Domini sui. »

Quelque temps après sa naissance, notre Seigneur fut couché
dans une crèche, entre ces deux animaux, qui s'y trouvaient
attachés, dit Corneille de la Pierre, et dont le souffle servit
providentiellement à le réchauffer : « Ut in rigore hiemis,
Christus halitu bovis et asini calesceret. » Pour condamner
nos délicatesses dès le moment même de sa naissance, il avait
voulu d'abord tomber nu à terre et reposer sur la dure, sans
avoir même ce lit de paille que nos peintres lui donnent.
« Car il n'y en a point en ce pays », observe le P. Nau, par
la raison bien simple que la coutume y est de tout temps de
réduire la paille en menus fétus et presque en poudre pour en
tirer les grains et pour la donner ainsi hachée aux troupeaux
et aux bêtes de somme, qui n'ont pas d'autre foin dans tout
ce pays-là.

Recueilli ensuite dans les bras de la sainte Vierge et em-
mailloté par elle, il fut déposé dans la crèche, qui se voyait à
quelques pas et qui lui servit de berceau. Et c'est là, dans
cette crèche, sur la menue paille même dont se nourrissaient
deux vils animaux, ou du moins sous les misérables langes

qu'avait pu lui procurer sa mère, que se trouvait le divin Enfant lorsqu'il fut adoré par les bergers. Au rapport de l'écrivain
sacré, le messager céleste leur avait dit : « Voici la marque à
» laquelle vous le reconnaîtrez : Vous trouverez un enfant en-
» veloppé de langes et couché dans une crèche.... Etant donc
» accourus en toute hâte, ils trouvèrent Marie, Joseph et
» l'enfant couché dans une crèche. Et l'ayant vu, ils reconnu-
» rent la vérité de ce qui leur avait été dit touchant cet en-
» fant. Et tous ceux qui l'entendirent admirèrent ce qui leur
» avait été rapporté par les bergers.... Et les bergers s'en re-
» tournèrent glorifiant et louant Dieu de toutes les choses
» qu'ils avaient entendues et vues, selon qu'il leur avait été
» dit. »

Catherine Emmerich est d'une parfaite exactitude lorsqu'elle dit que la crèche « était à droite de l'entrée de la
grotte, qui s'élargissait là dans la direction du midi. » A
quelques pas, en effet, du lieu de la Nativité, vers le midi,
s'ouvre une petite cavité, espèce de seconde grotte renfermée
dans la première, où l'on descend par trois marches, et qui
peut avoir trois mètres dans un sens, quatre mètres dans
l'autre. Sur la droite, ou au couchant, un bloc de marbre
blanc, élevé de trente-cinq centimètres au-dessus du sol,
long de quatre-vingt-trois, large de cinquante et creusé en
forme de berceau, indique l'endroit même où se voyait autrefois la crèche qui reçut, comme le chante l'Eglise, le Roi du
ciel et de la terre devenu petit enfant : « Stabula ponitur,
qui continet mundum : jacet in præsepio, et in cœlis regnat. »
Combien ce lieu si humble, cette crèche si pauvre, cette roche
froide, combien tout ce qui frappe ici nos yeux nous redit l'a-
mour infini que nous a témoigné le divin Enfant de Bethléem
et nous excite à l'aimer à notre tour, suivant la devise et
comme le cri de guerre du séraphique saint François : *Amemus Puerum de Bethleem ; amemus Puerum de Bethleem* !
Nous contemplons le mystère de la crèche comme s'il se passait encore sous nos yeux, et nous retrouvons sur nos lèvres
les accents du prophète, que ravissait longtemps d'avance la
vue d'une scène si attendrissante : *Parvulus natus est nobis,
et Filius datus est nobis.* « Tous les ans, dit M. l'abbé Azaïs,
pendant cette belle nuit de la fête de Noël, les religieux Franciscains reproduisent une image touchante de ce mystère.
Ils descendent avec recueillement dans la grotte ; l'un d'eux
porte dans ses bras une petite statue de l'enfant Jésus représenté sous les traits gracieux du premier âge. Le prêtre

chante l'Evangile qui raconte la naissance d'un Dieu fait homme, et quand il en est à ces paroles : *Et pannis eum involvit, et reclinavit eum in præsepio ,* il suspend le chant ; et prenant dans ses mains le divin Enfant, il l'enveloppe de langes, le dépose avec émotion dans la crèche où l'avait déposé Marie , se prosterne et adore ; et les catholiques de Bethléem et les pèlerins viennent à leur tour, comme les bergers, offrir leurs adorations au Sauveur enfant. Simple et touchante représentation qui convient si bien à ce lieu , et que la foi naïve des populations de notre Midi reproduit dans les crèches de nos églises ! » Et pourquoi n'ajouterions-nous pas, à l'honneur des bonnes et religieuses populations de notre catholique Bretagne, qu'elles ont elles-mêmes jusqu'à ce jour , dans les campagnes surtout, conservé ce pieux et antique usage des crèches de Noël, qui contribuent à rendre cette solennité si belle et si populaire entre toutes les solennités ?

C'eût été pour nous le comble du bonheur , de pouvoir vénérer sur place la véritable crèche où fut couché l'enfant Jésus, ainsi que les divers objets qui servirent à la sainte enfance de ce bon Sauveur. Mais si la divine Providence n'a pas voulu qu'ils fussent à jamais perdus pour l'Eglise, elle n'a pas cependant permis que Bethléem en conservât toujours le dépôt. Tout porte à croire que la sainte Vierge qui , dans une lumière prophétique , avait vu toutes les nations célébrer ses grandeurs , « Beatam me dicent omnes generationes, » se fit un bonheur et un devoir de transmettre ces objets aux premiers disciples, jugeant par elle-même et par les impressions célestes qu'elle conservait dans son cœur, de quel prix seraient un jour pour les chrétiens ces témoins éloquents des abaissements d'un Dieu. Et dès-lors, est-il bien difficile d'admettre que ces débris d'un pauvre ménage aient pu survivre aux circonstances si agitées qui accompagnèrent l'établissement de l'Eglise , traverser les siècles et les persécutions, échapper aux dévastations et gagner enfin l'époque où Constantin rendit la paix à la chrétienté ? Au reste, la Providence y veillait , et elle n'eut pas plus de peine à les conserver après la mort que pendant la vie du Sauveur. Sainte Hélène, dont la piété les entoura d'honneurs extraordinaires, fit revêtir la crèche de lames d'argent, et la grotte elle-même des marbres les plus recherchés. Au V° siècle , une partie de ces précieuses reliques , offerte aux impératrices Eudoxie et Pulchérie, fut transférée à

Constantinople ; et deux siècles plus tard , le reste, y compris la sainte crèche, passa en Occident.

Cette dernière translation , nécessitée par le malheur des temps , eut lieu dans les premières années de l'occupation musulmane , qui coïncidait avec les violences des Monothélites : double péril devant lequel les pauvres catholiques de Palestine durent mettre en sûreté leurs reliques insignes,comme les fidèles de nos contrées eurent à le pratiquer eux-mêmes à l'époque des incursions des Normands. Etienne , évêque de Dora et premier suffragant de Jérusalem , chargé par la patriarche Sophronius d'aller exposer au Siége Apostolique la déplorable situation de la Terre-Sainte , se rendit deux fois à Rome sous le pontificat de Théodore Ier, de 642 à 649; et c'est à son second voyage qu'il dut y apporter entre autres reliques, des éclats de pierre , revêtue de marbre , enlevée à la grotte de Bethléem , des restes de vêtements et de bandelettes sanctifiés par l'enfance en ce monde du Roi immortel des siècles, et surtout les précieux morceaux de bois qui composaient la sainte crèche. « Gardée , dit Mgr Gaume , avec plus d'amour que l'arche d'alliance , avec plus de respect que le *Tugurium* de Romulus , environnée par des générations non interrompues de chrétiens fidèles,couverte des baisers de plusieurs millions de pèlerins,arrosée de leurs larmes brûlantes; la crèche quitta l'Orient à l'invasion du mahométisme. »

On devine l'accueil que lui fit Théodore Ier , originaire lui-même de la Palestine , connu pour son zèle à recueillir en tous pays , en Terre-Sainte surtout, les saintes reliques , et plus à même que personne de vérifier l'authenticité des objets présentés comme ayant appartenu à la crèche du Sauveur. Le saint pape la déposa dans la basilique de Libère , encore appelée jusqu'à cette époque la basilique de Siste , de Sainte-Marie, de la sainte Mère de Dieu , et connue , à dater de ce moment , sous la dénomination nouvelle de *Sainte-Marie-à-la-Crèche*. C'est la même que l'on nomme aujourd'hui *Sainte-Marie-Majeure* , et qui conserve encore, à l'heure qu'il est, la relique précieuse que Rome, à si juste titre, est heureuse et fière de posséder.

« La crèche, dit MgrGaume, est son trésor, son bijou ; elle fait son bonheur, sa gloire. Elle la garde avec un amour jaloux , elle l'entoure d'une vénération que les siècles ne peuvent affaiblir; elle la conserve dans un coffre d'airain et ne l'expose aux regards qu'une fois chaque année. »

Suivent les détails de cette exposition annuelle du 25 decembre, après lesquels le même auteur ajoute : « Notre tour arriva, et je pus voir de près, voir de mes yeux la pauvre crèche où Marie coucha le Sauveur du monde enveloppé de langes !!!... Ce berceau, à jamais vénérable, repose dans une châsse de cristal, montée sur un cadre d'argent émaillé d'or et de pierres précieuses, splendide offrande de Philippe IV, roi d'Espagne. »

La crèche ne conserve plus sa forme primitive. Les petites planches qui en formaient les parois se trouvent réunies en-semble. Elles sont au nombre de six, dont trois, longues de o m. 42; et deux, longues de o m. 33, sur une largeur qui varie entre o m. 25 et o m. 45. La sixième, est en tout petits fragments, et la plus large porte, en quatre lignes, dont deux très-longues, une inscription grecque, mutilée par les ravages du temps. On remarque en trois endroits des mortaises pratiquées pour l'assemblage des pièces, plus deux restes de charnières ou supports d'anneau. « Pauvres débris ! mais plus précieux que l'or, pour quiconque sait la valeur de cette parole : *Et le Verbe s'est fait chair, et il a habité parmi nous.* »

Ainsi se termine le remarquable travail d'un savant chanoine de l'Eglise d'Orléans, M. Victor Pelletier, auquel nous avons emprunté une bonne partie des documents qui précèdent. Ce travail, qui a paru dans l'*Univers* du 24 et du 31 décembre 1856, est, comme il l'intitule lui-même, l'analyse d'un ouvrage singulièrement intéressant, publié à Rome en 1854, par Mgr F. Liverani, chanoine de Sainte-Marie-Majeure, sur le nom de *Sainte-Marie à la Crèche*, que porte la basilique Libérienne, et sur les reliques de la Nativité et de l'enfance du Sauveur qu'on y conserve.

Nous n'ajouterons qu'un mot, et ce mot est du T. R. P. Abbé de Solesme, dom Guéranger, parlant de l'heureuse nuit de Noël : « Rome est le second lieu du monde que notre cœur doit rechercher en cette nuit fortunée. Mais dans la ville sainte, il est un sanctuaire qui réclame en ce moment toute notre vénération et tout notre amour. C'est la basilique de la Crèche, la splendide et radieuse église de Saint-Marie-Majeure. Reine de toutes les nombreuses églises que la dévotion romaine a élevées à la Mère de Dieu, elle s'élève avec magnificence sur l'Esquilin, toute resplendissante de marbre et d'or, mais surtout heureuse de posséder en son sein, avec le portrait de la Vierge-Mère, peint par saint Luc, l'humble et glorieuse crèche que les impénétrables décrets du Seigneur ont enlevée à Bethléem pour la confier à sa garde.... Dieu a donc voulu que Rome, qui devait être la Jérusalem, fût aussi la Bethléem nouvelle, et que les enfants de son Eglise trouvassent dans ce centre immuable de leur foi l'aliment multiple et inépuisable de leur amour.

La plupart des objets de piété que j'ai rapportés de mon pèlerinage ont été achetés à Bethléem, et bénits sous mes yeux dans le berceau de marbre qui remplace la crèche de l'enfant Jésus, dans la grotte de la Nativité. J'ai voulu faire toucher ensuite ces objets au lieu même de la Nativité, au Calvaire, au tombeau du Sauveur. Et quelle douce jouissance n'ai-je pas eue plus tard à les offrir, enrichis de toutes ces bénédictions de la Terre-Sainte, à des parents et à des amis, si heureux et si empressés eux-mêmes de les recevoir !

L'Eglise au beau jour de Noël, le vingt-cinq décembre de chaque année, invite ses enfants à suivre les bergers et à se presser avec eux, au moins par la pensée, autour de la crèche de Bethléem. Huit jours après Noël, au premier jour de l'an, elle les convoque une seconde fois à la crèche, pour leur offrir de nouveaux et bien touchants mystères : l'enfant Jésus daignant subir la loi douloureuse de la *Circoncision*, qui n'était pas faite pour lui, et recevant le nom de *Jésus*, c'est-à-dire *Sauveur*. « Le huitième jour, auquel l'enfant devait être cir« concis, étant arrivé, dit l'Evangéliste, on lui donna le nom « de Jésus, ainsi que l'Ange l'avait prescrit avant même qu'il « ne fût conçu dans le sein de sa mère. » Et en effet, l'Ange avait dit à Marie, pour obtenir son consentement au mystère ineffable de l'Incarnation : « Ne craignez point, car vous avez « trouvé grâce devant Dieu: voilà que vous concevrez en votre « sein et vous mettrez au monde un fils à qui vous donnerez le « nom de Jésus... » Et plus tard il dit encore à Joseph, pour dissiper ses doutes et ses inquiétudes : « Ne craignez point de « retenir Marie votre épouse ; car ce qui est formé en elle « est l'ouvrage du Saint-Esprit. Elle mettra au monde un fils « que vous nommerez Jésus, parce que c'est lui qui sauvera « son peuple en le délivrant de ses péchés. »

Et c'est au lieu même où nous sommes, c'est-à-dire dans la petite cavité où se voyait la crèche, ou tout au moins dans le vénérable sanctuaire de la Nativité, que s'est accompli le double mystère qui nous est proposé par l'Eglise dans cette fête de la Circoncision, si féconde en utiles enseignements, et pourtant si peu remarquée de la plupart des fidèles. Saint Epiphane, originaire de la Palestine, et mieux instruit que personne des traditions sacrées de son pays, ne nous laisse là-dessus aucun doute: « Natus est (Jesus) in Bethleem, circumsi-sus in speluncâ. »

Mais voici une nouvelle fête qui nous ramène, pour la troisième fois en moins de quinze jours , dans la grotte vénérée de Bethléem. « Ah ! s'écrie un pieux auteur , c'est que les mystères d'amour se succèdent rapidement dans cet asile du Dieu nouveau-né. » Celui qui nous y attire cette fois , et que la sainte Eglise célèbre le treizième jour après Noël , sixième après la Circoncision, c'est l'*Epiphanie*, c'est-à-dire la manifestation de Jésus aux Gentils et l'adoration des Mages.

Ces Mages, dit Bossuet, « c'étaient les savants de leur pays, observateurs des astres , que Dieu prend par leur attrait ; riches et puissants , comme leurs présents le font paraître. » La tradition commune et immémoriale porte qu'ils étaient rois *id est regulos*, dit le commentateur , et de là le nom de *fête des Rois* donné à l'Epiphanie.

Le nombre des Mages qui vinrent adorer le Sauveur n'est pas exprimé dans l'Evangile. On croit vulgairement , dit Bossuet , qu'ils étaient trois , à cause des trois présents qu'ils offrirent au nouveau-né. La tradition va même jusqu'à leur assigner les noms connus de Gaspar , Balthasar et Melchior.

Les auteurs ne s'accordent point quand il s'agit de préciser la contrée d'où vinrent les Mages, et il faut convenir que le vague de l'Ecriture, « ab Oriente venerunt » favorise cette diversité d'opinions. Le sentiment le plus probable et le plus suivi les fait venir de l'Arabie-Heureuse , assez peu distante de la Judée, entre le Midi et l'Orient. « Verisimillimè , dit Corneille de la Pierre , qui en donne ses raisons, Magi hi fuère Arabes orientales. »

On ne peut faire que des conjectures sur la nature de l'étoile qui apparut aux Mages et qui les attira en Judée : « Vidimus enim stellam ejus in Oriente , et venimus adorare eum ; » sur la partie du ciel où ils la virent, et sur la manière dont elle dirigea leur marche. Suivant l'opinion commune, c'était un météore plus brillant que les étoiles ordinaires , et dont la lumière du soleil ne diminuait en rien l'éclat. Ce météore dut apparaître dans le principe sur la Judée, ainsi que le portait la prophétie de Balaam : « Orietur stella ex Jacob, » pour indiquer le lieu de la naissance du Messie ; et bientôt après, se montrer en Orient, pour de là faire venir les Mages au berceau du nouveau-né. Il parut dans l'air à une élévation médiocre, et commençant à se mouvoir vers la Judée, sembla les inviter ainsi à se mettre à sa suite :

Ibant Magi, quam viderant
Stellam sequentes præviam,

lisons-nous dans l'hymne des Vêpres de l'Epiphanie.

Balaam ayant habité dans ces contrées, sa prophétie avait dû s'y répandre, et y propager la croyance que l'apparition du Messie parmi les Juifs serait annoncée par un astre du ciel. Aussi les Mages, à la vue de l'astre extraordinaire, n'hésitent-ils pas à l'appeler *son étoile* : « Ubi est qui natus est Rex Judœorum ? Vidimus enim stellam ejus ... » Toutefois, dit très-bien Bossuet, « une étoile qui ne paraissait qu'aux yeux, n'était pas capable d'attirer les Mages au Roi nouveau-né ; il fallait que l'étoile de Jacob et *la lumière du Christ* se fût levée dans leur cœur. A la présence du signe qu'il leur donnait au dehors, Dieu les toucha au dedans par cette inspiration dont Jésus a dit : *Nul ne peut venir à moi si mon Père ne le tire.* »

Les Mages arrivèrent heureusement à Jérusalem, à la faveur de l'étoile, qu'un Père nous montre si admirablement attentive à régler sa marche sur la leur : « Ambulante Mago, stella ambulat ; sedente, stat ; dormiente, excubat. » Une fois qu'elle les eut conduits dans cette ville, l'étoile devint invisible, sans doute par ce que Dieu se proposait, dit le P. de Ligny, «de faire connaître aux Juifs, par le moyen des Mages, la naissance du Messie, et aux Mages, par le moyen des Juifs, le lieu où le Messie devait naître. » Quoi qu'il en soit, ce double résultat fut obtenu : Jérusalem apprit avec stupeur que le Messie était au monde ; et la Synagogue, ouvrant les Ecritures, déclara qu'il avait dû naître à Bethléem.

Suffisamment éclairés, les Mages se remirent en route avec les hypocrites recommandations du cruel Hérode. A quelque distance de Jérusalem, dans un lieu dont la tradition a conservé le souvenir et que l'on montre encore aux pèlerins, l'étoile leur apparut de nouveau, à leur grande satisfaction, et les conduisit au lieu même où se trouvait le divin Enfant. L'Evangile donne à ce lieu le nom de *maison* : « Et intrantes *domum ;* » d'où plusieurs ont voulu conclure qu'à l'arrivée des Mages l'enfant Jésus n'était plus dans la grotte, et que ses parents avaient pu lui procurer, avant cette visite, un logement plus commode. Il n'en est rien cependant, s'il en faut croire la tradition constante du pays, à l'appui de laquelle Corneille de la Pierre fait cette observation aussi simple que

judicieuse : « Hebrœi enim quemlibet locum , in quo quis
pegit , vocant domum. Sic Psal. cIII 17 , dicitur : *Herodii
domus* , id est nidus. » C'est donc bien ici , dans la grotte
même de la Nativité , dans la petite cavité de cette grotte où
se voyait la crèche , que Jésus-Christ reçut les adorations des
Mages : « Hic involutus pannis , dit saint Jérôme , hic inven-
tus à pastoribus , hic adoratus à Magis. » Suivant Catherine
Emmerich , « c'était en face de la crèche , au levant de cette
partie de la grotte , qu'était assise la sainte Vierge avec l'enfant Jésus quand les trois rois Mages offrirent leurs présents.
Selon d'autres , ce serait plutôt là le lieu où se tenaient les
Mages. Quoi qu'il en soit , c'est ce lieu même que l'Eglise
a consacré au souvenir de l'Epiphanie. Le mystère y est représenté dans un fort beau tableau appendu au rocher , et
au-dessus de ce tableau se voit un petit autel appelé des Trois-
Rois.

Ce modeste autel , ainsi que l'étroite cavité où il se trouve,
demeure la propriété des catholiques , lesquels toutefois sont
loin d'en avoir la libre jouissance. Ils n'y peuvent dire que
deux messes par jour ; ainsi l'a réglé l'intolérance des Grecs.
Mais , ici encore, tout semble nous réussir à souhait, et nous
venons à bout de faire à cette règle , par trop injuste et ty-
rannique , une heureuse brèche dont les futurs pèlerins voudront sans doute profiter. Soit que les schismatiques se fassent décidément plus traitables , soit plutôt que la présence
d'une caravane française leur rappelle trop vivement nos récentes victoires en Orient, ils ont le bon esprit de nous laisser , en dehors du temps de leurs offices , toute liberté de satisfaire notre dévotion et de célébrer à l'autel des Rois-Mages.
Cette messe, dite en face de la crèche le vendredi 12 septembre , le second jour que nous passons à Bethléem , est celle de
la Nativité de Notre-Seigneur , en vertu du privilége spécial
déjà mentionné. On devine le bonheur que nous y trouvons et
les saintes émotions qu'elle produit dans nos âmes.

Prosternés en ce même lieu , au rapport de l'écrivain sacré , les Mages adorèrent véritablement le même Fils de Dieu
que nous y adorons nous-mêmes sur l'autel : *et procidentes
adoraverunt eum*. Ils l'adorèrent comme Dieu , instruits
qu'ils étaient de sa divinité par la lumière intérieure de l'Esprit-Saint. Les Pères sont unanimes là-dessus, et c'est aussi
ce que prouvent les présents des Mages , suivant l'observation de saint Fulgence : Attende quid obtulerint , et agnosce
quid crediderint. » Tout le monde connaît la nature et la si-

gnification mystérieuse de ces présents. » Ils lui offrirent, dit l'Evangile, de l'or, de l'encens et de la myrrhe, » proclamant ainsi du même coup sa royauté, sa divinité et son humanité, comme le fait remarquer saint Grégoire pape : « Eum Magi, quem adorant, etiam mysticis muneribus prædicant : auro Regem, thure Deum, myrrhâ mortalem. »

Après avoir offert à l'enfant Jésus leurs présents et leurs adorations, les Mages prirent congé de la Sainte-Famille et s'éloignèrent de la grotte, « les larmes à l'œil, dit le R. P. Ribadénéira, laissant leurs âmes et leurs cœurs en cette étable comme en un petit paradis. » Avertis par révélation divine de ne point retourner vers Hérode, ils regagnèrent leurs pays par un autre chemin que celui qu'ils avaient tenu pour venir à Bethléem. On croit qu'ils furent plus tard baptisés par l'apôtre saint Thomas, qu'ils prêchèrent l'Evangile sous sa direction, et qu'ils moururent pour Jésus-Christ, « s'offrant eux-mêmes, dit encore le R. P. Ribadénéira, en sacrifice plus agréable à Notre-Seigneur que l'or, l'encens et la myrrhe qu'ils lui avaient auparavant offerts. » Leurs saintes reliques, apportées dans la suite à Constantinople, puis à Milan, durent passer, au XIIe siècle, de Milan à Cologne, qui les possède encore de nos jours et qui les garde « comme un grand trésor, » suivant l'expression d'un pieux auteur.

Les lieux bénis que nous venons de décrire méritaient bien notre première visite, et nous aimons à croire qu'elle n'aura pas été sans intérêt pour le lecteur. Peu d'instants après notre arrivée à Bethléem, nos pas s'y portaient avec un pieux empressement. Nous y sommes bientôt revenus pour les étudier en détail, et l'on nous y retrouve encore à quatre heures de l'après-midi, au moment où les religieux vont faire, à la lueur des flambeaux et au chant des hymnes sacrées, leur procession quotidienne des divers sanctuaires. Est-il besoin de dire combien il nous est doux de renouveler à Bethléem cette touchante procession que nous avons déjà faite avec tant de bonheur à Jérusalem, dans l'église du Saint Sépulcre ? Le point de départ est la chapelle de Sainte-Catherine, qui communique on se le rappelle, avec l'un des transepts de la grande église et, par ce transept, avec la grotte de la Nativité. A la suite des Pères de Terre-Sainte, et, comme eux, tenant un cierge à la main, nous arrivons dans cette grotte, où commencent les stations. La première se fait au lieu même de la Nativité, la deuxième à la crèche, la troisième à l'autel des Rois-Mages.

Il nous faut maintenant traverser la sainte grotte dans toute sa longueur, de l'est à l'ouest, et, à la porte occidentale, qui est l'entrée particulière de nos religieux, nous engager dans le passage souterrain, conduisant de la grotte à la chapelle de Sainte-Catherine. Ce passage, qui s'avance du midi au nord, nous offre deux nouvelles stations, l'une et l'autre sur la droite : la quatrième, qui se fait à l'autel de Saint-Joseph, et la cinquième, à l'autel des Saints-Innocents, quelque peu plus loin, au milieu du passage.

On sait toute la part qu'a eue saint Joseph aux touchants mystères qui devaient rendre Bethléem à jamais célèbre dans le monde. Ne convenait-il pas que ce glorieux patriarche reçût des honneurs particuliers dans le lieu même où ces mystères se sont accomplis, et que son culte eût une place de choix aux portes du sanctuaire de la Nativité ?

Il convenait bien encore qu'aux premiers martyrs de la vérité, aux innocentes victimes emportées par la cruelle jalousie d'Hérode, un autel s'élevât près du berceau pour lequel leur sang avait coulé. « Hérode voyant, nous dit l'Evangé-
« liste, que les Mages s'en étaient joués, entra dans une grande
« colère, et envoya tuer tout ce qu'il y avait à Bethléem, et
« aux environs, d'enfants âgés de deux ans et au-dessous,
« selon le temps qu'il s'était fait indiquer par les Mages. Et
« alors s'accomplit cette parole du prophète Jérémie : Une
« voix a été entendue dans Rama, des pleurs et des cris la-
« mentables : Rachel pleurant ses enfants, et ne voulant point
« recevoir de consolation, parce qu'ils ne sont plus. »

Ce massacre des Innocents eut lieu quelque temps après l'adoration des Mages. Combien de temps après ? on ne saurait le préciser. Ce qui est indubitable, c'est qu'à ce moment la Sainte Famille n'était plus à Bethléem. Après le départ des Mages, lisons-nous dans l'Evangile, « un ange du Seigneur
« apparut en songe à Joseph et lui dit : Levez-vous, prenez
« l'enfant et sa mère, fuyez en Egypte, et n'en repartez point
« que je ne vous le dise ; car il arrivera qu'Hérode cherchera
« l'enfant pour le faire périr. Joseph se leva donc, et, la
« nuit même, prenant l'enfant et sa mère, il se retira en
« Egypte, où il demeura jusqu'à la mort d'Hérode. »

Ainsi, la première punition d'Hérode fut de commettre en pure perte un crime qui l'a rendu l'exécration de tous les siècles. Ce qui fait chanter à l'Eglise, au jour de la fête des Saints-Innocents :

(316)
Quid proficit tantum nefas ?
Quid crimen Herodem juvat ?
Unus tot inter funera
Impuné Christus tollitur.

Au sentiment de plusieurs, il résulterait de ces paroles de l'Eglise, comme aussi des paroles mêmes de l'Evangéliste qu'Hérode immola dans la circonstance une prodigieuse multitude d'enfants : « Vous savez, dit un pieux écrivain de nos jours, ces milliers de jeunes victimes au-dessous de deux ans... » Il est certain, d'un autre côté, que l'on peut tout croire d'un monstre qui, peu de jours avant sa mort, faisait enfermer dans l'hippodrome de Jéricho tous les notables de ses états, pour y être égorgés dès qu'il aurait rendu le dernier soupir, afin qu'il n'y eût personne dans son royaume qui ne versât des larmes à sa mort; d'un monstre qui s'était fait le meurtrier de sa propre famille, et dont Voltaire a pu dire « que la cruauté devint en lui une seconde nature, un besoin toujours renaissant, comme les tigres ont besoin de dévorer pour vivre. » Cependant, disons-le, moins pour atténuer le crime d'Hérode que pour rendre hommage à la vérité, il ne paraît pas qu'il faille compter par milliers, ni même peut-être par centaines, les tendres victimes que ce monstre immola en vue de se défaire du Messie nouveau-né. Et la meilleure preuve que nous en ayons nous est fournie par l'Ecriture elle-même, où nous lisons bien que le massacre eut lieu à Bethléem et dans tout le voisinage, mais où nous lisons également que Bethléem ne devait être rien de considérable au temps du Sauveur : « De Bethleem *castello*, ubi erat David, venit Christus. »

L'Eglise, pour célébrer ces victimes, à tous égards si intéressantes, trouve dans son cœur de mère de sublimes accents qu'elle nous fait redire au jour de leur fête :

Salvete, flores Martyrum....,
et dont nous sommes heureux de donner ici la traduction empruntée à l'excellente plume de M. E. Chavin de Malan :

Brillez fleurs des martyrs, dont la troupe innocente
Tombe au lieu de Jésus sous le fer des méchants,
Comme un tourbillon dans nos champs
Rompt les tendres boutons de la rose naissante.
Prémices des martyrs qui pour Dieu se dévouent,
Vous mourez pour l'Agneau, plus doux que des agneaux;
Vous riez devant vos bourreaux,
Et vos petites mains de vos palmes se jouent.

La tradition nous apprend que les corps de plusieurs de ces

bienheureux martyrs furent déposés en ce lieu où nous venons les vénérer, et même que plusieurs d'entre eux y furent massacrés dans les bras de leurs mères, qui s'étaient vainement flattées de pouvoir les soustraire à la mort en venant les cacher ici.

En face de l'autel des Saints-Innocents, de l'autre côté d'un passage que nous avons suivi pour y venir, s'ouvre un corridor où nous trouvons, dans un petit enfoncement sur la droite, le tombeau de saint Eusèbe. A l'extrémité de ce corridor, une grotte de peu d'étendue nous offre, à notre gauche ou au midi, le tombeau de sainte Paule et de sainte Eustochie, faisant face à celui de saint Jérôme, et communique par le nord avec une grotte régulière et plus considérable, nommée *Chapelle* ou *Oratoire de saint Jérôme*.

La sixième station se fait à l'autel de ce pieux sanctuaire, qui rappelle les grandes austérités et les immenses travaux de l'illustre docteur, originaire de Stridon, sur les confins de la Dalmatie et de la Pannonie. C'est ici, pour ne parler que du plus important de ses ouvrages, qu'il rédigea cette *Version latine de l'Ecriture* que l'Eglise a depuis déclarée authentique sous le nom de *Vulgate*. Dieu lui fit la grâce de mourir, à un âge fort avancé, dans sa chère solitude de Bethléem, où il n'avait pas vécu moins de 38 ans. « Après que le saint docteur, dit le R. P. Ribadénéira, eut dignement achevé sa carrière, et fait éclater par tout le monde la splendeur de ses vertus et de sa doctrine; après avoir enrichi l'Eglise des trésors de l'Ecriture-Sainte, brisé la tête du serpent, dompté les monstres infernaux des hérésies, triomphé de tous ceux qui, à cause d'elles ou de leurs propres vices, lui avaient été contraires, et enseigné aux fidèles le chemin du ciel et de la perfection; étant vieux, chargé d'années, de travaux, de veilles, d'études et de pénitence, il fut attaqué d'une grosse fièvre qui lui donna la mort, le 3o septembre, » auquel jour de chaque année l'Eglise nous fait encore célébrer sa fête. On croit que cette bienheureuse mort arriva l'an 420, sous l'empire d'Honorius et de Théodose.

Saint Jérôme, gardien si vigilant de la crèche pendant sa vie, ne voulut pas en être séparé après sa mort. Il s'était fait creuser un sépulcre dans le roc, tout près du sanctuaire de la Nativité, dans cette grotte même qui précède son Oratoire, et sa dépouille mortelle y fut déposée en grande pompe. Ce tombeau de saint Jérôme, devant lequel nous venons nous agenouiller pour la septième station, ne possède plus depuis

longtemps le corps de l'illustre docteur. Que ce soit , comme
plusieurs le pensent, dès le viie siècle , et en même temps que
la crèche du Sauveur, ou que ce soit seulement au xiiie siècle,
comme l'écrit Mgr Mislin citant les Bollandistes, toujours
est-il constant que le saint corps a quitté la Palestine et a
été transporté à Rome. « Pour lui faire agréer , dit le P. Nau ,
cette translation hors de sa chère Bethléem et de sa chère
grotte , on l'a placé dans l'église de Sainte-Marie-Majeure ,
près de la chapelle où l'on garde la Crèche de Notre-Seigneur.»
Quant au lieu précis où il a été déposé, l'on a fini par l'oublier , et il est resté inconnu pendant des siècles ; mais sauf
erreur , il nous semble bien savoir que l'on a eu récemment
la bonne fortune de le découvrir et de le signaler de nouveau
à la vénération des fidèles.

Plusieurs des premières dames de Rome, quittant généreusement les délices de leur patrie , suivirent saint Jérôme
à Bethléem , pour y vivre et mourir dans la pratique de toutes
les vertus. La plus célèbre de ces dames, sainte Paule, issue
du noble sang des Scipions et des Gracques , était accompagnée d'Eustochie, l'une de ses filles. « Il n'y eut lieu en la
Terre-Sainte où Notre Seigneur eût mis les pieds , le consacrant par sa vie et par ses miracles , qu'elle ne visitât et ne
baisât avec une dévotion admirable. » L'hagiographe dont
nous venons d'emprunter les paroles , ajoute qu'à la vue de
Bethléem elle versa des larmes de joie et s'écria saintement
émue : *Je vous salue, Bethléem , maison de pain , dans laquelle est né le pain vivant descendu des Cieux*. Elle y fonda
plusieurs monastères, y vécut dans la pratique de toutes sortes
de bonnes œuvres et d'austérités , y mourut dans les bras de
sa fille, l'an 404, et y fut enterrée solennellement par les soins
de saint Jérôme. Ce grand docteur de l'Eglise , qui avait s u
l'apprécier, n'a pas craint plus tard d'en parler en ces termes:
« Quand tous les membres de mon corps seraient convertis
en langues, et que chacune de ces langues pût former une
parole humaine, elles ne suffiraient point à célébrer dignement
les louanges et les vertus de la vénérable Paule. »

On raconte que sa bienheureuse fille , sainte Eustochie , lui
demeura toujours si attachée qu'elle ne voulut « jamais dé-
coucher d'avec elle , jamais faire un pas sans elle , jamais
manger qu'avec elle ; » et que , dans sa dernière maladie ,
elle ne la quittait que pour aller se prosterner au pied de la
crèche et demander à Notre Seigneur que , « s'il appelait la
mère , il n'oubliât pas la fille. » Dieu devait la faire attendre

et ne l'appeler à lui que quinze ou seize ans plus tard, peu avant la mort de saint Jérôme. Son corps fut déposé dans le tombeau de sa mère, le même devant lequel se fait la huitième station, et que surmonte un tableau où elles sont représentées mortes et couchées l'une à côté de l'autre. « Par une idée touchante, dit Chateaubriand, le peintre a donné aux deux saintes une ressemblance parfaite; on distingue seulement la fille de la mère à sa jeunesse et à son voile blanc. »

Après une neuvième et dernière station au tombeau de saint Eusèbe de Crémone, disciple de saint Jérôme et abbé du monastère de Bethléem, nous rentrons dans le passage qui nous a conduits de la grotte de la Nativité au tombeau des Saints-Innocents, et, à l'extrémité de ce passage, nous remontons à la chapelle de Sainte-Catherine. Là se chantent les litanies de la sainte Vierge, au pied du maître-autel, et se termine la procession. Le cierge qui nous a servi à cette procession nous est gracieusement offert par les religieux, suivant l'une des bonnes traditions du pélerinage, et chacun de nous l'emporte avec bonheur pour le joindre à celui qu'il a déjà reçu comme souvenir de la procession des sanctuaires dans l'église du Saint-Sepulcre. « Le mien, dit M. l'abbé Azaïs, sera suspendu au chevet de mon lit; et quand viendra l'heure dernière de mon pélerinage sur cette terre, je veux qu'une main pieuse l'allume auprès de ma couche, le place dans ma main défaillante : ce sera comme une bénédiction suprême pour mon agonie. »

A peine la procession terminée, vers cinq heures, nous songeons à une petite excursion en dehors de Bethléem, où plus d'une chose intéressante nous appelle. Nous marchons au sud-est, en compagnie de plusieurs de nos bons religieux et bientôt nous arrivons à la *grotte du Lait*, qui se trouve au sortir de la ville. Catherine Emmerich veut que cette grotte ait servi de tombeau à Maraha, nourrice d'Abraham, et qu'elle se soit dès lors nommée *grotte du Lait* ou *grotte de la Nourrice*. « Depuis l'époque d'Abraham, ajoute-t-elle, cette grotte était un lieu de dévotion, surtout pour les mères et les nourrices, et il y avait là quelque chose de prophétique ; car on vénérait dans la nourrice d'Abraham la figure de la sainte Vierge, de même qu'Elie l'avait vue dans la nuée qui apportait la pluie, et lui avait érigé un oratoire sur le Carmel. Maraha avait coopéré, en quelque sorte, à l'avènement du Messie, puisqu'elle avait nourri de son lait l'aïeul de la sainte Vierge. Je ne puis pas bien m'exprimer, mais c'était comme

un puits profond allant jusqu'à la source de la vie universelle ,
et on y puisa toujours jusqu'à ce que Marie y montât comme
une eau limpide. »

D'après une tradition beaucoup plus répandue, que rapporte
un autre passage des méditations de la même religieuse , et
qui se trouve également rapportée , avec diverses variantes,
dans une foule de descriptions anciennes et modernes de la
Palestine , la sainte Vierge aurait allaité l'enfant Jésus dans
cette grotte; et une goutte de son lait, en tombant sur la terre,
lui aurait donné , avec la teinte blanche qu'elle conserve , la
vertu d'être utile aux nourrices. « Je n'oserais pas assurer ,
dit le P. Nau , qu'elle serve beaucoup dans les autres maladies ; mais pour ce qui est de rendre le lait aux femmes qui
l'ont perdu, et d'en faire venir à celles qui en ont peu, c'est une
chose si certaine et si infaillibe que les infidèles mêmes en ont
eu mille fois l'expérience. On fait tremper de cette terre
dans l'eau, que les femmes boivent , et cette boisson produit
en elles l'effet que j'ai dit.» Ajoutons que tant de femmes chrétiennes, juives et musulmanes, viennent prier ici et enlever
de cette terre , que ce qui était autrefois une seule grotte en
forme trois aujourd'hui.

A quelques pas de la grotte du Lait, nous descendons dans la
petite vallée qui s'étend à l'est de Bethléem , entre des collines
au-dessus desquelles se dresse fièrement , vers le sud-est , la
Montagne des Francs, que couronnait jadis la célèbre forteresse connue sous le nom d'*Hérodium*. L'opinion commune ,
faisant remonter aux Croisades le nom que porte actuellement
cette montagne, nous apprend que les chrétiens purent s'y maintenir plusieurs années après la prise de Jérusalem par Saladin.

Nous avons dû rappeler plus haut que Bethléem est la patrie de Booz , l'un des ancêtres de notre Seigneur selon la
chair. C'était, dit l'Ecriture, un homme puissant et fort riche :
« Homo potens, et magnarum opum , nomine Booz. » Or , à
peine entrés dans la vallée , nous voici à l'un des champs de
ce riche Bethléémite , contemporain des Juges d'Israël ; au
champ même où s'est passée, d'après la tradition, la ravissante
histoire de Ruth et de Booz, l'une des plus gracieuses de toutes les divines Ecritures. Avec quel charme, ouvrant la Bible ,
on parcourt en ce lieu les pages attachantes du petit livre de
Ruth ! Le champ s'est momentanément transformé en aire où
des femmes s'occupent, comme les servantes de Booz, à van-
ner l'orge qu'il a produit. Quel dommage que ce ne soit pas ,

comme à l'arrivée de Ruth, le temps même où l'on commence à couper les orges : «Quandò primùm hordea metebantur!» Nous serions si heureux, à l'exemple de la vertueuse Moabite, de glaner quelques épis à la suite des moissonneurs, pour les emporter en souvenir de notre pèlerinage. Après tout, grâce à l'obligeante prévoyance du bon religieux qui dessert la paroisse catholique de Bethléem, nous ne serons pas totalement privés de ce bonheur. Au retour de notre excursion, le digne curé veut bien nous montrer, en effet, symétriquement rangés et appendus aux murs de sa cellule, bon nombre de ces épis qu'il a soigneusement conservés pour les partager libéralement avec nous. Et ainsi pourrons-nous faire les généreux à notre tour; outre que je me réserve, pour mon compte, de semer quelques-uns de ces épis du champ de Booz, qui ne pourraient pas, on en conviendra, se reproduire dans une terre plus sympathique et plus amie que celle de notre religieuse Bretagne.

Au-delà du champ de Booz, à quinze ou vingt minutes de Bethléem, sur la droite du chemin que nous suivons, s'offre à nous un pauvre hameau nommé *Village des Pasteurs*, parce que c'était la demeure des heureux bergers qui furent les premiers confidents de la naissance du Messie. «Au moment où le prodige s'opérait, dit Mgr Gaume, Dieu voulut que les hommes et les anges, le ciel et la terre, vinssent rendre leurs hommages à leur commun Rédempteur. Mais quels seront les heureux mortels que Dieu favorisera les premiers d'un tel bonheur? Auguste, qui dictez des lois à l'univers; Hérode, qui commandez à la Judée; riches, qui habitez Jérusalem et Bethléem; empereurs, rois, princes de la terre, dormez dans vos palais dorés, ce n'est pas vous que les anges iront tirer du sommeil pour vous appeler à la crèche : vous n'en êtes pas dignes. Au nouveau roi il faut des courtisans qui le comprennent, et vous ne le comprendriez pas; qui aiment le dénûment de sa naissance, et vous ne l'aimeriez pas... Des hommes simples, pauvres et obscurs, voilà les premiers à qui Dieu le Père réserve l'insigne bonheur de déposer leurs hommages aux pieds de son Fils. »

A l'entrée de ce village, qui fut le leur et qui a conservé leur nom jusqu'à nos jours, une espèce de puits ou citerne, portant le nom de *Puits de la Vierge*, rappelle une charmante légende que raconte le P. Nau et dont nous ne voulons pas priver nos lecteurs. Pressée par le besoin, la sainte Vierge s'y présenta un jour et demanda aux habitants qu'ils voulussent bien lui prêter de quoi y puiser. Mais , loin d'accéder à son humble supplique, ces misérables la chargèrent d'injures. Là-dessus, et sans leur en témoigner aucun chagrin , elle s'avança doucement vers le puits , dont l'eau s'élevant soudain jusqu'au bord , vint miraculeusement se mettre à sa portée.

Marchons encore dix ou quinze minutes , dans la direction de l'est, et franchissons une petite muraille de pierres sèches qui sert de clôture à un vaste terrain planté d'oliviers , à l'ombre desquels de jeunes bergers surveillent leurs nombreux troupeaux. On devine que nous sommes entrés dans le *Champ des Pasteurs*, à jamais devenu célèbre depuis la naissance du Messie. C'est là même , ou dans les environs du moins , que s'élevait la *Tour du Troupeau* , non loin de laquelle , au rapport de l'écrivain sacré , Jacob alla dresser sa tente après les funérailles de Rachel. Mais surtout , c'est là que, dans la nuit où naquit le Sauveur du monde , se passa la touchante scène ainsi décrite dans l'Evangile, dont le récit, lu sur place, a quelque chose de si suave et de si émouvant :

« Or , aux environs de Bethléem , il y avait des bergers qui
» passaient la nuit dans les champs, veillant tour à tour à la
» garde de leur troupeau. Et soudain un ange du Seigneur se
» présentant devant eux, et une lumière divine venant à les en-
» velopper, ils furent saisis d'une grande frayeur. Mais l'an-
» ge leur dit : Ne craignez point; car je vous apporte une
» nouvelle qui sera pour tout le peuple le sujet d'une grande
» joie : c'est qu'aujourd'hui même, dans la ville de David, il
» vous est né un Sauveur, qui est le Christ, le Seigneur. Et voici
» à quelle marque vous le reconnaîtrez : vous trouverez un en-
» fant enveloppé de langes et couché dans une crèche. Et au
» même instant se joignit à l'ange une grande troupe de l'armée
» céleste, louant Dieu et disant: *Gloire à Dieu au plus haut des*
» *cieux, et paix sur la terre aux hommes de bonne volonté.*
» Sur quoi , les anges s'étant retirés au ciel , les bergers se
» dirent l'un à l'autre : Passons jusqu'à Bethléem , et voyons
« ce qui est arrivé , ce que le Seigneur nous a fait connaître. »

Dans un recoin du champ, vers le nord, descendons un premier escalier de onze marches , aboutissant à une mauvaise porte , puis un second escalier de dix marches, se terminant à un obscur et profond souterrain, et nous voilà dans la grotte des bergers. La piété des fidèles la transforma de bonne heure en sanctuaire, et sainte Hélène la fit plus tard recouvrir d'une belle église dédiée aux *Saints-Anges*. Mais ce monument a depuis longtemps disparu. La grotte elle-même, tombée il y a une trentaine d'années , avec le champ où elle se trouve , au pouvoir des Grecs usurpateurs, est par eux laissée dans le plus grand délabrement. Combien toutefois nous sommes heureux d'y prier pour gagner l'indulgence plénière attachée à notre visite ! heureux aussi de redire le sublime cantique des anges : *Gloria in excelsis*, en ce lieu où il fut entendu pour la première fois !

Les lignes qui précèdent , si elles n'ont pas d'autre mérite, offrent du moins la relation fidèle de notre visite au champ des Pasteurs. Cette relation , que les circonstances n'ont permis de publier que si longtemps après la visite , devra peut-être encore subir des modifications , dans l'intérêt de la vérité que nous recherchons avant tout. Voici , en effet, que l'on annonce de Jérusalem à la *Gazette du Midi*, sous la date du 17 février, une découverte de grande importance que nous retrouvons dans l'*Univers* du 11 mars. « Il y a quelques jours à peine , aux environs de Bethléem , tout près du sanctuaire traditionnel de l'apparition de l'Ange aux bergers, en faisant une excavation de plusieurs mètres dans la terre , on vient de trouver les intéressants ruines d'une immense couvent de l'époque de saint Jérôme et de sainte Paule ; on y reconnaît des restaurations postérieures faites par les Croisés. Les citernes sont immenses , régulières et dans un parfait état de conservation. Déjà le pavé en mosaïque de plusieurs chambres est à découvert, et l'on est sur les traces du pavé en marbre de l'église , ainsi que de l'entrée des souterrains. L'enthousiasme occasionné par cette trouvaille est tel, que du village de *Beith-Sakour* (des Bergers) on y accourt pour travailler gratuitement. » L'emplacement de ces ruines est connu des Arabes sous le nom de *Sïar el-Ganem* (la promenade des brebis). Un nombre considérable de grottes très-profondes l'environnent , et jusqu'à ce jour les bergers s'y mettaient à l'abri avec leurs troupeaux. Tout près de ces grottes se trouve une grande citerne hébraïque.

» Si l'on confronte ces importantes ruines avec la nullité du sanctuaire dit des *Pasteurs*, qui n'est éloigné de là que d'un jet de pierre ; si l'on ajoute que le sanctuaire actuel ne présente aucune trace ni probabilité qu'il ait jamais servi à des bergers ou à des troupeaux ; enfin, si l'on étudie les mœurs et les habitudes séculaires des gens de ce pays, on incline à mettre en doute la tradition admise depuis si longtemps , et, dès lors, tout vous porte à croire que le véritable sanctuaire des Pasteurs est le couvent qui sort de ses ruines.

« Toutes les communautés religieuses sont frappées d'é-
tonnement : aucune n'ose encore avouer s'être trompée ; mais
malgré cela , des propositions d'achats à des prix énormes
sont faites tous les jours aux propriétaires actuels , lesquels, si
sanctuaire il y a , tiennent à créer un sanctuaire latin. »

Nous ne pouvons dissimuler avec quelle joie nous accueillons
ces dernières paroles, et combien nous désirons qu'elles se
réalisent. A cette condition , les catholiques auront doublement raison de se féliciter de la découverte providentielle que
l'on nous annonce.

Mais revenons au 11 septembre 1856. A six heures et demie
nous rentrons au couvent de Bethléem , après une journée à
laquelle n'ont manqué ni les fatigues , ni surtout les émotions
délicieuses et les consolations de toutes sortes. Que de lieux
visités, que de choses vues, que de souvenirs reueillis depuis
le village de Saint Jean , auquel nous faisions nos adieux ce
jour même, à six heures du matin ! Viennent maintenant,
avec les soins empressés et les attentions délicates de nos
excellents religieux , quelques heures d'un sommeil réparateur, goûté à Bethléem , à quelques pas de la crèche, et nous
serons bientôt en mesure de reprendre nos pieuses courses.

Le lendemain, les messes commencent avant l'aube à l'autel des Rois Mages , et s'y succèdent sans interruption jusque
vers sept heures auquel moment la place doit rester libre pour
l'office des Grecs. A huit heures, le gros de la caravane s'é-
branle dans la direction des *Etangs de Salomon*. Puis, les
schismatiques ayant évacué la grotte de la Nativité, vient mon
tour de monter au saint autel. Une surprise bien agréable
m'attendait après la messe : notre aimable consul de Jérusalem,
M. de Barrère , venait d'arriver solennellement à Bethléem ,
avec deux officiers de la marine française et M. de Ségur,
premier secrétaire de notre ambassade à Constantinople , ces
trois derniers se donnant comme chargés par le gouvernement
français de régler sur les côtes de Syrie les frais de la guerre
d'Orient. C'était bien là en effet leur mission avouée ; mais il
faut dire que, dans le public, on leur attribuait généralement,
et assez gratuitement sans doute, la mission secrète et bien
autrement importante de sonder le terrain et de préparer la
Syrie à subir le joug de Napoléon III , qui aurait voulu cette
compensation pour les énormes sacrifices que lui avait impo-
sés la guerre ; et il faut dire encore que le pays, parfaitement
sympathique à la France et à sa domination, semblait accueillir le mieux du monde ces bruits qui s'attachaient aux pas de

nos voyageurs. Quoi qu'il en soit , ces dignes représentants de la France catholique n'avaient pas voulu toucher à Jaffa sans venir se prosterner au sépulcre et au berceau du Sauveur. Dieu veuille leur en tenir compte ! Ils proposèrent grâcieusement de recevoir à leur bord les membres de notre caravane désireux de visiter les côtes de Syrie ; mais nous dûmes les remercier, des visites bien autrement chères à nos cœurs nous retenant encore en Palestine.

Peu après leur départ , vers dix heures , les attardés de la caravane prenant eux-mêmes leur essor , s'éloignent du couvent, traversent la ville et se portent jusque sur les hauteurs qui dominent Beit-Djallah, pour de là suivre à gauche le chemin qui mène de Jérusalem à Hébron. Nos chevaux, avec une habileté que nous admirons et qui nous rassure , semblent voler à travers les roches aiguës qui hérissent le sol ; et bientôt le guide nous signale , à une lieue et demie au sud-ouest de Bethléem, les célèbres piscines ou étangs de Salomon, près desquels nous mettons pied à terre au moment où les pélerins qui nous ont devancés viennent de remonter à cheval pour descendre la vallée.

Ces piscines sont au nombre de trois , toutes de figure quadrangulaire , et portent le cachet de la plus haute antiquité. Une tradition constante les attribue au prince incomparable dont elles ont conservé le nom jusqu'à nos jours, et l'on ne saurait douter, dit Mgr Mislin , qu'elles ne soient les mêmes que désigne Salomon dans ce passage du Livre de l'Ecclésiaste : *Et extruxi mihi piscinas aquarum, ut irrigarem silvam lignorum germinantium.* Immenses réservoirs , en partie creusés dans le roc, en partie formés par une épaisse et solide muraille, les piscines s'étagent à l'extrémité supérieure de l'étroite vallée , de telle sorte que les eaux se déchargent de la première dans la seconde , et de celle-ci dans la troisième , d'où elles coulaient naturellement dans les magnifiques jardins créés plus bas par Salomon : *Ut irrigarem silvam lignorum germinantium ;* d'où elles étaient aussi dirigées vers Jérusalem et conduites jusque dans l'enceinte du temple , au moyen d'un aqueduc partiellement conservé jusqu'à nos jours, et dont on peut encore suivre les traces à une assez grande distance. La longueur de ces piscines est d'environ 133 mètres pour la première , 186 pour la seconde , et 206 pour la troisième ; la largeur varie de 80 à 83 mètres , et la profondeur de 8 à 16. Que l'on juge , d'après ces données , de l'immense quantité de liquide qu'elles peuvent contenir, et de la précieuse ressource qu'elles offrent à un pays où l'eau est si rare les trois quarts de l'année.

Outre les eaux pluviales que l'on y fait arriver, elles ont pour les alimenter, les eaux d'une fontaine bien célèbre qui se voit à quelques pas plus haut : celles de la *Fontaine Scellée* (Fons Signatus), dont parle Salomon dans son Cantique des Cantiques : *Hortus conclusus soror mea sponsa; hortus conclusus, fons signatus* « id est, *sigillo obsignatus*, dit le commentateur, ne quo modo inficiatur, turbetur, aut lutescat. » Le P. Nau, qui fait la même remarque, nous apprend en outre que le sceau apposé sur la pierre qui fermait l'ouverture de la mystérieuse fontaine, n'était autre que celui du grand roi : « La fontaine scellée avait ce nom, parce que Salomon, pour la conserver en sa pureté en avait fermé l'entrée de son sceau royal. » Et il nous apprend encore, ainsi que nous le voyons du reste dans les offices de l'Eglise, que cette fontaine scellée, à laquelle Salomon compare sa bien-aimée, est l'une des nombreuses figures de la sainte Vierge que les divines Ecritures nous présentent : « Et si elle n'a pas une sainteté réelle, elle est au moins la figure de la plus grande que Dieu ait jamais communiquée à une simple créature. Je parle de celle de la sainte Vierge, qui, ayant toujours porté le sceau du vrai Salomon le Fils de Dieu, n'a jamais été corrompue, et qui, demeurant toujours vierge, a été infiniment féconde, et a porté dans tout le corps de l'Eglise les grâces de Dieu, comme cette fontaine envoie à Jérusalem les eaux dont elle a besoin. »

La fontaine scellée est aujourd'hui parfaitement accessible à qui veut y descendre. Un escalier d'une quinzaine de marches conduit à une galerie voûtée dont les arches, fort anciennes incontestablement, peuvent remonter, suivant M. l'abbé Azaïs, à l'époque salomonienne. Au fond du souterrain les fentes du rocher laissent échapper une eau limpide et assez abondante, que reçoit un canal taillé dans la pierre, et qui se rend ainsi à l'extrémite nord-ouest de la piscine supérieure, dans un petit réservoir où son cours se divise en deux. L'une de ces branches se jette dans la piscine supérieure, l'autre s'engage dans un aqueduc établi au côté septentrional des piscines, et les deux vont se rejoindre un peu plus loin pour courir ensemble vers Jérusalem.

Pendant le siége mémorable qui devait leur livrer la Ville-Sainte, les Croisés mourant de soif, se virent obligés de venir jusqu'ici pour se procurer de l'eau. On croit qu'ils construisirent, en cette circonstance, un fort qui a disparu plus tard pour faire place à un grand caravansérail, encore debout, mais menaçant de n'offrir bientôt plus que des ruines. Cet antique édifice, aujourd'hui abandonné, se voit au nord et à quelques pas seulement de la piscine supérieure, dont il est séparé par le petit réservoir où se divisent les eaux de la fontaine scellée.

En nous éloignant des piscines de Salomon, nous descendons la vallée, pour retourner à Bethléem, sans refaire prosaïquement le même chemin, et pour un autre motif encore. Une demi-heure de marche assez pénible dans cette vallée profonde, étroite et désolée, nous mène à une délicieuse oasis, a une espèce de petit paradis terrestre. Le lieu se nomme aujourd'hui *Ortas*, et a dû se nommer jadis *Hortus conclusus* (Jardin fermé). Au rapport de la tradition, en effet, ce serait ici le fameux jardin fermé qui faisait les délices de Salomon, et auquel ce prince compare sa bien-Aimée des Cantiques : *Hortus conclusus soror mea sponsa, hortus conclusus ;* le même jardin que désigne encore ce passage de l'Ecclésiaste : *Feci hortos, et pomaria, et consevi ea cuncti generis arboribus*, et en vue duquel furent creusées les célèbres piscines qui se voient au haut de la vallée : *Et extruxi mihi piscinas aquarum, ut irrigarem sylvam lignorum germinantium.*

Le jardin fermé avait reçu ce nom, dit très-bien M. l'abbé Wonner, «parce qu'il était clos par des rochers de difficile accès et par des ouvrages d'art. En lui-même, il était jardin, lieu privilégié où la plus belle verdure récréait constamment les yeux et où des arbres de toute espèce croissaient et produisaient des fruits en abondance. Le roi Salomon seul y entrait, et avec lui ceux à qui il voulait accorder cette faveur.» Suivant l'historien Josèphe, il y venait chaque jour, de grand matin, vêtu de blanc, à la mode antique des rois, monté sur son char et entouré de ses gardes. Ce n'est plus un char qui pourrait l'y ramener de nos jours, mais du moins y retrouverait-il encore quelque reste de la beauté incomparable qu'il avait su communiquer à ces lieux.

Il y a quelques années, M. Méchoullam, juif converti au protestantisme, crut faire une bonne spéculation en venant s'établir ici pour se livrer à des travaux de culture dont il lui semblait bien pouvoir tirer un parti avantageux. De fait, la position était excellente, le sol avait bonne apparence, et l'eau ne devait pas manquer, grâce aux sources qu'offrait le lieu

même, et aux deux saignées que l'on pouvait pratiquer aux
aqueducs des piscines et de la fontaine scellée. Avec l'indus-
trie et l'activité du nouveau-venu, n'est-ce pas tout ce qu'il
fallait pour que ce désert se transformât bien vite en oasis ?
Telle y est aujourd'hui la fertilité du sol, cultivé sur une vaste
échelle qui s'élargit encore chaque jour, que le fortuné propriétaire en obtient jusqu'à sept et huit récoltes successives
dans la même année. « C'est vraiment, dit M. l'abbé Azaïs, la
terre promise avec sa fécondité primitive. » Et quelle ne devait pas être la beauté de ces lieux lorsqu'ils étaient ornés
avec toute la prédilection du grand roi !

Nous ne pouvons oublier ici que l'Eglise, dans ses offices,
appelle Marie un *Jardin fermé*, comme elle l'appelle une *Fontaine scellée*. Nous devons aussi reconnaître, avec le P. Nau,
que c'est là, somme toute, la principale gloire des admirables
jardins où nous faisons une halte si délicieuse : « Ce lieu ne
nous sembla beau que pour avoir été la figure de la B. Vierge,
dont l'humilité si riche et si ornée de toutes sortes de vertus,
nous était représentée par cette vallée si fertile, et dont l'é-
lévation nous paraissait dans celle de ses montagnes.

» Nous remarquions dans cette clôture, si ferme et si solide, cette protection spéciale de Dieu qui a empêché l'ennemi commun d'avoir jamais accès auprès d'elle, et de souiller
sa conception comme il a souillé celle du reste des hommes.
J'ai cru aussi que ce n'était pas sans mystère que ce jardin
était fermé de montagnes de tous les côtés, excepté de celui
d'Orient ; et j'ai pensé que de même le cœur de la Vierge n'é-
tait ouvert qu'à Dieu seul, et qu'elle était seulement créée
pour recevoir dans son sein celui à qui le prophète Zacharie
donne le nom de Soleil-Levant : *Eccè vir Oriens nomen ejus.* »

M. Méchoullam sait faire, avec une grâce charmante, les
honneurs de ses magnifiques jardins, et c'est à peine s'il veut
bien nous permettre de lui en offrir nos remercîments : c'est
lui qui voudrait encore se dire notre obligé. Il nous réunit
autour de la même table qu'il avait fait dresser pour nos compagnons, sous les frais ombrages qui précèdent sa demeure, et
cette table se couvre une seconde fois pour nous des divers
fruits de la saison, en particulier de belles et bonnes pêches,
dont l'idée me vient fort à propos de réserver les noyaux pour
les transplanter dans ma Bretagne. C'est chose non-seulement
faite à l'heure où j'écris ces lignes, mais faites avec tout le
bonheur et tout le succès désirable; à mon retour de Palestine,
je me suis empressé de confier à la terre mes précieux noyaux,

et l'on devine avec quelle satisfaction je vois maintenant pous-
ser et grandir mes chers petits pêchers des jardins de Salomon.

Au sortir de ces jardins, nous rejoignons notre avant-gar-
de, qui avait bien voulu ralentir un peu le pas, et bientôt la
caravane au complet rentre à Bethléem.

Il est d'usage que les caravanes de Terre-Sainte, organisées
par la Conférence centrale de Saint-Vincent-de-Paul, fraternisent avec les Conférences particulières des lieux où elles
passent. Aussi avons-nous vivement regretté que la Conférence de Jérusalem, quelque peu en désarroi, ne se trouvât
pas en mesure de nous faire assister à l'une de ses réunions.
Plus heureux à Bethléem, dans l'après-midi du second et dernier jour que nous y passons, nous sommes invités à une réunion extraordinaire que la Conférence a voulu tenir pour fêter
notre venue. Le local est fourni par l'un des notables de l'endroit, aussi bon chrétien qu'homme de mérite ; M. l'abbé Morétain, accouru de Beit-Djallah, prend place avec nous sur les
divans ; neuf membres, sur douze, représentent la Conférence, que préside le P. Curé de Bethléem, et se tiennent accroupis le long des murs. La parole est au vénérable président, qui fait verbalement son rapport en arabe, et qui, es-
sayant un peu le français, nous donne ensuite les détails propres à nous intéresser sur les opérations de sa Conférence.
Elle assiste soixante familles ; mais c'est lui seul qui leur porte les secours, comme c'était, naguère encore, le seul couvent latin qui les fournissait. Nous croyons en avoir déjà donné la raison.

En Palestine, il semble convenu que toutes les misères doivent demander assistance aux couvents, surtout aux couvents
catholiques ; les riches eux-mêmes, en cas de maladie, trouvent tout naturel de s'adresser aux couvents, sans jamais payer
ni les consultations ni les remèdes qu'ils en reçoivent. Cependant
les choses prennent une meilleure tournure à Bethléem.
Les catholiques aisés commencent à comprendre et à partager avec le couvent latin le bonheur d'ouvrir leurs bourses aux
nécessiteux, et le moment n'est peut-être pas éloigné où ils
comprendront encore et partageront avec le P. Curé le bonheur de les visiter à domicile.

Après la séance, pendant laquelle chacun de nous a dû,
pour se conformer aux usages du pays, fumer la cigarette ou
le chibouck, et le café, nous visitons le bel établissement des
religieuses de Saint-Joseph-de-l'Apparition, récemment fon-

dé par Mgr Valerga. Puis, tenant fièrement à la main les palmes reçues comme souvenir de notre visite, nous rentrons chez les Pères de Terre-Sainte, desquels il nous faut enfin prendre congé.

A quatre heures, nous sommes en marche pour retourner à Jérusalem. Cinq minutes après, nous trouvons sur la droite la *Citerne de David*, la même, croit-on, que mentionne le IIe Livre des Rois, et qui rappelle cette action mémorable de David, copiée plus tard par Alexandre. « O! si quelqu'un me donnait à boire de l'eau de la citerne qui est à Bethléem, auprès de la porte, » s'était un jour écrié ce prince, retiré avec les siens dans la caverne d'Odollam, à deux lieues au midi de Bethléem. Cet appel fut entendu, malgré l'espèce d'impossibilité qu'il présentait, vu que la ville et ses environs étaient au pouvoir de l'ennemi. « Trois vaillants hommes passèrent » au travers du camp des Philistins, allèrent puiser de l'eau » dans la citerne ,........ et l'apportèrent à David. Mais David » n'en voulut point boire, et il l'offrit au Seigneur, en disant : Dieu me garde de le faire ! Boirai-je le sang de ces » hommes, et ce qu'ils ont acheté au péril de leur vie ? »

Sur la gauche, à une demi-lieue de Bethléem, se voit le *Tombeau de Rachel*. Cette épouse bien-aimée de Jacob, revenant de Mésopotamie, mourut ici même, en donnant le jour à un fils, « qu'elle nomma *Bénoni*, c'est-à-dire le fils de » ma douleur, et que le père nomma *Benjamin*, c'est-à-» dire le fils de ma droite......... Elle fut ensévelie, continue » l'auteur sacré, dans le chemin qui conduit à Ephrata, » où Bethléem, et Jacob éleva un monument sur son sépul-» cre. » Objet de la commune vénération des chrétiens, des juifs et des musulmans, le tombeau de Rachel est aujourd'hui la propriété de ces derniers, qui l'ont recouvert d'un petit dôme blanc, supporté par quatre piliers formant autant d'arcades.

Plus loin, nous visitons, à droite du chemin, le couvent grec de *Saint-Elie*, que l'on dirait une forteresse posée là, sur la hauteur, pour la défense du pays ; et nous remarquons à gauche, un rocher sur lequel ce prophète, fuyant la colère de Jézabel, a dû se coucher pour prendre un peu de repos. Plus loin encore, à moitié route entre Bethléem et Jérusalem, le *Puits des Trois Rois* nous indique le lieu traditionnel où l'étoile miraculeuse se fit revoir aux Mages, qu'elle remplit naturellement de joie : *Videntes autem stellam gavisi sunt gaudio magno valdè.*

Nous entrons maintenant dans la plaine de *Raphaïm* ou des *Géants*, si célèbre dans l'Ecriture, et qui s'avance jusqu'à la vallée de la Géhenne, au-dessous de Jérusalem. A trois kilomètres de la ville, cette plaine nous offre, sur la droite, un édifice en ruines auquel la tradition a conservé le nom de *Tour* ou *Maison de Saint-Siméon*, rappelant ainsi que là même devait se trouver la demeure de ce saint vieillard, qui eut le bonheur de recevoir l'enfant Jésus dans ses bras le jour de sa Présentation au temple. Les sublimes accents que Dieu lui mit alors sur les lèvres, et que l'Eglise lui emprunte pour son office du soir : *Nunc dimittis...........*, combien il nous est doux de les redire nous mêmes en approchant de la ville qui les entendit pour la première fois.

Vers six heures, nous arrivons enfin à la porte de Bethléem ou de Jaffa, et nous rentrons dans Jérusalem après une absence de trois jours.

Le surlendemain, dimanche 14 septembre, à trois heures de l'après-midi, sortant par la même porte, nous descendons les vallées de Gihon et de la Géhenne, et nous prenons, au puits de Néhémie, la vallée du Cédron qui doit nous mener à Saint-Sabas. Pour mettre d'accord les diverses tribus qui revendiquent le droit exclusif de conduire les pèlerins dans ces parages, le gouverneur de Jérusalem se l'est réservé depuis quelque temps, de sorte que c'est lui qui s'est chargé de nous faire escorter, et à lui que nous avons dû payer le *Kafar*, ou prix d'escorte. Avec leurs fusils, leurs piques et leurs yatagans, les quinze bachi-bouzouchs qui composent cette escorte sembleraient nous promettre bon appui ; mais voici que neuf d'entre eux s'évadent au premier moment, et nous avons lieu de croire que les six autres ne nous seraient d'aucun secours en face de l'ennemi. Après tout, qu'importe ! Dieu ne protége-t-il pas ses pèlerins ?

A une demi-heure de Saint-Sabas, le lit desséché du Cédron devient une gorge profonde et vraiment affreuse, à droite de laquelle nous montons une pente rapide, « le seul chemin fait de main d'homme que j'aie vu en Palestine, » dit Mgr Mislin. Au commencement du Ve siècle, saint Euthyme de Mélitène, son disciple Saint-Sabas, et bientôt, à leur suite, une foule innombrable d'anachorètes vinrent habiter cette gorge sauvage et désolée, qui en a reçu le nom de *Vallée des Moines*. Saint-Sabas y fonda le couvent célèbre que l'on appelle encore de son nom, et que nous voyons suspendu comme un nid d'aigle aux flancs de la montagne, bien au-dessus de la vallée, « qui peut avoir , dit Châteaubriand , trois ou quatre cents pieds de profondeur dans cet endroit. » Le schisme grec, aujourd'hui possesseur de ce couvent, y entretient une vingtaine de religieux qui se livrent , dit-on , à de grandes austérités. Sur une lettre de recommandation du patriarche grec de Jérusalem, on nous ouvre les portes et l'on nous fait bon accueil. Avec quel pieux intérêt nous visitons la grotte étroite où vécut saint Sabas , la chapelle de saint Jean Damascène , autrefois cellule de ce Père de l'Eglise , et l'ossuaire qui renferme les reliques des milliers de solitaires massacrés en ces lieux par les infidèles !

Nous arrivions au couvent à six heures du soir, et nous voilà sur pied dès une heure du matin , pour repartir à trois heures par le temps le plus beau et la nuit la plus lumineuse. La caravane se porte à l'est , à travers des montagnes désolées dont il nous semble que nous n'aurons jamais la fin ; et après cinq heures de marche , nous faisons halte sur les bords de la mer Morte.

C'était jadis une vallée fertile et délicieuse , où s'élevaient Sodôme , Gomorrhe et les autres villes coupables sur lesquelles, au temps d'Abraham ; « le Seigneur fit tomber du ciel une pluie de soufre et de feu. » A la suite d'une si épouvantable catastrophe , la vallée maudite se transforma en un vaste bassin qui peut avoir 19 ou 20 lieues de long , du nord au sud , et 4 ou 5 de large, sur près de 2,000 pieds dans sa plus grande profondeur. La Genèse appelle ce bassin *Mer de Sel,* à cause de l'extrême salure de ses eaux ; les Grecs et les Romains l'appelèrent lac Asphaltite, à cause de l'asphalte ou bitume qu'on y trouve en abondance ; et nous l'appelons *mer Morte*, parce que , suivant l'opinion commune, ses eaux ne contiennent aucun être vivant. Le Jourdain, qui a son embouchure à l'extrémité septentrionale de cette mer, à 5 ou 6 kilomètres du point où nous sommes, y porte chaque jour un volume d'eau évalué à 6,090,000 tonnes. D'autres rivières encore y affluent, et s'y perdent également par l'évaporation, laquelle vient faire équilibre à toutes ces eaux qui ne paraissent pas avoir d'écoulement possible, vu l'incroyable dépression du bassin qui les reçoit, le niveau de ce bassin n'étant pas à moins de 1,341 pieds au-dessous de celui de la Méditerranée.

Il n'y a pas de poisson dans la mer Morte. Ceux qu'y entraînent les rivières affluentes rebroussent chemin avant d'y entrer, ou meurent en y entrant, l'excessive amertume de ses eaux ne leur permettant pas d'y vivre. « Je ne crois pas , dit

M. de Saulcy, qu'il existe au monde une eau plus effroyablement mauvaise, toute claire et toute limpide qu'elle est. » Cependant elle ne nous renvoie aucune odeur désagréable ; mais Mgr Mislin, qui fait la même remarque, ne laisse pas d'ajouter : « Je suis loin d'en conclure que cette odeur méphitique dont on a tant parlé n'existe pas.... on ne la sent pas toujours ni partout. »

Il ne paraît pas qu'un bain de quelques minutes dans la mer Morte puisse faire mal, du moins aux personnes qui ont la peau saine. Cinq de mes compagnons en ont fait l'heureuse expérience, qui leur a permis de constater en outre que, même à une faible profondeur, on y surnage, sans faire aucun effort pour se maintenir sur l'eau. Seulement, il en reste sur le corps une espèce d'incrustation huileuse dont on a grand'peine à se débarrasser, ainsi que je l'ai moi-même éprouvé pour y avoir plongé la main.

En analysant de cette eau de la mer Morte, que j'ai pu rapporter intacte en Bretagne, l'excellent M. Nimier, professeur de physique, au lycée de St-Brieuc, est venu confirmer de tous points ces phénomènes que j'avais observés sur place. La densité ou pesanteur spécifique du liquide est trouvée de 1,203, quand celle de l'eau de la Méditerranée n'est que de 1,025, le poids d'un litre d'eau pure étant de 1,000 grammes. La mer Morte contient donc assez de matières salines pour élever sa densité d'un sixième au-dessus de celle de l'eau de mer ordinaire, et d'un cinquième au-dessus de celle de l'eau douce, qui est peu différente de celle du corps humain : et dès lors l'homme ne doit-il pas y flotter, sans même savoir nager et sans s'aider d'aucun mouvement ? D'un autre côté, tandis que 100 grammes de l'eau de la Méditerranée, ne contiennent que 3,76 de substances étrangères, ces substances forment environ un quart = 24,18 sur 100 = du poids de l'eau de la mer Morte à l'état de dessiccation parfaite. Et cette énorme différence porte principalement sur le chlorure de sodium ou muriate de soude (sel marin ordinaire), mais plus encore sur le chlorure de magnésium ou muriate de magnésie, dont l'abondance constitue le caractère le plus frappant de la mer Morte, elle en contient 36 fois plus que l'eau de la Méditerrannée ; c'est à lui qu'elle doit son excessive amertume, et à lui qu'elle doit encore de laisser onctueux et gluants les objets qu'elle a mouillés.

Au bout d'une demi-heure, nous avons hâte de quitter ces rivages maudits, pour nous diriger vers le Jourdain que nous devons prendre à 7 ou 8 kilomètres de son embouchure. Nous en sommes séparés par une plaine aride et sablonneuse qui règne au nord de la mer Morte et que dévore un soleil de feu. « Le soleil de l'équateur, dit M. l'abbé Azaïs, n'est pas plus ardent.... Nous sommes dans une atmosphère embrasée, et il nous semble que nous respirons des flammes. » Enfin, vers dix heures, nous arrivons au fleuve désiré, au lieu de l'immersion des pèlerins. « J'avais vu, s'écrie Chateaubriand, les grands fleuves de l'Amérique, avec ce plaisir qu'inspirent la solitude et la nature ; j'avais visité le Tibre avec empressement, et recherché avec le même intérêt l'Eurotas et le Céphise ; mais je ne puis dire ce que j'éprouvai à la vue du Jourdain. Non-seulement ce fleuve me rappelait une antiquité fameuse et un des plus beaux noms que jamais la plus belle poésie ait confiés à la mémoire des hommes, mais ses rives m'offraient encore le théâtre des miracles de ma religion. »

Le Jourdain prend sa source dans l'Anti-Liban, près de Césarée de Philippe, traverse le lac de Tibériade, et se jette dans la mer Morte après un cours d'environ 42 lieues. Il ne parait pas avoir, en été, plus de 150 pieds dans sa plus grande largeur, et il en a bien moins au point où nous sommes. C'est en ce lieu, suivant la tradition, que le fleuve s'ouvrit miraculeusement pour laisser entrer les Israélites dans la Terre Promise, et l'on devine avec quel bonheur nous célébrons sur place la gloire d'un tel évènement : « Mare vidit, et fugit : *Jordanis conversus est retrorsùm....* Quid est tibi, mare, quòd fugisti : *et tu, Jordanis, quia conversus es retrorsùm?* » C'est encore en ce lieu qu'il s'ouvrit miraculeusement pour laisser passer Élie qu'un tourbillon allait enlever au ciel, et pour laisser repasser Élisée qui revenait avec le manteau et l'esprit de son maître. Mais surtout en ce même lieu, Jésus-Christ reçut le baptême des mains de Jean-Baptiste, et nous pourrons renouveler les promesses de notre baptême à la même place où les eaux du fleuve baignèrent le corps sacré du Sauveur. Quels souvenirs ! Quelle source de suaves émotions !

Nous avons un autel portatif que nous dressons dans les bosquets qui bordent le Jourdain, et Mgr Novangi, le seul d'entre nous qui ait pu rester à jeun, y célèbre la messe en présence de toute la caravane. Puis, chacun se jette dans le fleuve, non sans précaution toutefois, car le courant est si rapide qu'il entraîne assez loin l'un de nos meilleurs nageurs. Les eaux, un peu troubles et limoneuses, n'ont pourtant rien de désagréable au goût et sont d'une grande fraîcheur. Nous en buvons avec délices au déjeuner, et nous en emportons pour servir, suivant l'expression d'un pélerin, « à bénir les joies paternelles de nos parents et de nos amis. » Grâce à elles, à l'heure où j'écris ces lignes, j'ai déjà fait plus d'un heureux. Quel bien ne nous fait pas maintenant un peu de repos, sur les rives ombreuses du fleuve, et au doux murmure de ses eaux ! Mais voilà que de nombreuses détonations viennent nous mettre en émoi. C'est, nous crie-t-on, une attaque des Arabes, lesquels déjà nous serrent de près. C'était tout simplement un jeu de nos bachi-bouzouches, qui voulaient se donner de l'importance, et qui ne tardèrent pas à revenir fièrement auprès de nous après avoir mis en fuite leurs ennemis imaginaires.

A deux heures, la caravane s'éloigne du Jourdain, pour se porter à l'ouest et s'engager dans la plaine de Jéricho, qui reste inculte et n'est guère couverte que de buissons épineux, quand il serait si facile de lui rendre son admirable fertilité des anciens jours. Sur la route que nous suivons devait se trouver Galgala, où les Israélites ayant établi leur premier campement et goûté les premiers fruits de la Terre promise, la manne cessa de tomber. A une demi-lieue au-delà se voyait la *ville des palmiers*, Jéricho, qui ne le cédait en magnificence qu'à Jérusalem. On sait comment les espions qu'y envoya Josué furent sauvés par une femme nommée Rahab, et quelle précieuse récompense obtint la charité de cette femme. On sait aussi comment Josué fit tomber les murailles de la ville au son des trompettes, et « en ne dressant contre elle, dit un pieux auteur, qu'une batterie de prières et de processions. » C'est à Jéricho que Zachée, foulant aux pieds tout respect humain, grimpa sur un sycomore pour mieux voir passer le Sauveur, duquel il reçut, pour prix de cette action, le don inestimable, de la foi. Sur l'emplacement de l'antique cité se voit aujourd'hui un misérable village, appelé Riha, et au sud de ce village une tour en ruines, qui est le château du gouverneur. Nous entrons un instant pour saluer ce personnage et prendre le café; puis, poussant à une petite lieue plus loin, nous atteignons, vers cinq heures, la *fontaine d'Elisée*, ainsi nommée par ce que ce prophète, en y jetant du sel, corrigea l'amertume et l'insalubrité de ses eaux, qui coulent encore abondantes, agréables et limpides.

Quelle bonne fortune pour nous, après une telle journée, de pouvoir à l'aise nous désaltérer aux eaux vives de la fontaine miraculeuse et jouir des frais ombrages qui suivent son cours ! Cependant l'heure du repos n'a pas encore sonné. Devant nous se dresse à pic, éloignée d'un fort kilomètre et haute de 1,200 à 1,500 pieds, la montagne de la *Quarantaine* (mons Tentationis), qui termine le désert du même nom. C'est dans ce désert que le Sauveur passa 40 jours et 40 nuits dans une prière continuelle, et dans un jeûne si rigoureux que l'évangéliste a pu dire : *Et nihil manducavit in diebus illis* ; et c'est au sommet de cette montagne , l'une des plus hautes de la Judée, qu'il se laissa conduire par le tentateur : « Assumpsit eum diabolus in montem excelsum valdè. » Il est trop tard pour que nous puissions entreprendre l'ascension de la sainte montagne ; mais du moins voulons-nous franchir à pied la distance qui nous en sépare , et déposer à sa base une humble prière.

Pendant cette dernière excursion, les choses ont bien changé de face auprès de la fontaine d'Elisée. Notre campement y dessine un grand cercle autour duquel ânes, mulets et chevaux sont au piquet. Le centre est réservé pour nos bagages et pour nos tentes sur lesquelles flottent les cinq drapeaux de la Terre-Sainte, de la France , de l'Autriche , de l'Angleterre et de la Turquie. Bon dîner , excellentes couchettes , tout se trouve au mieux sous ces mêmes tentes , sauf pourtant deux choses fort désirables dans la circonstance : l'appétit et le sommeil, dont l'absence a pour causes la chaleur, la fatigue et les piqûres des insectes.

Grâce à tout cela, nous remontons à cheval le lendemain matin, vers quatre heures et demie , assez peu dispos, moi surtout qu'une agitation fiévreuse oblige de partir à jeun. Mais quelques heures de marche vont nous remettre. A une faible distance de la fontaine d'Elisée , nous quittons la plaine pour entrer dans les montagnes ; et sur les pas du Sauveur, qui dut faire ce même trajet peu de jours avant sa passion , nous montons à Jérusalem: *eccè ascendimus Jerosolymam.* La route, en effet , monte toujours, et doit monter, puisque Jéricho n'est pas à moins de 3,000 pieds au-dessous de la Ville-Sainte. Nous avons à droite la montagne et le désert de la Quarantaine , dont nous sépare une gorge profonde, étroite et sauvage au possible , qui doit être ce *torrent de Carith* où le prophète Elie s'étant caché par ordre du Seigneur , pour échapper à la colère d'Achab , il fut miraculeusement nourri par des corbeaux. A droite encore , mais bien plus loin , sur une hauteur qui peut être à moitié route entre Jérusalem et Jéricho , les ruines d'un ancien Khan nous indiquent l'empla-

cement traditionnel de l'hôtellerie dont fait mention l'histoire
du bon Samaritain , racontée par Jésus-Christ sous la forme
d'une parabole ; et tout auprès est la *montée d'Adommim*
(montée du Sang), où la scène commence : « Un homme descendait de Jérusalem à Jéricho , et il tomba entre les mains
des voleurs.... »

Vers neuf heures , nous arrivons à la *fontaine des Apôtres* ,
dont le nom rappelle que le Sauveur et ses disciples ont dû
maintes fois, dans le trajet de Jéricho à Jérusalem, s'arrêter et
se désaltérer en ce lieu où nous allons faire halte à leur exemple. La fontaine coule à droite du chemin ; nous trouvons un
peu d'ombre dans des ruines, sur la gauche, et y déjeûnons
de fort bon appétit. A dix heures et demie , la caravane se remet en marche , pour de nouveau s'arrêter au bout d'une demi-
heure. Nous sommes à Béthanie, patrie de Marie, de Marthe et de Lazare , si tendrement aimés de Jésus-Christ ; à Béthanie, que ce bon Sauveur se plaisait tant à visiter, et d'où
il partit pour entrer à Jérusalem en triomphateur, au jour que
rappelle notre dimanche des Rameaux ; à Béthanie, qui fut
témoin de la résurrection de Lazare , l'un des plus éclatants
miracles du divin Maître. Avec quel charme, relisant sur place
le récit évangélique de cette glorieuse résurrection , le pèlerin suit des yeux , pour ainsi dire, chacun de ses touchants
détails ! Avec quelle émotion surtout, descendant , à la lueur
des flambeaux , les 24 marches qui conduisent à un vestibule
souterrain transformé en chapelle, puis les six nouvelles marches par lesquelles on arrive à un caveau de 2 mètres carrés,
taillé dans le roc et en partie revêtu de maçonnerie,le pèlerin
s'agenouille au lieu même où fut déposé le corps de Lazare, et
où semble retentir encore la parole toute puissante : *Lazare,
veni foras* !

Nos lecteurs, si déjà ils ne le savent , seront heureux d'apprendre que Marie, Marthe et Lazare sont venus évangéliser
le midi de la France, où leur mémoire a toujours été depuis en
singulière vénération. — Sainte Marie, ou Madeleine, ou
Marie-Madeleine, sœur de Marthe et de Lazare, et la même
que la pécheresse dont parle saint Luc , se retira sur une
montagne fort haute et fort escarpée , au pied de laquelle est
aujourd'hui la ville de Saint-Maximin , dans le département
du Var. Elle y sanctifia par sa pénitence une grotte, ou *baume*,
qui est devenue si célèbre sous le nom de *Sainte-Baume*,
et qui continue d'être un lieu de pèlerinage très-fréquenté.
Le lieu de sa mort et de sa sépulture est celui même où se voit

maintenant la ville de Saint-Maximin ; et la *crypte de Sainte-Madeleine*, dans l'église de Saint-Maximin, renferme encore son tombeau. — Sainte Marthe évangélisa le pays de Tarascon, aujourd'hui enclavé dans les Bouches-du-Rhône , et délivra miraculeusement ce pays d'un dragon vulgairement appelé *Tarasque*. S'étant fait construire à Tarascon une maison de prière, elle y réunit auprès d'elle d'autres pieuses vierges, y mourut entre leurs bras et y fut inhumée. C'est là même que l'on vénère encore son tombeau, sur lequel s'élève une église portant son nom.—La ville de Marseille, qui honore saint Lazare comme son patron et son premier évêque , se fait gloire de posséder encore aujourd'hui le chef de cet illustre ressuscité de Béthanie. Elle possède en outre , dans les caveaux de l'ancienne abbaye de Saint-Sauveur, la *prison de Saint-Lazare*, où il fut incarcéré avant son martyre ; et dans les caveaux de l'ancienne abbaye de Saint-Victor, la *crypte de Saint-Lazare*, où il se cachait avec ses néophytes , où il fut inhumé après son martyre, et d'où ses reliques, moins sa tête , furent transférées à Autun ,. vers le milieu du IXe siècle.

Béthanie est à 3 ou 4 kilomètres de Jérusalem , au bas du versant oriental de la montagne des Oliviers. Assez près de ce village, sur la route que nous suivons, se trouvait le castel de *Bethphage* , où Jésus se fit amener l'humble et pacifique monture sur laquelle il entra solennellement dans la Ville-Sainte ; non loin, sur la même route, se voyait le figuier qu'il maudit le lendemain , lundi de la grande semaine , et qui se desséchà aussitôt jusque dans ses racines. Après avoir tourné au midi de la sainte montagne, nous la descendons en face de Jérusalem, qui semble s'incliner vers nous et que nous sommes si heureux de revoir. Au passage du Cédron, dans la vallée de Josaphat, nous prenons à gauche pour monter à la porte de Sion , par laquelle nous entrons enfin vers midi , « portant, comme le dit bien M. l'abbé Azaïs , le double poids d'une grande fatigue et d'impressions plus grandes encore. » Ces fatigues sont vite oubliées ; mais les impressions demeurent toujours.

Du 16 au 21 septembre nous revoyons les sanctuaires et les monuments de la Ville-Sainte , pour mieux classer dans notre mémoire tout ce qui s'y rattache; nous complétons aussi notre collection de pieux souvenirs et de précieuses reliques ; on nous délivre nos diplômes de pèlerins; nous faisons nos visites d'adieu, et nous prenons nos mesures pour le départ. Enfin , le jour arrive où il nous faut quitter, pour n'y plus revenir, une ville qui nous est devenue si chère et que nous promettons bien de n'oublier jamais. Le dimanche 21, nos prêtres célèbrent une dernière fois dans l'église du Saint-Sépulcre ; une dernière fois nous prions au Calvaire au tombeau du Sauveur ; et vers trois heures de l'après-midi, le cœur plein de tristesse, nous défilons par la porte de Jaffa, pour passer au nord de la Judée, traverser la Samarie, et nous rendre à Nazareth en Galilée. La route de Jaffa par Ramleh s'éloigne à notre gauche ; nous passons à côté des Tombeaux des Rois, et à une demi-heure de Jérusalem, nous mettons pied à terre sur la colline de *Scopos*, là même où le grand-prêtre Jaddus vint à la rencontre d'Alexandre-le-Grand. De ces hauteurs on domine au loin le pays et nous avons une dernière vue de la Ville-Sainte. Avec quelle indicible émotion, le regard fixé sur elle, nous lui renvoyons, comme adieux, ces accents du psalmiste : « O Jérusalem ! si jamais je t'oublie, que ma main droite se dessèche ! Que ma langue s'attache à mon palais... » Nous baisons avec larmes sa terre sacrée ; nous prenons congé des bons amis qui nous ont accompagnés jusqu'en ce lieu ; la caravane se remet en marche, et bientôt, derrière nous, Jérusalem a disparu.

A notre gauche, se dresse pittoresquement, sur sa haute colline, ce même village de Saint-Samuel, que nous avons précédemment signalé en venant de Jaffa. Plus loin, vers le nord, s'étend la célèbre plaine de Gabaon, elle aussi déjà mentionnée. Plus loin encore, à trois lieues de Jérusalem, nous trouvons El-Bir, l'ancienne Bééroth, ville des Gabaonites. Ce n'est plus aujourd'hui qu'un misérable village, situé sur le penchant d'une colline, au pied de laquelle on voit couler la fontaine *El-bir*, qui lui a donné son nom ; mais ce village rappelle un souvenir évangélique bien connu, et que nous sommes heureux de recueillir sur place.

Après avoir célébré la Pâque à Jérusalem, avec l'enfant Jésus, alors âgé de douze ans, la sainte Vierge et saint Joseph, en société nombreuse de parents et d'amis, regagnaient Nazareth par ce même chemin que nous suivons. Ils voyageaient sans aucun doute, observe Mgr Mislin, comme le font encore de nos jours les caravanes de ce pays : tous les hommes ensemble, les femmes de même, les petites filles avec leurs mères, les jeunes garçons indistinctement dans un groupe ou dans l'autre ; d'où la sainte Vierge pouvait croire que l'enfant Jésus était avec saint Joseph, comme celui-ci

pouvait supposer qu'il était avec sa mère ou ses autres paren-
tes. Il n'en était rien cependant, et tous les deux le reconnu-
rent avec douleur à la première station , ici même , après
une journée de marche , ainsi que nous l'apprend saint Luc :
« Venerunt iter diei , et requirebant............ » A leur départ ,
nous dit le même Evangéliste , et sans qu'ils s'en aperçussent,
comme l'explique ce qui précède , Jésus était resté à Jérusalem , et c'est là qu'« au bout de trois jours ils le retrouvèrent
dans le temple , assis au milieu des Docteurs, les écoutant ,
les interrogeant et faisant l'admiration de tous par la sagesse
de ses réponses ». La piété des fidèles vénéra de bonne heure et voulut perpétuer en ce village la mémoire des angoisses
maternelles de Marie : on y vit s'élever une église , attribuée
à sainte Hélène , et , plus tard , reconstruite par les Croisés ,
dont l'architecture se reconnaît bien encore dans les ruines qui nous en restent.

A trois ou quatre kilomètres au-delà d'El-Bir, nous laissons
à droite le village plus misérable encore de Beitin , autrefois
Béthel (maison de Dieu), et d'abord Luza. C'est là qu'Abraham
se sépara de Lot , son neveu , leurs biens étant devenus trop
considérables pour qu'ils pussent demeurer plus longtemps l'un
avec l'autre ; là que Jacob , se dirigeant vers la Mésopotamie,
eut sa célèbre vision de l'échelle mystérieuse qui allait de la
terre au ciel , et que les anges ne cessaient de descendre et
de monter. L'impie Jéroboam fit ériger un veau d'or à Béthel, pour y attirer les tribus qui avaient pris part à son schisme , et les empêcher ainsi d'aller sacrifier à Jérusalem. C'est
encore aux portes de Béthel que des enfants s'étant raillés
d'Elisée, ce prophète les maudit , et deux ours en firent un
horrible carnage.

La contrée , jusqu'ici aride et nue , change bientôt d'aspect.
Une vallée riche et verdoyante s'ouvre devant nous , et au-
dessus de cette vallée descend à mi-côte le petit village grec
de Djafna ou Djifna , qui doit nous abriter pour la nuit. Ce
village où nous entrons vers sept heures , et où nous attend
une si gracieuse hospitalité , est tout au plus à cinq lieues de
Jérusalem , ce qui ne l'empêche pas , ainsi que Beitin , d'appartenir à la Samarie que nous allons rapidement traverser
dans toute sa longueur. Il contient un petit noyau de catholiques , dirigés par un saint missionnaire , un véritable apôtre,
qui est le secrétaire même de Mgr Valerga. Daigne le Seigneur bénir sa mission naissante, que notre passage et notre
séjour ont pour but de favoriser !

Dès sept heures, le lundi 22, nous descendons la riante vallée, en compagnie de ce bon et si aimable missionnaire, qui veut bien ainsi mettre le comble à toutes ses attentions pour nous. Assez loin du village, il échange avec nous de touchants adieux, et peu après nous commençons à gravir les montagnes d'Ephraïm. Au milieu de ces montagnes si célèbres dans l'Ecriture, et qui nous paraissent généralement cultivées, voici à droite de la route, une hauteur spéciale sur laquelle s'attachent longtemps les regards de tous nos pèlerins. C'est là, sur ce plateau qui la couronne, qu'était Silo, un des lieux les plus célèbres de la Palestine; Silo, où Josué acheva le partage de la terre promise, et fit placer l'arche d'alliance apportée de Galgala, près du Jourdain; Silo, où l'arche sainte resta jusqu'au temps du grand-prêtre Héli, qui la laissa tomber au pouvoir des Philistins; Silo, où, pendant ces 328 ans, les enfants d'Israël durent venir trois fois l'année adorer le Seigneur; Silo, où la pieuse Anne, femme d'Elcana, vint en larmes demander un fils au Seigneur, et où s'écoulèrent, à l'ombre du tabernacle, les premières années de cet enfant de bénédiction qui devait être l'illustre Samuel.

Un peu plus loin, nous descendons par une pente rapide au fond de la vallée de Loubban, qui nous offre pour nous abriter, les ruines d'un vieux khan, et, pour nous rafraîchir, les eaux d'une fontaine que la soif nous fait trouver excellentes. La caravane y déjeûne d'un appétit qu'ont passablement aiguisé quatre heures de marche, elle s'y repose ensuite quelque temps, et, à deux heures, elle reprend sa course à travers les montagnes, pour arriver à la vaste et fertile plaine de Sichem, où l'appellent tant de souvenirs bibliques.

C'est dans cette plaine, et aux portes même de la ville qui lui a donné son nom, que Jacob vint s'établir, à son retour de Mésopotamie, et qu'il acheta des enfants de Hémor, prince du pays, le terrain où il avait dressé ses tentes. De la vallée d'Hébron, où il demeura plus tard, Jacob ayant envoyé son fils Joseph à la recherche de ses frères, qui avaient conduit leurs troupeaux dans la même plaine de Sichem, ces malheureux en profitèrent pour le vendre à des marchands ismaélites qui l'emmenèrent en Egypte. Ainsi la touchante histoire de Joseph a commencé en ces mêmes lieux où nous sommes, et c'est encore en ces lieux qu'elle devait finir. Nous voyons, en effet, Jacob mourant donner bors part à ce fils bien-aimé le champ qu'il avait acheté des enfants d'Hémor, et les Israélites ensevelir dans ce même champ les ossements vénérés de Joseph, qu'ils avaient rapportés d'Egypte, en exécution des dernières volontés de cet illustre patriarche. Jacob avait dû y creuser un puits que, pour cela, on a toujours appelé *Puits de Jacob*, mais que, pour une raison assurément connue de nos lecteurs, on appelle encore *Puits de la Samaritaine*. Le Sauveur allant comme nous et par le même chemin, de Judée en Galilée, passait un jour par la Samarie, et se trouvait à midi aux portes de Sichem, dans l'héritage donné par Jacob à son fils Joseph. Accablé de fatigues et altéré par la chaleur, il vint s'asseoir au bord du puits de Jacob. Et voilà qu'une jeune femme samaritaine se présentant pour y puiser de l'eau, il lui demande à boire, et là-dessus il engage avec elle cet admirable entretien que raconte avec tant de charme et de simplicité le IV° chapitre de l'Evangile selon saint-Jean. Fatigués et altérés nous-mêmes, et rangés autour du puits qui nous rappelle une scène si touchante et si sublime, nous ferions volontiers la même demande : *Da mihi bibere*, à qui se présenterait encore pour y puiser de l'eau. Mais le puits est à sec, obstrué par des ruines et en partie comblé.

La route passe à gauche de ce puits, et quitte brusquement la direction du nord pour suivre un étroit vallon qui court à l'ouest entre les monts Hébal et Garizim. Presque à l'entrée de ce vallon, à trois ou quatre cents pas sur la droite, au pied du mont Hébal, les juifs montrent encore aujourd'hui l'antique tombeau de Joseph, que les Turcs voudraient placer à gauche, au pied du mont Garizim, et à dix minutes du puits de Jacob, sous une petite coupole blanche de laquelle ils ont grand soin d'éloigner les profanes comme nous.

Ce petit vallon qui nous conduit à l'ancienne Sichem fut un jour, au temps de Josué, le théâtre d'une incomparable solennité, dont Moïse avait d'avance réglé tous les détails. Les Israélites, maîtres de la terre promise, renouvelaient en ce lieu, avec tout l'éclat possible, l'alliance qu'ils avaient faite avec le Seigneur. A cet effet, le peuple s'échelonna par moitié sur le versant des deux montagnes, en présence de l'Arche, qui se voyait dans la vallée avec le brillant cortége des prêtres, des lévites, des anciens, des officiers et des juges. Puis, élevant la voix, Josué appela toutes les bénédictions sur ceux qui observeraient fidèlement la loi sainte, et les six tribus placées sur le mont Garizim les confirmèrent, en répondant : *Amen.* Il appela également toutes les malédictions sur ceux qui la violeraient, et les six tribus placées sur le mont Hébal les confirmèrent à leur tour, en répondant : *Amen.*

Sichem, ou Sichar, ainsi que l'appelle saint Jean, était jadis assez près du puits de Jacob, et avait de la célébrité dès le temps de ce patriarche. On sait que Jéroboam en fit la capitale du royaume d'Israël. Plus tard, cette ville devint le siége principal du culte schismatique des Samaritains, lesquels construisirent, sur le mont Garizim, un temple fameux, dont M. de Saulcy a dernièrement exploré les ruines et pu déterminer les dimensions. Notre Sauveur, à la prière de ses habitants, y passa deux jours, après son entretien avec la Samaritaine. Vespasien lui donna le nom de Flavia Neapolis, d'où celui de Naplouse, qu'elle porte depuis longtemps. C'est la patrie de l'illustre philosophe Justin, martyrisé à Rome vers la fin du xie siècle. Elle est à vingt minutes du puits de Jacob, au pied du mont Garizim, au milieu de jardins verdoyants qui en font un séjour enchanteur. On lui donne de huit à dix mille habitants, dont pas un catholique. C'est un peuple que l'histoire nous montre, depuis l'origine, toujours remuant et insoumis. Des troubles récents, qui ont fait du bruit jusqu'en Europe, et qui ont tant réduit le chiffre de notre caravane, viennent d'amener à ses portes quelques bataillons turcs, auxquels on attribue la mission d'en tirer une vengeance éclatante. Nous traversons un petit bois de beaux et antiques oliviers, dans lequel ils ont assis leur camp, et nous allons établir le nôtre au-delà de la ville, dans un charmant bosquet, le long duquel murmure une source abondante et limpide.

Prévenu de notre approche par les bons soins de M. de Barrère, l'agent consulaire de France à Naplouse avait, dès la veille, envoyé son cavas à notre rencontre, mais malheureusement par un chemin que nous ne devions pas prendre, et à peine sommes-nous sous les murs de la ville, qu'il nous envoie faire encore les offres de services les plus bienveillantes. A raison de nos fatigues et du déclin du jour, impossible pour le moment de songer à voir l'intérieur de la ville, ce n'est que partie remise. Le lendemain, vers sept heures, nous nous engageons en toute confiance, et sans avoir à nous en repentir, dans ses rues étroites et tortueuses, dans son bazar plein de vie et de mouvement, au milieu de sa population que l'on nous disait hostile, et qui nous semble seulement fière et dédaigneuse. Le catholicisme, autrefois si florissant à Naplouse, n'y est plus représenté que par quelques ruines, que nous visitons avec intérêt. L'ancienne secte des Samaritains, partout ailleurs éteinte, repoussée comme schismatique par les Juifs, et non moins qu'eux persécutée par les Turcs, y conserve une quarantaine de familles, et y possède une synagogue dont le grand-prêtre lui-même nous fait les honneurs. Il répond à notre salut d'arrivée en portant l'index droit au front, puis dans nos mains. Après réception du backchich demandé, il nous invite à le suivre, ayant soin d'enlever ses nattes, parce que nous refusons d'ôter nos chaussures. Quatre murs blanchis à la chaux, de simples nattes sur le pavé, quelques lampes de verre de couleur suspendues à la voûte, c'est tout ce que paraît nous offrir cette synagogue, où nous devons pourtant voir autre chose. Le grand-prêtre écarte le voile qui nous dérobe la vue du sanctuaire, et prenant, d'un air solennel, une longue bande de parchemin qu'il a tirée d'un étui d'ivoire, il l'étale avec orgueil sous nos yeux : c'est le fameux manuscrit du Pentateuque samaritain, qui ne diffère que par des variantes sans importance de celui que nous tenons des Juifs, et qui doit remonter aux temps de Darius et d'Alexandre-le-Grand, à laquelle époque existait encore l'original de Moïse.

Notre agent consulaire, qui méritait bien une visite de notre part, nous fait l'accueil le plus gracieux. Il nous offre la limonade et le café ; il nous donne tous les renseignements utiles, et il regrette vivement que toutes les forces disponibles de la ville s'étant portées pour surveiller des tribus arabes qui se battent presque aux portes, il ne puisse pas nous procurer les deux bachi-bouzoucks que nous lui demandons pour escorter nos bagages.

Rentrés au camp vers dix heures, en même temps que les deux pèlerins qui ont eu le courage de monter au sommet du Garizim, nous y faisons, dans un bon déjeûné, provision de forces pour la rude course que nous allons entreprendre ; et vers onze heures, sous une vraie chaleur des tropiques, la caravane se met en marche pour Sébaste, laissant derrière elle ses bagages à la garde de Dieu.

Sébaste est l'ancienne Samarie, si célèbre dans l'Ecriture, et si heureusement posée sur sa haute colline, suivant la remarque de M. l'abbé Azaïs : « Amri la bâtit sur la montagne de Someron comme une royale citadelle. » On sait qu'elle fut longtemps la résidence des rois d'Israël et la rivale de Jérusalem, et qu'elle donna son nom à tout le pays compris entre la Judée et la Galilée. Après bien des vicissitudes, dont il serait trop long de faire ici l'histoire, cette ville était singulièrement déchue, quand Hérode-le-Grand vint lui donner une